第四届"一带一路"上海国际论坛论文集

Сборник статей Третьего Шанхайского Международного Форума «Один пояс, один путь»

面向新时代的欧亚繁荣稳定

Стабильность и процветание Евразии в новую эпоху

张恒龙◎主 编

时 事 出 版 社
北 京

序　一

进一步推动“一带一路”建设高质量发展

孙　力*

尊敬的龚思怡副校长，尊敬的吉树民副司长，尊敬的弗拉基米尔·扎哈罗夫先生，各位同事、各位朋友，上午好！

很高兴与上海大学一起主办第四届“一带一路”上海国际论坛。六年前，习近平主席提出“一带一路”倡议，得到了国际社会，特别是“一带一路”沿线国家的大力支持和积极参与。六年来，沿线国家秉承共商共建共享原则，推动“一带一路”建设取得诸多成果，惠及千万人民。欧亚地区国家是“一带一路”倡议的积极支持者和践行者。因此，本届“一带一路”国际论坛主题为“面向新时代的欧亚繁荣与稳定”，具有特殊意义。

“一带一路”倡议实施六年来，中国与周边和沿线国家的合作有了长足发展。无论是新提出的项目，还是原有项目，都因为“一带一路”倡议而得到提质。在这个过程中，发展战略对接对于实施“一带一路”倡议具有特殊重要意义。习近平主席强调：“深化对接发展战略……从各自发展战略中发掘新的合作动力，规划新的合作愿景，锁定新的合作成果……为彼此经济增长提供更多动能。”① 实践证明，落实一个连接多国的交通基础设施、一个涉及行业合作的项目并不容易。如果能够使双边或多边合作伙伴发展战略实现对接，就会使合作比较顺利地进行。当前，“一带一路”建设正向高质量发展方向迈进，在这个过程中，难免会出现各种困难和挑战，需要我们共同研究，携手应对。中亚是“一带一路”建设中取得成果最多、也是最大的地区，但也存在以下值得关注的问题。

第一，中亚国家的政治体制建设还不完善。近年来，中亚国家政治走向多元，出现了议会制国家政体。2010 年吉尔吉斯斯坦开始实行议会制国

---

* 中国社会科学院俄罗斯东欧中亚研究所副所长，中国社会科学院中俄战略协作高端合作智库副秘书长、研究员。

① 习近平在新加坡国立大学的演讲：《深化合作伙伴关系　共建亚洲美好家园》，2015 年 11 月 7 日。

家政治体制，在这一充满争议的政治制度变革之后，吉尔吉斯斯坦又经历了曲折的政治发展历程，政治稳定问题一直没有得到解决。哈萨克斯坦进入政权过渡期，存在诸多不确定因素。政治发展的不确定性，必然给“一带一路”建设带来风险和阻力。

第二，中亚是世界主要政治力量、多个国际组织利益交织的地区。中亚国家均奉行“多元平衡外交”或“多元务实外交”战略，以获得更多选择。一方面，哈萨克斯坦、吉尔吉斯斯坦是俄罗斯主导的欧亚经济联盟成员，塔吉克斯坦正在积极谋求加入该联盟；另一方面，这三国也同时积极支持美国的“新丝绸之路计划”和欧盟的“大中亚计划”。大国博弈是阻碍中国与各成员国在“一带一路”框架内对接合作的重要因素之一。

第三，文化差异是影响发展规划对接不可忽视的因素。中国与中亚国家的文化差异使得思维方式存在很大的不同，必然导致行为方式的差异。中亚生活着100多个民族，各种文化、思想、宗教相互冲撞，地方势力和部族势力在国家政治生活中发挥着不可小觑的作用。“一带一路”倡议与中亚国家发展规划对接过程中，一个无法绕开的问题就是文化差异。“中国威胁论”和“经济附庸论”在中亚一些国家的社会层面，甚至在一些地方政府当中都有一定的支持者。

第四，非传统安全威胁上升。首先是中亚国家间的一些边界勘定还没有完成。若干飞地在乌兹别克斯坦、吉尔吉斯斯坦、塔吉克斯坦等中亚国家的复杂互嵌增加了边境地区的紧张。其次是民族矛盾。中亚地区多种文明交汇，不同民族、不同种族间的冲突呈现易突发、多样性、复杂化、长期化的特点，民族主义势力、地方部族势力常常挑战中央政权。最后是恐怖势力、分裂势力和极端势力长期盘踞在中亚、南亚和西亚的“一带一路”沿线国家和地区，是“一带一路”沿线国家合作项目落实的最大障碍。

世界正经历百年未有之大变局，我们生活的世界充满希望，也充满挑战。期待各位专家的真知灼见。预祝论坛圆满成功。

谢谢大家！

序　二

（在论坛开幕式上的致辞·节选）

弗拉基米尔·扎哈罗夫*

尊敬的各位领导，新朋友和老朋友，大家上午好！

首先我要转达上海合作组织秘书长诺罗夫先生对大家的问候。今天的上合组织已经团结了18个国家，有8个成员国，4个观察员国，6个伙伴对话国，占世界人口的45%。上合组织峰会上，我们讨论的不仅有地区问题，也有全球问题。当前还有许多新问题、新趋势需要关注，在上合组织的文件中经常会出现有关战略、安全等问题。在2017年印度和巴基斯坦加入上合组织之后，我们成为了跨越两大洲的组织，现在上合组织是国际秩序体系中一个非常有分量的参与者。我们现在致力于发展各方面的合作，今天的会议就是一个例证。现在的发展趋势能够使我们看到整个世界的中心正在向东方转移。世界经济在经济危机之后仍处在一个风险区间，美国正在对很多国家进一步的施压。现在网络空间的博弈非常激烈，我们的安全环境也在进一步的恶化。而且在本地区内，还有宗教极端主义的土壤，会影响到国际关系的发展，在这种情况下维护和平和全面发展仍然是现实的任务。

首先，必须要建立一个安全和可持续发展的框架，这个框架应当建立在国际法高于一切的原则上。上合组织的立场已经在青岛峰会上进行了阐述，那就是要建立“人类命运共同体”，这是中国国家主席习近平提出的倡议，阐释的就是我们希望能够在政治、安全、经济、贸易、金融、投资、交通、能源、农业等各个领域进行合作。我们支持建立新型国际关系，能够体现相互尊重、平等、公正，可以互利合作，最终形成“人类命运共同体”。

这一立场在比什凯克峰会上进一步得到了体现，提出了我们要在新型国际关系基础上促进我们的合作，以使“人类命运共同体”能够得以形

---

* 上海合作组织秘书处顾问。

成。上合组织正在研究一些方案来建立这样一个开放型的国际秩序。我们围绕国际重大问题开展多边合作磋商的机制就已经成为一个榜样，我们正在积极地寻找经济多方面合作的方法，包括形成运营和物流的机制。总之，上合组织已经成为了一个跨越欧亚两大洲的、有影响力的国际组织，我们的声音也越来越得到国际舞台的重视，也有更多的国家与组织愿意和我们合作。在政治和安全方面，我们的成员国正在加深各方面的政治对话，有很多机制，如元首理事会、政府首脑理事会、外长理事会，以及安全秘书会晤等。

世界上发生的一些事情经常对我们的安全产生影响，我们的优先方向就是进一步打击“三股势力”、非法贩卖毒品、跨境有组织犯罪，维护网络空间的安全。我们将进一步加强地区反恐组织的工作来对抗“三股势力”。2019 年，在大家的共同努力下，我们制止了 360 起恐怖主义性质的犯罪，将 80 多个地下恐怖主义组织去极端化，消灭了 67 名武装分子和 10 名恐怖组织的头目，并且对 16 万多份宣传“三股势力”的网络材料进行了隔离处理。我们一共逮捕了 600 名国际恐怖组织的成员，还做了大量的工作来切断恐怖主义和非法贩卖武器、爆炸物的网络招募资金来源。上合组织的职能部门还定期举行有关演习，比如“和平使命”“蜘蛛网”反恐行动。不过，我想强调，上合组织不是一个军事集团，不针对任何的第三国和国际组织，而是一个开放的组织，是希望发展国际合作的组织。

经贸合作是保证上合组织稳定的一个重要元素，也是一个重要的实现持续发展的方法，成员国通过建立良好的投资和营商环境，采取协同措施扩大经贸合作。上合组织的多样性表现在欧亚各国都拥有各自的优势，如自然资源、生产能力、技术和金融资金的潜力等。这些相互补充的因素，可以使我们建立一个平台来扩大经贸合作。上合组织成员国拥有世界上 40% 的人口，GDP 之和达 18 万亿美元，占到世界 GDP 总量的 20%，如果按照购买力平价计算，可占世界 GDP 的 30%，所以我们有非常大的潜力来进一步发展经贸合作。上合组织不仅要对本组织内部，也要对整个世界经济发展起到稳定作用。现在的上合组织正在变成一个跨地区的强大组织，也成为许多国家战略和跨境项目以及多边一体化倡议对接的一个平台。

上合组织的发展需要智库的支持，因此有必要加强上合组织各个国家相关研究单位间的联系与合作，来共同研究上合组织发展所面临的的问题。人文领域的合作，包括文化与教育都非常重要。因此，上海大学发起举办此次论坛，并将主题确定为“面向新时代的欧亚繁荣与稳定”，我们非常支持。我呼吁所有我们的会议参与者都提出自己的观点，我们也愿意把它记录在上合组织秘书处的会议纪要当中，希望你们进一步发挥智慧来巩固我们的思想和实施这些思想，非常感谢你们的参与，祝你们工作顺利，祝论坛取得圆满成功！

目　录

第一篇　欧亚地区的政治稳定与安全挑战

第二篇　“一带一路”框架内的人文与科技合作

第三篇　上海合作组织发展的新机遇

第四篇　“一带一路”框架内的多边经贸合作

中俄专题 面向未来的中俄友好与合作

第一篇

欧亚地区的政治稳定与安全挑战

欧亚地区形势的新变化及思考

石泽*

2019年欧亚地区整体形势继续发生深度演变，新的变化趋势和不稳定因素都在增加。我想强调以下几个方面的变化：

一是美国大力推行单一主义和贸易保护主义，锁定俄罗斯和中国为其战略对手。俄美关系持续紧张升级，在政治、经济、安全等方面全面对抗，成为影响欧亚地区形势的主轴。矛盾聚焦在西亚、中近东和东亚地区，美国与伊朗关系持续恶化，近期土耳其打击库尔德武装，叙利亚局势再度紧张，美国、俄罗斯、土耳其、伊朗、沙特开始了新一轮的角逐，形势扑朔迷离。美国加强对中亚国家的民族改造，将哈萨克斯坦和乌兹别克斯坦列为重点。

二是该地区久拖未决的热点问题——阿富汗局势持续恶化。围绕美国撤军和阿富汗总统大选，该国的政局再度发酵。众所周知，阿富汗已多次推迟大选，前不久虽然举行了大选，但时至今日总统大选的结果难产。据业内人士透露，现任总统加尼和内阁首席执行官阿卜杜拉·阿卜杜拉选票依然遥遥领先，这一结果和上次总统大选极为相似，但是此次大选之后阿富汗面临的形势却与几年前不同。塔利班地位增强，已经占据了国内40%左右的地盘，且态度更为强硬，塔利班已成为阿富汗国内难以撼动的力量。除此之外，阿富汗内部的矛盾更加尖锐，派别林立难以协调。当前阿富汗冲突越来越带有宗教矛盾激化的性质。阿富汗内战持续40多年来，国内并未发生过如此剧烈的宗教派别间的武装冲突，未出现过什叶派和逊尼派之间的严重对抗和冲突。此前在对待外敌入侵问题上，所有宗教领袖立场一致，都谴责外敌入侵。当前阿富汗宗教派别之间相互“死掐”使形势雪上加霜。另外，特朗普撕毁与塔利班的“和平协议”，使阿富汗政局走向更加不容乐观。

三是俄罗斯对地区国家的政策出现明显变化。可以看出，俄罗斯在该地区奉行更为均衡和务实的政策。第一，俄罗斯与中亚关系中经济合作的比重增加，特别是2018年普京总统访问乌兹别克斯坦签署了800多个协

---

* 中国国际问题研究院前副院长，国际能源战略研究中心主任、研究员。

议，俄罗斯将在乌兹别克斯坦建设中亚第一座核电站，且扩大地方合作。第二，俄罗斯对中亚政策中军事合作升级，俄罗斯重视集体安全条约组织提质升级，着眼于提高其战斗力和机动能力，特别是加快在吉尔吉斯斯坦和塔吉克斯坦军事基地的整合和布局，更新装备，出台优化军事基地功能的措施，重视对中亚盟友军事人员的培训和以优惠的价格对他们进行武器更新。第三，进一步松动移民和劳工政策。第四，加强人文合作的力度，主要是俄罗斯利用在中亚地区人文领域的传统优势和联系扩大合作，做实合作项目。特别是俄罗斯同中亚国家建立了高校联盟和校长联盟，加强在中亚国家的教育普及和语言教学。第五，加强多边合作机制的凝聚力和执行力。在新形势下，俄罗斯在探讨与中亚国家关系的新模式。普京总统提出的“大欧亚伙伴关系”中对中亚地区有新的定位，这种变化就是在新定位的前提下出现的，俄罗斯对中亚政策的调整是力图强化优势、弥补短板，俄罗斯政策的实施也更为灵活、务实和平衡。

四是乌兹别克斯坦总统的新政继续给中亚国家带来活力。甚至一度同塔吉克斯坦兵戎相见的罗贡电站矛盾和与吉尔吉斯斯坦久拖未决的电站合作都已出现转机，合作均已起步。而且乌兹别克斯坦和吉尔吉斯斯坦 26 年来首次签署了划界条约，厘清了历史问题，双方已将 85% 的边界划定。乌兹别克斯坦同中亚国家的贸易额在 2019 年上半年增加了 13%。

五是中俄关系取得了高质量的发展，欧亚地区合作成为中俄合作的新亮点。2019 年两国领导人签署协议，构建新时代全面战略协作伙伴关系。新时代中俄战略协作伙伴关系具有新的内涵和新的特征，新的内涵具有四个明显的特征：第一是包容性。中俄关系是在包容的特质中发展的，双方既立足共同利益，同时也包容各自的差异和不同点，这是双方关系成熟性的有力体现。第二是双方合作范围不断扩大，合作深度加强。双方不仅重视政治、经济、安全合作，而且也重视在国际战略稳定等领域开展合作，中俄关系的发展得到多领域均衡和全面的发展。第三是两国关系具备较为牢靠的可持续性。日益增长的利益纽带是中俄关系长久发展的牢固基础，也是我们在新时代构建全面战略协作伙伴关系的出发点。第四是正义性。当今世界处于大变局之中，不稳定和不确定性因素增加，人类面临的挑战更加严峻，中俄两国保持密切有效的协调配合，秉持公平正义，坚持责任道义，体现担当仗义，为纷繁复杂的国际形势注入了正能量。

在新时代中俄关系发展的新内涵当中，大欧亚地区的深入合作已愈益成为两国推进全面战略协作伙伴关系的关键。中俄关系的发展大部分集中在欧亚地区：双方在上合组织中的协调合作、在“一带一路”倡议与欧亚联盟的对接上、在欧亚地区多边区域经济合作、在俄罗斯远东开发与中俄在相邻地区的合作，包括解决东北亚地区及其他地区热点问题，如阿富汗、伊朗、中东大三角关系等。同时，我们看到，欧亚地区在全球经济发展当中总体上处于“洼地”，而该地区资源丰富且发展潜力巨大，但未得到有效开发，从全球发展的态势看，具有成为全球发展“高地”的潜质。该地区还有一个有别于其他的地区的特点，即欧亚地区国家的非西方国家属性。所以，该地区的前景对未来国际格局的演变将会产生重要且无可替代的影响。

中国和俄罗斯在大欧亚地区的合作不仅将决定大欧亚地区的发展和未来，对于中俄关系的发展也将起到决定性的作用。因此在大欧亚地区中俄相互包容、相互依存、相互促进、联动发展是双方着眼于未来的正确的必然选择。

美国在亚太地区的影响及对“一带一路”的挑战

瓦季姆·萨尔特科夫斯基*

本文主要是分析俄罗斯怎么看待美国在亚太地区这一问题，特别是最近这段时间美国外交政策的不可预测性。特朗普政府不管是国内政治，还是对外政策都显得不可预测。不过，美国的亚太政策在最近这段时间并没有发生实质性的变化，美国的战略伙伴还是日本、新西兰，并没有其他国家成为美国新的盟友。

关于挑战，首先就是战略稳定的问题。美国退出《中导条约》，把进攻性的武器部署在亚太地区，特别是部署在日本，俄方和中方肯定会感到不安。也有一些趋势表明，在最近的时间里，美国还会扩大这类武器在亚太地区的部署。美国在亚太地区的政策虽然没有实质性变化，但是已有一些新的趋势出现，比如美国和朝鲜的这种进展缓慢的对话，在一定程度上可能会对本地区的政治稳定，特别是对朝鲜半岛的稳定产生影响。对其进一步的发展我们是要研究的，我们也将成为未来不知道是和平还是紧张态势的见证者。此外，大家都非常清楚，美国对亚太国家的合作形式是建立在一些差别性政策基础上的，可能美国在最近一段时间并不会把其整合起来，而会采取不同的方式，不断推出新的关税又取消这些关税，这个趋势可能还会得以继续，直到美国下一次选举之前。美国的政策是建立在一些双边条约基础上的，而不是多边主义，这有很多的不确定性，当然这对于我们来说可能会有一些优势，使我们在一定程度上可以有机会参与到“一带一路”的合作框架之内，我们都知道，有的国家对此已经表现出很大的兴趣，比如说越南、柬埔寨、老挝这三个国家。我认为这反倒给我们展示了一个新的前景，即我们亚太地区正在进一步地发展关系。

美国的政策，比如说对朝鲜半岛问题的政策是没有发生变化的，美国希望能够建立一种在双边经济合作条约基础之上的关系。另外，还有一些

---

* 俄罗斯友谊大学政治学教授，莫斯科国立大学世界政治系教授。

战略安全的关切，这种关切既在俄方也在中方。可能我们的合作将更加紧密，比如说我们的国防部门以及智库机构。这对于中俄两国的合作来说会是一个优势。

（根据现场同传速记稿整理）

欧亚大陆的政治稳定与安全挑战

马梅托夫·托克托库丘克*

中亚地区因宗教和大量的资源而引起各国的关注，包括东亚、南亚地区各国，还有美国等国都有兴趣。中亚各国有不同的宗教，以及东西方的差异，所以我认为目前在中亚存在着四种威胁。

第一种威胁就是宗教主义、极端主义、恐怖主义贩毒和非法移民等。尤其是在阿富汗、伊拉克、叙利亚，这个威胁将日益加强。第二种威胁主要是在边界划定问题和种族问题上。第三种威胁是技术水平落后。第四种就是与中亚地缘有关的威胁。一是中亚具有大量的油气和金属资源；二是中亚处于交通干线上；三是中亚之间的文明冲突，这里有伊斯兰教、基督教，有东西方文明的冲突。任何控制欧亚地区的计划，如果没有中亚国家参与的话都执行不了。中亚地区在很大程度上处于地缘政治复杂的环境之中，这就给中亚的发展带来了一定的阻力。

那么，针对这些威胁我们应该怎么办？应该加强区域的合作。开展合作当然也是比较艰难的，在这种情况下我们应该加强国家之间的合作，规划发展领域。首先，应该在安全领域进行合作，要建立一个行之有效的区域安全体系。在建立区域安全体系时，无需增加任何其他国际组织，在现有的上合组织框架之内就可以建立起安全有效的地区安全体系。其次，应该加强打击恐怖主义和宗教极端主义。再次，在构建这个安全体系过程中，要打击非法移民。此外，要加强我们共同的安全体系与各国的安全体系的对接。这种安全体系应该是在国际框架之内符合世界安全体系的宗旨的。

建立安全体系是上合组织框架之内应该做的事情。在上合组织框架内，我们要找出各国发展的新类型，制定相关有效的地区安全体系。我们的基础就是互利合作、共同繁荣、共同发展、尊重友谊。如果上合组织能够建立新的地区安全体系，就可以有效地规避战争，恢复各国间的透明与相互信任，使各成员国都成为友好的邻邦，进而为世界的和平和发展做出贡献。这种安全体系应该倡导和平，而不是冷战，且不应使用军事力量。

上合组织的事情是我们大家的事情，上合组织是一个领导的组织，应

---

* 吉尔吉斯斯坦总统行政学院政治教研室教授。

该提出倡议。我们要遵守上合组织的方针政策，维护上合组织框架内地区的安全，并且发展经济合作。所有上合组织的成员国都应该合力，为打击恐怖主义、宗教极端主义，为世界的和平付出自己的努力。各成员国之间应该加强合作，在相互合作的同时不干涉他国内政，让每个国家都能够独立解决安全问题和发展问题。

我们生活在亚太地区，面临共同的威胁和发展机遇。我们面临世界百年未有之大变局，让我们用我们之间的合作，来发展经济、政治、宗教等领域的关系，在中亚各国，在上合组织有效的组织之下，能够合理解决现存的问题。

（根据现场同传速记稿整理）

【俄文原文】

Политическая стабильность и вызовы безопасности в Евразии

Мамытов Токтокучук *

Обеспечение безопасности сегодня – одна из приоритетных задач для всех стран региона.

Ситуация в Центральной Азии характеризуется крайней сложностью. Распад СССР спровоцировал тягу ряда стран к заполнению образовавшегося в регионе политического, военного, экономического и культурного вакуума. Причем, Центральная Азия – с учетом своего геополитического положения, ресурсов, потенциальной конфликтности, религиозно – этнической специфики – привлекла к себе внимание большого числа государств. В регионе активно присутствуют страны Ближнего и Среднего Востока, Восточной и Южной Азии, а также США и Европейский Союз. Исторические связи, культурная близость и общая рели-

* Преподаватель Академии Государственного управления при Президенте Кыргызской Республики.

гия – ислам предопределили особый интерес к Центральной Азии государств Ближнего и Среднего Востока.

В целом на сегодняшний день можно выделить четыре угрозы для региона.

Первая группа связана с проблемами радикального религиозного фундаментализма, экстремизма, терроризма, наркобизнеса и нелегальной миграцией.

Острота этих угроз будет все более возрастать. Это определяется влиянием ряда факторов. В частности, сложной ситуацией в Афганистане, Ираке и Сирии, наркотрафиком, социально – экономическим положением населения, деятельность Международных экстремистских и террористических организаций, политической ситуацией и т. д.

Вторая группа угроз связана с межгосударственными противоречиями Центрально – азиатского региона. Это пограничные вопросы, связанные с делимитацией границы, использованием трансграничных рек,· межэтнические проблемы.

Многие проблемы из этой группы могут быть решены при наличии политической воли.

Сегодня существует мнение, что при наличии пограничных проблем интеграция в регионе невозможна. Наоборот, тесное региональное сотрудничество должно стать основой для решения таких проблем, как делимитация границы, эксплуатация трансграни-чных рек.

Большой проблемой в перспективе для региона может стать уровень технологического отставания в условиях глобализации. Это **третья группа угроз**.

Глобализация – объективный, но в то же время достаточно жесткий процесс. У него есть свои закономерности. Одна из них заключается в том, что блага глобализации не распределяется на всех одинаково. В выигрыше остаются ряд развитых стран транснациональных корпораций. Такие страны, как центрально – азиатские, могут остаться на обочине мирового развития в новых условиях. Кроме того, в условиях глобализации меняется роль государства во внутренних процессах увеличивается роль транснациональных корпораций, международных организаций. Их интересы всегда могут совпадать с национальными интересами.

Четвертая группа угроз связана с геополитикой. Здесь имеются в виду следующие факты:

Первое. В регионе сконцентрированы колоссальные запасы нефти и газа. Кроме нефти и газа, регион богат и другими стратегическими сырьевыми ресурсами: золото, уран, цветные металлы и т. д.

Второе. Центральная Азия расположена на пути важных коммуникаций с юга на север, с востока на запад. Кроме того, здесь расположены перспективные рынки – как китайский и российский.

Третье. Центральная Азия является так называемой зоной столкновения цивилизаций по двум линиям: ислам – христианство, восточное – западное.

Четвертое. Любые планы по контролированию евразийского пространства не могут обходиться без стран Центральной Азии. Исходя из этих моментов, данный регион во многом находится в геополитически

координат переплетены интересы и держав, и исламских стран, и нефтяных субъектов, и экстремистских и террористических сил, и влиятельных международных организаций, а так же самих стран региона.

В этих условиях жестко ограничивается геополитическая маневренность стран центральной Азии. Это следует рассматривать как отсутствие выбора при определенных обстоятельствах. А это уже угроза национальным интересам.

Основные угрозы в международной сфере обусловлены следующими факторами:

- стремление отдельных государств и межгосударственных объединений принизить роль существующих механизмов обеспечения международной безопасности;
- опасность ослабления политического, экономического и военного влияния стран Центральной Азии в мире;
- возможность появления в непосредственной близости от границ государств Ферганской долины незаконных вооруженных формирований международной террористической организаций;
- распространение оружия массового уничтожения и средств его доставки;
- возникновение и эскалация конфликтов вблизи внешних границ

государств Ферганской долины.

Усиливаются угрозы в информационной сфере. Серьезную опасность представляет собой стремление ряда стран к доминированию в регио-нальном информационном пространстве, вытеснению государств Центра-льной Азии с внешнего и внутреннего информационного рынка; разра-ботка рядом государств концепции информационных войн,% предусма-тривающей создание средств опасного воздействия на информационные сферы других стран мира; Нарушение нормального функционирования информационных и телекоммуникационных систем, атакже сохранности информационных ресурсов, получение несанк-ционированного доступа к ним.

Возрастают уровень и масштабы угроз в военной сфере.

Увеличивающийся технологический отрыв ряда ведущих держав и наращивание из возможностей по созданию вооружений и военной техники нового поколения создают предпосылки качественно нового этапа гонки вооружений, коренного изменения форм и способов ведению военных действий.

Угрозы национальной безопасности и интересам государств Ферганской долины в пограничной сфере обусловлены:

- экономической, демографической и культурно – религиозной экспансией отдельных государств;
- активизация деятельности трансграничной организованной преступности, а также зарубежных террористических организаций.

Основными задачами в области обеспечения национальной безопасности государств Центральной Азии являются:

- своевременное прогнозирование и выявление внешних и внутренних утро национальной безопасности стран Ферганской долины;
- реализация оперативных и долгосрочных мер по предупреждению и нейтрализации внешних и внутренних угроз;
- обеспечение суверенитета и территориальной целостности стран Ферганской долины, безопасности пограничного пространства;
- формирование гармоничных межнациональных отношений, укрепления правопорядка и сохранение социально – политической стабильности в странах Ферганской долины;
- обеспечение равного и взаимовыгодного сотрудничества государств

Центральной Азии и другими ведущими государствами мира.

Таковы наиболее приоритетные угрозы на ближайшие годы.

Возникает резонный вопрос, как с ним бороться.

Ответ. Надо развивать региональное сотрудничество. Но реализовать это достаточно сложно. Поэтому нужно решать двоякую задачу: вводить эффективные интеграционные механизмы сотрудничества и обеспечивать условия для тесного взаимодействия.

Необходимо выделить здесь несколько направлений перспективн-ого сотрудничества:

1) необходимо развивать сотрудничество в сфере безопасности;

2) сама логика событий проводит страны региона к необходимости создания действенной системы региональной безопасности.

При создании системы региональной безопасности нужно учитывать следующие моменты:

Первое. Не следует придумывать и создавать новое объединение, когда уже имеются определенные наработки в этом направлении и нужно повышать значимость действующих структур.

Второе. Не стоит уделять большого внимания количеству стран, которые входят в систему безопасности, но это должно быть реально работающая система, скрепляющим фактором которой является общн-ость угроз и интересов.

Третье. Система региональной безопасности должна быть не политизированной. Главной её целью целью должна стать борьба с рад-икальным религиозным фундаментализмом, экстремизмом, терроризмом, контрабандой оружия, организованной преступностью, нелегальной миграцией.

Четвертое. Система региональной безопасности не должна подменять системы национальной безопасности, входящих в нее стран.

Она должна быть направлена на создание максимальных условий для взаимодействия и взаимосочетания национальных систем безопасности, а так же объединения усилий национальных систем для борьбы с общими угрозами безопасности.

Пятое. Учитывая геополитическую ситуацию в регионе сложившуюся расстановку сил, система безопасности для Центральной Азии, по всей видимости, должна состоять из нескольких уровней.

Шестое. Система региональной безопасности должна стать частью международной системы безопасности. Она должна гармонично сочетаться с существующими структурами международного сотрудничества и безопасности.

Реальной основой сегодня для системы региональной безопасности может стать «Шанхайская организация сотрудничества».

ШОС – эта организация, закладывающая основы общерегиональной безопасности кооперационного типа, последовательно выступает за многополюсность, построение справедливого и рационального международного порядка, который должен опираться на суверенность и равенство, взаимное уважение государств и их исторических, культурно –

мировоззренческих и духовных традиций, на право народов выбирать собственные пути развития.

Следует отметить, что в целом происходит усиление взаимодействия в рамках ШОС вместе с общим развитием отношений Китая и России с Казахстаном, Кыргызстаном, Таджикистаном и Узбекистаном. Углубляется сотрудничество в политической, экономической, научно – технической и культурной областях на основе принципов равноправия и взаимной выгоды, взаимного невмешательства во внутренние дела друг друга и ненаправленности организации против третьих стран.

Между странами – членами ШОС в целом сложились отношения добрососедства и партнерства, что особенно важно для такого нестабильного региона, как Центральная Азия. Особо следует отметить, что отношения стратегического взаимодействия между Китаем и Россией являются ключевыми в создании, поддержании и развитии механизма сотрудничества в рамках ШОС, без такого стратегического взаимодействия ШОС вряд ли могла бы существовать.

Найденный и успешно разрабатываемый ШОС новый тип региональных отношений подразумевает добрососедство и взаимное доверие, равноправие и взаимную выгоду, солидарность и сотрудничество.

совместное развитие, переходящее в соразвитие, укрепление стратегического компонента в добрососедских, дружеских и партнерских отношениях.

Найденная ШОС новая модель безопасности основана на максимальном сокращении вооруженных сил и военной деятельности в зоне границ на основе взаимного доверия, путем диалога и консультаций, усиления прозрачности и укрепления дружественных контактов, создания границ добрососедства и дружбы, т. е. на совместной защите государственной и региональной безопасности, дальнейшем стимулировании взаимоотношений.

Эта модель концепции безопасности противоположна модели холодной войны, модели усиления опоры на военные блоки, усиления режима санкций, применения силы или угрозы применения силы, установления мирового единообразия с применением Силы. Важно отметить в этой связи, что эта модель была найдена, прежде всего, в ходе динамичного взаимодействия всех стран ШОС.

Принципиальная позиция ШОС о ненаправленности блока против третьих стран и отсутствие прямых острых антагонизмов во внешней политике стран – членов ШОС подтверждают, что данное соглашение является гарантией обязательства организации не вести деятельности, направленной против третьих стран, что обесп-ечивает её дальнейшее существование. Эта деятельность, кстати, не исключает и никаких других как региональных, так и международных инициатив по усилению стабильности и безопасности в регионе.

Перед странами – членам ШОС на ближащую перспективу стоят следующие задачи:

– координация позиций по международным проблемам, взаимная поддержка, тесное сотрудничество, в частности, в деле противостояния политике вмешательства во внутренние дела других государств под различными предлогами; совместная позиция против использования и угрозы использования военной силы в международных отношениях без санкции Совета Безопасности ООН, против монополизации какими – либо государствами глобальных или региональных конфликтов в своих интересах;

– консолидированные действия против трех опасных глобальных тенденций: национального сепаратизма, религиозного, экстремизма и международного терроризма, создающих серьезную угрозу регио-нальной и международной безопасности и стабильности;

активное развитие в рамках организации торгово – экономического сотрудничества, особенно в области энергетики, что поднимет многостороннее сотрудничество на новый уровень;

превращение ШОС в реальный механизм регионального многостороннего сотрудничества.

Реальная роль ШОС как международной региональной организации будет связана с тем, какую модель своего развития она выберет на ближайшие годы – роль ШОС как организации, где политические и глобальные проблемы безопасности будут стоять на первом месте или модель экономического блока.

ШОС постепенно начинает играть все более важную роль в сохранении региональной безопасности стабильности, ускорении экономического развития государств – членов организации. Она постепенно превращается из механизма встреч в механизм регионального сотрудничества и повышения динамики многосторонней кооперации в разных областях.

«Шосовский компонент» в регионе Центральной Азии становится системообразующим элементом. Угроза распространения радикально-го религиозного фундаментализма, экстремизма и терроризма в Центральной Азии остается ключевой в настоящее время. Государства – члены ШОС стоят на позиции признания за всеми участниками данной структуры право самостоятельно определять формы и уровень своего сотрудничества, в том числе и выбора партнеров, в борьбе с «тремя злами». Одновременно при этом не ставится под сомнение действие принципа невмешательства во внутренние дела друг друга.

ШОС в настоящее время можно интерпретировать не только как структуру для борьбы с терроризмом, религиозным экстремизмом, но и как альтернативную региональную систему безопасности.

В целом, учитывая складывающуюся ситуацию в регионе, формирование эффективной и надежной системы региональной безопасности становится для нас одной из актуальных задач. От того сможем ли мы создать такую систему, будет зависеть безопасность Центральной Азии в новом столетии.

欧亚地区新的历史进程与发展方案

张文茹*

从 2013 年中国提出“一带一路”倡议到目前，已经有大概六年的时间了，期间可分成两个阶段：第一个阶段是 2013—2015 年，这是各个国家包括欧亚地区大国对中国倡议观望、质疑、摸索的时期。第二个阶段是 2016 年到现在，欧亚国家对中国倡议的态度已经相对明朗，赋予了很多预期，一些项目的推进也使这个倡议具有了可确定性、可预测性，是一种积极的态势；而域外大国对该方案的干涉、渗透、分裂和对抗也愈加清晰。

这里主要探讨两个问题：一是历史进程中的欧亚大陆，回顾 100 年（一个世纪）以来提出了哪些欧亚大陆的方案，这些方案和中国的方案有哪些不同，中国方案面临着怎样的机遇和挑战；二是思考与展望。

一个世纪以来，在欧亚大陆地区发生了怎样的地缘政治博弈，或者说有哪些地缘政治方案？20 世纪初是英国的霸权时期。麦金德提出的“大陆中心说”维护的是英国的海上霸权，英国作为一个“离岸手”，希望英国的海上霸权能够控制大陆陆权的发展。随着冷战的展开，在 20 世纪 40 年代斯皮克曼提出了“大陆边缘地带说”，又为美国在冷战时期的霸权控制边缘地带提供了战略思考。事实上冷战也是这样进行的，美苏的竞逐主要在欧亚大陆的边缘地带。而美国也是属于游离于欧亚大陆之外的国家。冷战结束、苏联解体后的 20 世纪 90 年代，欧亚大陆发生了巨大的变化，充满混乱、动荡。

这一时期美国作为“离岸平衡手”，提出了欧亚大陆新的地缘政治方案。在布热津斯基的《大棋局》中有两个重要概念，一个是“地缘政治棋手”，一个是“地缘政治支轴国”。他建议美国作为“离岸平衡手”继续维持对于欧亚大陆的总控制，即利用同盟关系和地缘政治支轴国的作用来平衡“地缘政治棋手”。这个方案是在 20 世纪 90 年代提出的。在此背景下，美国提出了北约东扩，最终在东欧地区划了一个“分裂线”。这引起了俄罗斯强烈的抗议和回击。可见，20 世纪关于欧亚大陆的地缘政治方案，都是域外大国对于欧亚大陆的经营和控制。

---

* 国防科技大学国际关系学院教授。

2010 年中国成为世界第二大经济体之后，和俄罗斯提出了自己的“欧亚大陆方案”。2011 年普京提出“欧亚联盟”构想，2015 年成立了欧亚经济联盟。2013 年中国提出了“一带一路”倡议。2015 年中俄提出“一带”“一盟”的战略对接。2015 年 6 月，普京提出了“大欧亚伙伴关系计划”。这一时期欧亚大陆主体国家提出的欧亚大陆的发展方案较之以前有很大的不同。中国的方案从东向西推进，俄罗斯的方案从欧亚大陆中心向外发展。

美国在 21 世纪第一个十年之后也相继提出了一系列对于欧亚大陆的新方案，开始战略中心东移。美先后提出“新丝绸之路计划”“大中亚计划”，以至现在的“G5 +1”“G6 +1”计划，还有“印太计划”。美国继北约东扩之后，对欧亚大陆中心也提出了自己的地缘政治构想，且不断地补充。在 2019 年的香山论坛上，绍伊古将军称，美国的“印太战略”是一个模糊的战略、一个对抗的战略，俄罗斯不予接受。由此可见，北约东扩、“印太战略”所谋求的是美国对于欧亚大陆中心作为“平衡手”的一种控制，这是一种对抗性、分裂性的，而不是合作性的地缘政治方案。

俄罗斯的“欧亚联盟”，是俄希望能够连接欧盟—东盟，巩固俄欧亚大国的地位，最终打造欧亚文明，这是其特有的地缘政治诉求。俄罗斯的“欧亚联盟”主要是针对独联体国家的一体化，而其“大欧亚伙伴关系计划”和中国的“一带一路”倡议则有很多的重合区。俄罗斯也强调“大欧亚伙伴关系计划”是以中俄的战略协作为支柱，兼有伊朗、印度、越南等加入。

中国的“一带一路”倡议旨在打造“命运共同体”，强调的是“三共五通”，最终实现区域合作的新模式，这较之其他方案不一样，它反映了新形势下欧亚大陆力量格局的消长。中国的力量在上升，中国的大国责任感也在提升，在这个背景之下欧亚大陆发展方案迎来了一个新的时代。

欧亚大陆的地缘特性很复杂（内陆性、冲突性、多元性），深受外部大国力量博弈的影响。在此背景下，关于欧亚大陆的几个方案最终要聚焦到欧亚大陆的中心——“大中亚”。大中亚将成为中国“一带一路”倡议的第一个实验区、先行区，与大中亚地区的合作也是“一带一路”倡议最终是否能够取得成功的一个重要的示范。在这方面，非常典型的就是项目的对接，这涉及基础设施建设和互联互通等问题。如：中国的陆上“五条方案”，海上“三条路线”。俄罗斯“大欧亚伙伴关系”的三条线路：“南—北”和“西—西”两个交通走廊，即从欧洲经俄罗斯到中亚、印度、伊朗的交通走廊和从欧洲经俄罗斯到中国西部的交通走廊，以及形成把波罗的海与黄海、北冰洋与太平洋及印度洋连接起来的交通航线。俄罗斯希望以欧亚经济联盟、上合组织和中俄战略协作为支柱构建“大欧亚伙伴关系计划”，以此与中国“一带一路”倡议实现战略对接。① 而印度也提出建造中亚—印度洋的南北通道。总之，在这个大中亚地区将会有各种项目的对接，意味着各个国家为了各自的利益需要合作（这也有助于化解地区冲突），另一方面从通道和路线走向及功能来看又具有一定的竞争性。

此外，上合组织也聚焦在这一地区。上合组织是“一带”“一盟”对接的重要平台，“一带一路”倡议为上合组织提供了重要的发展前景，同时“一带一路”倡议的实施和“一带”“一盟”的对接也需要上合组织的实践和落地。由此，上合组织被赋予了更多的预期和前景，包括作为区域性、全球性的安全体系以及地区性的经济合作机制等。

最后，谈几点思考。中国的“一带一路”倡议弘扬的是古老的“丝路精神”，这与“共商、共建、共享”原则和“五通”目标是一脉相承的，旨在打造一种开放、合作、包容的合作模式。这种模式相对百年以来的传统欧亚地缘政治方案是完全不同的，它的意义就是它的示范性，这种示范性指的是对于大变局时代的国际关系新的规则制定，对全球治理问题以及新的区域一体化方案的示范性作用。这就是中国倡议的历史意义。在合作规则方面，中国倡导的合作共融、包容互鉴的合作理念，共同安全、合作安全、普遍安全的安全思想，以及“三共五通”等多边参与、多方互动的合作模式，将为打造新的区域一体化和推动全球治理提供伟大的实践。

目前，沿线国家对中国倡议的反应越来越积极，它们已意识到，只有通过区域性的、次区域性的一体化才能带动地区经济的发展，而地区经济的发展是保证地区安全的根本。在阿富汗问题上，随着中亚地区国家政局相对稳定，中亚国家在解决自身问题之后，对阿富汗也提出了建设建议，包括提供粮食、建设天然气通道和加强边境地区防护等等。阿富汗问题需要周边国家和国际社会多方努力，共同治理。美国、中国、俄罗斯、印度都希望能够从根本上消除阿富汗的动荡，解决贩毒、非法走私等威胁地区安全的问题。通过项目的合作、政策的对接最终推动地区经济的发展，在这一过程中扩大民心相通和人文的交流，这才是解决地区安全问题的关键所在。

中亚国家和沿线国对于“一带一路”倡议的态度总体上是积极的，合作意愿是强烈的，关键在于怎么经营和落实这些项目、怎样进行具体的政

---

① http：//kremlin. ru/events/president/news/61719.

策对接以及如何平衡各国身负的多种身份角色。欧亚大陆上的沿线国家奉行的平衡外交和多元外交为中国的“一带一路”倡议、为其他国家的地缘政治方案都提供了机会，这个过程中各种方案既有矛盾、冲突，也有合作的机遇。当然，这个过程很艰难，但历史的发展进程就是如此。域外大国对欧亚大陆的这种“离岸平衡手”的控制，与欧亚大陆本土大国自身推动和地区沿线国积极回应的内生式合作模式的较量仍将是未来相当长时期欧亚大陆地缘政治发展的基本走势。

╱上合组织：维护欧亚地区安全的重要作用及其前景╱

萨法罗夫·萨伊夫罗*

在新型社会正在形成的当下，上合组织在地缘政治、地缘经济方面起着非常重要的作用。作为一个国际组织，上合组织在形成和扩大的过程中，一直致力于友好合作。上合组织跟其他的区域组织相比具有一些优势。第一，上合组织保证了亚洲区域的安全，比如说在解决亚洲以及亚洲之外其他国家的问题时，起着重要的作用。第二，上合组织促进了亚洲地区，尤其中亚地区的经济发展。塔吉克斯坦就是一个很好的例子，我们的发展要感谢中国的“一带一路”倡议。第三，我们是一个意识形态和文化的综合体，我们要保持我们的文化完整性。当然，上合组织作为一个国际组织，国际影响力还需要加强。

上合组织需要像其他国际组织一样履行自己的责任。上合组织是一个不断发展的组织，在不断加强与各成员国、各区域组织的合作。作为上合组织的成员，我们都很依赖它，像伊朗、亚美尼亚、乌克兰、格鲁吉亚、白俄罗斯、阿富汗等都把它当作是一种帮助自己国家的力量，把和平的希望寄托于它的身上，非常重视上合组织的发展。我也知道安全问题是一个共同的挑战，无论是塔吉克斯坦，还是中国、俄罗斯，甚至是美国，它们的安全是相互制约、相互联动的。比如说阿富汗问题就是一个非常典型的问题，它便是一个相互关联，而不是孤立的问题。

“9·11”事件显示出各国人民为了安全要能够团结在一起，与恐怖分子做斗争。当然，当代的经济发展所要求的安全不仅是军事安全，还包括了生态安全、经济安全、能源安全，这些都非常重要。因此，上合组织的任务就扩大了，同时也扩大了自己的成员。上合组织并不是一个军事联盟，它在经济、人文方面进行合作。

上合组织的所有成员国都是好邻居，所以要加强阿富汗问题的协调工作，要缓解美国和伊朗、印度和巴基斯坦、巴基斯坦和阿富汗的一系列问

---

* 塔吉克斯坦国立财经大学教授。

题。总体来说，上合组织是一个加强安全稳定的组织，是一个加强经济合作的组织，是一个完成“一带一路”倡议的组织。所以，我们一定要保证亚洲地区的安全，要加强我们经济的合作，要与恐怖分子等做斗争。我们共同的努力就会加强我们欧亚地区的安全、繁荣我们的经济。

（根据现场同传速记稿整理）

【俄文原文】

Перспективы ШОС как фактор безопасности в Евразии и афганский вопрос

Сайфулло Сафаров *

В условиях формирования нового мирового порядка нельзя не заметить усиление геополитической и геоэкономической роли одного из перспективных и устойчивых региональных международных организаций ШОС. Становление, укрепление и расширение этой организации происходит эволюционно, без заявлений и определенных амбиций. Но, так как потенциал этой организации не сравним с другими региональными организациями и имеет тенденции к умножению она становится решающим фактором мировой политики в нескольких направлениях, как в Азии, так и за ее пределами.

Первое, и важнейшее составляющее роль ШОС это усиление ее влияния на обеспечение безопасности азиатского контингента, а следовательно и мира.

Второе, направление, это растущее влияние ШОС на ускорение экономического развития стран – участниц ШОС. Влияние ШОС на экономическое развития. Таджикистан является явным примером этого процесса. Это происходит прежде всего благодаря китайского проекта «Один пояс и один путь».

---

* профессор Таджикского государственного университета финансов и экономики.

Третье, это совместная культурно – идеологическое сопротивление против негативных аспектов глобализации и кризиса культуры ради сохранение целостной восточной культуры.

Четвертое, одна из самых важных аспектов нашего сотрудничество является совместное информационное сопротивление усиливающего информационного давления геополитических конкурентов. ШОС пока в этом направлении мало, что сделала и не уделяла особое внимание проблемам информационной войны, хотя она одна из важнейших задач на современном этапе.

Пятое важное направление, это борьба с терроризмом. РАТЦ ШОС Россия и Таджикистан в этом направлении очень многое делали и имеют огромный практический опыть. Они столкнулись с международным терроризмом на своей территориии и на свою шкуру прочувствовали всю опасность угрозы современного международного терроризма.

Прошедший на днях выборы в Афганистане запомнится не только принятием решения кто будет править этой страной, но и выражением серьезной озабоченности тем, как развивается ситуация в Афганистане. Борьба против терроризма стала одной из важнейших тем работы этой чисто экономической структуры. Успехи в этой области у ШОС – а несомненно хорошие, но и здесь есть сложные и неотложные проблемы.

Президент России Владимир Путин высказал свое предложение по развитию ситуации в Афганистане: "Россия, как и все партнеры по ШОС, последовательно выступает за политическое урегулирование (конфликта в Афганистане) через договоренности между самими афганцами. Шанхайская организация сотрудничества могла бы активнее поработать и на этом направлении. Предлагаем возобновить приостановленную в 2009 году деятельность контактной группы ШОС – Афганистан." О том, что в Афганистане ставка на военное решение конфликта не имеет перспективу, говорили в разные годы и другие президенты. Об этом вспомнилось после слов президента РФ В. Путина уже на саммите ШОС в Астане: "Очевидно, что ставка на военное решение внутриафганского конфликта бесперспективна."

В этом плане принятие в состав ШОС Индии и Пакистана приобретает особое звучание. Если российские эксперты акцентируют свое внимание на том, что теперь ШОС пополнилась двумя ядерными державами, намекая на то, что окрепла возможность военного противостояния диктату США, то ряд иных экспертов обратили внимание на рост возможностей по разрешению проблемы Афганистана. Урегулирование афганского вопроса стало совсем реальным после недавных выборов президента ИРА.

Член ШОС Пакистан еще со времени советского вторжения в Афганистан 1979 – 89 годов стал базой подготовки моджахедов, поддерживаемой США, но теперь он сам становится объектом атак террористов. Поэтому ему надо активнее и плодотворнее сотрудничать со спецслужбами стран ШОС в плане оказания помощи в ликвидации террористов на своей территории. Надеемся, что это государство наконец осознаёт ошибочность выбранной пути так как «за эти годы поняли, что поджигая афганскую землю, они горят сами» писал журналист Сергей Борисов в ЦентрАзия. ру. После объявления результатов президентских выборов намечается активизации как впутренных так и внешных сил в этом направлении.

Индия заинтересована в прокладке по территории Афганистана газовой трубы из Туркменистана, поэтому ей тоже следует активнее включаться в эту работу по возвращениюАфганистана к мирной жизни. Возможно, именно на почве совместной работы в Афганистане Дели и Исламабад смогут преодолеть свою взаимную неприязнь, быстрее найти пути решения темы Кашмира. Китай имеет в Афганистане месторождение меди Айнак, но никак не может развернуть промышленную добычу продукции именно по причине активного противодействия террористов. Так что для Пекина Афганистан из чисто геополитической проблемы тоже превращается в экономическую тему. Для России тоже настало время доказать свою приверженность к миру в Афганистане не словами, а конкретным участием в восстановлении страны.

1. Напомним, что эта контактная группы была учреждена в 2004 году, на ташкентском саммите ШОС, опять же по предложениюРоссии Саммит в столице Узбекистана запомнился и созданием на нем Региональной антитеррористической структуры (РАТС), штаб- квартира которой размещена в Ташкенте (Постоянный адрес статьи – http://

www. centrasia. ru/newsA. php ? st = 1499361600).

В ответ на обвинения США и Запада о подрыве стабильности в Афганистане через поставки оружия талибам Москва может развернуть работу по возврату в строй тех предприятий, которые были построены еще в 1979 – 89 годы. Весь вопрос в том, захочет ли она это сделать. Пока видим сотрясание воздуха. Таджикистан, Туркменистан, Узбекистан, Кыргызстан, Казахстан в Афганистане имеют свои интересы, но только мирный Афганистан может их интересы удовлетворять.

Сейчас для ШОС важнее не грозить кулачками в сторону США и ЕС, а делом доказать свою силу и эффективность. В этом плане для новобранцев Индии и Пакистана есть большое поле для деятельности в Афганистане. Россия спешит обозначить в своих СМИ следующим кандидатом на вступление в ШОС Иран, поэтому на саммит в Астане приехал глава МИД страны Джавад Зариф, хотя поначалу ждали его заместителя Ибрагима Рахимпура. Но Тегеран должен в качестве кандидата выполнить "контрольную работу" по содействиюАфганистану на пути возврата к мирной жизни. Иначе возникают подозрения в том, что пока Иран на почве своей неприязни к США мог способствовать сохранению на земле Афганистана нестабильности через подпитку террористов. Иначе как объяснить тот факт, что боевики ИГИЛ из Сирии просочились в Афганистан? Между Сирией и Афганистаном расположен как раз Иран. Неужели угрозы Вашингтона в адрес Тегерана и обвинения в том, что Иран стал рассадником терроризма, не беспочвенны? Пусть докажут на деле, что это вовсе не так. И самое главное документации по вступлению приводит в соответствии требовнияи ШОС. Иначе, получается так, что Иран и Россия, в сильнейшем желании как – то отомстить США за введение санкций в отношении Москвы и медленное снятие их с Тегерана, вполне могут подрывать Афганистан. Гипотетически это понятно, но не продуктивно. Выходит, что Москва ставит себя в плохое положение перед партнерами по ШОС, а Тегеран ставит под вопрос принятие в ряды организации. Не потому ли Россия так тянет в ШОС Иран, что видит в нем своего "засланного казачка"? Пусть докажут обратное в Афганистане. Неужели для Москвы и Тегерана главным препятствием является здесь военное присутствие США в Афганистане?

Если они возьмут на себя ответственность за мир в этой стране, то “дядю Сэма” можно попросить уйти оттуда. Но они же только говорят красивые фразы, а дела не видно … Оппозиционные политики обвиняют в пособничестве террористам правящие круги и силовиков, официальная же власть возлагает ответственность за теракты на группировку Хаккани и пакистанскую межведомственную разведку ISI. Как пишут СМИ изначально “Сеть Хаккани” базировалась в пакистанских горных районах Северный и Южный Вазиристан, ставших оплотом Талибана в начале века. На территории Афганистана влияние этой террористической сети особенно сильно в приграничных с Пакистаном провинциях Хост, Пактия и Пактика. Сейчас “Сеть Хаккани” является частью Талибана. Это было взаимовыгодное объединение. Хакканистам этот союз был необходим для того, чтобы поднять уровень своей информационно – пропагандистской работы, так как свою собственную идеологическую базу “Сеть Хаккани” сформировать не смогла. А Талибану союзнические отношения с “Сетью Хаккани” (Haqqani Network) позволили расширить ресурсную базу, расширив ареал своего влияния, отмечают эксперты Академии Вест – Пойнт (США) Дон Расслер и Вахид Браун.

США внесли сеть Хаккани в список террористических организаций в 2011 году, так как им не удалось взять эту структуру под свой контроль. После серии терактов, направленных против посольства США, здания Национального директората безопасности Афганистана (амнийата) и представительства НАТО в Кабуле, ответственность за них взяли талибы, но на практике акции смертников чаще всего организуют хакканисты. Сразу после этих терактов Председатель объединенного комитета начальников штабов США адмирал Майк Маллен заявил, что пакистанская межведомственная разведкаISI “имеет давние связи с” Сетью Хаккани “Это не значит, что каждый офицер пакистанской разведки сотрудничает с ними, но связи есть” и это продолжается долго. Несмотря на то, что Пакистан отрицает свою связь с террористами, “молодые талибы практически ежемесячно выпускаются из медресе на территории Пакистана”, как заявил на прошедшей в конце апреля VI Конференции по международной безопасности эксперт по региональной безопасности Таалатбек Масадыков. Однако в последние годы тренировочные центры террористов стали перемещаться от границ с Пакистаном в северные районы Афганистана. По данным Масадыкова, в северных провинциях Фарьяб, Сарыпуль, Саманган, Баглан, Кундуз, Тахар и Бадахшан, а также восточных провинциях Афганистана, созданы базы и тренировочные центры, где террористы различных стран, по большей части выходцы из стран бывшего СССР, обучаются диверсионной деятельности. Есть даже тренировочные центры для женщин. Все эти центры получают регулярную техническую и финансовую поддержку. Группы террористов организованно перебрасываются из южных провинций Афганистана на границы с Центральной Азией. И это отнюдь не талибы, а подразделения ИГИЛ (организации, деятельность которой запрещена в РФ). Этот факт не отрицает даже Московский центр Карнеги: "Количество боевиков ИГИЛ (организация, деятельность которой запрещена в РФ) в северных провинциях страны выглядит весьма внушительным: в Кундузе и Тахоре по три тысячи; в Фарьябе и Сарипуле – от двух до трех тысяч; в Джаузджане, Самангане и Балхе по тысяче боевиков. Костяк этих сил составляют выходцы из стран Центральной Азии, российских районов Северного Кавказа, уйгуры из китайского Синьцзяна." То, что ситуация в Афганистане стремительно деград-рует, стало ясно после беспрецедентно кровавой атаки на гарнизон афганской армии в Мазари – Шарифе 21 апреля, когда в результате атаки боевиков погибли 250 военных. После этого ушли в отставку министр обороны Афганистана и начальник Генерального штаба. С неофициальным визитом Кабул посетил министр обороны США Джеймс Мэттис, который обвинил Россию в поставках оружия Талибану. В афганских СМИ высказывались самые различные версии по поводу организаторов и исполнителей этого теракта. Ими могли быть предатели из числа военных, переодетые боевики ИГИЛ (организация, деятельность которой запрещена в РФ) или талибы. США ведут в Афганистане сложную политическую игру, причем довольно грубыми, а подчас примитивными методами. Они заинтересованы в укреплении действующего в Афганистане и Пакистане подразделения ИГИЛ (организация, деятельность которой запрещена в РФ) "Вилайет Хорасан" с целью контроля над регионом, через который идут стратегические маршруты в Китай, Иран и страны Средней и Центральной

Азии. Активно работают спецслужбы США и с талибами, оказывая на них давление с целью перехода под знамена ИГИЛ (организация, деятельность которой запрещена в РФ), зачастую просто перекупая бойцов и полевых командиров Талибана. Рядовой боевик ИГИЛ получает в Афганистане 600 долларов, а командный состав – 1000, что и привлекает в ряды джихадистов безработную молодежь, а также побуждает подразделения талибов переходить на сторону. Количество экстремистов в тренировочных лагерях на севере Афганистана постоянно растет. Если раньше в них попадали из идеологических и религиозных соображений, то сегодня все чаще – ради заработка.

Союз Талибана и ИГИЛ во многом является чисто формальным и показным. Если наиболее агрессивное крыло талибов – хакканисты – действительно в некоторой степени тяготеют к радикальному джихаду в глобальном масштабе, то основная часть талибов рассматривает либо как врага, либо как ситуативного союзника и, если и поднимают черный флаг, то лишь с целью элементарного выживания. Ни Талибан, ни ИГИЛ (организации, деятельность которой запрещена в РФ) не имеют шансов установить власть над всей территорией Афганистана на сколь – нибудь продолжительный срок. В Талибане доминируют пуштуны, поэтому это движение, рожденное в пакистанских медресе и военных школах, не имеет возможности опереться на пуштуно – таджикские модели диалога и сотрудничества и тем более не имеет шансов стать авторитетной силой для лидеров племен. Тем более таких шансов нет у ИГИЛ, которое внешние игроки пестуют на территории Афганистана с целью экспансии в сопредельные регионы (Среднюю и Центральную Азию, Иран, Китай), а не для захвата власти в этой стране. Тем не менее ситуация в Афганистане неуклонно накаляется, страна хаотизируется с каждым днем. Пентагоновские стратеги намерены создать на севере Афганистана террористический анклав и таким образом контролировать и тревожить лежащую за горами Гиндукуша мусульманскую часть Китая, хазарейскую и белуджскую границы Ирана и Пакистана, а также находящееся под русским военным зонтиком пространство Центральный Азии. Чтобы не допустить захвата террористами Кабула, предполагается ввести в страну дополнительный контингент американских войск. Сами афганцы во всех своих бедах винят Пакистан, и это во многом соответствует действительности. В пакистанских медресе производство юных идейно мотивированных талибов поставлено на поток, а на нелегальных предприятиях в массовом порядке изготавливается для них стрелковое оружие. Если раньше все это имело какой – то геополитический смысл, то сейчас просто превратилось в бизнес, который уже причиняет серьезную головную боль пакистанским военным. В любой момент подразделения талибов могут развернуть фронт и ударить по альма – матер. Это как внутренное противоречие Пакистана можно признать, но она является и для региона большой угрозой.

Влияние Ирана не столь велико, но в последнее время стало более заметным. Иран не хочет прихода к власти в Афганистане джихадистов, но и не заинтересован, чтобы соседнее государство стало единым и сильным. Влияние России в Афганистане могло бы быть на порядок более заметным, если бы этого захотела сама Россия. Состоявшийся в Москве в 2009 году российско – афганский форум заронил такую надежду, но она сразу же угасла.

Особое значение приобретает переговоры с талибами в Москве, но для нас экспертов знаюших глубоко этой проблемы они бесперспективны и скорых результатов от них ждат не стоит. На форум прибыли лидеры племен и высшие чиновники Афганистана. Приехал вице – президент Афганистана Карим Халили и даже внук Амманулы – хана, афганского эмира, заключившего в 1919 году дипломатические отношения с Советской Россией. Первый день форума превзошел самые радужные ожидания. Участие в нем вице – премьера Игоря Сечина, главы Совбеза Николая Патрушева и руководителя антинаркотического комитета Виктора Иванова было воспринято афганцами как знак того, что Россия намерена начать широкомасштабное сотрудничество с Афганистаном. Однако на этом все и кончилось. Форум больше не проводился, а принятые на нем декларации о сотрудничестве в области культуры, экономики и безопасности повисли в воздухе. Особое раздражение афганцев вызвали сопровождавшие их во время экскурсионных поездок завсегдатаи телевизионных ток – шоу во главе с Максимом Шевченко и Орханом Джемалем. На сегодняшний день вся стратегия РФ в отношении

Афганистана сводится к укреплению границ сопредельных с ним стран бывшего СССР и робким контактам по линии спецслужб с лидерами талибов. Стратегия "мягкой силы" полностью отсутствует. А информационное обеспечение своих мероприятий тем более. А нам хочется эффективная работа наших стратегических партнеров по афганскому вопросу.

По мере того как накаляется политическая атмосфера в стране и Афганистан погружается в хаос, возрастает и угроза удара окопавшихся на севере страны боевиков по Таджикистану или Туркмении. Наши источники и даже в российском Генштабе считают, что у террористов нет достаточных сил, чтобы атаковать широким фронтом. Но скрытно перейти границу и совершить один – другой набег на небольшие приграничные селения они вполне способны. В Таджикистане они не смогут удерживать не только какой – либо населенный пункт, но даже небольшой плацдарм, так как будут сразу же уничтожены силами таджикских военных и российского военного контингента 201 военной базы в Таджикистане. Россия окажет военную помощь также и Туркмении, соответствующие договоренности, по нашим данным, были достигнуты во время недавнего визита в Москву президента Туркменистана.

С июля по октябрь в Афганистане прекращаются горные сели и высыхают дороги. Поэтому можно ожидать активизации боевиков в северных районах страны в самое ближайшее время. Если атаки боевиков на населенные пункты Таджикистана и Туркмении станут реальностью, то США воспользуются этим, чтобы ввести в Афганистан дополнительный воинский контингент и предложить России свою военно – техническую помощь, небескорыстно, конечно. Россия укрепит свои позиции в Центральной Азии, которая мгновенно "развернется на север".

Однако чисто военные усилия не смогут погасить пожар революционного джихада, это уже доказано ходом событий на Ближнем Востоке. Непрерывные теракты в стране вызывают все более мощные протестные выступления. Проблемы усугубляются серьезными противоречиями внутри правящей верхушки во главе с президентом Ашрафом Гани и премьер – министром Абдуллой Абдуллой. Если процессы дестабилизации не повернуть вспять, то в Афганистане может начаться этно – религиозная гражданская война, которая затянется на долгие годы. Примерно так думает экспертное сообщество СНГ и в том числе военных России. Конечно, ситуация меняется очень быстро и не всегда можно ее точно предсказать, но в общем главные моменты именно так выглядять.

Таким образом, усиление влияния ШОС, как международная организация, которая вправе спрашивать у мирового лидера и других игроков мировой политики о степени их ответственности перед мировым сообществом, дополняет функции ООН в азиатском контингенте, как это делает в Европе ОБСЕ в области безопасности. Но практика показывает, что ШОС имеет характер развивающего организма. Расширяется, углубляет своё сотрудничество со странами членами. Она влияет на все аспекты безопасности и многие государства это признают и надеются на ШОС, как на своего спасителя от усиления влияния других сил или блоков. Опыт показывает, что в ряде государств как Иран, Армении, Украина, Грузия, Белоруссия, Афганистан центристские силы в укреплении и расширении ШОС видят спасательную силу балансирующую острейшие геополитические столкновения различных интересов политических сил, как внутри отдельных государств, так и на международной арене, и с трепетом следят за развитием этой организации.

Всем известно, что понятие безопасности это неделимое понятие. Оно одинаково важно, как таджикам и китайцам, так и русским и американцам. Примером, может служит, Афганистан. где более чем достаточно заметно это взаимосвязанность. Если события 11 сентября 2001г. показали мировому сообществу, что интересы всех государств могут иметь общую точку соприкосновения при принятии мер по устранению угрозы миру и международной безопасности, то пример Афганистана нас заставляет задуматься и об обеспечении региональной и национальной безопасности.

Современные экономические процессы показывают, что проблема безопасности актуально не только в одном военном измерении. Продовольственная, экологическая, экономическая, энергетическая безопасность не менее важны для сохранения мира и стабильности в одной или нескольких соседних государств. И в этом направлении действует расширение задач ШОС по мере их созревание и осознание участниками организации. Так, как ШОС не является военным блоком, то единственной целью военного сотрудничества членов ШОС по Афганистану является урегулировании афганского вопроса через экономическое и гуманитарное сотрудничество. Странам участниц ШОС не безразлично судьба своего соседа. Они будут искать различные пути участия в обеспечение мира и стабильности в Афганистане. ШОС и все страны участницы этой организации готовы участвовать в урегулировании афганского вопроса. Для этого нужна снятие напряженных отношений между США и Ираном, решение пограничных проблем между Индией и Пакистаном, между Пакистаном и Афганистаном и ряд других проблем межгосударственного и регионального характера.

В целом, расширении, укреплении и активизации ШОС в перспективе это прежде всего фактор усиливающий безопасность региона, интенсификация торгово – экономических отношений. Особенно в рамках проектов «Один пояс и один путь» ШОС может надолго влиять на обеспечение безопасности азиатского континента, на ускорение экономического развития региона ЦАР, ослабление противоречий и урегулирование отношений между проблемными государствами региона. Главным результатом наших совместных усилий, будет укрепление доверие к будущему ШОС как к организации способствующая укреплению безопасности в Евроазиатском пространстве.

“拯救咸海国际基金”所面临的挑战和发展前景

肖斌*

咸海危机已成为中亚国家越来越关注的区域性生态问题。2018 年 8 月 24 日，“拯救咸海国际基金”创始国首脑会议在土库曼斯坦巴什市举行，哈萨克斯坦总统纳扎尔巴耶夫、吉尔吉斯斯坦总统热恩别科夫、塔吉克斯坦总统拉赫蒙、土库曼斯坦总统别尔德穆哈梅多夫、乌兹别克斯坦总统米尔济约耶夫出席了本次会议。在会议上，中亚五国元首讨论了本地区水资源管理、环境保护等问题，并确定了未来在水资源管理和环境保护等领域的合作及联合行动。咸海危机之所以越来越被中亚国家关注，是因为曾为世界第四大内陆湖的咸海面积持续缩小，若这种环境灾难最终以咸海消失为代价，那么不仅咸海周边国家受影响，整个中亚地区的生态环境也会遭到破坏。

一、“拯救咸海国际基金”积极作用显著

为了治理地区性生态危机，避免地区性水资源冲突，中亚国家政府首脑于 1991 年 10 月 12 日发布了联合声明，声明指出在权力平等和共同责任的原则下管理本地区水资源。在此基础上，1992 年 2 月 18 日，负责水资源管理的中亚国家部长签署了《关于联合管理、使用和保护跨境水资源协定》。作为受咸海危机影响最大的中亚国家，乌兹别克斯坦于 1992 年 8 月 28 日主办了咸海问题国际工作组会议，哈萨克斯坦、吉尔吉斯斯坦、塔吉克斯坦、土库曼斯坦、俄罗斯和其他独联体国家总统、议会代表、公共部门负责人等参加了会议，在这次会议上参会各方尝试建立针对咸海问题的基金会，并签署了地区水管理协议。1993 年 1 月 4 日，乌兹别克斯坦在塔什干召开了中亚五国首脑会议，五国首脑同意成立“拯救咸海国际基金”，

---

* 肖斌，政治学博士，中国社会科学院上海合作组织研究中心副秘书长、中国社会科学院俄罗斯东欧中亚研究所副研究员。本文系中国社会科学院创新工程项目“‘丝绸之路经济带’背景下中亚国家发展形势及其国际秩序研究”成果。

目的是建立一个跨国组织，合作修复因咸海灾难而破坏的地区生态环境，以及解决地区社会经济问题。四年后，中亚五国元首会晤对“拯救咸海国际基金”的管理原则进行了修订，推行轮值主席国制，每三年在创始会员国中选出一个轮值主席国。2017—2019 年度的轮值主席国是土库曼斯坦，2020—2022 年的轮值主席国是塔吉克斯坦。根据土库曼斯坦外交部网站公布的信息，①“拯救咸海国际基金”的组织结构由以下几个部分构成。

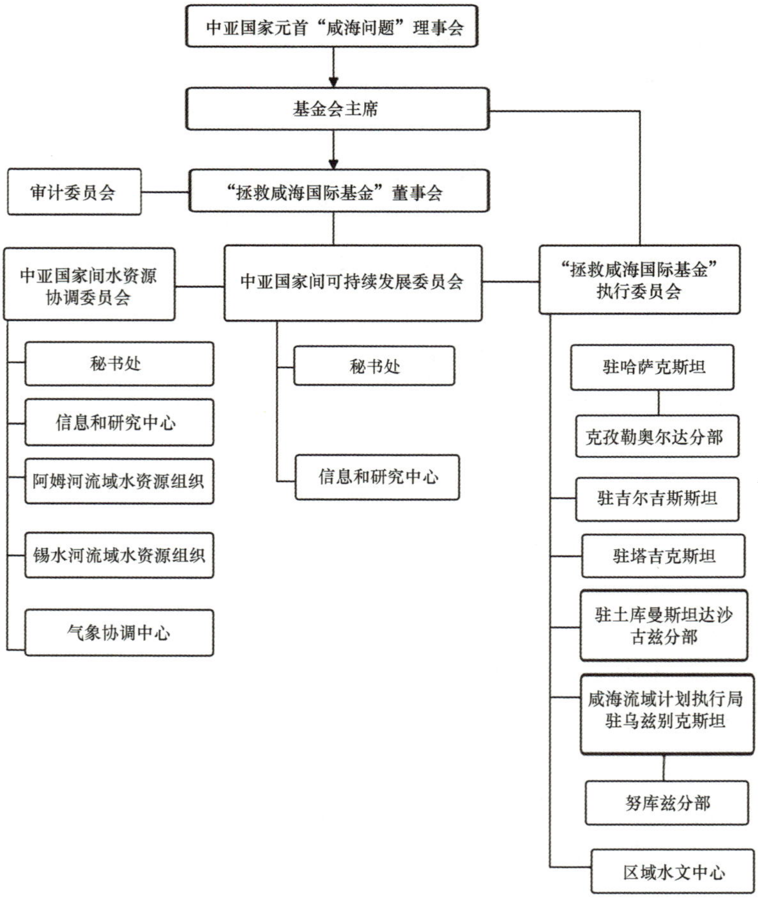

“拯救咸海国际基金”组织结构图

根据“拯救咸海国际基金”执行委员会网站的信息，②该基金的合作目

① International Fund for Saving the Aral Sea，https：//www. mfa. gov. tm/en/articles/56？breadcrumbs = no&title = aral.

② About EC IFAS，http：//ec – ifas. waterunites – ca. org/about/index. html.

标包括：改善咸海流域的生态和社会经济状况；发展各方接受的、综合各方利益的、区域性的水资源管理和环境保护机制。在上述合作目标下，“拯救咸海国际基金”将优先实现以下任务：一是发展与联合国及其他国际组织间的协作关系；二是进一步发挥“拯救咸海国际基金”的作用和提高效率；三是发展“咸海流域计划”。

“咸海流域计划”（ASBP）是“拯救咸海国际基金”缓解咸海危机的长期行动计划，该计划的长期目标是致力于咸海流域地区的可持续发展，尤其是咸海流域地区水资源及其相关领域实施可持续的管理。该计划包括地区和国家两个层次的项目。自“拯救咸海国际基金”成立以来，在世界银行、联合国发展计划署、联合国环境规划署、联合国教科文组织、亚洲开发银行等机构的帮助下，“咸海流域计划”已完成三个阶段的任务：阶段一，ASBP－1 计划，启动于 1993 年，1994 年 1 月该计划被中亚国家首脑批准，在 1994 年 6 月获得了 4 亿美元的援助。ASBP－1 的目标是：使咸海流域环境趋于稳定；恢复咸海周边被破坏的环境；改善咸海流域跨境水资源管理；提高地区性组织规划和实施 ASBP－1 的能力。[①]阶段二，ASBP－2 计划，启动于 2002 年 10 月 6 日创始国首脑会议——杜尚别会议。ASBP－2 计划涵盖环境、社会经济、水管理和制度问题等，项目周期为 2003—2010 年，向该计划提供资助的包括联合国开发计划署、世界银行、亚洲开发银行、美国国际开发署，以及瑞士、日本、芬兰、挪威等国机构。在 2002—2007 年间，“拯救咸海国际基金”就在该计划上投入了 10 亿美元。[②]阶段三，ASBP－3 计划，于 2009 年 4 月 28 日开始规划，提供资助的机构包括世界银行、欧盟、美国国际开发署、德国国际合作机构、联合国可持续发展委员会等。ASBP－3 主要关注水资源的综合使用、环境保护、社会经济发展、改善制度及法律文书四个领域。在开始征集项目时，“拯救咸海国际基金”收到了 335 份立项申请（预算金额为 95 亿美元），其中关于水资源综合使用 149 项、环境保护 100 项、社会经济发展 71 项、改善制度及法律文书 15 项，最终有 44 份立项申请被批准。[③]

综上所述，“拯救咸海国际基金”是缓解地区生态环境持续恶化的国际合作机制，该机制得到了国际机构、国际组织及发达国家的援助，在稳

① ASBP 1，http：//ec－ifas. waterunites－ca. org/pbam/pbam－1/index. html.

② ASBP 2，http：//ec－ifas. waterunites－ca. org/pbam/pbam－2/index. html.

③ What is ASBP－3，http：//ec－ifas. waterunites－ca. org/about/activities/pbam－3/index. html.

定（恢复）咸海流域环境、提高咸海流域水资源综合利用、改善咸海流域居民生活等方面做了很多有益的工作。

二、“拯救咸海国际基金”面临的挑战

“拯救咸海国际基金”在咸海流域地区取得如下合作成果：确保了10个水坝及水库的稳定性；建立了25个跨界河流的水文检测站；建立了2个区域水资源协调中心和5个国家环境信息系统中心；编制了水资源综合利用、规划、评估和预防污染等方面的法律、标准和条例；部分恢复了咸海流域湿地；改善了城市和乡村清洁水供应；加强对公众的环保宣传等等。但是，“拯救咸海国际基金”无法改变整个咸海流域生态环境持续恶化的趋势。例如，在过去的几十年里塔吉克斯坦冰川总量减少了30%，其中包括1000个中小型冰川。独立后的塔吉克斯坦因水资源导致的自然灾害损失了数十亿美元。与20世纪60年代相比，中亚地区人均供水量仅为原来的四分之一。[①]哈萨克斯坦和乌兹别克斯坦位于咸海北部和南部，受咸海危机的影响最为直接。哈萨克斯坦总统纳扎尔巴耶夫在“拯救咸海国际基金”创始国首脑会议上指出，咸海危机已成为人类历史最大的生态灾难。在过去的50年，咸海水域面积萎缩为原来的十分之一、储水量为原来的三十分之一；每年有8000万吨毒盐被挥发进入大气层，污染面积达数千公里。[②]乌兹别克斯坦总统米尔济约耶夫在发言中指出，咸海生态环境已不可修复，负面影响在扩大。为了治理咸海危机，乌兹别克斯坦已实施了很多保护环境的措施，其中就包括对35万公顷干涸的咸海土地种植耐盐植物，预期种植目标为70万公顷。此外，乌兹别克斯坦财政部还出资2000亿苏姆设立了咸海地区发展基金，目的是提高卡拉卡尔帕克斯坦共和国和花剌子莫地区供水量和改善居民生活条件。[③]

---

① Participation in the summit of the Heads of the States – founders of the International Fund for Saving the Aral Sea, http://www.president.tj/en/node/18254; Program of actions on providing assistance to the countries of the Aral Sea Basin for the period of 2011 – 2015, http://www.ifas.kz/upload/userfiles/files/3.pdf.

② Joint press conference following the meeting of the heads of the founding states, International Fund for Saving the Aral Sea, http://www.president.kz/en/events/international_community/foreign_visits/joint-press-conference-following-the-meeting-of-the-heads-of-the-founding-states-international-fund-for-saving-the-aral-sea.

③ Summit of Heads of the Founder States of the International Fund for Saving the Aral Sea has started, http://www.president.uz/en/lists/view/1966.

咸海流域生态问题现状已表明，"拯救咸海国际基金"不会从根本上改变咸海流域恶化的趋势，同时不得不面临更多的挑战。在众多挑战中，地区气候变化、咸海流域人口快速增加、尽早出台共同的区域环境政策是最直接的挑战。

中亚地区气候变化呈"暖湿"趋势。根据相关研究报告，中亚地区属于干旱半干旱区，平均年降水量 283.4 毫米、潜在蒸发量 979.9 毫米；近 115 年来平均气温显著升高，呈加速增暖趋势。[①]"暖湿"气候对中亚水资源的影响是多方面的，其中包括对中亚冰川的影响。以中亚地区阿拉套山区冰川为例，在 1990—2011 年间，该地区冰川萎缩了 20.24%，关键因素就是气候变暖，年降水量的增加不能抵消由夏季温度剧烈上升导致的冰川消融。[②]中亚国家出现反常气候的频率也在增加。以哈萨克斯坦为例，与 1990—2002 年相比，在 2003—2015 年间大雨出现的次数增加了 2.5 倍、强雪 2.7 倍、强风暴 1.8 倍、大雾 2.7 倍、重沙尘暴 3.4 倍等。[③]未来 30—50 年，咸海流域气候将呈现出如下变化：一是年平均气温上升。在 2050 年前，年平均气温增加 2 摄氏度；到 2085 年吉尔吉斯斯坦年平均气温将增加 2 摄氏度至 5.5 摄氏度，塔吉克斯坦增加 2.2 摄氏度至 5.7 摄氏度。二是年降水量波动，不确定性增加。在 2085 年前乌兹别克斯坦年降水量可能会增加 20%，而土库曼斯坦年降水量将会轻微下降。三是冬季月份降水量将有明显增加。2085 年前的每年 11 月至次年 4 月，吉尔吉斯斯坦降水量会增加 50%，乌兹别克斯坦降水量会增加 30%，其余月份则会有轻微下降。四是中亚地区干旱发生率增加，干旱期将延长。即使降水量不变，温度升高会增加蒸发量，导致气候干燥。[④]

咸海流域人口快速增加。地处欧亚大陆腹地的咸海流域，占中亚地区面积的 37%，占地 176 万平方公里，其中阿富汗 14.2%、哈萨克斯坦 19.9%、吉尔吉斯斯坦 6.8%、塔吉克斯坦 8.1%、土库曼斯坦 26.5%、乌兹别克斯坦 24.5%。咸海流域包括锡尔河、阿姆河、捷詹河、木尔加布

---

① 迪丽努尔·托列吾别克、李栋梁：《近 115 a 中亚干湿气候变化研究》，《干旱气象》，2018 年 4 月第 2 期，第 193 页。

② 何毅、杨太保、冀琴、陈杰：《中亚阿拉套地区冰川退缩与气候变化关系研究》，《干旱地理》，2014 年 9 月第 5 期，第 908—915 页。

③ Экосистемный подход для адаптации к изменению климата в высокогорных регионах Центральной Азии», https：//16news. kz/news/town/Ekosistemnyiy – podhod – dlya – adaptatsii – k – izmeneniyu – klimata – v – vyisokogornyih – regionah – TSentralnoy – Azii – 3464.

④ Climate Risk Profile Central Asia，https：//www. climatelinks. org/resources/climate – risk – profile – central – asia.

河、卡拉库姆运河（连接阿姆河、捷詹河、木尔加布河）等水资源，而中亚国家人口大都分布在上述河流两岸及支流地区。根据联合国粮农组织公布的信息，在20世纪60年代咸海流域人口为1500万，到了20世纪80年代人口增加到2700万，2006年咸海流域人口已接近4600万。①截至2018年9月，“拯救咸海国际基金”创始国的总人口已经达到7130多万人，与2007年相比增加了1100多万人（见下表）。人口的增加意味着对水资源消费量的增加，加上节水技术还未普遍使用，这无疑增加了咸海流域生态的负担。不仅如此，有数据表明，中亚国家人口将持续增长，到2020年中亚地区人口将达到7100万。②

2007年与2017年的中亚国家人口变化

	总人口（人）		农村（百分比）		城市（百分比）	
	2007年	2017年	2007年	2017年	2007年	2017年
哈萨克斯坦	15484192	18037646	45.69	46.76	54.31	53.24
吉尔吉斯斯坦	5268400	6201500	64.71	63.99	35.29	36.01
塔吉克斯坦	7152385	8921343	73.53	72.98	26.47	27.02
土库曼斯坦	4870173	5758075	52.44	49.23	47.56	50.77
乌兹别克斯坦	26868000	32387200	63.6	63.38	36.4	36.62
总计	59643150	71305764				

数据来源：世界银行。

共同的区域环境政策尚未达成。因国家资源禀赋和发展水平不同，“拯救咸海国际基金”创始国在建立共同的区域环境政策上还存在很多分歧。哈萨克斯坦在2016年批准了《巴黎协定》，设定了在2030年前减排15%的目标，或在国际社会的资助下减排25%。同时，哈萨克斯坦政府在2013年做出在经济发展中降低能耗强度的计划，与2008年相比能耗强度分别降低25%（2020年前）、30%（2030年前）、50%（2050年前）；提高可再生能源在经济发展中的使用比例，从0.4%（2018年）提高到3%（2020年前）、30%（2030年前）、50%（2050年前）。不过，哈萨克斯坦的可持续发展目标可能设置过高，达到预期目标将十分困难。例如，目前

① Aral Sea Basin，http：//www.fao.org/NR/WATER/AQUASTAT/basins/aral－sea/index.stm.

② Population of the World，https：//www.livepopulation.com/population－projections/kyrgyzstan－2020.html.

煤电在哈萨克斯坦电力消费中占80%，在2050年前仅完成改造升级一项就需要投入900亿—1300亿美元。[①]吉尔吉斯斯坦在2017年11月出台了针对粮食安全的"国家战略计划2018—2022"，该计划中指出，在吉尔吉斯斯坦6%的人口存在能源短缺问题，25%的人生活在国家贫困线下。[②]与此同时，吉尔吉斯斯坦公布了"国家可持续发展战略"，该战略的预期目标是，到2040年，吉尔吉斯斯坦成为生活高品质、人力资源有竞争力、对世界文化的贡献被认可的国家。在环境安全领域，到2020年吉尔吉斯斯坦二氧化碳排放量要降低20%。2040年人均二氧化碳排放量不超过1.7吨。[③]对于吉尔吉斯斯坦而言，实现预期减排目标非常困难，财政能力不足是主要问题。[④]被誉为"中亚水塔"的塔吉克斯坦也制定了"国家发展战略2030"，最终目标是在可持续发展的基础上提高塔吉克人的生活水平，为此塔吉克斯坦将确保能源安全和电能使用效率；从交通瓶颈国转变为过境国；提高粮食安全和公民获取营养的水平；扩大生产性就业。[⑤]然而，在确保能源安全方面，塔吉克斯坦主要依靠开发大小河流的水电站，但是开发水电站项目若不能与下游国家协商一致，那么很有可能加剧下游国家既有的生态危机。土库曼斯坦在2016年9月出台了17项在2030年完成的可持续发展目标。[⑥]土库曼斯坦总统别尔德穆哈梅多夫在2018年6月举行的"可持续发展的水"国际会议上强调，水资源问题包括政治、经济和社会层面，需要国际社会关注和协调一致，发展长期的、共同的水资源行动战略非常重要。[⑦]乌兹别克斯坦在其"发展战略2017—2021"中提出五个优先：优先加强国家制度和公共建设；优先确保法律制度和司法制度改革；

---

① Climate change poses significant risks to economy, July 31st 2018, http://country.eiu.com/article.aspx?articleid=576992241&Country=Kazakhstan&topic=Economy.

② Kyrgyz Republic Country Strategic Plan (2018-2022), https://docs.wfp.org/api/documents/7e55367689834942b3976b9bbf19f1d9/download/.

③ Sustainable Development Strategy of The Kyrgyz Republic for The Period of 2018-2040 "Taza Koom-Jany Door", http://www.oda.go.kr.

④ National Development Strategy of The Republic of Tajikistan for The Period Up to 2030, http://nafaka.tj/images/zakoni/new/strategiya_2030_en.pdf.

⑤ National Development Strategy of The Republic of Tajikistan for The Period Up to 2030, http://nafaka.tj/images/zakoni/new/strategiya_2030_en.pdf.

⑥ Government of Turkmenistan adopts Sustainable Development Goals framework for the country, Sep 23, 2016, http://www.eurasia.undp.org/content/rbec/en/home/presscenter/pressreleases/2016/09/23/government-of-turkmenistan-adopts-sustainable-development-goals-framework-for-the-country.html.

⑦ President of Turkmenistan attends the High-Level International Conference "Water for sustainable development", http://tdh.gov.tm/news/en/articles.aspx&article13410&cat26.

优先经济发展和自由化；优先推动社会发展；优先发展安全、族群间和谐及宗教宽容、多边利益平衡的建设性外交等领域。①但是，乌兹别克斯坦面临着减排任务，2020年要提高天然气的使用率，安装100—200兆瓦太阳能和风力发电设备，建立120兆瓦的现代化水电站；到2030年，减少二氧化碳排量200万吨，可再生能源使用比例提高到20%。② 综上，“拯救咸海国际基金”创始国在国家发展战略和可持续发展方面存在较大差异性，达成共同区域环境政策的同时需要解决国家发展利益方面的问题。

三、“拯救咸海国际基金”的发展前景

“拯救咸海国际基金”是解决咸海流域问题的国际公共产品，建立在哈萨克斯坦、吉尔吉斯斯坦、塔吉克斯坦、土库曼斯坦和乌兹别克斯坦等国政府间合作之上。与所有国际公共产品一样，“拯救咸海国际基金”的发展受宏观、中观和微观几个层面的影响。

在宏观层面，咸海流域生态危机对“拯救咸海国际基金”发展有直接影响。若地区生态危机持续恶化并对“拯救咸海国际基金”成员国都产生了潜在的危害，那么“拯救咸海国际基金”将有可能向高水平的制度化发展。这是因为，作为地区性生态危机，每个相关国家都会寻求更积极的对内和对外政策，避免生态危机的不断扩大，其中寻求适宜的国际公共产品就是相关国家对外政策的一项主要内容。作为拯救地区生态危机的国际公共产品，“拯救咸海国际基金”提供了抵御地区性生态危机恶化的可能性。综合联合国粮农组织、世界银行和美国国际开发署等机构的报告，仅咸海流域气候变化便可能带来以下风险：干旱增加及农业减产、用水量增加、清洁饮用水供应不足、国际河流争端增加、流域及附近地区居民健康水平下降、生物多样性受负面影响、能源需求发生变化等等。尽管上述风险对“拯救咸海国际基金”成员国的影响程度不同，但是咸海流域危机是整个地区性的生态灾难。例如：若哈萨克斯坦粮食减产，势必影响到吉尔吉斯斯坦和塔吉克斯坦两个粮食安全水平较低的国家；塔吉克斯坦境内冰川的

---

① Uzbekistan's Development Strategy for 2017 - 2021 has been adopted following public consultation, 2017 - 02 - 08, http://tashkenttimes.uz/national/541 - uzbekistan - s - development - strategy - for - 2017 - 2021 - has - been - adopted - following.

② Uzbekistan Climate Facts And Policy, https://wedocs.unep.org/bitstream/handle/20.500.11822/7423/ - Uzbekistan_ climate_ facts_ and_ policy_ policies_ and_ processes - 2015country_ scorecards_ for_ climate_ policy_ Uzbekistan.pdf.pdf? sequence = 3&isAllowed = y.

缩减也会影响到它和乌兹别克斯坦两国。因此，宏观层面存在的问题需要"拯救咸海国际基金"不断发展形成合力应对。

在中观层面，身份认同是影响"拯救咸海国际基金"的直接因素。身份认同对集体行动的效果非常重要，它涉及到成员国间的互信、集团制度化水平的高低等等。身份认同较高，比较容易形成一致的对外行动，反之则很难形成一致的对外行动。从历史传统来看，"拯救咸海国际基金"创始成员国在苏联时期联系十分紧密，这为"拯救咸海国际基金"的发展创造了良好的合作基础。尽管独立后"拯救咸海国际基金"创始成员国存在着利益博弈，但是相互之间依然保持着较好的合作关系。例如，独立国家联合体、突厥语国家合作委员会、中亚国家领导人非正式会晤、欧亚经济联盟、上海合作组织、"C5 +1"等机制都为增进"拯救咸海国际基金"创始成员国提供了交流平台。但是，涉及核心利益，"拯救咸海国际基金"创始成员国内部也存在分歧。例如，在 2017 年 11 月因吉尔吉斯斯坦指责哈萨克斯坦干涉内政，两国关系恶化。更为重要的是，"拯救咸海国际基金"创始成员国发展水平差距较大，可持续发展政策的目标并不一致，处置咸海流域危机的能力和认识也都有不同。尽管身份认同总体上有利于"拯救咸海国际基金"发展，但需要看到创始成员国在各自的发展目标上还存在着很多不一致的地方。若不能控制成员国间差异，最终对身份认同产生较大负面影响，那么势必会影响"拯救咸海国际基金"进一步发展。因此，与宏观层面相比，中观层面对"拯救咸海国际基金"有积极的一面，但需要控制好负面影响。

在微观层面，环境绩效指数（Environmental Performance Index，简称 EPI）能够反应"拯救咸海国际基金"创始成员国在环境保护上的差异。其重点表现在两个方面：一是减少环境对人类健康造成的压力，即环境健康；二是提升生态系统活力和推动对自然资源良好管理，即生态活力。根据 EPI 报告（2018 年）[①]，"拯救咸海国际基金"创始成员国中土库曼斯坦排名最高（第 38 位），其次是吉尔吉斯斯坦（第 99 位），剩下依次为哈萨克斯坦（第 101 位）、塔吉克斯坦（第 129 位）、乌兹别克斯坦（第 136 位）。通过对"拯救咸海国际基金"创始成员国不同国情的分析可以发现，国家财政能力强的成员国环境健康表现较好，人口少的成员国生态活力总体水平高，财政能力弱且人口多的成员国总体表现不佳。由此可见，在

① 2018 Environmental Performance Index, https://epi.envirocenter.yale.edu/downloads/epi2018policymakerssummaryv01.pdf.

“拯救咸海国际基金”框架下，吉尔吉斯斯坦和塔吉克斯坦更需要外部财政援助来解决环境健康问题；哈萨克斯坦和土库曼斯坦更需要借助外部资金和技术提高生态活力；乌兹别克斯坦不仅需要外部提供援助解决环境健康问题，也需要资金和技术解决生态活力问题。因此，在微观层面，尽管有发展“拯救咸海国际基金”的意愿，但创始成员国对咸海流域危机的关注点不同，“拯救咸海国际基金”的发展在中短期内很难在具体问题上形成合力，更多的可能是聚焦在较为空泛的议题上。

综上，作为针对地区性生态危机的国际公共产品，“拯救咸海国际基金”在缓解咸海流域危机上的确发挥了较大作用，也有较大的发展潜力。不过，通过宏观、中观和微观三个层面分析，我们能够发现影响“拯救咸海国际基金”发展的障碍主要来自微观层面。可以说在中短期内，除非宏观和中观层面发生较大变化，即出现有利于“拯救咸海国际基金”发展的条件，那么“拯救咸海国际基金”将维持现状。

第二篇

“一带一路”框架内的人文与科技合作

中国与欧亚地区人文合作应注意的几个问题

王宪举*

自“一带一路”倡议实施以来，欧亚地区的文化与人文合作得到了加强。中国与欧亚国家之间的文化、教育、艺术、学术智库等方面的联系增多，交往密切，合作发展。反过来，人文领域的合作发展，对于“一带一路”倡议的实施和深化又起着推动和促进作用。

与此同时，应该看到，中国与欧亚国家之间的人文合作还存在不少问题和困难，妨碍着“一带一路”倡议的实施与发展。

一、人文合作中存在的若干问题

在一些中亚国家的人民中间，对中国不信任不友好的情绪还普遍存在。在中亚国家的新闻媒体界，对中国不友善、曲解和怀疑的报道还不少，还有的媒体似乎故意同其国家政府对华友好合作的政策“唱反调”。

2016 年 4 月底至 5 月初，哈萨克斯坦多地民众集会，抗议该国即将生效的《土地法修正案》中延长外国人租赁该国土地的年限。集会者担心此案可能让外国人控制大量土地资源，其中不少抗议者将矛头对准中国，担心中国在经济领域对当地“更严重的扩张行动”。

在吉尔吉斯斯坦，近年来多次发生反华集会。2019 年 1 月 17 日，在比什凯克再次爆发反华示威，抗议中国近年在当地不断增加的影响力。这些人的抗议包括禁止中国人迎娶吉尔吉斯斯坦姑娘、减少对中国的负债率。8 月 5 日，中吉矿业有限公司在纳伦州经营的“索尔通—萨雷”金矿，有数百名当地居民示威集会，要求企业停工并撤离。部分集会者非法冲闯矿区，殴打中方员工，造成数十人不同程度受伤。

在俄罗斯，经过“中国年”“俄罗斯年”“文化年”等一系列活动，人文交流合作明显加强，相互了解和理解增多。有俄罗斯学者认为，“中国是俄罗斯唯一最有希望的合作伙伴。”但“仍有不少专家和部分外交精

---

* 中国人民大学—圣彼得堡国立大学俄罗斯研究中心副主任、研究员。

英坚持认为，中国本质上是能够对俄罗斯国家利益构成威胁的少数国家之一”。他们认为中国对俄罗斯人口稀少的远东地区造成了人口压力、中国“海洋权利”问题使得东北亚安全问题变得不同寻常、客观上影响了区域内特别是俄罗斯远东地区经济合作项目等。① 在远东地区的民意调查中，“有 13% 的人坚决反对中国投资，32% 的人担心中国对俄远东的经济扩张。虽然中俄毗邻地区签署了一些合作协议，但是如何从纸面成为事实很难”。② 更为严重的是，“两国青年人依旧受西方文化的影响，彼此知之甚少”。③

2019 年初发生的反对中方企业在贝加尔湖开发瓶装水的事件便反映了双方在历史、生态、投资等问题上缺乏共识。2017 年 3 月，注册于俄罗斯伊尔库茨克的中资企业 AquaSib，为利用贝加尔湖水开发瓶装水并销往中国及韩国市场，与伊尔库茨克州政府达成预期投资 15 亿卢布的项目协议。2019 年 1 月该厂破土动工，建设工程一期项目预计在 2019 年底结束，2021 年将达到 1.9 亿升瓶装水的年产量，为当地增加 150 个就业岗位。

消息一经传出，就在俄西伯利亚地区引起强烈抗议，当地居民担心水厂将破坏湖畔生态并污染湖水。周边地区针对该工程的抗议集会此起彼伏，一项在网络上发起的签名请愿活动收集到 113 万人支持。3 月 24 日，全俄数十个城市举行“救救贝加尔湖”的抗议集会。4 月 2 日，伊尔库茨克地方法院宣布，AquaSib 公司与伊尔库茨克市政府签订的土地租赁合同无效。很多中国企业在向俄罗斯投资时，会更加慎重和疑虑。

俄罗斯部分民众对贝加尔湖水厂项目意见受此影响，本不应采取大规模示威、集会抗议的办法，而可以通过内部协商的方法解决。这种把经济问题政治化的态度，不利于两国人民的交流与合作。

随着中国经济发展，有些人滋长了一种一叶障目、盲目骄傲的思想，在发展与欧亚国家的合作时，更多看重的是资本作用，而忽略人文领域的交流与合作。与此同时，也应看到，欧亚国家学者对中国及其“一带一路”倡议存在不同的认识和评价，他们对欧亚国家民众的态度造成了不同的影响。

---

① A. Д. 沃斯克列先斯基：《俄中合作的发展逻辑、前景和主要演进方向》，《俄罗斯学刊》，2019 年第 4 期，第 112 页。

② 《中俄新时代全面战略协作伙伴关系暨纪念中俄建交 70 周年国际会议顺利举行》，中国社会科学院大学网，2019 年 7 月 8 日。

③ A. 伊萨耶夫：《当代俄中关系的某些特点》，《俄罗斯学刊》，2019 年第 4 期。

二、人文领域存在问题的原因

第一，一定程度的历史原因。2019 年是中俄建交 70 周年，两国开展了各种各样的、广泛的纪念活动。在纪念友好、合作的同时，也应看到曾经有过的复杂和困难阶段。例如之前经过谈判，中国与俄罗斯以及中亚的哈萨克斯坦、吉尔吉斯斯坦、塔吉克斯坦解决了边界问题，这是最近 30 年中国与这些国家关系迅速发展的重要条件。然而，有关国家人民之间的相互信任、相互理解还不够深，相互包容性还不够强。中亚问题专家许涛指出，中国与中亚国家之间存在“异质文化的影响”（包括三个“基本的差异性因素”：互不兼容的生活方式、形态悬殊的社会结构、自成体系的精神文化）；近代民族国家形成路径的影响（沙俄政府曾把中国描绘成中亚的“侵略者”和“征服者”，20 世纪六七十年代中苏关系恶化，中亚地区成为对华情报战和意识形态的前哨阵地）；以及受当代大国战略博弈关系的地缘政治因素影响，美国在中亚地区的文化战略逐渐朝遏制中俄影响力方向扭转。①

第二，新闻媒体和社会舆论是中国与俄罗斯以及中亚国家之间信任与合作的反映，同时又对人民的认识有反作用。由于历史观念、文化传统、思维方式不同，欧亚国家的一些新闻媒体一直戴着有色眼镜看待中国，片面报道、不实事求是、冷嘲热讽的现象时有发生。

第三，我们需重视的是，“当今中国缺乏营造有利人文环境的主动意识和有效经验”②。与西方媒体掌握话语权和主动权不同，中国的对外宣传和报道工作力度不够、效果不佳、影响不大。这里虽有语言上的困难和不利条件（国际舆论和新闻报道以英文为主），但是也与我们的某些做法有关，如不注意报道和评论的方式方法，不讲究语言的使用。

三、加强人文合作的几点建议

人文交流是欧亚国家之间相互合作的重要内容，关系到中国与欧亚国

① 许涛：《丝绸之路经济带视角下的中亚地区文化环境研究》，《俄罗斯东欧中亚研究》，2019 年第 3 期。

② 许涛：《丝绸之路经济带视角下的中亚地区文化环境研究》，《俄罗斯东欧中亚研究》，2019 年第 3 期。

家相互了解、“世代友好、永不为敌”的战略协作，也事关上海合作组织国家的互信合作、“一带一路”倡议与欧亚经济联盟及“大欧亚伙伴关系”的合作对接，是“五通”中“民心相通”的重要一环，因此，这是一项长期而艰巨的工作。为此提出以下建议：

第一，必须充分重视国家间相互平等的原则。国家之间平等协作，不讲大小之分，应该始终不渝地强调平等互利的原则和精神。

第二，采取更多举措，开展人文交流与合作。这种交流与合作应是综合、全面、丰富多彩的。包括文化、教育在内的人文交流与合作应该步子更大一些，办法更多一些，走得更快一些。例如，可以举办上海合作组织国家运动会、电影节、舞蹈节等。

第三，进一步加强对欧亚国家的宣传报道，包括改进新闻报道的方式方法、提高俄文和英文的翻译水平。要及时、有力地批驳极端民族主义和西方敌对势力对中俄关系的挑拨离间。尤其要重视电视、互联网、微信等新媒体的作用。要进一步做好央视俄语频道在俄罗斯和中亚等欧亚国家的落地工作。要增加关于中亚国家的报道。白俄罗斯政府多次建议中央电视台在明斯克开设记者站，我们应予以积极研究。

第四，要进一步加强欧亚国家、特别是青少年之间的交流与合作。为了增强相互吸引力，现在已经在深圳开办深圳—北京理工大学和莫斯科大学的深北莫大学，黑龙江大学和圣彼得堡国立大学正准备在哈尔滨开办联合大学。在继续办好孔子学院的同时，中国应该积极筹备在中亚和俄罗斯创办联合大学。此外，可以举办欧亚国家“诗歌朗诵年”、青年影视作品竞赛等活动。

“一带一路”倡议框架下亚美尼亚与世界的政治经济分析

巴格达萨良·苏连*

我们的国家正处于巨大的变革当中。有位中国古代哲学家提到了这样的观点，即适者才能生存。现在我们发现在社会各个方面都发展得非常快，谁能够先理解这些变革就会引领下一代人的发展。当然，我们也处在一个发展转型的时期，包括政治、经济以及东方、西方的变化。在20世纪大国竞争角逐的时候，我们知道那是以巨大的危机而告终的，所以在第二次世界大战之后，世界一直维持着和平，因为对抗不会有任何的好处。中国无论是在本地区，还是在国际上都是一个非常重要的参与者，中国的能力使我们相信可以进一步推行“一带一路”倡议，可以获得更多的投资。最近这些年中国的中产阶级已经形成并且得到很快的发展，而且中国已经制定了到2050年的发展计划，此外技术发展也根本性地改变了世界，我们需要更加合理地理解和认知这些新技术。

我们一定要考虑到当前的现实，而不要停留在19世纪的历史中。“一带一路”倡议涉及到社会的方方面面，包括基础设施，也提供了很多可替代的投资方案。欧亚地区要加强经贸合作，以使我们发生巨大的革命，当然也会有很多的挑战需要我们进一步的应对。我们注意到现在经济增长热点正从西方向东方转移，还有很多国家也加入到“一带一路”倡议的框架之内，他们的经济还不够发达，急需发展自己的基础设施，而“一带一路”倡议提供了契机，这个倡议不仅仅是一个基础设施建设计划，也是一个雄心勃勃的发展计划。虽然“一带一路”倡议可能被人误解成像以前美国在冷战时期对待欧洲和亚洲的其他国家那样，但是中国的这个倡议确会使各国更加受益。我们需要改善本国的基础设施，成为一个过境运输的国家。

在5月份我国总理与中国领导人在北京举行了会晤，他们强调了两国之间有传统的友谊和文化的交流，在历史上古丝绸之路就是这样，所以我

---

* 亚美尼亚驻华大使馆一等秘书。

们要进一步发展两国的合作，首先是在亚美尼亚开展基础设施合作。亚美尼亚在 2015 年 4 月就正式加入了“一带一路”倡议，这更好地发展了我国的基础设施包括铁路和过境运输。我们也有自己的比较优势，能够成为一个连接整个欧亚地区的枢纽。现在我们这个地区也有不稳定的因素，要是允许这种冲突进一步升级，会使世界都不太平。我们现在面临的挑战非常多，包括气候变化、“颜色革命”，但是我们国家没有发生这样的革命，我认为 20 世纪是欧美主导的，现在出现了新的可能性，我们需要消除各种壁垒来发展我们的基础设施，也要加强我们彼此的认同感，还有很多的问题包括安全这些都会对我们造成威胁，我们不希望看到发生新的“冷战”。

（根据现场同传速记稿整理）

乌克兰的汉学研究与“一带一路”框架下的合作

维克多·基柯腾科*

乌克兰是从1991年开始开设汉语课的，汉语教学作为一门科学还比较年轻，但是对于发展同中国的关系却起着重要的作用。

1991年前，乌克兰是在苏联和俄罗斯的影响之下开始汉语研究的，可以分为几个时期。早期，俄罗斯是将汉语作为小语种来研究的。从彼得大帝开始，通过传教士来进行汉语研究，并在北京成立了相应的教会。但是在这一时期，汉语研究没有取得长足的进步。20世纪哈尔科夫国立大学开始教授汉语，也不是成功的典型案例。

乌克兰在18世纪到19世纪，在哈尔科夫和敖德萨成立了研究中心，但是他们首先研究的是俄罗斯和中国的经济，由于航海、贸易而出现了简单的有关汉语口语或者会话的手册。基辅经济大学在俄罗斯帝国时代创立了东方语言专业，但主要研究的是经济贸易。基辅经济大学东方语言专业学生当时研究中国的经济发展，后来发生了革命，革命之后开始做基础性研究。我们乌克兰的一位教授——库尔特，他研究中乌历史，他依据当时的经济关系编写了著作。所以说我们中乌之间的合作，是以一本专著开始的。后来到了20世纪50年代苏维埃乌克兰共和国时期，出现了翻译学校，把中国的文学翻译成乌克兰语，到目前为止所有的中国文学翻译也基本是来自这个学校，汉学家也多出自这个学校。

1991年之后，我们的国立大学纷纷开始汉语教学和研究，目前乌克兰有八所高等院校在教授汉语，也有孔子学院、孔子学堂传播中国文化和知识，这还是不够。因为在乌克兰政治、经济、哲学等领域还没有跟中国进行紧密的联系。乌克兰作为欧洲国家是积极响应“一带一路”倡议的，乌克兰参与“一带一路”倡议需要进行详细的分析和定位，乌克兰目前还缺乏一个研究“一带一路”倡议的专门机构。我们今天拥有研究汉语的学校，但是研究范围还非常狭窄，乌克兰应该多培养针对中国的应用型人才

* 乌克兰国家科学院克里米亚东方研究所亚太地区负责人，汉学家协会主席，哲学博士。

或者是技术型人才，他们应该拥有汉语知识，然后帮助中乌两国之间进行经济合作。国家间应该加强合作，成立中乌两国教育中心，建立更加紧密的联系，共同培养专家。

（根据现场同传速记稿整理）

【俄文原文】

Задачи украинского китаеведения по обеспечению участия Украины в инициативе «Один пояс и один путь»

Киктенко Виктор *

Китаеведение в Украине имеет богатую историю, однако это молодая научная дисциплина, которая еще находится на этапе становления. Процесс формирования науки о Китае в Украине прошел несколько исторических периодов и имел сложный характер прежде всего из – за подчинения интересам Российской империи и Советского Союза. Древнейшие кросс – культурные и единичные непосредственные контакты Украины и Китая существовали еще в эпоху Средневековья, однако они не имели существенного влияния на формирование научных знаний о Китае в Украине. Постепенно ситуация изменилась, когда в раннемодерный период украинцы приняли участие в заселении земель на северных границах Китая и сделали важный вклад в начало дипломатических отношений между Российской империей и династией Цин（Д. Многогрешный, А. Билобоцкий）. Украинские православные миссионеры（архимандрит Илларион（Лежайский）, архимандрит Антоний（Платковский）, архимандрит Илларион（Трусов）, архимандрит Гервасий

* Доктор философских наук, заведующий отделом Азиатско – Тихоокеанского региона Института востоковедения им. А. Е. Крымского НАН Украины, президент Украинской ассоциации китаеведов.

(Ленцевський), иеромонах Феодосий (Сморжевский), архимандрит Николай (Цвит), архимандрит Иокам (Шишковский), архимандрит Софроний (Грибовский), большинство из которых были воспитанниками Киево – Могилянской академии, внесли важный вклад в развитие российско – китайских отношений в XVIII в. и заложили основы развития китаеведения в Российской империи, что было связано со становлением изучения языка, культуры, истории и тогдашнего социально – экономического и политического положения Китая. Архимандрит Софроний (Грибовский) – первый историк Китая в Российской империи, которому принадлежат труды, посвященные политическому строю, законодательству, экономике, административному делению, демографии, географии, религии, философии Китая. Г. Сковорода первым в украинской литературе в 60 – 70 – х годах XVIII в. ввел принципиально важные высказывания о Китае и китайский народ. Я. Маркович, также воспитанник Киево – Могилянской академии, тщательно изучал произведения древнекитайского философа Конфуция. Итак, в первый, *донаучный период* (1701 – 1806 гг.) в украинском китаеведении появились первые исторические, лексикографические и страноведческие труды; были созданы первые истории христианских миссий (католических и православных) формировалось практическое направление (дипломатия) в учебных заведениях Украины появилась литература о Китае.

С начала XIX в. в Российской духовной миссии в Пекине работали архимандрит Вениамин (Морачевич), Е. Ф. Тимковский, А. П. Войцеховский, Е. П. Ковалевский, И. Я. Коростовец, которые внесли значительный вклад в дальнейшее развитие российско – китайских отнош-ений и развитие изучение Китая, однако украинское направление пришло в упадок этом заведении. Это связано с упадком «старых» научно – образовательных центров Украины и оттоком украинских интеллектуалов в Москву, Санкт – Петербург и Казань, что оказало негативное влияние также на развитие китаеведения в Украине. Полученные на протяжении XVIII в. украинскими миссионерами важные документы и материалы, касающиеся истории и тогдашнего развития Китая, попали в Россию. Фактически достижения украинских миссионеров по изучению Китая стали важной частью российского китаеведения, но не имели непосредственного влияния на формирование китаеведения в Украине. В этот*научно- просветительский период* (1806 – начало XX в.) с одной стороны, угасает миссионерский направление, а с другой – непосредственно в Украине возникают научно – образовательные центры изучения Китая (Киев, Одесса, Харьков), что, помимо прочего, было связано с попытками наладить преподавание китайского языка; формируется *практическое китаеведение* (И. Михайловский, А. Н. Краснов, Г. Гиршман, Л. Пашкова, Матюнин, Тарнавский, Е. Осадчий, Л. А. Богданович, П. Булгаков, И. Кононов, С. Тавокин, М. А. Ухач – Огорович, Я. И. Окуневская) и *академическое китаеведение* (А. М. Новицкий, Н. А. Олесницкий, А. А. Козлов, М. С. Тумасов, В. М. Маракуев, А. Старков, И. Замотайло, М. М. Лунин, В. И. Шерцль).

Следующий*научно- практический период* (1913 – 1918 гг.), связан со становлением школы практического китаеведения в Киевском коммерческом институте: сочетание достижений экономической науки, статистики, истории, социологии и других наук со знанием китайского языка позволило изучения того или иного вопроса непосредственно в Китае. В 1913 – 1914 гг. в этом учебном заведении впервые в Украине преподавали китайский язык и был прочитан курс «Этнография Дальнего Востока» (Н. И. Конрад). Профессор К. Г. Воблый на своем семинаре по экономическим наукам уделял особое внимание восточной торговли, что, скорее всего, повлияло на преподавателя этого же учебного заведения В. М. Штейна, который в советское время стал известным исследователем и на своем семинаре по экономическим наукам уделял особое внимание восточной торговле. Благодаря преподаванию китайского языка отдельные студенты этого вуза смогли осуществить командировки в Китай с целью выполнения определенной научной работы (А. В. Артамонов, Н. Н. Козловский, А. А. Квашинский, С. Я. Лайнер). К сожалению, революционные события 1917 г. затормозили успешный процесс формирования этой школы, однако дальнейшее развитие украинского советского китаеведения в 1920 – 1930 гг. был связан именно с практическим направлением.

С 1918 по 1991 гг. в*научно- идеологический период* теоретической основой изучения Китая в советской Украине была марксистско – ленинская методология. В данный период украинские ученые основное внимание уделяли определению места Китая во всемирной истории, применяли к Китаю теорию общественно – экономических формаций, определяли общий характер и движущие силы китайской революции, изучали роль рабочего класса и международного коммунистического движения в Китае. В 1920 – 1930 гг. украинские ученые в основном были сосредоточены на политических и практических задачах в изучении тогдашнего революционного Китая (А. М. Гладстерн, В. Броун, М. Новицкий, А. А. Сухов, Н. Лебедев, А. Синявский, С. Пащенко, И. Л. Тригубов, С. С. Пащенко, Ю. А. Тотин, И. И. Билякевич, М. Е. Шаргородский, А. Н. Лепик, Ю. Астапов, В. И. Иванов, В. М. Кучумов, Е. С. Иолк, И. М. Фалькович, К. Н. Попов, С. И. Слепак, Н. Терентьев) и лишь иногда они обращались к истории Китая (И. Фалькович, В. К. Гершельмана, И. Л. Тригубов, И. Бухман, М. С. Волин, Е. С. Иолк, Ю. Плантонов, А. Попов, И. С. Вугман, Е. Л. Штейнберг, И. И. Белякевич, Л. В. Симоновская, Б. Розенблюм). Оригинальную концепцию экономической истории российско – китайских отношений в XVI – XVIII вв. создал выдающийся украинский ученый Б. Г. Курц, который был репрессирован советской властью по сфабрикованному делу. Кроме научных работ в это время было издано немалое количество научно – популярных работ, многие из которых были брошюрного качества (Б. Аргонский, Ю. Эсбэ, М. Коркишко, В. Д. Виленский – Сибиряков, Б. Борисенко, А. Гуревич, Д. Мануильский, Я. Ряппо, В. Броун, П. А. Миф, Г. Хаханьян, И. Хайяма, М. Терентьев, Л. Цукерман, М. Новицкий, К. Кириенко, И. Земляк, Г. Н. Войтинский, В. Игнатович, Л. Розов, М. Уханский, В. Маграм). В украинском советском китаеведения формируется тенденция к изучению специфических черт развития Китая, прежде всего заключалась в переводах и исследовании китайской литературы (И. Владимирская, М. Я. Сенгалевич, В. Я. Стародуб, Р. М. Бродский). Даже в неблагоприятных условиях идеологического давления научное китаеведение в Украине постепенно развивалось. Однако весь этот процесс был прерван в результате политических репрессий и принятия в конце 1930 – х гг. решения о нецелесообразности существования востоковедческих учреждений в Украине. При этом некоторые китаеведы переехали из Украины в Москву и Ленинград, где продолжили свою научную деятельность (Р. М. Бродский, Л. В. Симоновская). В 1950 – 1951 гг. фактически произошло возрождение изучения Китая в Советской Украине. Отдельные периоды истории Китая преподавали в общих курсах археологии, истории первобытного общества, новой и новейшей истории, этнографии, прежде всего касается Харьковского государственного университета (Б. А. Шрамко) и Киевского государственного университета им. Т. Г. Шевченко. Постепенно налаживается процесс преподавания китайского языка в различных учебных заведениях Украины (Киевская школа – интернат № 1 (И. К. Чирко, М. И. Литвиненко, А. М. Соболь и др.), Киевском ВОКУ (Б. А. Пушкарев, И. К. Чирко, В. В. Седнев, В. А. Мясников, С. А. Кичигин, В. В. Величко, А. С. Шанин, В. Васильев, Е. В. Илинич, Б. Горбачев, Б. Б. Виногродський и др.) и в Киевском суворовском военном училище (В. Васильев, Е. В. Илинич). Были созданы учебные оригинальные учебные пособия и словари китайского языка. Основателем школы украинского перевода китайской литературы стал И. К. Чирко, которому принадлежит большое количество переводов и критических работ. Важный вклад в развитие украинского советского китаеведения было сделано Р. М. Бродским, И. И. Билякевичем, Б. В. Ветровым, Л. А. Лещенко, В. И. Волковинским, В. В. Седневым, В. В. Величко. На протяжении 1950 – 1980 – х гг. в украинском советском китаеведения вместе с *научными* исследованиями продолжало существовать чисто *идеологическое* и *научно – популярное* направление. Важным институциональным шагом в развитии китаеведения в Советской Украине стало создание в 1986 году Украинского отделения Всесоюзной ассоциации китаеведов, в состав которого вошли все ведущие украинские китаеведы.

После обретения независимости в 1991 г. в Украине усилился и процесс формирования собственной школы китаеведения – начался*научно – образовательный период*, который длится до сих пор. Было начато преподавание и исследования китайского языка в нескольких высших учебных заведениях Украины. Основные направления китаеведческих исследований в этих ВУЗах тесно связаны с такими вопросами, как лингвистика текста, теоретические проблемы языкознания, лексикология, жанровые и стилистические проблемы перевода, компаративистика, история литературы, методы составления словарей. На базе отдельных украинских университетов и гимназий действуют Институты и Классы Конфуция. В становлении академического китаеведения важную сыграли Институт востоковедения им. А. Е. Крымского НАН Украины, Институт мировой экономики и международных отношений НАН Украины, Национальный университет «Киево – Могилянская академия». Важное место в развитии китаеведения в Украине играет общественная организация «Украинская ассоциация китаеведения», которая фактически продолжила дело Украинского отделения Всесоюзной ассоциации китаеведов. Основными направлениями развития украинского китаеведения с существенными научными достижения являются *история* (Л. А. Лещенко, В. В. Седнев, С. А. Никишенко, В. А. Киктенко, В. И. Гамянин, В. Б. Урусов, И. А. Кипцар, М. М. Карпенко, М. А. Таран, В. В. Смолина (Мельниченко), С. А. Кошевой), *языкознание* (И. К. Чирко, Г. А. Карпенко, С. А. Колодко, Т. В. Демчук, В. А. Малицкая, А. М. Шевченко, Е. В. Гобова, А. Ф. Тихонова, И. А. Костанда, Н. В. Коломиец, А. П. Козориз, Б. Ю. Нечипоренко, А. Л. Остапчук, Л. Н. Пойнар, М. А. Андриец (Шамшур), А. С. Трубицына, Ю. С. Любимова, А. А. Нестеренко, Н. В. Руда , С . В. Цымбал, К. Л. Геворгян, А. П. Смирнова, С. А. Бочарова, М. В. Панасенко, А. В. Донцова, А. Сорочан, А. Н. Рудик, А. В. Мельникова, Д. А. Мерзлюк), *литературоведение* (Н. С. Исаева, Н. А. Кирносова, Н. А. Черныш, Я. В. Шекера, Е. К. Мурашевич, А. С. Воробей, А. А. Акимова, Д. Пидмогильным, Н. Никоряк, В. И. Гамянин, В. Б. Урусов, Е. Гобова, И. Костанда, А. Кучинская, Д. Мерзлюк, Ю. Панасюк, М. Савченко, А. Самара и др), *философия* (А. В. Усик, А. И. Бойченко, В. С. Михайлов, В. А. Киктенко, В. В. Беля, Ю. Л. Бутко, Г. В. Гиоргадзе (Трилис), И. С. Родичева, А. Ю. Стрелкова), *политические науки* (С. М. Федоренко, В. Шевчук, Н. И. Гримская, П. С. Ленский, П. П. Билак, И. Г. Вишневская – Черкасс, С. А. Бут, Н. Г. Кононенко), *экономика* (В. В. Величко, А. Н. Олейник, М. С. Алексеенко, В. Ю. Голод, С. Я. Макогон (Щербатой), О. В. Хоменко

(Дроботюк), Л. Д. Шевчук), *педагогика* (А. М. Шпарик, А. Н. Малышева, А. В. Попова), *музейное дело* (Г. И. Биленко, В. И. Гамянин, М. Ю. Логвин, А. Новикова, В. Юнда, А. Вазилов, Т. Литовко, Т. Олейникова).

Хотя китаеведение в Украине имеет богатую историю, однако это молодая научная дисциплина, которая еще находится на этапе становления. Наибольшее количество специалистов – китаеведов работает в сфере языкознания и литературоведения и, к сожалению, лишь единицы системно занимаются изучением истории, философии, социально – экономического и политического развития Китая. Сейчас экспертное сообщество китаеведов в Украине малочисленное и, соответственно, важной задачей является повышение не только количества, но и профессионального уровня изучения Китая (*классическое* и *практическое* направление) до мирового уровня. Это, помимо научно – образовательного значения, должно стать залогом взаимопонимания между народами наших стран. Развитие китаеведения в каждом отдельном государстве является важной составной частью в формировании положительного имиджа Китая.

Ускорение темпов развития украинской – китайских отношений и бурное развитие инициативы «Один пояс и один путь» ставит перед украинскими китаеведами кардинально новые задачи, лежащие в экономической и технологической сферах, что должно быть обеспечено формированием*прикладного направления* (подготовкой узких специалистов с углубленными знаниями Китая). При этом отсутствие четко сформулированной программы развития данной научной дисциплины в Украине является препятствием и для продуктивного сотрудничества с Китаем, и для участия в инициативе «Один пояс и один путь». Так как данная глобальная инициатива основана на инвестиционной поддержке и технологическом базисе Китая, то это предопределяет прагматический аспект для развития украинского китаеведения в первой половине XXI в. В современных условиях основная задача состоит в обеспечении взаимного культурного и технологического трансфера между Украиной и Китаем. Для этого крайне необходима подготовка китаеведов, обладающих следующими знаниями и навыками: владение китайским языком и разносторонними знаниями о современной Китае, наличие большого числа контактов в Китае, специализация в той или иной естественно – научной или инженерной сфере (на сегодняшний день готовятся только филологи, переводчики и историки). Новые специалисты – китаеведы должны вывести на качественно новый уровень украинско – китайские отношения, а также обеспечить реальное участие Украины в инициативе «Один пояс и один путь» вместо постоянного декларирования заинтересованности со стороны отдельных украинских политиков и государственных деятелей. Решение этого вопроса должно расширить специализацию и улучшить аналитику для принятия решений в украинских государственных органах, отвечающих за формирование внешней политики и осуществления внешнеэкономической деятельности, а также в бизнес – структурах.

中亚地区联合考古工作的进展与展望

王建新*

今天参加会议有国际关系学者和外交官，还有很多经济学家。我作为一个考古学家谈谈我的实践和认识。大家知道，长期以来中国学者对于丝绸之路的考古研究主要限于国内，但欧美包括俄罗斯和日本学术界对丝绸之路的考古研究一直持续不断，积累了大量的资料和成果。中国西北大学的考古学团队从2009 年进入乌兹别克斯坦和塔吉克斯坦开展工作，我们应该是中国第一支进入中亚的考古队。

我们有一个学术研究的切入点，就是寻找和确认古代月氏人的考古学文化。文献记载古代月氏人从中国到了中亚，我们寻找他们的考古学文化遗存，先在境内做，然后走到境外，这是一个学术研究的过程。

2011 年，我们和国家博物馆还有陕西省考古研究院组织了联合考察队，对乌兹别克斯坦和塔吉克斯坦进行了全面的考察。到了 2013 年的 12月，西北大学和乌兹别克斯坦科学院考古研究所正式签订了合作协议。2015 年，我们和塔吉克斯坦科学院历史、考古与民族学研究所也正式签订了合作协议。我们对包括乌兹别克斯坦南部和塔吉克斯坦南部的天山山脉的最西端地区进行了系统的考古学调查，并且在若干个地点进行了考古发掘。

2015—2016 年，我们在乌兹别克斯坦撒马尔罕附近的撒扎干遗址，发掘了一批小型墓葬，同时还发掘了一座大型墓葬。发掘了两年，在发掘过程中还修建了保护大棚。

撒扎干遗址发掘的墓葬应属公元前后的古代游牧人墓葬。与泽拉夫善河流域的考克特佩发现的游牧人墓葬、锡尔河流域的阿克塔姆和库里妥贝以及克里希扎尔墓地等遗存，应属同一考古学文化。从年代、分布地域和文化特征看，它们可能与中国古代文献记载的康居有关。撒扎干遗址的考古发现告诉我们，撒马尔罕盆地南缘、西天山北麓是古代康居的势力范围，古代月氏人的遗存应在更南的区域去寻找。

2017 年和 2018 年，在西天山南麓的乌兹别克斯坦苏尔汉河州拜松市

---

* 西北大学丝绸之路考古中心主任、教授。

拉巴特遗址，我们发掘了一批古代游牧人的墓葬，共发掘了 94 座小型墓葬。这批墓葬的规模虽然不大，但是出土物非常丰富。女性随葬有大量的装饰品，有金质的头上的带饰，还有各种各样的玛瑙、玻璃等串饰；男性随葬品主要是武器和工具。

拉巴特遗址发掘的墓葬形式、埋葬习俗和随葬品组合，均与塔吉克斯坦南部贝希肯特谷地过去发现的阿鲁克陶、图尔喀等墓地相似。这些发现表明，公元前 2 世纪末期至公元 1 世纪前期，在北巴克特里亚地区（今乌兹别克斯坦东南部和塔吉克斯坦西南部）的苏尔汉河河谷平原、瓦赫什盆地周边的山前和丘陵地带，分布着一种特征明显的古代游牧文化遗存。这类遗存分布的时间、空间和文化特征均与文献记载的月氏人相一致，应该是古代月氏人留下的考古学文化遗存。

我们在塔吉克斯坦的考古工作也取得了很多收获。2016—2018 年，中塔联合考古队在塔吉克斯坦吉萨尔盆地、瓦赫什盆地、卡菲尔尼甘河流域进行了连续多次的考古调查，发现了古代月氏和贵霜遗存的分布。2019 年 10 月，在片治肯特萨拉兹姆遗址发现了青铜时代的供水系统遗迹。

随着研究的深入，古代月氏与贵霜的关系成为联合考古工作的新的研究焦点。已写入教科书的传统观点认为，公元 1 世纪中叶兴起的贵霜帝国是月氏人建立的。但是，最新的考古资料表明，公元前 1 世纪至公元 1 世纪上半叶生活于苏尔汉河河谷平原地带的早期贵霜人，继承了希腊—巴克特里亚的经济、政治和文化传统，是以灌溉农业为经济基础建立城邦社会的农业人群。他们与同时期生活于苏尔汉河河谷平原周边山前和丘陵地带的以游牧经济和文化为特征的月氏人，是不同的人群。贵霜帝国的建立者应该是贵霜人，而不是月氏人。

古代巴克特里亚（包括今阿富汗斯坦北部和乌兹别克斯坦、塔吉克斯坦南部）被称为“千城之国”。100 多年来，俄罗斯、日本和欧美地区学者在巴克特里亚地区做了大量的考古工作，发现和发掘了一大批波斯帝国时期、希腊化时期和贵霜时期的古城遗址，但同时期的墓葬却很少发现。通过发现和发掘古代希腊—巴克特里亚人和贵霜人的墓葬，与已有的月氏人的墓葬资料进行系统比较研究，成为本项研究必须突破的瓶颈。

2017 年冬季、2018 年春季和冬季，中乌联合考古队在苏尔汉河的东岸开展了持续的考古调查和勘探工作，在苏尔汉达里亚州乌尊市的谢尔哈拉卡特村发现了古代农业人群的墓地。该墓地分布在距贵霜早期的中心城市卡尔查延遗址东约 2 公里处的苏尔汉河东岸二级阶地上，分布有与卡尔查延城址同时期的墓葬。这是 100 多年来巴克特里亚地区考古工作的重大突破。

2019 年 3—4 月，我们对谢尔哈拉卡特墓地进行了发掘，共发掘了小型墓葬 38 座，并获得了一批重要的人骨标本资料。为从墓葬探讨古代贵霜文化的特征和贵霜人的人类体质、遗传特征提供了重要的新资料。目前，这批新发现的考古资料正在整理研究之中。

本项研究的近期学术目标，是收集和完善系统科学的证据，证明西天山地区公元前 2 世纪后半叶至公元 1 世纪初的游牧人群，与东天山地区公元前 5 世纪至前 2 世纪的游牧人群，同属一个古代人类集团——月氏人；证明西天山地区公元前 2 世纪至公元 1 世纪的游牧人群和农业人群不是同一古代人类集团，他们分别是月氏人和贵霜人。最终确认建立贵霜王朝的是贵霜人而不是月氏人。从目前的工作进展看，我们有望在这一重大国际学术课题上取得突破。

中国文献记载的曾活动于中亚地区的古代康居文化和月氏文化的确认，是我国考古学家在丝绸之路考古研究领域的重要突破。这些阶段性的研究成果已经发表，得到国际学术界的关注。2018 年 6 月，我们在乌兹别克斯坦泰尔梅兹举办了中乌联合考古工作会议，中乌两国 50 多位学者参加了这次会议。参加会议的学者对我们的研究成果给予很高的评价。

我们的研究成果，为重新书写丝绸之路和乌兹别克斯坦的历史提供了可信的考古实证资料与科学依据，揭示了古代中乌两国友好交往的历史篇章。为使广大公众尽快了解和共享我们的考古成果，2019 年 2 月 22 日至 6 月 10 日，我们在塔什干市的乌兹别克斯坦国家历史博物馆举办了“中乌联合考古成果展——月氏与康居的考古发现”。该成果展得到了乌兹别克斯坦总统米尔济约耶夫的充分肯定和国内外学界、媒体界、公众的高度关注。

到目前为止，在中亚地区开展联合考古工作的中国学术机构还有中国社会科学院考古研究所、陕西省考古研究院等。

2017—2019 年，陕西省考古研究院与哈萨克斯坦伊塞克国家历史文化博物馆联合，在伊塞克金人墓群附近的拉哈特遗址开展了连续三年的考古工作。2019 年，开始对伊塞克金人墓群中的一座大型墓葬进行发掘。

2018—2019 年，陕西省考古研究院与吉尔吉斯斯坦科学院历史、考古与民族研究所合作，在楚河流域的红河古城（科拉斯纳亚 · 瑞希卡遗址）开展了联合考古发掘工作。

2013—2019 年，中国社会科学院考古研究所与乌兹别克斯坦科学院考古研究所合作，在安集延州明铁配古城遗址开展了连续多年的联合考古发掘工作。

明铁佩古城是公元前后费尔干纳盆地内的面积最大的古城内外两重城圈结构，有功能完善的城墙、城门、马面等城防设施，城内外也有规模宏大的大型建筑和道路系统，也有建筑格局清晰，功能完备的手工业作坊。2019 年在城外发现的墓葬区，进一步完善了对遗址布局的了解。

费尔干纳盆地位于中亚东部，处于古代丝绸之路的咽喉要道，是古代大宛的所在地。张骞第一次出使西域时从匈奴逃脱到达这里后才公开汉使的身份，开始记录西域的风土人情。因此，司马迁所著《史记》中关于西域的记述被称为《大宛列传》。苏联解体中亚各国独立后，费尔干纳盆地分属乌兹别克斯坦、塔吉克斯坦和吉尔吉斯斯坦三国。由于历史遗留的民族、边境等问题，前些年三国之间关系紧张，这也造成费尔干纳盆地的考古工作缺乏各国之间的交流与合作，对许多学术问题的认识都是各说各话，难以达成共识。近年来，在中亚各国领导人的共同努力下，三国的关系趋于缓和。同时，中国考古学术机构已分别与三国考古学术机构建立了合作关系，并已分别在三国开展了联合考古工作，这为探讨建立费尔干纳盆地考古多国交流合作机制提供了可能。

2019 年 3 月 30 日，中国西北大学邀请乌兹别克斯坦、塔吉克斯坦、吉尔吉斯斯坦和国内相关科研机构、高校的学者，在西安召开了“费尔干纳盆地考古座谈会”。与会学者愿意在三国与中国学术机构已有双边合作的基础上，建立费尔干纳盆地考古多国交流机制；并同意在合适的时候，对吉尔吉斯斯坦奥什地区的考古遗址进行一次四国学者联合的考察与交流活动。

2019 年 9 月 10—12 日，由中国西北大学发起并与吉尔吉斯斯坦科学院历史、考古与民族研究所联合主办的费尔干纳盆地考古四国联合考察活动，在吉尔吉斯斯坦奥什市举行。来自西北大学、故宫博物院、陕西省考古研究院、西安市文物保护考古研究院、洛阳市文物考古研究院等多家机构的 15 位中国学者以及吉尔吉斯斯坦、乌兹别克斯坦和塔吉克斯坦三国的 9 位学者参加了此次联合考察活动。本次考察活动是建立费尔干纳盆地考古多国合作交流机制的开端。在境外丝绸之路考古研究领域已有中国学术机构与国外学术机构双边合作开展联合考古工作的基础上，由中国学术机构主导开创了多国合作开展联合考古工作的新机制、新方式、新内容，对于促进“一带一路”建设过程中中国与丝绸之路沿线各国之间的相互了解和理解，推动人文合作和民心相通具有重要意义。

习近平主席高度重视中亚地区的联合考古工作。2016 年 6 月 21 日，习近平主席在出席上海合作组织首脑会议访问乌兹别克斯坦时在乌国媒体上发表署名文章指出："中国国家文物局、中国社会科学院、中国西北大学等机构积极同乌方开展联合考古和古迹修复工作，为恢复丝绸之路历史风貌作出了重要努力。"6月22日，习近平主席在塔什干接见了包括西北大学考古队成员在内的15位考古和文物保护工作者。

2018年8月27日，习近平主席在推进"一带一路"建设工作五周年座谈会上发表重要讲话指出："要推动教育、科技、文化、体育、旅游、卫生、考古等领域交流蓬勃开展，围绕共建"一带一路"开展卓有成效的民生援助。"前所未有的第一次将考古领域的交流合作与教育、科学、文化等领域的交流合作并列作为"一带一路"建设工作的重要内容。

2019年4月26日，习近平主席在第二届"一带一路"国际合作高峰论坛开幕式上发表主旨演讲指出："我们要积极架设不同文明互学互鉴的桥梁，深入开展教育、科学、文化、体育、旅游、卫生、考古等各领域人文合作。"再次将考古领域的合作与教育、科学、文化等领域的合作并列。

2019年6月11日，习近平主席在赴比什凯克出席上海合作组织成员国元首理事会第十九次会议前夕，在吉尔吉斯斯坦媒体发表署名文章指出："我们愿同吉方扩大人文交流。朋友越走越近，邻居越走越亲。双方要提升教育、科技、文化、卫生、青年、媒体、联合考古等领域合作水平，让两国人民心更近、情更深。"6月12日，在出席亚洲相互协作与信任措施会议第五次峰会并对塔吉克斯坦共和国进行国事访问前夕，习近平主席在塔吉克斯坦媒体发表署名文章再次指出："我们要推进民心相通，深化语言教学、名著互译、考古发掘、文物保护、影视制作等方面合作，让中塔两个悠久文明在交流融汇中更加多彩。我们要在青少年心中播撒友谊种子，培养两国友好事业接班人，让中塔友好薪火相传。"

在今后中亚地区的联合考古工作中，我们需要进一步加强与中亚各国在文化遗产保护领域的合作。从20世纪90年代以来，中国经历了近30年的经济高速增长和大规模基本建设的时期。在这一时期的文化遗产保护工作实践中，中国考古学界积累了大量的经验和教训。文化遗产保护的中国实践和中国经验，应该也可以被中亚各国分享。

例如，中国在以大遗址保护为重点的文化遗产保护的实践中，逐渐形成了重整体、重格局、重系统、重保护等大遗址考古的理念和工作方式，在中亚地区的联合考古工作中，具有明显的特色和优势。

又如，在30年的经济高速增长时期内，为了应对文化遗产保护的需要，中国连续组织了两次全国不可移动文物普查和一次可移动文物普查。

这样的工作在中亚各国急需开展。

2014 年 6 月，在卡塔尔多哈举行的第 38 届世界遗产大会批准了中、哈、吉三国的申报，丝绸之路“天山廊道路网”列入世界遗产名录。但是，自然地理的天山山脉，东起中国新疆东部哈密星星峡戈壁，西至乌兹别克斯坦的克孜勒库姆沙漠，横跨中国、哈萨克斯坦、吉尔吉斯斯坦、塔吉克斯坦和乌兹别克斯坦五国。历史上的丝绸之路天山山脉路网，包括天山山脉南北两麓的道路，东与长安至天山的路网相接，向西与中亚各国相通，西达西亚，南连南亚，北通草原之路，是古代丝绸之路主线的关键路段。中、哈、吉联合申报的“天山廊道”并不完整，仅仅是天山山脉东段路网的一部分。今后需要联合塔吉克斯坦和乌兹别克斯坦，完善天山廊道文化遗产的“申遗”和保护工作。

在共建“一带一路”的过程中，中亚地区的联合考古工作，将在促进中国与相关国家的相互了解和理解、推动实现民心相通等方面发挥积极的作用。

欧亚地区国际移民新趋势

强晓云*

欧亚地区国家间的跨国人口迁移对本地区的沟通交流具有十分重要的意义，它关系到参与欧亚一体化发展进程的各国之间加强相互联系，也关系到更广泛的经济层面。近年来，人口迁移大多集中在各个经济一体化发展较为活跃的地区。2018—2019 年，这一趋势更为明显。全球移民政策协会的研究表明，依托人口自由流动制度，在欧盟、南方共同体市场、南部非洲发展共同体内部，地区内部的人口迁移分别占到了国际迁移的 50%—60%。而在本地区，80% 的国际迁移发生在俄罗斯与哈萨克斯坦等中亚国家之间。并且，移民占到本地区（不含中国）总人口的 10%。① 此外，据世界银行统计，2018 年，全球范围内的劳动移民向本国汇款金额创历史新高，达到 5290 亿美元，比 2017 年增长了 9.6%。这些汇款流向中低等收入国家，在欧亚地区，吉尔吉斯斯坦、塔吉克斯坦及乌兹别克斯坦等国的侨汇收入主要受益于俄罗斯经济的稳定复苏。②

当前，本地区的跨国人口迁移有四个流向：一是从中亚向俄罗斯的人口迁移；二是俄罗斯、中亚向中国的人口迁移；三是中国向中亚、俄罗斯的人口迁移；四是俄罗斯、中亚以及世界其他国家向乌兹别克斯坦的人口迁移。需要指出的是，留学并非是俄罗斯、中亚公民向中国迁移的唯一形式，近年来，越来越多的企业家、商人也来到中国谋求更好更多的商业合作机会与工作机遇。

自 20 世纪 90 年代以来，独联体、中国的公民进入俄罗斯来寻找工作机会。根据俄罗斯内务部的数据，2018 年 11 月 1 日，在俄罗斯有 1010 万外国人，年底为 970 万人（2017 年底为 920 万外国人）。③ 其中 84% 为来

---

* 上海国际问题研究院全球治理所副研究员，俄罗斯中亚中心副主任。

① Патрик Таран，Миграция，глобализация и экономическая жизнеспособность：вызовы и возможности для России и Евразии. http：//russiancouncil. ru/inner/？ id_ 4 =6665#top - content.

② 中国驻塔吉克斯坦经商参处：《世界银行：2018 年，全球范围内的劳动移民汇款额创历史新高》，http：//tj. mofcom. gov. cn/article/jmxw/201904/20190402851452. shtml。

③ Россий̆ская экономика в 2018 году. Тенденции и перспективы.（Вып. 40）/［В. Мау и др.；под науч. ред. д - ра экон. наук Кудрина А. Л.，д - ра экон. наук Синельникова - Муры - лева С. Г.］；Ин - т экон. политики имени Е. Т. Гай̆дара. - Москва：Изд - во Ин - та Гай̆дара，2019. сс 355.

自独联体国家的移民，2018 年 11 月 1 日，为 849 万人，年底为 820 万人。从国别上看，乌克兰、乌兹别克斯坦、塔吉克斯坦成为俄罗斯外来移民的三大来源国。

中国有许多来自欧亚地区的外国留学生。据教育部网站消息，2017 年共有 48.92 万名外国留学生在中国高等院校学习，规模增速连续两年保持在 10% 以上，其中学历生 24.15 万人，占总数的 49.38%，同比增幅 15.04%。与 2016 年相比，前十位生源国稳中有变，依次为韩国、泰国、巴基斯坦、美国、印度、俄罗斯、日本、印度尼西亚、哈萨克斯坦和老挝。① 上海合作组织的两个成员国俄罗斯与哈萨克斯坦已经进入在华外国留学生的十大生源国之列。数据显示，截至 2018 年初，约 1.8 万名俄公民在中国高校学习。2015—2016 学年有超过 1.7 万俄学生在华学习。与之相应，2000 年代初在华留学的俄罗斯人勉强达到 1000 人。根据俄中人文合作委员会教育合作分委会第 15 次会议（2015 年）的决议，到 2020 年，两国政府将努力使两国留学生人数提高至 10 万人。目前，中国在俄留学生为 3 万人，俄罗斯在华留学生为 1.8 万人，在两国短期进修生约为 3 万人，已经达到了 2020 年目标人数的 78% 以上。② 另外，在华的哈萨克斯坦籍留学生也已达到 1.4 万人。③ 值得注意的是，不论是来自俄罗斯的留学生，还是来自哈萨克斯坦等中亚国家的留学生，自费前往中国留学的比例都远高于国家资助的比例。

下文将以俄罗斯、乌兹别克斯坦作为案例，来考察近两年欧亚地区跨国迁移出现的新的特点。

一、俄罗斯跨国人口迁移概况

（一）向俄罗斯迁移的人口

考察 2019 年度欧亚地区的跨国人口迁移数据，不难看出，无论是从移民的总数，还是移民的种类，俄罗斯都是本地区人口迁移最活跃的国家，也是中亚国家迁出移民的首要目的国。

---

① 《教育部：2017 年来华留学人数近 50 万，88% 为自费生》，《中国日报》，2018 年 3 月 30 日。

② 《专家：截至 2018 年初俄在华留学生约 1.8 万人》，俄罗斯卫星通讯社，2018 年 2 月 22 日，http://sputniknews.cn/society/201802221024768674/。

③ 张霄：《学汉语在哈萨克斯坦蔚然成风》，《人民日报》，2019 年 1 月 15 日。

表 1 独联体国家公民向俄罗斯的迁移情况 （单位：人）

国别/日期	2014 年 11 月 5 日	2015 年 11 月 5 日	2016 年 11 月 1 日	2017 年 11 月 1 日	2018 年 11 月 1 日
独联体国家	9429973	8845104	8691571	8468304	8491247
阿塞拜疆	610327	532321	527615	597938	660314
亚美尼亚	514663	504971	509070	507790	507557
白俄罗斯	498878	634861	744653	699463	656815
哈萨克斯坦	575400	685841	607044	545852	545592
吉尔吉斯斯坦	552014	526502	581197	619498	654892
摩尔多瓦	585122	517692	495463	448728	361397
塔吉克斯坦	1105500	933155	964030	1037729	1155114
乌兹别克斯坦	2335960	1943384	1671931	1793664	1961814
乌克兰	2651109	2566377	2590568	2217642	1987752

俄罗斯一直不是发达国家公民感兴趣的移民目的国，近年来，美欧发达国家向俄罗斯的移民数量呈现出逐年下降的趋势。尽管在 2018 年，从发达国家到俄罗斯的移民数量有些许增加，但依然难以改变下降的总趋势。这主要是受到西方对俄制裁、俄西关系停滞的影响。与乌克兰危机爆发之前的 2013 年相比较，发达国家的移民整体上减少了 2.5 倍，部分国家，如西班牙、美国、英国，到俄罗斯的移民数量减幅更高，在 5—7 倍之间。

表 2 欧盟部分国家公民与美国公民向俄罗斯的迁移情况（单位：人）

国别/日期	2013 年 11 月 13 日	2015 年 11 月 1 日	2016 年 11 月 1 日	2017 年 11 月 1 日	2018 年 11 月 1 日
欧盟（整体）	1177829	481567	516368	448566	462276
德国	352335	122131	115425	111792	108591
西班牙	77200	15864	15579	14337	16127
意大利	77193	30489	28244	24388	25761
英国	174061	38637	29142	23944	23020
芬兰	108312	46513	99065	73715	64819
法国	65559	35968	29268	26963	30010
美国	220086	50638	52840	44370	46988

数据来源：俄罗斯联邦移民署与俄罗斯联邦内务部移民问题总局。

2018 年，在劳动移民领域，存续多年的老问题依然存在：俄罗斯经济缺乏新的增长动力，难以吸引大量技术移民，在俄劳动移民的来源国也没有发生根本性变化；发达国家的公民、独联体部分国家包括乌克兰和摩尔多瓦的公民越来越不愿意到俄罗斯工作；此外，劳动移民合法化手续的僵化导致许多已经在俄的劳动移民难以走出“影子经济”、获得合法身份。上述老问题都没有获得实质性的解决。

一方面，迁入俄罗斯的移民数量在下降，关于劳动移民的老问题依然存在。2018 年，俄罗斯的净移民量为 12.49 万人，为近十年以来的最低值，迁入移民数量仅弥补了 57.2% 的人口自然流失数量，也是近十年来的最低。① 另一方面，从俄罗斯迁出移民的数量却有所增加。2018 年，约 38 万人离开俄罗斯，是 2008 年的 10 倍。根据俄罗斯统计署的数据，离开俄罗斯的大部分为独联体的移民，超过 32 万人。② 俄罗斯远东所人口专家认为是俄罗斯当前不断恶化的经济环境，造成了人口外迁，尤其是技术人才外流。根据联合国预测，2025 年俄罗斯的人口将减少 1500 万人，约为 1.32 亿人。有俄罗斯学者认为，人口总数的下降可能并不可怕，最危险的是全俄范围内的人口分布不均。一方面，大城市，如莫斯科，人口数量在快速上升；另一方面，一些地区在变得更加空旷，不仅仅是远东和西伯利亚地区，部分欧州地区的人口也在下降③。

（二）俄罗斯移民政策的新变化

正是基于上述现实情况，2018 年，俄罗斯政府开始重新着手调整移民政策。

2018 年 10 月 31 日，俄罗斯总统普京签署了《俄罗斯联邦国家移民政策构想（2019—2025）》（简称《移民政策构想》）。新版的《移民政策构想》提前公布，并取代了 2012 年版的《移民政策构想》（2012 年版原本应实施到 2025 年），恰恰是因为政府注意到了人口危机的紧迫性。新版《移民政策构想》最大的区别是增加了新目标和新任务。新目标是：“保存和捍卫俄罗斯文化、俄语，以及构成俄罗斯文化（文明）符号基础的俄罗

---

① Россиˇская экономика в 2018 году. Тенденции и перспективы.（Вып. 40）/［В. Мау и др.；под науч. ред. д－ра экон. наук Кудрина А. Л.，д－ра экон. наук Синельникова－Муры－лева С. Г.］；Ин－т экон. политики имени Е. Т. Гаиˇдара. －Москва：Изд－во Ин－та Гаиˇдара，2019. сс 352－357.

② Россия уже не интересна? В 2018 году приток мигрантов сократился. https：//migrant. news. tj/post/5563。9 янв.，2019 г.

③ Россия уже не интересна? В 2018 году приток мигрантов сократился，https：//migrant. news. tj/post/5563. 9 янв.，2019 г.

斯人民的历史文化遗产”。新任务是：吸引那些“能够和谐地加入积极的社会关系体系，并成为俄罗斯社会正式成员”的人在俄罗斯定居，可以说是为未来永久定居的移民做出了新的规定。

未来两年内，俄罗斯政府还将实行一系列简化加入国籍的政策。包括对现有的《国籍法》进行修改，加入移民特赦的内容；延长长期居留证的期限（从原来的五年到无限期）等等。同时，俄政府也明确指出，未来将吸引更多俄罗斯族、讲俄语的人口到俄罗斯定居，从而有效补足人口的自然流失。

由上述目标和任务不难看出，俄罗斯想要吸引的移民首先是讲俄语的独联体国家居民，如乌克兰、哈萨克斯坦、乌兹别克斯坦、摩尔多瓦，而不是所有独联体国家的居民。在乌克兰、哈萨克斯坦、乌兹别克斯坦三国，生活着大量的俄罗斯族，且俄语的普及度也很高。

俄罗斯政府的移民新政依然带有一定程度的安全保障特性。如果对移民数量和质量不加控制的话，会导致过多的移民涌入俄罗斯，可能会对当地原有的俄罗斯文化传统、道德价值观、宗教信仰造成冲击。出于对文化安全的考量，在吸引外来移民方面，俄政府希望有更多的生活在俄境外的、同根同源的俄罗斯族人返回祖国。除了将俄罗斯族人作为首要选择外，俄罗斯还将吸引独联体国家的移民作为次要选择。因为来自那里的移民在文化、宗教、行为方式上与俄罗斯的认同感比来自于其他国家的移民要高。

二、乌兹别克斯坦跨国人口迁移概况

自 2016 年底沙夫卡特·米尔济约耶夫宣誓就任乌兹别克斯坦总统以来，乌政府实行了多项改革开放的措施。吸引更多外国人来乌旅游和访问就是其中之一。

在乌兹别克斯坦现政府看来，乌国拥有得天独厚的旅游资源：既有各种中世纪的文化古迹，也有美食和好客的当地人，旅游业可以成为乌兹别克斯坦经济发展的新增长点。因此，乌政府制定了一系列发展本国旅游业的计划，包括完善旅游领域的各项法规、发展旅游基础设施、发展交通物流、推广乌国的旅游产品等等。对于吸引外国人也有量化的目标。根据乌兹别克斯坦旅游委员会资料，乌国计划在 2025 年前将来乌的外国人数量增加到900万人，旅游服务业（出口）产值计划达到22亿美元。[1]

2018—2019年间，米尔济约耶夫实行了多项简化签证制度的措施。

2018年初，为了有效发展乌兹别克斯坦的旅游业，吸引更多国外游客，米尔济约耶夫总统签署了《关于为发展乌兹别克斯坦共和国旅游潜力创造有利条件的补充措施》的总统令。[2] 根据该项法令，乌兹别克斯坦将向不同国家公民分别提供30天免签入境、简化旅游签证手续等措施。具体包括以下措施：

第一，自2018年2月10日起，对以下七国的公民实行30天免签入境乌兹别克斯坦的签证制度，包括以色列、印度尼西亚、韩国、马来西亚、新加坡、土耳其、日本。自2018年3月，实行30天免签制度的外国公民增加了塔吉克斯坦公民；当年10月，又增加了法国公民。

第二，自2018年2月10日起，对包括中国在内的39个国家的公民简化办理旅游签证手续。这些国家的公民办理赴乌旅游签证，不再需要向乌国外交部提交邀请函和旅游付款凭单。并且，受理期限为两个工作日（从提交证件的次日起算）。上述国家的旅游者可以获得一个月内有效的多次往返旅游签证，商务人士一年内有效的多次往返签证。

第三，自2018年2月10日起，对往返于乌兹别克斯坦的外国航空公司航班的机组人员实行免签。

第四，该法令还规定，自2018年7月1日起，开始实行入境电子签证制度。

2018年7月4日，乌兹别克斯坦总统米尔济约耶夫签署了《关于优化外国公民进入乌兹别克斯坦共和国的进一步措施》的总统令，主要内容如下[3]：

第一，从2018年7月15日起，乌将启用电子旅游签证申请和签发系统，取消外国公民必须到乌驻外使领馆办理签证的规定。电子旅游签证为一次入境，在乌停留期不超过30天，自签发之日起90天内有效。申请人应至少提前三个工作日申请办理签证，申请受理期限为两个工作日（从提

---

① В 2018 году Узбекистан посетило рекодное количество туристов. 25 января, 2019, https://uznews.uz/ru/article/13575.

② Узбекистан отменяет визы для граждан семи стран. https://www.gazeta.uz/ru/2018/02/03/visas/.

③ 《乌兹别克斯坦出台进一步简化外国公民入境签证手续措施》，中国领事服务网，http://cs.mfa.gov.cn/zggmcg/ljmdd/yz_645708/wzbkst_647880/fwxx/t1575728.shtml，发布时间：2018年7月10日16:54。

交申请次日起算）。电子旅游签证通过电子邮件发放，费用20美元，通过国际支付系统以电子方式支付。

第二，从2018年7月15日起，包括中国在内101个国家的公民在乌境内经国际机场中转且停留时间不超过五天，可免签入境。上述公民需持有前往第三国机票，且航空公司应及时向乌国家安全局边防部门提供旅客相关信息。

第三，未满16周岁外国公民，如持有出国护照或生物识别旅行证件且有法定监护人陪同，可免签入境。其在乌停留时间应与其陪同人员护照中乌入境签证有效期一致，但最多不得超过90天。如外国公民在乌境内停留期间年满16周岁，应在乌内务部移民和国籍部门办理出境签证。

自2018年实施一系列简化外国人入境手续措施之后，效果显著。2018年，来乌的外国人创下历史最高纪录。2019年1月25日，乌兹别克斯坦旅游发展委员会发布的初步数据显示，2018年，来到乌兹别克斯坦的外国人数量创下历史记录，达到535万人。其中，460万外国人为中亚其他国家的公民，40.6万人为独联体国家的公民，32.65万外国人来自其他国家。随着外国人的增多，乌兹别克斯坦的旅行社数量也在增加。到2019年1月1日，已注册登记的旅游社达到983家。①

外国人入境数量的上涨极大地刺激了乌兹别克斯坦的旅游业，旅游配套的基础设施和乌兹别克斯坦国内的旅游产业潜力获得了持续发展。在这样的背景下，乌兹别克斯坦政府继续放宽对外国公民入境签证的限制。2019年1月15日起，又开始对德国公民实行30天免签入境的措施。

2019年1月初，乌兹别克斯坦总统米尔济约耶夫签署了《关于加快发展乌兹别克斯坦共和国旅游业的进一步措施》的总统令，进一步实施签证便利化措施。主要内容包括②：

第一，从2019年2月1日起，乌兹别克斯坦政府对45国公民实行30天免签入境的措施。

第二，从2019年2月1日起，76个国家的公民可以办理电子入境签证。持因公护照和普通护照的中国公民均可办理电子签证。并且，自2019年3月15日起，可以办理两次与多次入境电子签证，期限为30天。乌方

---

① В 2018 году Узбекистан посетило рекодное количество туристов. 25 января, 2019, https://uznews.uz/ru/article/13575.

② Безвизовый режим распространен еще на 45 стран, https://www.gazeta.uz/ru/2019/01/05/visa-free/.

可为中国公民颁发两次和多次电子签证，费用分别为 35 美元和 50 美元。此外，电子签证由此前的个人旅游签证扩大至几乎所有种类，仅将拟新增设的五类签证排除在外。

第三，对外国公民新增设五类签证，分别为：探亲（Vatandosh）、学生（Student Visa）、学术（Academic Visa）、医疗（Medical Visa）、朝圣（Piligrim Visa）签证。这五类签证不属于电子签证之列。

第四，所有电子签证自签发之日起有效期 90 天，每次停留期 30 天，不可办理延期。

2019 年初，乌兹别克斯坦国家统计委员会公布了 2018 年的统计数据。首先，入境人数达到新高。2018 年，来乌兹别克斯坦的外国人数量是 2017 年的 2.3 倍，[①] 达到 643.3 万人，2017 年为 284.7 万人。其中，93.5% 的来乌外国人为独联体国家公民，共计有 615.9 万人，其他国家的外国人数量占到来乌外国人总量的 6.5%，即 41.71 万人。

从国别分布上，赴乌的外国人主要来自以下“近国外”国家：哈萨克斯坦（245.69 万人，38.2%）、塔吉克斯坦（170 万人，26.4%）、吉尔吉斯斯坦（110 万人，17.1%）、俄罗斯（46.02 万人，0.3%）。

赴乌的“远国外”国家的外国人主要来自于：土耳其（7.48 万人，1.2%）、中国（3.71 万人，0.6%）、韩国（3.27 万人，0.5%）、印度（2.22 万人，0.3%）、德国（1.91 万人，0.3%）、日本（1.72 万人，0.3%）。

从赴乌的目的看，来乌的外国人中，以探亲为目的的占到外国人总数的 73.2%，旅游 7.1%，公务 0.9%，医疗 0.8%，务工 0.6%，留学 0.2%。

三、结论

随着“丝绸之路经济带”、欧亚经济联盟、大欧亚伙伴关系的逐步落实，欧亚地区内跨国人口迁移出现了新的特点。

第一，跨国人口迁移的方向与中心愈加鲜明。中国、俄罗斯与乌兹别克斯坦成为欧亚地区国际迁移的三个中心。俄罗斯是来自中国、中亚劳动移民的目的国——劳动迁移中心，来自俄罗斯、中亚的学生到中国留学——教育迁移中心，来自世界各地的游客到乌兹别克斯坦旅游——旅游

---

① Число иностранцев, посетивших Узбекистан, выросло в 2, 3 раза. https://www.gazeta.uz/ru/2019/01/30/visits/.

中心。此外，本地区的跨国人口迁移主要表现形式依然以劳动迁移为主。

第二，跨国人口迁移与地区各国移民政策的发展状况同步。本年度，在上合组织成员国间的跨国人口迁移呈现出一个新的特点，即移民政策变化越多的国家，跨国人口迁移的变化度（包括增量和减量）也越高。俄罗斯与乌兹别克斯坦可以说是两个典型案例。

第三，赴俄罗斯的跨国人口迁移依然是上合组织内部人口迁移最为活跃的环节。尽管与上一年度相比，向俄罗斯的人口迁移在数量有所下降，但从中亚、中国向俄罗斯的迁移趋势并未停息，未来还有持续的可能。因此，俄罗斯社会对于移民的接受度、俄政府对于移民的管理情况均会对上合组织成员国内人口迁移的态势产生不容忽视的影响。因此，俄罗斯社会对于移民的接受度、俄政府对于移民的管理度均会对上合组织成员国内人口迁移的态势产生不容忽视的影响。

第四，在上海合作组织的各成员国中，移民政策具有较大的差异性。近年来，成员国有以开放为宗旨施行更为宽松移民政策的国家（如乌兹别克斯坦），也有以施行部分宽松或整体紧缩移民政策的国家，在地区一体化不断加强的背景下，不同的国家不同的移民政策定会对本地区的人口、资本、技术的自由流动产生相应的影响。如何把各个国家“各自为政”的移民政策有机结合起来，建立统一的移民政策，达到有效调节区域内移民的平衡流动，在欧亚地区一体化进程中尤为重要。统一的移民政策对克服无序移民潮带来的消极因素和尖锐的社会问题有着积极的效果，制定统一的政策推进上合组织成员国国家现代移民进程无疑具有重要的意义。此外，如何使本地区移民进程与“一带一路”倡议相向而行，也是值得思考的一个议题。

哈萨克斯坦“精神文明复兴”计划与中哈人文合作

施越*

2019年3月19日，长期执政哈萨克斯坦的首任总统纳扎尔巴耶夫宣布辞职。这一举动将全世界的目光都吸引到这个中亚大国之上。正如诸多学者所指出的，纳扎尔巴耶夫总统的辞职看似突然，实则早有长期布局。学界此前关注较多的细节是纳扎尔巴耶夫总统于2017年3月顺利推动宪法修订，调整了政治权力在总统、总理和议会之间的分配。①而且纳扎尔巴耶夫在辞职后留任国家安全委员会主席、“祖国之光”党主席和国家宪法委员会成员。这些措施都反映了哈国首任总统在保证国家平稳过渡方面的政治考量。

而类似的保证平稳过度的举措不仅限于政治领域。哈萨克斯坦近年来在文化领域推行的重大项目“精神文明复兴”计划同样有着为国家长远发展奠定基础的意图。在2017年初哈国修订宪法之后一个月，纳扎尔巴耶夫总统发表长篇文章，阐述哈萨克斯坦社会精神现代化对于国家未来的重大意义。可见，在具体的制度设计和权力分配政策之外，哈国首任总统在国家精神文化重塑领域同样积极布局。本文将通过考察“精神文明复兴”计划出台的重要文件和具体项目落实情况，分析哈萨克斯坦当下国家意识形态建构领域的主要政策和面临的挑战。在此基础之上，本文将探讨“精神文明复兴”计划对于中哈人文合作的意义。

一、政策缘起

“精神文明复兴”计划在政策思路上至少可以被视为“哈萨克斯坦2050”战略的具体落实政策。“哈萨克斯坦2050”战略的核心文件是2012年12月14日纳扎尔巴耶夫总统的同名讲话。其中第七方面内容以“新哈

---

* 北京大学外国语学院助理教授。

① 《哈萨克斯坦总统签署修改宪法法令》，2017年3月11日，http：//www.xinhuanet.com/world/2017－03/11/c_1120608790.htm，最后登录日期：2019年11月21日。

萨克斯坦的爱国主义”为题，包含公民平等、民族团结、三语教育政策、文化体系建设、知识分子的参与和反对宗教极端主义等方面内容。相比首任总统的“哈萨克斯坦 2050”讲话，“精神文明复兴”相关的两篇主要政策文献，即 2017 年“展望未来”一文更为明确地界定了 21 世纪哈国思想文化工作的目标和具体任务方面；而“伟大草原的七个方面”则直接触及到对国家历史观要点的描述。可以预见的是，在未来的一段时间内，这两篇文章将成为哈国思想文化领域工作的纲领性文件。

“精神文明复兴”计划指的是由纳扎尔巴耶夫总统 2017 年 4 月 12 日在《主权哈萨克斯坦报》（Egemen Qazaqstan/ЕгеменКазакстан）上发表的文章《展望未来：精神文明的复兴》[①] 和 2018 年 11 月 21 日发表在哈萨克斯坦《真理报》上的文章《伟大草原的七个方面》所提议的一系列旨在重塑哈国精神文化领域的项目。[②] 这两篇文章在内容上相互呼应，均探讨 21 世纪全球化时代哈萨克斯坦应着力塑造的国民精神文化体系。《展望未来》一文从同年年初发表的总统国情咨文入手，强调思想工作对于实现 2050 年跻身全球前 30 位发达国家目标的重要性。此文提出思想工作的六方面目标，并罗列哈萨克语言文字拉丁化、“故土”项目、“神圣地理”项目等六大行动计划。

而 2018 年《伟大草原的七个方面》一文则侧重于勾勒新时期国家历史观的核心内容，强调“伟大草原文明”对世界文明的历史贡献，并罗列骑乘文化、冶金技术、动物纹饰等七方面考古和历史论据作为证明。与《展望未来》一文相呼应，2018 年的文章也列举国家历史观建设工作的六大计划，包括“2025 档案馆工程”“伟大草原人物”“草原艺术千年史”等。《伟大草原的七个方面》一文文末明确将上述项目命名为“精神文明复兴”（Ruhani Jangyru/Рухани Жаңғыру）。

2018 年 11 月 21 日文章发布之后，随着整个宏大工程的名称正式得名，西里尔文哈萨克语词汇“Рухани Жаңғыру”与一只展翅飞翔的雄鹰成为整个计划的官方标志。目前在哈萨克斯坦各大城市的街道上、高校、科研院所等地均能看到这一标志，或计划名称单列的巨幅艺术字。

---

① 此文标题俄文原文为“Взгляд в будущее：модернизация общественного сознания”，哈通社中文版标题为《面向未来的计划：精神文明的复兴》。

② 此文标题俄文原文为“Семь граней великой степи”，哈萨克斯坦驻华使馆官方网站将此文标题译为《伟大草原之国的 7 个边缘》，哈通社中文版网站译为《伟大草原之国的 7 个优势》。

二、“展望未来”：21 世纪哈萨克斯坦文化现代化的纲领

如上文所述，纳扎尔巴耶夫总统 2017 年和 2018 年两篇报告详细列举了一系列具体项目。因此，要研究“精神文明复兴”计划内涵和思想，首先须从梳理两篇文章的内容开始。2017 年《展望未来》一文分为两大部分，旨在分析 21 世纪哈国在精神文化领域面临的挑战和相应需达到的目标。文章认为，西方的现代化模式已经暴露出问题，最为重要的是，尽管西方的现代化模式自称“具有普世性”，但事实上不考虑非西方地区各民族的传统。哈萨克斯坦要进行的第三次现代化，必须要在扬弃民族传统的过程中完成。

文章明确指出，哈国精神领域的现代化，核心在于协调国家历史文化不同阶段中形成的传统和价值观。在精神文化现代化的目标方面，文章列举六点：（1）提高人力资源在国际市场上的竞争力，逐渐降低对矿产资源的依赖，故需着力培养青年一代的信息技术技能、外语技能和文化包容心态；（2）坚持务实改革精神，强调理性利用自然资源，反对民粹主义和奢侈浪费的利用方式；（3）存续国族认同，既反对声称“普世”的西方现代化模式，也反对以民族文化为旗号的苏联式民族政策和裙带关系，而是以哈萨克斯坦国家为本位建构国族认同；（4）尊重知识，积极应对技术革命带来的挑战；（5）坚持渐进式发展观念；（6）保持开放心态，推动英语成为青年一代普遍掌握的技能，积极融入全球化的各职业阶层。

上述六点目标之间存在一些重合。可进一步归纳成三点，即以全球化时代标准提高全民语言和职业技能、坚持务实改革精神、构建以国家为本位的认同体系。而为落实这些目标，文章具体列举六大行动项目，包括：（1）哈萨克语言文字拉丁化（Переход на латиницу）；（2）“百本新教材”项目（100 новых учебников）；（3）“故土”项目（Туған жер）；（4）“神圣地理”项目（Сакральная география）；（5）“当代哈萨克斯坦文化”项目（Современная казахстанская культура）；（6）“百位新人”项目（100 новых лиц）。

这六大项目均在不同程度上体现上述三方面政策目标。哈国国内学界

对哈萨克语言文字拉丁化的研究已有较多成果。[①]该政策正是在纳扎尔巴耶夫总统2012年的《哈萨克斯坦2050》国情咨文中提出，而《展望未来》一文中正式确定工作开展的时间表：2017年公布新字母表；2019年完成文字拉丁化准备工作；2025年实现政府公文和学校教材使用拉丁字母哈萨克语，且英语课程覆盖所有在校中小学生。该项目显然将成为整个“精神文明复兴”计划中对哈国社会影响最大的一环。

“百本新教材”项目将挑选100本外国人文社科领域大学教材并翻译为哈萨克文，意在让年青一代接受人文社科领域最前沿的学科知识。政府相关部门将处理翻译、版权等问题。文章要求2019年前完成挑选和翻译工作，在2018—2019学年开始应用。

“故土”项目与“神圣地理”项目均为新时期构建哈萨克斯坦国家认同体系的重要项目。前者的重点是发掘和研究地方历史，修复地方历史文化古迹，并以此为契机吸引移居海外的哈侨商人、官员、知识分子和青年支持故乡发展。“神圣地理”项目则着眼于保护和宣传全国意义的历史文化古迹，包括亚萨维陵、塔拉兹市的喀喇汗陵、曼吉斯套州的别克特阿塔圣墓等。同时，该项目要求相关部门强化对哈国民众的国家地理和文化教育，要求媒体和旅游公司系统性地宣传上述国家级历史文化遗迹。两者试图共同加强对哈国本土历史遗产的文化传播，强化本国公民对故乡和祖国历史文化的认同感，并提高国际游客对哈国历史的认知度。

“当代哈萨克斯坦文化”和“百位新人”项目则更强调向世界展现全球化时代哈萨克斯坦的文化作品和时代人物。“当代哈萨克斯坦文化”项目提议将当代哈萨克斯坦的文学作品翻译为联合国六大工作语言译本，且强调以先进多媒体手段呈现之。“百位新人”项目则旨在挑选哈国内来自不同地区、不同年龄段、不同民族、不同行业的优秀代表，并且通过媒体平台宣传他们，作为新时期哈萨克斯坦精神面貌的典范。

在落实层面，《展望未来》一文发布之后一周，纳扎尔巴耶夫总统于2017年4月19日成立直属于总统办公厅的国家委员会。时任总统办公厅主任贾克瑟别科夫（Адылбек Джаксыбеков）担任委员会主席。两位副主席分别为时任总统办公厅第一副主任塔金（Марат Тажин）和时任总理办公厅主任艾勒达别尔根诺夫（Нурлан Алдабергенов）。委员会秘书为总统办公厅国内事务局局长巴拉耶娃（Аида Балаева）。委员会成员共计57人，

---

① 吴宏伟：《哈萨克斯坦文字拉丁化改革：从探讨到实践》，《语言战略研究》，2018年第4期，第31—41页。

包括时任议会两院相关委员会主席、总统办公厅副主任、总理办公室副主任、外交部长、财政部长、信息与通讯部长、司法部长、宗教和公民社会部长、文化与体育部长、科学与教育部长、各州州长和直辖市市长、“祖国之光”等政党代表、哈人民大会（Ассамблей народа Казахстана）代表以及相关大学、研究所、媒体机构和社会团体的领导。①

截至 2019 年 8 月底，“精神文明复兴”计划下设各主要项目开展情况如下：哈萨克语言文字拉丁化项目目前已出台新版字母表，但正字法、术语和信息化等方面工作尚待专家委员会进一步落实。“百本新教材”项目主要与英国剑桥大学出版社和牛津大学出版社合作，将涉及哲学、政治学、世界历史、经济学等学科的大学教材翻译为哈萨克语。目前已完成翻译的教材共计 48 本。“故土”项目之下，各地方政府在超过 1 万名捐赠人的支持下新建 1800 多所、修整 1500 所文教和体育设施。“神圣地理”项目下，28 处历史古迹完成修复工作，且讹答剌（Отырар）和塔姆加勒（Тамгалы）两处遗址的游客接待中心即将完工。相关部门已与英国 BBC《全球新闻》和法国《欧洲新闻》合作，拍摄系列纪录片宣传上述文化遗产。“当代哈萨克斯坦文化”项目由文化与体育部委托国家翻译局开展。目前哈萨克语诗歌和散文文选已经完成六种联合国官方语言的翻译工作。以英译本为例，该项目的合作方剑桥大学出版社承担了部分翻译、出版和发行工作。其他译本的制作方式与此类似，均由哈国家翻译局与语言对象国某一出版社合作，在对象国直接发行。②“百位新人”项目则由信息与通讯部负责落实。2018 年初，该项目开始接受报名，经筛选后，由网民在官方网站投票选出。③ 其百位人选结果已于 2019 年 2 月产生，且由首任总统出席庆典。④最后选出的 100 人遍布所有州和直辖市。当选百人的工作行业覆盖体育、科学、文化、商业、医疗卫生和社会活动领域。

---

① Назарбаев постановил образовать Нацкомиссию по реализации программы модернизации общественного сознания. 2017. 4. 12, https://tengrinews. kz/kazakhstan_ news/nazarbaev - postanovil - obrazovat - natskomissiyu - realizatsii - 316440/，最后登录日期：2019 年 11 月 21 日。

② Anthologies of Kazakh literature translated into 6 official UN languages. 2019. 4. 19, https://www. inform. kz/en/anthologies - of - kazakh - literature - translated - into - 6 - official - un - languages_a3518633，最后登录日期：2019 年 11 月 21 日。

③ 获胜人选名单参见 https://100janaesim. ruh. kz/ru/the - winners. html，最后登录日期：2019 年 11 月 21 日。

④ President Nazarbayev meets with winners of 100 New Faces project. 2019. 2. 13, https://www. inform. kz/en/president - nazarbayev - meets - with - winners - of - 100 - new - faces - project_a3497899，最后登录日期：2019 年 11 月 21 日。

除上述首任总统文章中明确提及的项目之外，各相关部门响应“精神文明复兴”计划，开展一系列文化宣传领域活动。其形式包括在国内各大城市举办诸如欧亚文化时装周①、郁金香花卉节②等文艺活动；在各州历史古迹遗址举办考古和博物馆出土文物展览；在各友好国家举办“哈萨克斯坦日”活动③，以及文艺团体组织的国际文化交流。后续较为重要的议程包括2020年哈国将举办的庆祝阿拜诞辰175周年系列纪念活动。④

各州负责的地域文化复兴项目中，最为重要的是阿拉木图市和阿拉木图州开展的复兴七河（Zhetysu）历史文化相关项目。阿拉木图州所在地区为人文地理所谓“七河地区”，即伊犁河—巴尔喀什湖地理单元。该地区对于当代哈萨克斯坦叙述其自身历史而言具有重大意义。首先，该地区的伊赛克镇曾出土古代塞人金器墓葬，是当代最重要哈国考古发现——“金人”的发掘之处。其次，该地区为15世纪中期哈萨克汗国创始人克烈和贾尼别克汗脱离察合台汗国、正式成为独立部落联盟之后的活动地域。此外，1929年以来，阿拉木图长期作为哈萨克斯坦的政治、经济和文化中心。即使1997年迁都以后，阿拉木图依然被视为“南都”，是哈萨克斯坦的经济、金融和文化中心。“精神文明复兴”计划实施以来，首都阿斯塔纳甚至建设了一座“七河”主题文化公园，配合宣传该地区的历史和文化意义。阿拉木图州政府于2018年9月公布，各级政府将投资371亿坚戈，支持该州的“精神文化复兴”计划。该州将配合阿拉木图市开展大量历史古迹保护和地方史编纂工作，拍摄相关纪录片，并制作各类电子地图和移动端软件扩大宣传，打造文化品牌。⑤

---

① Eurasian Fashion Week to take place in Nur - Sultan and Almaty. 2019. 8. 28. https://www.inform.kz/en/eurasian-fashion-week-to-take-place-in-nur-sultan-and-almaty_a3560329.

② Tulip Festival celebrated in Torgay, 2019. 5. 5, https://www.inform.kz/en/tulip-festival-celebrated-in-torgay_a3523752，最后登录日期：2019年11月21日。

③ Kazakhstan Days held in Ankara, 2019. 9. 4, https://www.inform.kz/en/kazakhstan-days-held-in-ankara_a3562536，最后登录日期：2019年11月21日。

④ Abai legacy should become Rukhani Janghyru priority, President. 2019. 4. 26, https://www.inform.kz/en/abai-legacy-should-become-rukhani-janghyru-priority-president_a3520984，最后登录日期：2019年11月21日。

⑤ KZT 37 bln for Rukhani Janghyru in Almaty rgn. 2018. 9. 30, https://www.inform.kz/en/kzt-37-bln-for-rukhani-janghyru-in-almaty-rgn_a3405422，最后登录日期：2019年11月21日。

三、“伟大草原”：哈萨克斯坦国族历史文化的构建

相比2017年提出的六大项目，2018年11月《伟大草原的七个方面》一文则尝试勾勒新时期哈国家历史观，探讨未来哈萨克斯坦国族的历史应如何书写，国族文化应以哪些特征为主。文章开头即从德国、意大利等国以现代国家边界为基础建构国族认同开始探讨，引申出当代哈萨克斯坦国族认同应参照的五点基本原则：（1）当代哈萨克斯坦领土上各历史时期存在的政治体均为哈萨克民族的族源要素（элименты этногенеза казахской нации）；（2）下文列举的“伟大草原”七方面成就均诞生于哈萨克斯坦领土之上，之后传播至四方；（3）哈萨克人的祖先曾掌握同时期最为先进的技术；（4）早在“哈萨克”族称出现之前的几百年，一些哈萨克的部族就已经存在；（5）此前欧洲中心主义的视角不允许将塞人（Саки）、匈人（гунны）、古突厥部族（прототюркские этнические группы）视为哈萨克人的族源（этногенез）。为顾全当下哈萨克斯坦多民族聚居的现状，下文笔锋一转，强调哈萨克斯坦的历史是当下所有生活在哈萨克斯坦各族群（этнос）的共同历史。在上述论点的基础上，作者尝试重新评价草原文明对人类历史的贡献，勾勒当代哈萨克斯坦在历史上的文明成就。

首任总统在此文中列举的“伟大草原”七方面成就如下：（1）骑乘文化所包含的马的最初驯化、骑射和裤装等器物的发明，军事技术的创新和欧亚游牧帝国的形成；（2）推动人类文明历史进程的草原古代冶金技术；（3）展现哈萨克人远祖与自然和谐相处的动物纹饰、书写系统和神话故事；（4）反映“伟大草原文明”技艺水平和审美的金人墓葬；（5）催生了整合游牧和农耕文明的突厥世界（тюркский мир），其中法拉比、亚萨维和其他伟大人物诞生于此；（6）形成了沟通中国、印度、波斯、地中海和斯拉夫文明的丝绸之路；（7）成为全世界绝大多数苹果和郁金香种类的发源地。

上述七方面仅为作者列举的“伟大草原”部分成就。为贯彻在存续传统基础上渐进革新的原则，本文提议开展以下六方面具体项目，以实现历史意识的现代化（Модернизация общественного сознания）。

第一，“档案馆2025”（Архив－2025）项目。该项目上承2004年哈国发起的“文化遗产”（Мәдени мұра）项目，计划在2025年之前完成对全球所有重要档案馆涉及从古到今哈萨克斯坦国族历史的档案文献的搜

集和研究工作，并将获取的资料电子化。该项目将成为学校和博物馆进行考古和历史教育的重要基础。

第二，“伟大草原的伟大人物”。对照中国的孔子、德国的歌德、俄国的普希金等，该项目将尝试塑造哈萨克斯坦的标志性人物。文章罗列了法拉比、亚萨维、阙特勤、拜巴尔斯、头克汗、阿布赉汗、肯涅萨热和阿拜八位人物，且要求在此项目之下成立文化主题公园、建造呈现伟大人物的展厅并制作相关的科教影视作品。

第三，“突厥世界的起源”（Генезис тюркского мира）。为确证哈萨克斯坦作为突厥人的发源地，该文章要求发起“从古至今的突厥文明”（Тюркская цивилизация：от истоков к современности）项目。该项目将包括2019 年在阿斯塔纳召开的“世界突厥学者大会”（Всемирный конгресс тюркологов）、举办“突厥语族诸民族文化日”（Дни культуры тюркских этносов）和仿照维基百科形式制作“突厥语公共文学作品”等。此外，文章还要求相关部门加强对图尔克斯坦市历史文化的国际宣传，突出其历史文化古城的形象和“突厥世界圣地”的地位。

第四，“伟大草原古代技艺博物馆”。该博物馆将以“伟大草原”（Ұлы дала）命名，展示古代金属制品的动物纹饰、马匹驯化的遗迹、金人墓葬品、冶金技术、骑乘装备制造技术等。首先，文章要求创立同名的“国家历史重建俱乐部”，负责在首都和全国各地举办以纪念塞人、匈人、突厥可汗的主题节庆活动。其次，文章要求开展丝绸之路古城讹答剌（Отырар）修复项目，作为未来的重要旅游景点。

第五，“草原民间文学和音乐的千年历史”。该项目下，首先，文章要求制作一部“草原民间故事文选”，包含草原文明的历史、神话、史诗、传说等题材的传统民间文学。其次，文章要求出版以传统哈萨克乐器创作的音乐作品集，而且应利用数字技术、吸引国内外职业人士共同创作。为保证两方面工作顺利开展，文章要求相关部门在哈国各州组织科学考察，寻访民间文学和音乐的传承人。

第六，“影视作品中的历史”。该项目要求文艺界以展示哈萨克斯坦文明的历史延续性为主旨，拍摄纪录片和艺术电影。在内容方面，文章要求一方面，新的影视作品更多呈现哈萨克民间文化和神话内容；另一方面，应该积极创作有国族特征的超级英雄形象，加强对青年的宣传。以此为基础，相关部门应通过国际合作推动哈国电影业发展。

2018 年《伟大草原的七个方面》一文勾勒的历史观和提议的六大项目则主要由高校、科学院和国际突厥学院主要负责落实。哈萨克斯坦科学院的瓦里汉诺夫历史与民族学研究所在“精神文明复兴”计划下主要开展了三方面工作。首先，“档案馆 2025”项目目前主要由该研究所与各国档案保存机构联系开展。其次，该研究所与科学院的地理研究所、信息研究所等机构合作开发了在线交互地图“哈萨克斯坦人民”。该系统尝试以交互地图的方式呈现哈国各民族的族源、地域分布、风俗习惯等信息。这一在线系统响应了“精神文明复兴”计划中的诸多项目，主要用于教育和大众知识传播。此外，作为研究机构的主业，该研究所继续出版一系列关于哈萨克汗国时期重要历史人物的研究著作，以支持宏观的历史编纂工作。①

坐落于努尔苏丹的国际突厥学院（International Turkic Academy）则负责一系列与“伟大草原”相关的会议和出版物编纂。该机构每年组织“伟大草原”国际会议，邀请欧亚地区各国的突厥学研究者研讨相关议题，并向各国学界介绍哈国主流历史观和语言文化定位。该会议第三届于 2018 年 6 月在阿斯塔纳举办，主要介绍首任总统在《伟大草原的七个方面》中提到的新时代哈萨克斯坦主流历史观。2019 年 5 月，该机构沿用会议名称，在法国巴黎举办题为“伟大草原：文化遗产和世界历史中的角色”研讨会，同样意在扩大首任总统提出的一系列关于哈国历史观的主张。②

四、“精神文明复兴”计划与中哈人文合作

“精神文明复兴”计划的两篇核心政策文献在理念层面暗示，新时期哈萨克斯坦的思想文化一方面将以哈萨克语言文化和历史传统为本位，另一方面也重视对哈萨克语言文化的现代化改造和对历史传统的扬弃。因此在项目层面，“故土”和“神圣地理”项目与《伟大草原》一文提议的六个项目一道，意在发掘哈萨克族民俗、神话、史诗和传统音乐中所包含的历史记忆，并以此为基础建构从基层到国家的历史叙事和乡土志知识体系，进一步强化哈萨克族语言文化在国族建构中的主体地位。哈萨克语言文字拉丁化和“百本新教材”则旨在革新主体民族的语言及其所承载的知

① Books about Sultanmamet Sultan and Middle Juz batyrs presented in Astana. 2019. 3. 17, https://www.inform.kz/en/books-about-sultanmamet-sultan-and-middle-juz-batyrs-presented-in-astana_a3508042，最后登录日期：2019 年 11 月 21 日。

② Nursultan Nazarbayev addresses Forum “The Great Steppe: Its Cultural Heritage & Role in World History” 2019. 5. 15, https://www.inform.kz/en/nursultan-nazarbayev-addresses-forum-the-great-steppe-its-cultural-heritage-role-in-world-history_a3526604，最后登录日期：2019 年 11 月 21 日。

识产品。“当代哈萨克斯坦文化”与“伟大草原”诸项目均提到要以前沿多媒体技术向国内外宣传哈国古今历史文化，使哈国新时期的思想文化体系得到世界认可。最后，“百位新人”项目则有平衡各民族利益的考量，强调人选来源的年龄、职业和族裔代表性。

整体而言，可能是考虑到过度强调主体民族的地位会有诱发民粹主义思潮的风险，纳扎尔巴耶夫总统既要求强化主体民族历史文化语言的主体性，同时要求对其进行革新，即所谓“社会精神的现代化”，形成保守与变革之间的平衡。

随着“精神文明复兴”计划逐步展开，目前哈国各机构在中哈人文交流中也逐渐有意识地将各类活动纳入该计划的框架之中。如 2018 年 2 月 7 日，时任哈驻华大使努雷舍夫向中国国家图书馆捐赠一批关于哈萨克斯坦的图书，其中包括首任总统纳扎尔巴耶夫的一些著作。① 哈萨克斯坦科学院历史与民族学研究所则正在联系各大国的科研机构，尝试将其最新编纂的瓦里汉诺夫文集翻译为世界主要通用语言版本。

在中哈合作日益深入的背景下，传统的能源、经贸和产能合作依然是中哈双边关系的支柱。而人文交流和文化、教育领域的合作也将成为双方合作的重要领域，促进两国之间的“民心相通”。“精神文明复兴”计划的核心是强化哈萨克族历史、语言和文化在当代哈萨克斯坦思想文化体系中的主体地位，同时强调革新哈萨克语言文化和扬弃历史传统。目前该计划中，大部分涉外宣传、交往和知识引介的工作的主要合作方是英国，其外宣的主要语言（俄语除外）是英语。目前诸多项目中，涉及与中国合作的主要是着眼于翻译当代哈萨克文学的“当代哈萨克斯坦文化”和“档案馆 2025”项目。就该计划的具体项目而言，中国高校和科研机构实则可以考察其“百本新教材”项目组织情况，建议其加入对中国重要学术领域经典教材的引介和翻译，如对外汉语、古代和现代汉语、中国历史、中国哲学、当代中国政治思想等。

“精神文明复兴”计划是哈萨克斯坦近年来思想文化领域规格最高、影响最大的工程。中国高校和科研机构相关部门有必要对此保持关注，把握其指导思想和具体项目开展情况，以更好地实现人文交流领域的对接和合作，为两国关系保持高水平运行奠定更为坚实的基础。

---

① Books about Kazakhstan donated to National Library of China. 2018. 2. 7，https：//www. inform. kz/en/books – about – kazakhstan – donated – to – national – library – of – china_ a3145966，最后登录日期：2019 年 11 月 21 日。

埃里温大学汉语教学和中国文化的传播

阿勒图尔·伊斯拉耶良*

亚美尼亚国立埃里温大学有100年的历史，这是一个非常重要的时间节点，中国在国际政治上是一个非常重要的国家，在“一带一路”框架内可以成为促进我们，不光是在高加索，而是在整个欧亚地区，甚至世界上的安全起到非常重要的作用。中国作为一个非常重要的地缘政治国家，在世界上要建立自己的政治和经济议题来保护自己的利益。中国共产党也提出两个100年的计划，要在2021年共产党成立100周年的时候，把国家建设成富强、文明、民主的小康社会，所以中国也非常深刻地意识到要与不同的国家发展人文的交流和文化以及科研合作。

中亚两国首先要相互了解，就是中国和亚美尼亚要更多地宣传“一带一路”倡议，“一带一路”倡议不仅是一个地区的计划，要在两国的各个方面，包括国家领导人层面，使我们的合作效率更加提高。要研究自由贸易区的项目，以及亚美尼亚以什么样的方式能够参加到这些项目当中来，要共同研究和制订“交通走廊”的计划等等。

在这些问题上我们的教育工作者和科研工作者将起到很重要的作用，“一带一路”倡议也会起到非常重要的作用。我们要经常互访，让我们双方各界都建立起伙伴关系。在我看来一个非常重要的因素在于，中国的宗教政策是非常正确的。我们亚美尼亚是把基督教作为自己的国教。在欧洲有亚裔侨民的团体也在发挥他们的作用。

现在亚美尼亚人，特别是大学生对学习汉语产生浓厚的兴趣，在中国大使馆、孔子学院的帮助下，在国立埃里温大学成立了汉语和文化中心，主要致力于发展双边的人文交流与合作。我想向大家介绍一下我们这个中心的主要任务。首先就是专门的语言培训，培养我们未来的外交官，进行一些具有个性化的语言培训和各种会议研讨班，以及进行其他相关的一系列的活动。此外，还要加强这个中心与我们其他大学之间的合作，进行经验的交流。2017年，学校成立了一个研究中心，我们计划邀请中国科学院的同行来做讲座。在我国外交部的支持下还举办了很多讲座，包括介绍中

* 亚美尼亚国立埃里温大学外事副校长、副教授。

国国情，以及“一带一路”倡议等的讲座。

我国有50个学生在校学习汉语，毕业生已经达到了150人。而现在我们增加了一个新的专业叫“地区学”，主要是研究各个国家包括中国的国情和政党的历史。我们非常愿意扩大与中国教育机构的合作。我们还计划一起开展有关的科研项目，与上海大学以及中国社科院俄罗斯东欧中亚研究所，以及中国其他的科研单位开展合作，感谢大家，祝愿我们的论坛取得圆满成功。

（根据现场同传速记稿整理）

【俄文原文】

Инициатива «Один пояс и один путь» и распространение китайской культуры в Ереванском государственном университете

Артур Исраелян *

Китай является одним из ключевых геополитических игроков, имеет свои интересы и в нашем регионе. Китайская инициатива «Один пояс и один путь» может стать фактором, способствующим укреплению безопасности как на Ближнем Востоке, так и на евразийском регионе. Китай попытается выйти за границы регионального игрока и создать отделённый политический и экономический полюс, чтобы обеспечить безопасность страны①. По этому поводу Пекин ещё более укрепляет позиции на международной арене.

---

* К. и. н., доцент, Проректор ЕГУ по международному сотрудничеству и связям с общественностью.

① Согласно «дорожной карте» руководство Китая, до 100 – летия создания Компартии, то есть до 2021г. необходимо создать условия для обеспеченной жизни населения, а до 2049г. до столетия КНР, её необходимо превратить процветающую, мощную, динамичную, демократичную и современную страну. https://brill.com/view/book/edcoll/9789004330818/B9789004330818_011.xml.

Для Армении чрезвычайно важно углубить научные, политические и экономические связи с Китаем. Но для того, чтобы иметь развитые отношения, прежде всего, необходимо, чтобы армяне и китайцы лучше узнали друг друга. Тут я совершенно согласен с коллегой, автором книги «Инициатива Китая, Один пояс и один путь и Армения» с доктором Мгером Саакяном а именно: необходимо устраивать совещания между двумя государствами с участием военно – политического руководство для повышения показателей эффективности обеспечения безопасности Армении и Китая, изучать и использовать возможности открытия зон свободной торговли, развивать туризм①, обеспечить конвертацию армянской и китайской денежных единиц, использовать национальные денежные единицы в двусторонней торговле, разрабатывать совместные проекты по развитию транспортной доступности и связности т и. д. ②

В этом вопросе важную роль играет общественная дипломатия. Я думаю что имеет смысл сделать акцент на том обстоятельстве, что участие Армении в программе «Один пояс и один путь» может быть отмечено реализацией определенных проектов, относящихся к экономическим и культорным сферам. В этой связи, пологается, организовать двухсторонние визиты и прямые контакты между армянскими и китайскими партнёрами. Обе стороны высоко ценят двухстороннее отношение и сотрудничество. Китайские лидеры неоднократно называли Армению «надежным другом» *и призвали к дальнейшему расширению двусторонних политических, экономических и культурных связей.*

В этой связи, пологается, составить специальную программу, по которой в Армению будут приглашены китайские предприниматели. В случае создания производств на территории Армении возможно будет реализовать полученную продукцию на рынке ЕАЭС.

На наш взгляд надо составить программу для улучшения культурных и научных связей, потенциала армянской общины в Китае и др.

---

① Поскольку в Китае отмечается большой интерес к христианству, в случае правильной политики, многие заинтересуются поездкой в Армени, первой в мире принимавшей христианство в качестве государственной религии.

② *Мгер Саакян, «Инициатива Китая «Один пояс и один путь» и Армения, Ереван 2019 г стр 114.*

В этом форуме я хотел бы поговорить опреподавании китайского языка и распространении китайской культуры в Ереванском государственном университете.

Преподавание китайского языка в университете впервые было организовано на факультете международных отношений в 2014 – 2015 уч. годах. 2014 – го года было подписано соглашение о сотрудничестве между Институтом Конфуция и факультетом.

Во многих факультетах университета растет интерес к китайскому языку, культуре и религии, поэтому при поддержке руководства ЕГУ, посольство и Института Конфуция на факультете международных отношений, 2015 – го года был открыт «Центр китайского языка и культуры». Центр пытается в пределах своих компетенций развить армяно – китайские отношения в гуманитарной, культурной и научно – образовательных сферах.

Я хотел бы представить Вам основные задачи и функции Центра, из которых мы первычными считаем следущее.

- Организовать спец. курсы для будущих дипломатов и направить образовательный интерес студентов к изучению культурных ценностей Китая.
- Проводить индивидуальные и групповые занятия китайского языка как для студентов ЕГУ, так и для других абитуриентов.
- Планировать и проводить семинары, кинопоказы, выставки в области китайского языка, культуры, религии и истории. О тмечать национальные праздники и другие мероприятия.
- Предпринять шаги к сотрудничеству с другими научными центрами и университетами.

При поддержке КАОН в 2018 г. в ЕГУ в частности на факультете Востоковедения был открыт исследовательский центр.

Здесь я хотел бы отметить активное участие наших студентов во многих межуниверситетских мероприятиях. В рамках сотрудничества с Институтом Конфуция впервые в Армении прошёл «Межуниверситетский конкурс озвучивания китайских фильмов».

При поддержке МИД РА центр организовал лекции по тематике «Центральная Азия и Южный Кавказ в контексте внешнеполитических инициатив КНР», «Инициатива ОПОП и Китай», «Культурная дипломатия Армении», «Проблемы преподавания китайского языка» и т. д.

В настоящее время на дневном отделении факультета МО обучается около 50 студентов, а число выпускников более 100 человек. Мы начали новый курс по предмету регионоведения. На этом курсе студенты изучают внешнюю и внутреннюю политику, государственную структуру, партии Китая и т. д.

Я хотел бы также затронуть тему нашего сотрудничества с китайскими научно – образовательными центрами. В 2017 году было подписано соглашение о сотрудничестве с Шанхайским педагогическим университетом. В октябре 2017 года делегация ЕГУ посетила Далянь где и подписала соглашение о сотрудничестве с Даляньским университетом иностранных языков. Благодаря этому соглашению студенты, обучающиеся в центре, посещают Даляньский университет в рамках летней программы. В 2019 году Ереванский государственный университет получил предварительное соглашение с Шанхайским университетом о заключении соглашения о сотрудничестве в ближайшем будущем.

Мы намерены развивать сотрудничество по целому ряду совместных научных и образовательных направлений с Институтом России, Восточной Европы и Центральной Азии при Китайской академии общественных наук – КАОН, сШанхайским университетом, с Институтом публичной дипломатии ШОС и т. д.

中亚国家法律文本翻译与法治文明互鉴

李玉璧*

"一带一路"倡议作为中国的伟大构想，它为世界经济增长开辟了新空间，为国际贸易和投资搭建了新平台，为完善全球经济治理拓展了新实践，为增进各国民生福祉做出了新贡献。共建"一带一路"实施六年来，合作成果丰硕，进展超出预期，受到国际社会广泛欢迎。① 共建"一带一路"顺应了全球治理体系变革的内在要求，彰显了同舟共济、权责共担的命运共同体意识，为完善全球治理体系变革提供了新思路新方案。②"一带一路"建设从"大写意"到"工笔画"，法治不可或缺。但是，由于语言不通，造成沿线国家在法律互通、互遵、互鉴方面存在很大问题。因此，加强"一带一路"沿线国家法律翻译及法治文明互鉴意义重大。

一、"一带一路"是法治合作和法治文明互鉴之路

"一带一路"倡议作为当今世界上规模最大的国际合作平台和最受欢迎的国际合作公共产品，既面临着全方位开放机遇、周边外交机遇、地区合作机遇和全球发展机遇，同时也面临着地缘风险、安全风险、经济风险、道德风险、法律风险的考验。③ 没有法治的引领、推动和保障，"一带一路"建设是无法取得成功的。④ 法治作为社会治理和全球治理最可靠最有效的方式，它既是"一带一路"倡议走向世界的通行证，也是应对各种

---

* 西北师范大学法学院教授，中亚研究院研究员。本文系2019年甘肃省哲学社会科学规划项目"'一带一路'倡议在西亚实施的法律风险识别及应对策略研究"（批准号：FX013）、2018年甘肃如何融入"一带一路"研究项目"甘肃企业'走出去'的政策法律风险研究"（批准号：LD-BR2018—016）的阶段性成果。

① 截至2018年12月，已有近90个国家和国际组织与中国签署了共建"一带一路"的合作协议，中国与沿线国家共建了75个经贸合作区，中国与沿线国家的进出口总值已达到30多万亿人民币，对沿线国家的投资超过700亿美元，已经创造了20多万个就业岗位。

② 《中国国家主席习近平在推进"一带一路"建设工作五周年座谈会上发表的重要讲话》，《人民日报》，2018年8月28日第1版。

③ 王义桅：《"一带一路"：机遇与挑战》，人民出版社，2015年版，第44—158页。

④ 李玉璧、王兰：《"一带一路"建设中的法律风险识别及应对策略》，《国家行政学院学报》，2017年第2期。

不确定性风险和挑战的“安全阀”。[①]

从宏观上讲，以规则为导向、开放包容、民主透明的法治合作，是国际关系保持稳定和可持续发展的必要保证。[②]“一带一路”法治合作不仅能推进国际关系民主化、法治化，为国际政治秩序更加公正合理贡献正能量，而且还可以促进世界经济更加有序开放，在维护世界贸易组织确定的基本原则的同时，完善发展国际贸易、投资和金融新体系、新规则。从微观上讲，法治合作是“一带一路”建设顺利推进的必要保障。[③] 第一，法治合作为“一带一路”构建稳定、公正、透明、非歧视的规则和制度框架，为各参与方提供行为准则，可以有效防范和化解法律风险。第二，公正高效的争端解决机制是“一带一路”倡议参与者合法权益保障的重要基石。第三，高效、便捷的司法执法合作与协助机制能够确保争端解决过程的顺利进行，使争端解决最终成果落到实处，进而也使当事人合法权益的保护落到实处。第四，通过“一带一路”各参与方的法治合作，实现法治经验共享、法治人才共同培养、法治能力和法治水平共同提高。

“一带一路”建设旨在推进沿线国家共同发展，着力破解“发展缺位”这一全球治理难题。这种以发展为导向的“一带一路”建设，有别于以规则为导向的其他区域国际经济合作机制，它以共同发展为优先目标，不以设置规则门槛为前提条件。[④] 以发展为导向的“一带一路”建设，不能简单地复制现有的国际经济合作机制与规则，其法治规则必须体现出通过合作实现共同发展的特点：一是要奉行共商原则，即规则是由参与者共同制定的；二是要奉行渐进性原则，充分尊重沿线国家政治、经济、文化的差异性，规则必须体现共建原则；三是要奉行正确的义利观，实现共同发展，规则必须体现共享要求。

因此，共建“一带一路”，既要推进沿线国家基础设施的“硬联通”，也要加强政策、规则和标准的“软联通”，不断完善以发展为导向的“一带一路”法治保障体系，深化“一带一路”法治交流与国际合作，着力推动和加强沿线国家法治互信与政治互信、国内法治与国际法治、经贸合作

---

① 此观点为中华人民共和国国务委员兼外交部长王毅在“一带一路”法治合作论坛开幕式主旨演讲时提出。

② 许军珂：《推进“一带一路”法治合作，恰逢其时》，https：//www. sohu. com/a/239463704_ 115376，最后访问时间：2019 年 7 月 10 日。

③ 许军珂：《推进“一带一路”法治合作，恰逢其时》，https：//www. sohu. com/a/239463704_ 115376，最后访问时间：2019 年 7 月 10 日。

④ 李向阳：《论“一带一路”的发展导向及其特征》，《经济日报》，2019 年 4 月 25 日。

与法治合作、实体法治与程序法治、法律实务合作与法学交流合作的良性互动，努力将“一带一路”打造成为法治合作之路和法治文明互鉴之路。只有建立既顺应全球经济治理发展潮流，又符合“一带一路”特点的国际法治体系，才能确保“一带一路”长期、稳定、健康发展。①

二、通过文本翻译打开了解中亚国家法律之窗

“一带一路”沿线经济发展水平极不均衡、语种与法系多样、法治环境迥异，这一切都对“一带一路”建设提出挑战。政策沟通、设施联通、贸易畅通、资金融通、民心相通离不开对沿线国家法律的全面掌握，但是，“一带一路”沿线 64 个国家涵盖 53 种官方语言，分属九大语系，语言障碍横亘在“五通”发展通道之中，掣肘沿线各国交流互鉴、通关合作。② 开展法律文本互译是突破法律语言障碍的主要方式，可为“一带一路”沿线国家相关主体提供多种语言的法律译本，为“一带一路”建设的联动发展提供有效法律支持。

中亚地处欧亚板块的内陆腹地，是东西方文明交流的十字路口，是“丝绸之路经济带”关键地区，是连接亚太经济圈和欧洲经济圈的桥梁和纽带。由于所处的特殊地理位置，中亚历史和中亚文明的形成经历了复杂的过程。封闭的地缘环境保留了古老的游牧传统，而处于世界各大文明之间的位置又使中亚不断受到外来强权中心和强势文化的影响。古希腊、波斯、匈奴、突厥、阿拉伯、蒙古国、俄罗斯等异族的征服和统治一次次中断了中亚文明的正常发展进程，外来文化的不断侵入成为中亚历史发展的常态。③ 这种特殊地缘环境前提下的社会历史在造就中亚民族文化多样性的同时，也塑造了中亚地缘政治和法治文明的多元性特征。

中国与中亚是古代丝绸之路上的核心地区之一，地缘相近、人缘相亲，具有悠久的人文交流历史。中国同中亚国家是山水相连的友好邻邦，是好邻居、好伙伴、好朋友、好兄弟。但是，在中国改革开放和迈向现代化的进程中，中国和中亚国家在经贸合作和人文交流方面出现过一些问题，没有走深走实。在法治合作和法治文明互鉴方面，中国和中亚国家法

---

① 刘敬东：《“一带一路”法治研究，构建“一带一路”法治理论体系》，《人民法治》，2018 年第 2 期。

② 屈文生、万立：《译介“一带一路”沿线国法律文本，增强我国涉外法律服务业竞争力》，《中国社会科学报》，2018 年 11 月 28 日。

③ 许涛：《中亚地缘政治沿革：历史现状与未来》，时事出版社，2016 年版，封底页。

律虽然都属于大陆法系，但由于受宗教、文化和历史传统等因素的影响，中亚国家的法律被披上了一层神秘的面纱，法律的互通互鉴存在内在动因不足、机制不畅、成果缺乏等突出问题。

长期以来，中国法学界和法律实务界对英、美、法、德、日等发达国家的法律较为重视，介绍、评论和研究较多，但对发展中国家尤其是中亚国家的法律关注不够，重视不足，研究匮乏。中国的一些法学家对中亚国家既缺乏理论认识也缺乏研究兴趣，基础非常薄弱。例如，我们对哈萨克斯坦的法律制度就知之甚少，国内甚至没有几本系统介绍哈萨克斯坦法律的中文书籍。[①] 中国企业如果盲目去哈萨克斯坦投资或从事贸易活动，对当地政府状况和法律要求并不了解，就会产生很多障碍，风险巨大。

与“一带一路”建设发展速度相比，中国对沿线国家法律文本的翻译工作极不完善，既有中译本不成体系、不符实需、质量参差不齐的问题，也有原本时效、术语选用、语言通畅等方面的问题。[②] 因此，科学谋划中亚国家投资贸易和人文交流常用法律法规的翻译出版工作，是中国法学界积极主动服务“一带一路”建设的自觉行动和重大举措，其重大意义在于：一是通过法律文本翻译，揭开中亚国家法律神秘的面纱，为中国法学界、法律界重新认识中亚国家经济社会发展状况、国家治理体系和治理能力打开了一扇窗；二是为中国政、商、学界了解、学习和研究中亚国家法律提供便利，为中国企业赴中亚国家从事投资、合作、发展提供“接地气”的法律支持；三是使中国企业在充分理解和认识中亚国家法律的基础上，严格遵守所在国的法律制度，自觉履行所在国法律赋予的义务，合法经营，实现利益最大化；四是通过依法依规经营和诚信交往，与所在国政府、企业和民众建立友好合作关系，树立良好的中国形象，推动深层而广泛的人文交流与合作。

三、在法治文明互鉴中完善相关法律制度

中亚国家历史文化悠久，在古丝绸之路上占据重要地位，在漫长的历史发展过程中，形成了以塔拉兹、布哈拉、撒马尔罕、图科马克为代表的

---

① 王林彬：《应加强中亚国家法律制度研究》，《民主与法制时报》，2014 年 9 月 28 日。

② 万立：《重视法律翻译工作，保障“一带一路”建设》，《中国社会科学报》，2019 年 2 月 12 日。

许多繁华城市。而且随着商贸往来的频繁，也促进了中亚各国与贸易相关的法律发展，形成了许多有特色的商事习惯和商事法律。古代中亚的货币（如粟特硬币）和票据在贸易中的使用，改变了古丝绸之路贸易以物易物的交易模式。同时，在漫长的历史发展过程中，中亚国家法律经历了《阿维斯塔》（琐罗亚斯德教的圣书）① 影响时期、《汉谟拉比法典》和阿契美尼德王朝影响时期、柏拉图和亚里士多德希腊法律影响时期、突厥汗国和阿拉伯法律影响并逐渐形成了伊斯兰教法时期等四个发展阶段。② 而且，每一个发展阶段都给中亚国家法律嵌入了新的成分和异域法律文化基因。

20 世纪 90 年代，苏联解体后，中亚五国相继独立，但其边界依然保留，基本未变。中亚各国实现独立后，便开始着手建立自身的法律体系。除受苏联法律传统影响外，中亚五国的宪法在不同程度上借鉴了美国和法国宪法中的一些内容，但中亚各国固有的法律习惯仍然得以保留。如土库曼斯坦在宪法序言中表达“忠实于祖先的戒律”，如乌兹别克斯坦实行“马哈利亚自治”。马哈利亚长老多由年龄较大、个人威望较高的人担任，长老受到境内所有居民的尊重，他们以中立的身份处理辖区内出现的纠纷和问题，结果令人信服，而且中亚各国均不同程度的在民事和刑事法庭中任命长老顾问，听取其意见。马哈利亚长老与中国传统社会中的乡贤、高僧等十分相近，在调解民间纠纷中具有异曲同工之妙，完全可以相互借鉴。此外，中亚国家的民商事、刑事、婚姻家庭、劳动、环境保护、知识产权、金融、海关等法律领域的国别特色、民族特色、不同法系文明融合特色十分鲜明，法律发展的后发优势突出。只有对中亚国家法律的历史有了较全面的了解，才能更好地帮助我们理解现代的中亚法律制度以及中亚法治文明的基本特质。

在共建“一带一路”过程中，由于中国和中亚国家对外开放程度、市场化水平、营商环境、贸易政策、法治环境、法治规则等方面存在较大差异，中国和中亚国家之间在贸易、投资以及民间交往时，可能会因市场准

---

① 波斯古经《阿维斯塔》是伊朗最古老的文献，这部传世之作的成书年代虽难以断定，但起码可上溯到公元前 10 世纪以前。该书充分反映了令人尊敬的古代伊朗人英勇、果敢、纯洁、真诚、宽容和乐观的美德，反映了他们对世界上一切事物的明智看法，并且表现出他们为世界繁荣和人类生活的幸福而奋斗不息的热情。

② 哈萨克斯坦国立阿里·法拉比民族大学法学博士，西安交通大学“丝绸之路经济带建设协同创新中心”中亚法研究室主任乌舒洛娃·索菲娅在其撰写的《中亚法律历史沿革》一文提出了此观点。中亚智库 oyjrzk 微信公众号 2017 年 7 月 15 日发布。

入、知识产权保护、金融交易、劳工问题、环境保护、争端解决等方面规则和制度不一致而产生法律风险。[①] 因此，在穷尽各种手段，充分了解中亚国家营商法律环境的同时，还可通过法律文本翻译，搭建互通、互鉴、互遵法律的桥梁，有效协调解决因制度差异而产生的法律问题，从源头上降低发生法律风险的概率。

现有的国际经济合作机制，尤其是区域经济一体化合作机制通常是在地理上毗邻、经济发展水平近似、文化上相通、政治上认同的国家之间首先形成的。[②]“一带一路”建设以古丝绸之路为纽带，但又不限于此，它已超越了传统地缘、经济、文化与社会制度因素的限制。古丝绸之路留给人类最宝贵遗产是丝路精神，即和平合作、开放包容、互学互鉴、互利共赢。共建“一带一路”，既需要政策沟通、设施联通、贸易畅通、资金融通，也需要文化融通，进而实现民心相通。我们要通过推动文明交流互鉴，增强各国家人民之间的相互理解、相互欣赏、相互尊重、守望相助，共筑人类命运共同体。“一带一路”沿线国家涵盖大陆法系、英美法系、伊斯兰法系等世界几大主要法系，是借鉴异域法治经验的天然平台。[③] 加强“一带一路”沿线国家法律互译工作，并通过开展比较研究，发掘不同国家的法治文明精髓，吸收借鉴其有益经验和合理成分，对完善中国法律制度体系大有裨益。

---

① 李玉璧、王兰：《“一带一路”建设中的法律风险识别及应对策略》，《国家行政学院学报》，2017 年第 2 期。

② 李向阳：《论“一带一路”的发展导向及其特征》，《经济日报》，2019 年 4 月 25 日。

③ 万立：《重视法律翻译工作，保障“一带一路”建设》，《中国社会科学报》，2019 年 2 月 12 日。

为发展中乌文化交流服务的语言研究

——以中乌语言文化里女性亲属称谓语义场中的词汇空白研究为例

娜尔吉佳·伊斯玛图拉耶娃*

世界上每种语言都有血缘关系的词汇系统。其中，亲属术语的社会语言现实可以追溯到原始社会，并且在进化过程中，由于亲属关系的分化，亲属术语的数量大大增加。由于语言的内在本质与方言词汇的存在，使得“亲属词”的同义词也得到了丰富和发展。像乌兹别克斯坦一样，中国也重视家庭以及家庭成员之间的血缘关系。生活在公元前6世纪至前5世纪间的中国伟大的哲学家、思想家和教育家孔子，对于尊重家庭、父兄等，特别是“首孝悌”等有许多有价值的想法。在他的《论语》一书中便有集中的体现。

孝悌也者，其为仁之本与？

Ota – onani ehtirom aylash , og ‘a – inilarning so ‘zlariga quloq solish insonparvarlikning tamalidir ! ①

《论语》中的“孝”（farzandlik ehtiromi，ota – onaga ehtirom ko ‘rsatish）和“悌”（og ‘a – inilarni hurmat qilish）这两个词在乌兹别克语中没有等值词。这导致两种语言之间出现了空白。加拿大语言学家 J. P. 维纳易（J. P. Vinay）和 J. 达尔别尔尼（J. Darbelne）阐述了这种现象：“如果一种语言的词语在另一种语言中找不到替代词，那么总会出现空白现象。”②

值得注意的是，在汉语和乌兹别克语的比较中，词汇空白现象在亲属称谓中更为常见。为了说明亲属称谓中存在的空白现象。本文主要以汉语和乌兹别克语中的女性亲属称谓为例进行说明。

汉语里的女性亲属称谓，其表达方式比乌兹别克语丰富得多，而且这

---

* 塔什干国立东方语言学院翻译学教研室博士生。

① Конфуций. Сухбат ва мулохазалар / М. Махмутходжаев，Н. Исматуллаева таржимаси/. – Тошкент：Янги аср авлоди，2014. – Б. 16.

② Усманова Ш. Р. Таржиманинг лингвомаданий аспектлари（дарслик）. – Тошкент：ТошДШИ，2017. – Б. 145.

些词汇更具个性化，导致以汉语为背景的乌兹别克语中存在着许多空白。至于汉语中亲属称谓数量较多的原因，黄志福解释说："在传统的中国文化中，一个家庭越强大，人丁越兴旺，这个家庭繁荣昌盛；相反，家庭弱小，人丁稀少，是一个家庭衰败的标志。"[①] 从这个角度来看，从远古时代开始，中国人为追求富裕和繁荣的生活，在家庭中共同生活便成为他们的传统习惯。为了区分不同亲属关系的家庭成员，他们有不同的名称。

根据I. 伊斯马伊洛夫（I. Ismoilov）的说法，乌兹别克语中的现代亲属称谓根据其起源和含义分为三大类：（1）亲属称谓：母亲、父亲、祖母、姑姑等；（2）婚后亲属关系称谓：丈夫、妻子、儿媳妇、婆婆、继母等；（3）亲密关系称谓：兄弟、姐妹等。[②]

在汉语中，这些术语的分类是不同的。历史上，中国社会以父权观为基础，以男性为中心。在中国社会，血缘关系分为三种类型：宗亲——同一祖宗所出的男性亲属，外亲——母亲的亲属，妻亲——妻子的亲属。继子女与继父、庶子与嫡母、公婆与儿媳以及妯娌等，他们之间虽然没有血缘关系，但是因为有父权的联系而成为同一家族成员，也是宗亲。[③]

分析女性亲属称谓中的空白时，得从"母亲"（ona）一词开始。I. 伊斯马伊洛夫指出，"volida" 在现代乌兹别克语中，被用作母亲的同义词，在赞美和提升母亲，将她描述为一个伟大的人的过程中，"volida" 一词与"ona" 一词同样使用。[④] 因此，我们可以使用"母亲"这个词来翻译"ona" 和"volida"。然而，在汉语中有些特殊的称呼语形式，他们在乌兹别克语中形成了空白。

在中文亲属称谓的系统中，谦称和尊称之间存在区别。谦称是指对别人用谦恭的词语来称呼自己或和自己相关方的称谓；尊称是指用尊重的词语称呼听话人或听话人一方的亲属的称谓。[⑤]

例如：称别人的母亲为令堂 ——"onajon"，对别人称自己的母亲为家慈、家母 ——"onajon"。应该注意的是，汉语里两种称呼形式以三个不同的词表示，但在乌兹别克语中它们相当于一个单词"onajon"。

---

① 古丽妮尕尔－艾海提：《汉、日、维吾尔语亲属称谓的对比》，《吉林省教育学院学报》，2015 年第 6 期．第 128 页。

② Исмоилов И. А. Туркий тилларда кавм – кариндошлик терминлари. – Тошкент：Фан，1966. – Б. 10，11.

③ 胡士云：《汉语亲属称谓研究》，暨南大学博士学位论文，2001 年，第 7 页。

④ Исмоилов И. А. Туркий тилларда кавм – кариндошлик терминлари. – Тошкент：Фан，1966. – Б. 18.

⑤ 《现代汉语词典（第 5 版）》，商务印书馆，2005 年版，第 1086、1824 页。

此外，中国人把自己已故的母亲称作妣，而对别人称自己已故的母亲为先慈、先母。这些词在乌兹别克语中不能用一个词来表达，但可以翻译成“vafot etgan ona”（已故母亲）这个词组。

乌兹别克语中表示外亲的称谓有：（1）母亲的母亲、母亲的父亲、母亲的母亲的母亲、母亲的父亲的父亲；（2）母亲的姐姐、母亲的哥哥；（3）母亲的妹妹、母亲的弟弟。这种分离的界线像“母亲的母亲的母亲、母亲的父亲的父亲”可以多分级继续。[①] 在现代乌兹别克语中，其中一些概念具有主格单位（“amma”阿姨，“tog’a”舅舅），而其他概念则以多层次短语表示。

在汉语里，我们看到乌兹别克语背景下存在空白的“buvi”（祖母）这个词的几个形式 。例如：（1）父系的祖母，即父亲的母亲 —— 祖母、奶奶；（2）母系的外祖母，即母亲的母亲 —— 外祖母、姥姥；（3）称别人的祖母为令祖母 ；（4）对别人称自己的祖母为家大母；（5）已故的祖母为先大母或王妣。正如我们所看到的，乌兹别克语中唯一的“buvi”单词在汉语里有五种不同的称呼形式，这导致以汉语为背景出现了四个空缺。

连在乌兹别克语里没有相应名称的“qiz nevara”（孙女），“qiz evara”（曾孙女），汉语里在亲属关系方面也有所不同：（1）儿子的女儿谓孙女；（2）女儿的女儿谓外孙女；（3）孙子的女儿谓曾孙女；（4）外孙女的女儿谓外曾孙女。

至于结婚后出现的亲属关系称谓之一“qaynona”（婆婆）这个词在汉语背景有以下空缺形式：（1）妻子的母亲谓岳母、丈母；（2）丈夫的母亲谓婆婆、婆母；（3）丈夫的已故母亲谓先姑。

称呼亲属可以当面称呼，也可以背后称呼，即在被称呼亲属不在场的时候称呼。前者是“面称”，后者是“背称”，面称和背称是亲属称谓中一个很重要的分界。[②] 在乌兹别克语言文化中，“qaynona”（婆婆、岳母）一词的“oyijon”（妈妈）形式通常用于口头称呼语里。

> *您要做个婆婆却容易，二弟尽可于结婚之后再出国。*[③]
>
> *Sizning qaynona bo ‘lishingiz oson, ikkinchi ukam imkon qadar uylan-*

---

① Исмоилов И. А. Туркий тилларда кавм – кариндошлик терминлари. – Тошкент: Фан, 1966. – Б. 75.

② 胡士云：《汉语亲属称谓研究》，暨南大学博士学位论文，2001 年，第 7 页。

③ 冰心：《关于女人（汉英对照）》，外语教学与研究出版社，2012 年版，第 43 页。

ganidan so ‘nggina xorijga ketadi.

乌兹别克语中的亲属概念之一“kelinoyi”一词在汉语里根据亲属关系有如下不同的称谓：（1）父亲的哥哥的妻子，即伯伯的妻子谓伯母、大娘；（2）父亲的弟弟的妻子，即叔叔的妻子谓叔母、叔妈；（3）舅舅的妻子谓舅母、舅妈；（4）哥哥的妻子谓嫂子；（5）婚礼时陪新娘和新郎的女性亲戚谓伴娘。这些汉语词汇在乌兹别克语中都用“kelinoyi”一词表示。

定婚以后，舅母以为未婚男女应当避嫌，他们的踪迹便疏远了。[①]

Unashtirilgach, kelinoyim（tog ‘amning xotini）bo ‘lajak kelin - kuyov shubhalardan xoli bo ‘lishi kerak deb o ‘ylagan edi. Shunda ularning qadami uzoqlashdi.

在乌兹别克语中，“qayin bo’ yin”这一词组被称作丈夫的兄弟和姐妹，及妻子的兄弟和姐妹的子女的综合名词。[②] 在汉语里没有此类称谓，因此“qayin bo’ yin”被算为一个词汇空缺单位。

根据表达方式，按照乌兹别克语中表示父亲和母亲的兄弟姐妹的孩子的称谓分类，母亲的姐妹（称自己是阿姨）和兄弟（称自己是舅舅）的孩子们，不论他们的性别和年龄如何，都可以用共同称谓——联合词。乌兹别克语中的这个称谓主要由阿拉伯语中的“xola”（阿姨）和波斯语/塔吉克语中的“vachcha”组成的。对于母亲兄弟的孩子，使用土耳其语中的“tog’ a”（舅舅）和波斯语/塔吉克语中的“vachcha”组合而成的“tog’ avachcha”称呼。年龄较大、较小的女孩或男孩的“xolavachcha”或者“tog’ avachcha”（堂兄）形式对乌兹别克语来说揭示性别形式是不自然的。可以说“katta xolamning qizi”（我长阿姨的女儿），“kichik tog’ amning o’ g’ li”（小舅舅的儿子）。当然，在这种情况下，不使用“vachcha”这个词。[③]

汉语里对这种类型的亲属称谓没有单独的等值变形词。例如，“表妹”

---

① 冰心：《关于女人（汉英对照）》，外语教学与研究出版社，2012 年版，第 39 页。

② Исмоилов И. А. Туркий тилларда кавм - кариндошлик терминлари. - Тошкент: Фан, 1966. - Б. 125.

③ Исмоилов И. А. Туркий тилларда кавм - кариндошлик терминлари. - Тошкент: Фан, 1966. - Б. 92.

这个词表示比自己年龄小的姑姑、阿姨、舅舅的女儿；“Tog’ avachcha”这一词中尽管性别或年龄并未明确，但亲属关系是明确的，即母亲兄弟的子女。相反，在“表妹”这个词中，可以理解性别和年龄，但亲属关系尚不清楚。在这种情况下，我们出现了两种类型的空白。

总而言之，在汉语和乌兹别克语里的亲属称谓中，出现了一些乌汉词汇空白，即中文背景下的乌兹别克词汇的空缺。其中一个原因是自古以来的许多传统，中国人的家庭成员共同生活在一个家庭中。但是，应该指出的是，在传统的乌兹别克家庭中宗亲也住在一起。古丽妮尕尔－艾海提提出另一个因素，认为汉语的亲属称谓复杂且数量多等特点，是因为在汉文化里历史悠久的“重男轻女”的社会现象的存在。[①] 实际上，根据汉语中的亲属称谓的分类，属于宗亲的称谓比外亲称谓更多。

① 古丽妮尕尔－艾海提：《汉、日、维吾尔语亲属称谓的对比》，《吉林省教育学院学报》，2015年第6期，第128页。

关于在欧亚经济联合体和“一带一路”倡议下的中俄人才战略储备的几点看法

夏爽*

中国不断拥抱世界，随着“一带一路”倡议的实施，中国和世界之间的联系更加紧密，国家与国家之间的交流全面繁荣：贸易、文化、商务、政治、军事、科技等。同时在亚欧中心地带，先后出现了独立国家联合体（独联体）、俄白联盟、俄白哈关税同盟、欧亚经济联合体等一体化机制。在这未来发展趋势与多空间交流的背景下，区域国别研究型人才、多语言知识复合型人才的储备变成了尤为重要的一个环节。而现状是，仅院校、留学、国际化人才储备以及人才类型是很难满足“一带一路”以及“欧亚联盟”建设需要的各领域专门人才。面对如今世界局势和经济发展的开放型战略，留学人才、院校人才以及国际化人才要如何培养？如何构建和储备相关人才？

冷战结束以来，经济全球化的同时区域一体化并行发展。2011 年普京提出了建立“欧亚经济联盟”的构想，主张以独联体国家优先，成立欧亚联盟，仿效欧洲联盟的构想，系独联体范围内更高层次的一体化。

中国推动建设开放型世界经济，2013 年中国国家主席习近平提出的合作倡议——“一带一路”（The Belt and Road，缩写 B&R）是“丝绸之路经济带”和“21 世纪海上丝绸之路”的简称，其贯穿亚欧非大陆，覆盖 136 个国家或地区，陆上依托国际大通道，海上以重点港口为节点。它将充分依靠中国与有关国家既有的双多边机制，借助既有的、行之有效的区域合作平台，积极发展与沿线国家的经济合作伙伴关系，共同打造政治互信、经济融合、文化包容的利益共同体、命运共同体和责任共同体。

究其原因，欧亚区域各个国家战略目标、政治环境、教育体制等任何一个小的举动都会有不同的效应以及可以说是重要的发展因素。但无论怎样，人是第一要素；战略性优秀的复合型人才的培养是构建两大目标圈的根本之根，教育应以战略性眼光配合于政治、服务于科技、惠利于商贸。

---

* 俄罗斯联邦总统国民经济与国家行政学院博士，国家研究型大学——伊尔库茨克国立理工大学校长助理。

“一带一路”、独立国家联合体（独联体）、欧亚经济联合体等，无论哪种机制，在2020年来临之际，最需要的是人才。目前能够在此机制范围内独立工作的人才可以说是非常的稀缺。这可以归结为三个问题：（1）多语言复合型的人才缺失是造成中俄国家战略导向高度与现实文化、市场经济实际差异的根本原因；（2）高校教育体系导致应试型教育人才高于实战型教育人才；（3）赴俄及独联体国家通常为学生出国留学道路中的备选方案，学生基础选拔素质有待提高。

一、多语言复合型的人才缺失是造成中俄国家战略导向高度与现实文化、市场经济实际差异的根本原因

2019年是中俄建交70周年，这在两国关系中具有里程碑意义。在两国元首引领下，中俄举行了一系列庆祝活动，将两国关系提升为“新时代中俄全面战略协作伙伴关系”。这是中国对外双边关系中首次出现“新时代全面战略协作伙伴关系”这样的新表述、新定位，意义重大，涵义深远。双方互信日益牢不可破，两国关系更加坚如磐石。

但在民间，俄罗斯文化在中国的普及度却停留在20世纪。提到俄罗斯文学，只知道普希金、陀斯妥耶夫斯卡、契诃夫等，当代作家最有名的是谁，是否有译本、影视作品，现在的中国人很少有人关注。提起俄罗斯歌曲，所有人能够想到的是《莫斯科郊外的晚上》《红梅花儿开》《三套车》，现在俄罗斯最流行的歌手是谁，无论年纪大的还是年轻人都说不出来。到底是什么样的情况让当代俄罗斯文化在中国“真空”了呢？

从经济贸易也可以见到些许端倪。数据显示，2019年全年，中俄两国贸易额为1107.57亿美元，同比增长3.4%。其中，中国对俄罗斯出口为497.05亿美元，同比增长3.6%；自俄罗斯进口为610.52亿美元，同比增长3.2%。2019年中美在贸易谈判的背景下，1—12月中美进出口累计5412亿美元，其中出口4185亿美元，进口1227亿美元，同比下降14.6%。2019年，中俄贸易仅为中美贸易的五分之一。其实，在众多影响因素中唯独忽略了人的因素，特别是多语言复合型人才的匮乏。其中大多数人才流向了经贸领域，而在文化、教育、理工科等方面却缺少有魄力、有前瞻能力且懂文化的人才来从事相关活动，其他方面更是难以做到百花齐放。

语言，是人和人交流的媒介。欧美国家之所以经贸发达，文化输出、

输入顺利，很大一部分是得益于英语为世界性官方交流语言，减少了不同国籍之间人与人的沟通障碍。俄语在这个方面就有很大的劣势，虽然做为世界三巨头之一的国家，但俄语依旧算是小语种，语言范围主要集中在独联体国家，再加上语法较难，掌握人数比较少。还有一个主要原因是俄罗斯具有大国主义倾向，有排外情绪，这一点在语言上也有着明显的表现。

俄罗斯人认为俄语是世界上最美丽的语言，因而当世界语言（英语）输入的时候，俄罗斯没有敞开怀抱去接受，而是排斥和歧视。20 世纪二三十年代的苏联，对于英美两国有很大的警戒心理，以至于英语被称为“敌人的语言”。与之相比，德语是苏联的第一外语，尤其是军事技术外语。在当代的教育中，虽说在俄罗斯英语已经被列为教学课程，但是重视程度仍旧不够，全民英语普及率极低、实用性差，或许根深蒂固的还是人们在思想意识中对英语的排斥。造成的后果就是在文化输出、贸易经济方面的被动与落后，“英语说得好，在俄罗斯走不了”此种说法比比皆是。俄罗斯和英语国家的贸易渠道很多仅仅是因为语言的不通畅而无法实现。正是因为俄罗斯人自身的这种民族自豪感和对英语的排挤，而培养出了很多单一语种的人才。

中国留学生前往俄罗斯进行高等教育前，虽然一直学习的是英语，但是到了俄罗斯后也会在大学的学习中被同化，重新认知、放弃或忘记英语。这在一定程度上大大缩小了这些学生的工作范围和可能性，只能在独联体范围内的俄语区域进行工作，想跨进世界舞台，做到和世界链接的可能性便被抹杀了。

二、高校教育体系导致应试型教育人才高于实战型教育人才

中俄高校在很多方面非常相似，高校教育体制改革过程缺乏明确绩效评价体系，学科建设、学术发展，特别是专业设置难以满足市场经济对人才的发展要求，这使得大学生就业难的问题日益突出，“毕业等于失业”成为了普遍现象。大学管理是自上而下的科层管理，队伍庞大且冗杂。特别是俄罗斯，老教授因退休后无社会保障在岗位上可以工作到七八十岁，年轻力量跟不上，中间力量全部因无法晋升而跳槽到企业，学术出现“真空”地带。在 21 世纪的信息时代，知识无法更新也是造成毕业生与现实社会脱节的主要原因。

从本质上看，高校内部的管理模式使得教育供给难以与市场经济发展

对人力资源的需求相适应。近年来高校对于“热门”专业大量盲目扩招，而某些“冷门”专业断档而导致人才供给严重不足。同时，专业设置的课程和教学手段严重滞后于劳动力市场的发展要求，专业上的趋同导致高校在人才培养上毫无特色，在就业市场上也必然毫无优势。而俄罗斯的问题是高等院校优秀学生是由国家出钱培养，学生教育免费的公费制度。这就让很多学生只看到公费名额，根本不考虑自费选一些好的大学、好的专业去深造。这样人才在无形之中相当于被“压制”了，而不是以科技为导向，以未来发展趋势为导向，以市场为导向。

三、赴俄以及独联体国家通常为学生出国留学道路中的备选方案，学生基础选拔素质有待提高

西学东渐，留洋采箐，“睁眼看世界”是留学的倡议号召。在20世纪50—60年代，认同苏联在科学教育方面的先进性，认同苏联所代表的政治制度和社会生活的先进性，中国有8000余名留学生在苏联的莫斯科、列宁格勒、基辅、明斯克等城市学习和生活。这一时期留苏学生主要有五种类型：20—40年代派驻苏联的“老留学生”；中国向苏联中央团校派遣、旨在培养青年干部的“团校留学生”；根据中苏合作项目派遣学习工业技术和管理经验的“企业留学生”；由中央军委单独选拔、单拨名额的陆、海、空“军事留学生”；由普通高校通过层层考试选拔上来的“优秀留学生”。这是中苏两国历史上最正式、最规范和持续时间最长的文化交流行为。当年的留苏学生在沟通中苏民间关系中扮演着极其重要和特殊的角色，这一规模庞大的群体将其对苏联的亲身感受直观地传递到国内，成为中国人了解苏联的重要途径，由此构成一种特殊的“苏联形象”。

在2019年9月举行的中俄人文合作委员会第二十次会议期间，俄罗斯副总理戈利科娃表示，目前俄中高校互派留学生人数已经超过9万人，2020年的目标是突破10万人。

在中国人日益高涨的留学热情下，俄罗斯高等教育被越来越多的人所了解，已经成为继英国、美国、日本、澳大利亚之后的中国学生第五大留学对象国。纵观这几年中国学子赴俄留学状况，人数剧增主要有以下几个原因：（1）费用低廉，在俄罗斯留学每年的总费用约为美国和日本的八分之一，英国和澳大利亚的七分之一，适合工薪阶层。（2）俄罗斯教育质量高、规模大，拥有像莫斯科大学、圣彼得堡国立大学等世界排名前茅的大

学。在很多领域的科研水平处于世界前列，如能源、医学、航空航天、生物技术等。(3) 门槛低，中国学生不需要外语成绩也不用提供高考分数，只要学生具有高中、中专或职高以上的学历，就可以直接进入大学的预科班，通过预科考试后可以直接进入自己所选择的大学，而不需要再进行入学考试。(4) 国家政策支持，与美国严格的签证政策相反，俄罗斯签证容易获得。

21 世纪的中国留俄学生，由于分布集中产生了一系列的问题：学生的语言能力提高慢、学习氛围差、学习动力不足。一些留俄学生回国后比较难找到工作，原因很简单，留学回国后，语言能力不过关，基本交流都有问题，专业素质也不高，这些都与学生分布过于集中有很大关系。中国驻俄使馆教育处官员针对这个问题提出建议：赴俄留学生可以考虑俄罗斯的一些中小城市的国立大学，一方面这些国立大学的师资和教学环境非常优秀，另一方面，在中国学生较少的学校，可以让自己的俄语水平得到充分的提高，独立自主的能力也会得到锻炼和加强。

就业方面，留俄学子专业选择面狭窄，重文科、轻理工。在俄罗斯，理工科院校及系所的教育资源在全世界来说也是非常优良的。但现在中国赴俄学子大部分都选择语言、艺术、管理、经济等文科专业，理工科学生非常少。当然俄罗斯绘画、音乐等在世界也是非常出名的，值得学习。在俄罗斯获得的理工科类学历学位在中国国内是非常受欢迎的。

通过以上三方面可以了解到，俄罗斯和中国作为新时代中俄全面战略协作伙伴，又分别扮演着欧亚经济联合体和“一带一路”倡议者的角色，如何培养复合型人才是一个需要联合面对和攻克的问题。大学教育制度的改革，或许是这个战略的第一步。因材施教，以市场为导向，以科技为平台，以实践带动理论，是必须迈出的改革步伐。

俄罗斯在教育方面的改革号角已经吹响，当普京总统对俄罗斯高校提出“5—100 计划”的时候，大家已经逐渐认识到了这个问题，很多高校的个别专业开始用英语授课。这是教育制度培育复合型人才 1.0 版的雏形，但这是不够的，语言复合型人才应以三语以上为基准，或者以双语 + 理工专业的目标做为 2.0 版本的提升。

目前在俄罗斯远东地区的国家研究型大学——伊尔库茨克国立理工大学的教育制度改革已取得了实践成果。学校 2017 年成立的新学院——贝加尔金砖学院，它的战略目标非常明确——培养未来的 2.0 版复合型人才。学院内所有课堂的官方教学语言是英语，学生们在俄罗斯伊尔库茨克生活，所以辅助教学生活语言为俄语，结合金砖国家的发展情况，配合中国

“一带一路”倡议，开设的国际课程会帮助学生拓宽视野，让他们在有机会获得更多的国际信息和经验的同时熟练掌握专业的技巧和丰富的知识，以便将来在全球化的社会中大放光彩。授课之外，贝加尔金砖学院的做法也很值得借鉴，那就是校企联合，共同培养：2020 年其 IT 与数据分析学院直接和华为、C1 软件公司以及阿里巴巴开设校企联合专业，实习定向输送培养，学生成绩优异者毕业后可直接进入华为、C1、H3C 等科技型企业入职。

俄罗斯在教育改革方面的前行动力和积极探索也给了中国国际化人才和储备多语种复合型人才非常好的启示。在中国“一带一路”倡议下，面向国际，培养综合性人才，让留学人才、高校人才、国际化人才在未来具备更高的社会竞争力。青年是国家的未来，是世界的未来，相信俄罗斯教育和中国教育通过培养多语种复合型人才能够更好的结合，通过人才的储备进一步加强中俄经贸往来、文化艺术交流，保障人才不断档，推动创新合作。

新时期中国与中亚五国开展全方位科技合作的特点及前景探析

吴娜娜*

2013年9月7日，习近平主席在出访哈萨克斯坦时提出了共建“丝绸之路经济带”的重大倡议，旨在聚合沿线各国发展优势、充分发挥市场配置资源作用、调动各方通力合作的积极性，全力打造多领域、多渠道、多层次、多方位的合作交流平台，使古丝绸之路重新焕发时代生机。“经济带”覆盖沿线近40个国家，需要跨越不同发展阶段的沟壑、融合不同社会制度的差异以及吸纳不同历史文化传统的碰撞，以前所未有的平等和开放姿态构建互利共赢的命运共同体，在欧盟和太平洋经济带之间激活中间地带，打造一个全新、持久、高能的经济增长板块。

而中亚五国地处亚欧板块的中心，承载着贯通亚欧大陆交通枢纽的重任，其中哈萨克斯坦、吉尔吉斯斯坦与塔吉克斯坦与我国接壤，且边界线长达3300公里，是古代丝绸之路的必经之地，地缘政治意义突出。此外，中亚五国自然资源丰富，其中哈萨克斯坦、土库曼斯坦和乌兹别克斯坦的石油和天然气储量丰富，吉尔吉斯斯坦盛产黄金，乌兹别克斯坦的棉花产量巨大，该地区得天独厚的能源、矿产资源为我国经济持续、高速发展注入强劲动力，势必成为现代“丝绸之路经济带”的核心区域。与此同时，中亚五国均在不同程度上面临着经济增长速度缓慢、产业结构不合理和技术、资金链短缺等现实困境，正全力寻求一个平等开放、互利互惠的发展平台，通过借助外力杠杆实现本地区经济结构的转型升级。

在此特定的历史情境下，中亚五国积极将自身发展战略与我国“丝绸之路经济带”倡议对接是互利合作的主动选择，也是勇于打破地域局限、提升区域合作规格的明智之举，更是对构建更加公正、稳定国际经济秩序的积极应答。在多方共同努力下，目前我国与中亚五国已初步形成务实、开放、透明、互信的经贸合作模式，各领域投资共建项目稳步推进，双边商品贸易结构逐步优化。相较于以矿产开发、物流运输、天然气输送等为

---

* 北京航天情报与信息研究所工程师。

主的传统合作项目，新时期，我国与中亚五国基于各自发展阶段需求和全球经济发展趋势以及新变化都一致加大了对科技创新的投入比重，强化对外先进科技引进、高精尖人才交流和核心技术共同研发，以期在新一轮的全球经济格局演变和秩序重建中抢占发展制高点。以下笔者将从我国与中亚五国开展科技合作的内外因、当前科技合作现状及成因、未来合作方向三方面展开论述。

一、我国与中亚五国展开全方位科技合作的原因分析

（一）我国经济形势概述

2019 年，全球化进程受阻，贸易保护主义抬头，加之各种不确定性因素增多，全球经济增长速度显著放缓，国际贸易竞争日趋激烈，贸易摩擦和争端也日渐复杂化和常态化。中美贸易摩擦绵延数月，尤其是美国单方对我国高科技企业发起的制裁和技术垄断波及甚广，中国经济在负重前行中虽总体保持平稳，但仍面临着经济结构转型升级和经济下行压力加大的现实问题。为有效抵御风险和突破发展瓶颈，需持续提升经济内在动力，引导经济高质量发展，增强科技创新能力，培育具有自主知识产权的重点和关键技术，加快推进创新驱动发展战略。

为此，在不断加大政府对基础研究和核心科技攻关扶持力度的基础上，需要进一步扩大对外开放格局，以科技合作为新型发展引擎，积极参与世界范围内的科技创新浪潮，并在全球产业创新链中发挥引领作用。善于整合各国在产业创新链中的比较优势，合理利用技术溢出效应，同时持续强化对重要领域内关键技术的突破工作，实现由“中国制造”向“中国创造”的跨越和升级。“一带一路”倡议紧紧围绕我国现阶段经济发展特点和需求，突出强调创新之于经济发展的重要推动作用，以不断优化创新环境、密切创新合作为主要抓手，着力构建并持续支撑与沿线国家多种方式互动的科技创新平台，通过创新驱动保障经济持续、稳定且高质量发展。

（二）中亚五国经济形势概述

目光转向中亚地区，得益于五国间外交关系的不断缓和，区域整体社会政治局面总体稳定向好。为大力发展经济和提升国民生活质量，五国先后制定和出台了多项改革措施，转换经济发展模式。改革初见成效，依据《中亚国家发展报告（2019）》，2018 年中亚五国经济发展水平呈上升趋势，除乌兹别克斯坦外其他四国通货膨胀放缓，投资环境获得显著改善。

其中，哈萨克斯坦的能源产业保持快速增长，化工、机械制造、食品和跨境运输等行业也取得长足发展。乌兹别克斯坦的服务业发展迅猛，市场经济活跃，在区域性经济贸易组织中的参与度增强，市场开放度提升。在传统油气产业保持强劲发展势头之时，土库曼斯坦强力支持冶金、电力、建筑等非油气产业的壮大，经济多元化发展形态初步形成，进出口贸易结构不断优化。相较其他四国，塔吉克斯坦的国内生产总值增幅显著，但经济结构仍然单一，铝业和金属加工业依然是经济增长的两大龙头产业。在支柱性产业金矿产能大幅下降后，吉尔吉斯斯坦的经济发展陷入低迷，本国市场对外资吸引力下滑。

纵观中亚五国整体经济发展走势，尽管各个国家经济发展模式和经济增幅存在差别，但总体稳中有进，个别新兴行业发展喜人。值得注意的是，囿于历史原因、地区资源禀赋以及经济改革进程等，中亚五国经济普遍存在韧性低和抗风险能力差等问题，表现为经济结构不合理、主导产业单一化、技术创新能力低和对外部市场依赖度高等，这些都将是该地区经济可持续发展的潜在羁绊。为此，中亚五国适时调整经济发展策略，鼓励推动工业、农业、服务业等多领域协调发展，加大对科技创新产业的扶持力度，加速推进经济现代化进程。2018 年，哈萨克斯坦出台《2025 年前国家发展战略规划》，明确将推进技术革新和数字化作为七大系统性改革之一，将提升经济竞争力作为七大优先政策之一。同年，乌兹别克斯坦深入推进经济改革，制定并批准“青年——我们的未来”国家发展规划，以提供优惠贷款的形式鼓励青年掀起“大众创新、万众创业”的浪潮。2018 年，吉尔吉斯斯坦通过《2018—2040 年可持续发展战略》，重点强化创新和生产能力的提高，为经济结构的平稳转型提供新动力。2017 年塔吉克斯坦制定和实施《至 2030 年塔吉克斯坦国家发展战略》，优先发展教育，并划拨专门财政支出投入教育事业。2017 年，土库曼斯坦推行《2018—2024 年国家经济社会发展规划》，聚焦先进技术引进和科技创新，并在 2018 年筹划实施的《2019—2025 年经济和社会发展方案》中再次强调创新和高科技手段的重要性，组建成立土库曼斯坦信息技术发展联盟。

由此可见，无论是从国际经济大环境还是本国经济发展的客观需求出发，努力发展现代科技、加快实施创新驱动发展都是我国和中亚五国现阶段以及未来重点关注的方向，也是物力、财力、人力等各种经济资源主要汇聚的方向。科学无国界，国际科技合作已然成为当今国家与地区之间主流的合作内容之一，也是发展本国科技的重要手段。在此意义上，我国积极将“丝绸之路经济带”倡议与中亚五国各自的发展战略进行对接，打造

“利益共同体和谋求共同发展”。目前，我国已同哈萨克斯坦的“光明之路”、乌兹别克斯坦的“福利与繁荣年”、吉尔吉斯斯坦的“国家稳定发展战略”、塔吉克斯坦的“能源交通粮食”三大战略和土库曼斯坦的“强盛幸福时代”发展战略进行对接。而由我国科技部支持和新疆维吾尔自治区牵头创建的“中国—中亚科技合作中心”已正式投入运行，以该平台为活动载体的高水平科技合作、学术交流、技术转移、科技培训和战略研究正在不断拓宽和延伸“丝绸之路经济带”的主题内容和时代意义，为其加注更浓厚的科技注脚，也将继续引领我国和中亚五国的科技合作朝着纵深和更广的领域迈进。

二、我国与中亚五国科技合作的特点分析

伴随我国综合国力的不断提升和经济发展结构的日臻完善，以及中亚五国对科技创新的持续关注，多方以“丝绸之路经济带”倡议为契机深入挖掘科技合作潜能，探寻全新、高效的合作方式，并结合本国发展战略，有针对性、方向性地扩展科技合作领域。一批重大联合科研项目取得实质进展并广泛应用至实际生产领域，我国与中亚五国的科技合作在合作模式上已由初级的互换型合作模式向互补型、分布式、矩阵式和虚拟合作模式进阶。以“丝绸之路经济带”倡议发起之日为时间分割点，我国与中亚五国的科技合作在随后几年的蓬勃发展中呈现全新态势，逐步打开多领域、多层级、多路径的发展格局，其鲜明特征主要体现为以下几点：

（一）科技合作领域多元化

在“丝绸之路经济带”倡议提出之前，我国与中亚五国的科技合作主要集中在能源和矿产资源为主的资源开发、荒漠化治理、水利水电、地质勘探等领域，该阶段的科技合作多采用互换型合作模式，以互相交换信息、科学技术和研究成果为主体内容。在当时的历史经济条件下，这种合作方式可以直接且有效地满足双方经济发展的特定需求。但进入 2010 年后，我国和中亚五国的经济发展都先后经历着结构性调整和重塑，尤其在“丝绸之路经济带”倡议提出后，我国与中亚五国的经贸合作不断深化，外贸结构持续优化。此时，简单易行的科技合作模式已无法适应和继续推动逐年攀升的双边贸易，在上合组织和“丝绸之路经济带”框架下、各类平台的助力下，中国和中亚五国的科技合作遂大跨步向更多经济领域迈进，在更广的范围内发挥着提升本国经济发展质量和完善双边经济贸易结构的作用。

具体表现为：首先，我国与中亚五国以共建经济开发区和工业园为合作起点，深入推进产能合作。中国科学院中亚生态与环境研究中心先后启动了多项中亚跨国科技合作，科研合作领域涉及中亚资源、生态、环境和信息化等领域，我国与中亚五国在地区资源和生态环境综合考察领域取得突破性进展，在干旱地区农业节水灌溉和生态技术研发方面继续保持高水平合作。其次，在我国能源结构持续升级调整的政策驱动下，新能源产业显现良好发展势头，我国与中亚五国，尤其是哈萨克斯坦在节能、生物技术、新材料和纳米技术开发领域保持频繁和高层级的科技互动。与此同时，中亚五国的电子商务平台建设方兴未艾，而我国在该领域的技术开发已日臻成熟，双方在经验共享、技术交流和联合开发方面空间巨大，其中，哈萨克斯坦已与我国领先的通信技术企业就共同开展跨境电商业务签署战略合作协议，以此为起点将开启新一轮的高科技合作。

以服务“丝绸之路经济带”建设为出发点，我国与乌兹别克斯坦签署多项政府间科技合作协议，双方科研人员开展了多项基础型和应用型研究，主要领域涉及能源、采矿、新材料、信息科学和技术、电子学和电工学、生物学和生物技术、医学和医疗设备以及药物和制药等。深化科技创新领域的互利合作已成为中国与土库曼斯坦两国一致的努力方向，双方在太阳能技术、生物学、可替代能源、地震学和新材料研发、农业和畜牧业等领域开展了富有实效性的科学技术合作与交流，促进科技优势资源的跨区域融合和互补。而我国与塔吉克斯坦、吉尔吉斯斯坦的科技合作也逐渐从传统的金属矿产资源开采扩散至农业领域、电力通信领域和其他高新技术领域。

（二）科技合作主体和合作形式多样化

发展初期，科研机构、高校和中小型企业是我国与中亚五国开展科技合作的传统主体，大型知名企业参与度低，政府顶层设计和统筹规划力度弱。这时期的科技合作多以科技考察、人才交流、信息交流、科技展览、人才培训和学术会议等形式为主，合作内容集中在本国优势科技的推介和先进技术的交换与转让，联合科研和集成创新薄弱，且科技合作欠缺连贯性、系统性和前瞻性。

“丝绸之路经济带”倡议将我国与中亚五国的科技合作提升至国家战略层面，以国家为主导、地区政府强力扶持和大型企业、科研院所踊跃参与的综合性主体正在全面形成，为双方全方位提升科技合作水平注入强劲动力。与此同时，科技合作形式也随之多样化，跨区域、跨国家的科技合作逐渐增多，联合人才培养、共建信息服务平台、多层次的学术交流、联合攻关、组建共同研发中心、建立科技合作联盟、成立科技创新园区以及举办系列专题论坛正在成为双方通行的科技互动形式，同时在更高层级上指引着双方科技合作朝着健全和高质量的方向发展。

2016 年 6 月，习近平主席和土库曼斯坦总统在上海合作组织塔什干峰会期间就深化高技术领域合作达成共识，在此驱动下，我国科技部与土库曼斯坦科学院成功举办中土科学创新论坛，协定共同培养高素质科技人才，研究建立联合技术转移中心，加速科技创新成果转化。为有效整合科技资源、广纳各方优势资源，开展高水平的科技合作，我国科技部委托新疆维吾尔自治区科技厅负责筹建“中国—中亚科技合作中心”，自成立之日起，该中心积极申报、开展国家和自治区各类国际科技合作项目，并多频次与中亚相关的科研院所进行科技信息对接和联合研究，取得了丰硕成果。而作为“丝绸之路经济带”的重要组成部分，中国科学院中亚生态与环境研究中心与中亚五国的国立科研机构成立了中亚生态与环境科技合作联盟，在中亚干旱区生态系统维护和中亚区域气候变化趋势分析方面做出了突出贡献。此外，在各方政府的支持和引导下，我国多家大型企业与中亚五国企业签署科技互助和联合开发协议，科技合作覆盖基础设施建设、通信技术开发、电子平台建设和跨境物流等领域，相较于早期的技术转让，合作企业通过共建研发中心和联合实验室等方式全速加深着科技合作的广度和深度。未来，我国还将与中亚五国筹划建立合资创新企业、技术园区和 IT 中心，制定科学、有效的合作机制，加强政策引导和体系规划，探索跨区域科技合作的新形式和新路径，推动我国和中亚五国经济的健康、协调、可持续发展。

三、我国与中亚五国未来科技合作新方向

目前，我国与中亚五国已在能源勘探、机械制造、基础设施建设、生态环境保护、地质地貌研究等领域展开密切、高效的科技合作，而随着“丝绸之路经济带”建设的不断推进、我国与中亚五国经济发展政策的适时调整以及优势科技资源的整合与汇聚，在未来一段时间内，科技合作也将持续深入其他新兴领域，扩大和延伸双方科技合作版图。

（一）深化知识产权领域内的科技合作

经济全球化必将进一步推动科技创新全球化和知识产权保护全球化，在当今国际经济贸易摩擦愈加复杂化和深度化的背景下，加快完善适合本国国情的知识产权制度，在充分参与全球经济贸易的过程中正当合理地维

护本国核心科技知识产权将是我国今后经济工作的重中之重。目前，我国已依照国际通行规则建立起门类较为齐全的知识产权法律制度，作为知识产权大国，我国商标申请量和发明专利申请量多次居世界首位，一个集“严保护、大保护、快保护、同保护”于一体的知识产权工作格局正在形成。

而中亚五国的知识产权建设尚处于初级阶段，专利意识较为薄弱，在世界范围内的专利申请量排名中并未占据优势地位，且专利申请多集中在生活必需品、化学、冶金和机械等领域。在该地区国外申请人所提交的专利申请总量中，中国所占比例过小，且目前中国在中亚五国尚未开设具备相当规模和影响力的知识产权服务机构，在此意义上，中国与中亚五国在专利领域的科技合作空间巨大。而且早在 2015 年，我国发改委、外交部、商务部就联合发布了《推动共建丝绸之路经济带和 21 世纪海上丝绸之路的愿景与行动》，明确强调推动科技创新与掌握自主知识产权之于“一带一路”建设的重要性，从国家规划方面对知识产权领域的合作进行了引导。同时随着沿线国家间经贸合作的扩大化，我国将在中亚五国适时调整知识产权布局，将鼓励科技创新与知识产权保护进行高度、有机融合，从而在制度层面上确保本国企业在中亚五国的贸易利益，护航新时代的“丝绸之路经济带”建设。此外，中亚五国的历史文化传统和自然人文景观独特性强、美学价值高，我国可在商标、外观设计、地理标志等知识产权领域与中亚五国展开科技合作，通过共同研发的方式，开创“丝绸之路经济带”的专属品牌，向世界传递“和平、发展、合作、共赢”的丝路精神和理念。

（二）推进“智慧城市”工程项目的科技合作

“智慧城市”是运用现代各种信息技术全方位提升城市管理效率和人民生活便捷度、舒适度的一种新型城市架构，我国高度重视“智慧城市”建设，2012 年指定了首批 90 个国家“智慧城市”试点，目前全国“智慧城市”试点数量已超过 700 个。随着新一代网络信息技术的快速崛起，尤其是第五代移动通信技术的成熟与推广应用以及人工智能的深度研发，我国不断推进“智慧城市”建设向智能化、智慧化阶段迈进，在智慧化城市建设方面，我国已积累大量实践经验，并且成为全球“智慧城市”领先国家。

相较之下，受制于经济发展水平，中亚五国普遍存在城市基础设施老旧、功能退化、设计规划不合理、信息网络覆盖面窄等现实问题，极大影响和制约了城市现代化进程和本国人民生活水平。同时，近几年为提升国际影响力和国际事务参与度，中亚五国积极承办大型国际活动，而城市作为国家经济发展的缩影，集中展示和体现了本国的现代化发展水平和社会文明进程。

为此，中亚五国纷纷将城市基础设施建设作为当前和未来工作的重点，在2018年哈萨克斯坦总统发表的国情咨文中，将为“智慧的民族”打造“智慧城市”列为国家“十大任务”之一，并将“智慧城市”视为哈萨克斯坦全国各地协同发展、创新技术传播和生活质量提高的火车头。并于同年11月与我国发改委积极对接并就数字经济合作签署了《谅解备忘录》，明确双方在“智慧城市”领域的合作。同样，为改善本国的社会基础设施和信息通信技术设施，2019年初乌兹别克斯坦批准实施“智慧城市”的技术构想，公布具体实施纲要，拟对十大领域实施智能化和信息化改造，首都塔什干已经启动“安全城市”“智慧电表”“智慧交通”和“智慧医疗”等系统相关试点工作，政府明确表示将借鉴国际先进实践经验，开展电子通信网络现代化升级改造和定点基础设施重建。2019年7月，土库曼斯坦国家通讯社发文称，国家将依照“智慧城市”模型，在首都阿什哈巴德北部启动占地面积约为744公顷的大型工程项目，计划建设一座能容纳10.7万住户，包含4所中学、4所幼儿园、土库曼斯坦国立音乐学院和专业音乐学校在内的智慧型“城中城”。同年11月，土库曼斯坦国家电网总部和工业总局访问我国中电科安股份有限公司，双方就电网智能化升级改造、“智慧城市”建设等议题深入交换意见，土方在技术平台支撑、智能终端产品、人才技术共享等方面表达合作意愿。而同年，吉尔吉斯斯坦也与我国企业顺利签订智慧城市项目“安全城市”协议，双方将在数字信息领域展开务实合作，合力推动“丝绸之路经济带”建设向数字化、智能化领域拓展。

四、结语

科技引领经济发展，科技创新合作是“丝绸之路经济带”建设的重要驱动力，也是各国优化产业结构、实现经济高质量发展的重要抓手。中亚五国作为经济带建设的主要参与者已同我国在多个经济领域开展了富有成效的科技合作，实现了科技成果向现实生产力的转化。未来，在“丝绸之路经济带”倡议的引领下，跨区域、跨国家的科技合作也必将在更多的新兴经济领域开花结果。

参考文献

1. 贺西安、任虹、张小云、李江：《浅谈我国新疆与中亚五国的科技合作》，《科技情报开发与经济》，2011 年第 6 期。

2. 刘玲：《丝绸之路经济带建设中人才队伍》，《当代经济》，2016 年第 10 期。

3. 华锦木、卢燕、谭俊蕾：《中国新疆与中亚五国科技合作现状、问题与建议》，《新疆社会科学》，2014 年第 5 期。

4. 刘东伟：《浅谈建设中亚科技类信息服务平台有利条件与建议》，《现代商业》，2019 年第 27 期。

5. 牛新民：《中国新疆织就与中亚国家“一带一路”科技合作协同网络》，《科技中国》，2017 年第 10 期。

6. 吴淼、王丽贤、张小云、郝韵、贺晶晶：《中亚五国科技实力对比分析》，《世界科技研究与发展》，2018 年第 5 期。

7. 王海运、赵常庆、李建民等：《“丝绸之路经济带”构想的背景、潜在挑战和未来走势》，《欧亚经济》，2014 年第 4 期。

8. 谢伏瞻、蔡昉、李雪松：《2020 年中国经济形势分析与预测》，社会科学文献出版社，2020 年版。

9. 李春华、刘治彦、丛晓男：《智慧城市论坛》，社会科学文献出版社，2018 年版。

10. 孙力：《中亚发展报告（2017）》，社会科学文献出版社，2017 年版。

11. 孙力、肖斌：《中亚发展报告（2018）》，社会科学文献出版社，2018 年版。

12. 孙力、肖斌、杨进：《中亚发展报告（2019）》，社会科学文献出版社，2019 年版。

13. 叶乘伟：《当代国际科技合作模式研究》，广西大学硕士学位论文，2005 年。

/数字丝绸之路/

阿琳娜·杜蒂娜　米哈伊尔·科瓦廖夫　安娜·科罗廖娃*

一、引言

作为国际基础设施走廊，“一带一路”倡议不仅加强了欧亚经济联盟成员国间的区域合作，也夯实了其成员国与中国的合作。欧亚经济联盟中“四小国”与中国的合作同俄罗斯在联盟中的主导地位相当，这为欧亚经济联盟的发展注入了新动能。“一带一路”倡议是欧亚经济联盟所有成员国合力实施的重大投资项目。2019 年，从中国经哈萨克斯坦、俄罗斯、白俄罗斯，“一带一路”倡议运输走廊通行的集装箱数量已达 32.5 万件；“数字丝绸之路”建设如火如荼；计划从俄罗斯国家公路公司的项目或者俄罗斯控股公司的“子午线”项目中择一，修建高速公路；“中国西部—欧洲”高速公路干线方案也在商讨中。在 2017 年举办的“一带一路”国际合作高峰论坛上，习近平主席提出了“数字丝绸之路”的概念。“数字丝绸之路”是数字经济发展成果与“一带一路”倡议的结合。本文中，笔者在归纳参考文献的基础上，分析和评价了物流数字化转型的效应，旨在将它们应用于“数字丝绸之路”的建设。

二、数字物流的作用

21 世纪兴起的网络经济以生产过程在地域上的分布为基础，该经济形态导致产品最终成本中物流成本增加了 10%。物流数字化转型催生了新的术语——数字物流（物流 4.0）。数字物流在提效和升速的同时，还相应降低了成本。

数字物流即货运的数字化，它包含运输全过程中的智能化管理和货物跟踪系统、无人技术、文件传递的全自动化（电子货运单据），这些技术

---

* 阿琳娜·杜蒂娜，白俄罗斯国立大学经济系副主任；米哈伊尔·科瓦廖夫，白俄罗斯功勋科学家；安娜·科罗廖娃，白俄罗斯国立大学经济系主任。

用于保障国内运输和国际跨境运输中货物电子化通关手续的办理。“数字运输走廊”是指信息与货物并行，所有程序转化为电子形式，借此货物流转获得提速。数字物流是货运的“优步化”，也就是通过数字化平台实现客户和物流运营商的对接，这从根本上降低了客户的运输成本，加快了运输闭环。数字铁路将运输能力提升了 50%，运输成本减半。

数字运输是一种无人化运输：无人驾驶汽车、无人驾驶火车和无人机。

数字物流的主要作用见表 1。我们依据物流数字化转型的主要趋势对此进行阐释。

表 1 数字运输

联网运输	物联网技术在物流中的应用	物资跟踪
· 流转过程的全透明化 · 流转模式监控 · 提升运输工具利用率 · 强化驾驶员规范	· 卫星定位 · 移动网络 · 云计算 · FFID	· 货物位置和流转状态监控 · 仓库和销售区的立即清点 · 整个供应链中货物的可见性
车辆管理		“智能化”基础设施
· 服务与运行条件相匹配 · 自动化调度 · EPR 系统集成		· 集中管理 · 管道部件状态监控 · 装载监控和桥梁、隧道磨损状态监控
公路运输		自动化仓库
· 驾驶员助手系统 · 无人驾驶地铁 · 公路自动驾驶仪 · 先进的全自主化系统		· 搬运货架的机器人 · 全自动化仓库系统 · 先进的自动装载机
安全保障		物资监控
· 敌我识别 · 防止燃油盗窃和车辆使用不当 · 事件调查时数据可用		· 追踪关键参数 · 对状态变化的立即响应 · 整个供应链上数据的可见性

1. 电子运单。准备纸质文件以及因文件办理造成的延迟送达会增加 10%—15% 的运输费，而推行数字物流，采用法律认可的电子文件传递，这些费用和送达周期会缩减 20%—40%。因此，电子文件传递在数字物流

中发挥了最重要的作用。早在2006年，基于国际铁路运输委员会（CIT）成员国所遵行的国际铁路运输统一规则，附有数字签名的电子运单（发货通知书）就获得批准使用，并被列入到电子铁路货运项目（E – rail Freight）中，开始在欧盟推行，欧洲20余条铁路均并入该项目框架下。

因此，“数字丝绸之路”的核心应该是统一的电子文件信息空间，其中包含运输货物信息、发货人和收货人信息，大数据（Big Data）技术应用以及运输部门从竞争战略向合作伙伴关系转换的前提条件正在形成，而合作伙伴关系正是数字物流主要的商业运行模式。得益于大数据技术的应用，运输公司可以每日对运输业务信息进行分析，更好地管理货流量。借助正确建构和分析的数据，可以调用物流链上闲置的资源。上述分析同样可以使得运输系统变得更为灵活，在不可预见的复杂情形发生时及时调整配送路线。的确，如马士基航运公司总裁范楚言（Robbert Van Trooijen）先生所言，“在亚太地区，公司98%的订单如今都是数字化形式办理，50%的马士基订单和航运文件是在my. maerskline. com网页上处理，如此一来，单日交易量可达25万余笔，每小时付款额达150万美元。”

在运输单据办理中应用附带电子签名的数字技术已在公司高层管理中显现其效能，该模式具有公司所有单元相互作用的协同效力，同样，该模式还可以消除客户（发货人与收货人）生命周期所有阶段内的损失。

但在丝绸之路沿线跨境推行电子运单数字签名技术受限于以下因素：

（1）不同国家术语和法律基础的差异；

（2）对定额基准的多样化解读；

（3）保单标志使用的不一致；

（4）数字签名有效性的验证工作由国家中心而非统一的国际中心完成（需建立“数字丝绸之路”统一的信息中心）；

（5）数字文档的长期储存问题。

因此，需要加快联合国成员国间统一电子文档标准和信息交换方法的确立进程，该标准草案或由欧亚经济联盟、欧盟和中国提交。

货物运输中电子文件传递的使用为数字物流的发展创造了前提条件，而数字物流则被视为物流网所有层级内信息流管理的一种创新技术。以数字技术为依托的统一信息空间构建为物流运营管理提供了新的机遇。信息交换，货物运输跟踪，远程控制、操作行为和人员监控，借助固定和移动设备进行分析和自动化控制成为运输领域的时代之题。针对所有运输类型，凭借对发货人和收货人不同目标群体进行整合，数字技术在物流运输流程管理方面上要优于其他竞争者。

运输工具电子合格证系统（底盘合格证和自行式车辆合格证）在欧亚经济联盟框架内的推行工作也在实施中。

2. 运输物联网。物联网（IoT）创建了智能托盘和集装箱，这极大地简化了运输货物跟踪或者仓库货物查找工作。物联网技术的应用会产生以下效应，如：

（1）降低货运费用和减少路程延误；

（2）提高运输透明度和将人为因素降至最小化；

（3）可以去除中间转运商的运输“优步化”（Go Cargo，Can Deliver）。

包含微型传感器（物联网）和人工智能的数字技术将物理世界和数字世界连为一体，它将传统的供应链转换为基于数字供应链（DSC）的智能快速供应网。后者携手区块链和物联网技术为数字物流奠定基础，同时为消费者提供实时跟踪发运情况和查看货物流转阶段的机会。根据 PwC（普华永道）的估算，截止到 2025 年，运输物联网的应用将为俄罗斯创造约 0.5 万亿卢布的收益。

作为集装箱运输领域的国际巨头，达飞轮船船务有限公司（CMA CGM）在法国最大的集装箱船“Bougainville”上采用了 TRAXENS 技术，该技术可以将每个集装箱转换成船舶计算机网络连接的智能对象，由此，发货人、收货人以及保险公司员工便可持续获取有关集装箱的信息：箱内温度和湿度、违规开封情况以及货物承受的物理作用。冷藏运输同样需要 TRAXENS 技术，因为它可以远程控制和测量集装箱内的温度。

DHL（敦豪速递）公司在集装箱内安装了射频识别标签（超高频 RFID）和内置的温度传感器 Smart Sensor，它们可以保障客户对运输温度条件的跟踪，以及在温度条件被破坏时收到警告信号。所有这些的实现都依赖于卫星定位、移动网络、每个货物单元上安装的 RFID 标签、物联网和云计算。

利用电子导航铅封对丝绸之路沿线货物进行跟踪，可将因过度海关检查造成的货物延误减少 4—5 天，同时还可降低跟踪货物的保险金，从而节约资金。

将公路运输联通物联网可以优化维修和保养，提高运输过程的透明度以及将违规使用情况降至最低，从而达到降低运营成本的目的，这也是该项技术最大的效用。但其标准系数的推行受到阻碍：工商企业管理部门业务能力不足、缺乏大量典型的物联网解决案例以及它们偏高的价位。

3. 智能仓储。物联网在仓储管理中的应用开创了全新的机遇——智能仓储。在仓储中应用物联网技术的第一个领域就是智能库存管理（Smart

inventory management，SIM），它将感应器和传感器数据发送至仓库管理系统（Warehouse management systems，WMS），可以在交互模式中监视当前库存货物及其数量。第二个领域是监控商品和其他有形资产的完整性。在保存对温度条件有特殊要求的易腐产品时，楼宇自动化系统（Building Automation Systems，BAS）通过感应器监控仓库中的温度波动，当温度达到临界值时向仓库管理系统发送信号，同时通知仓库工作人员有关情况。而且，借助安装在仓库和装运区域的摄像头可以掌握包装完整性和产品完整性的情况。第三个领域是提升客户服务质量。装运区域的传感器可以额外监控指定货物是否发送给指定客户，这可以避免货物错发和重新分级。物联网解决方案还可以提高从装载机到传送带等仓储设备的工作效率：可以在这些设备上安装传感器，用以确定它们的最佳承载能力和速度模式。例如，瑞仕格（Swisslog）公司就可以提供类似的解决方案，Smart LIFT 为其中一个方案。物联网可以帮助大陆轮胎公司（Continental Tire）将安装在集装箱中的 Wi－Fi 感应器集成到库存管理系统，然后利用移动设备立即确定集装箱的位置，从而降低存储成本。

物联网应用于物流领域的著名成功案例是智能港口系统（Smart Port）——汉堡港口交通运输的监控和管理。该系统可以控制桥梁的关闭，管控船舶通行，还可以管理港口区的铁路和公路交通。

4. 物流仓储中的 3D 打印。3D 打印技术开辟了建立数字化仓库的前景，其中存储的不再是实在的物品，而是它们的虚拟模型。厂家可以在虚拟仓库里直接完成订单，并为消费者配送到家。其首先触及的领域之一就是备件制造，备件的电子模型可以在很短的时间内从线上数据库加载到 3D 打印机，经制造后从订货方仓库完成交付。2013 年，专门从事快递和物流服务的美国联合包裹运送服务公司（United Parcel Service）开始测试 Stratasys UPrint SE Plus 打印机，它可用于生产备件、功能样件、器件、建筑模型、相机紧固件、照明器材和电缆。

物流仓储 3D 打印技术的支持者通常会强调新技术的四个效应：降低成本的同时提高生产速度、以顾客为导向、使公司摆脱业务外包、通过减少路上的货车数量从而降低对环境的影响。

大范围应用 3D 打印技术对物流行业的经济影响是巨大的。3D 定制生产战略可能会对制造商和销售商的关系产生重大影响，在某些领域这种关系要么彻底消失，要么转变为制造商并无实在商品储备的仓库。根据个体订单直接在消费者附近进行产品生产，这可以降低库存和运输成本。例如，对于之前在中国市场生产的商品，可以将它们的制造转移到丝绸之路或者欧洲消费者那里，这将极大地减少货运量。

由此一来，3D 打印可以彻底改变物流行业——更小体量的 3D 打印机材料运输将取代货物运输，这会减少仓库的使用。而 3D 打印原材料的存储和运输也将随之成为最大的新兴领域。

5. 自动化仓库。数字物流另一个具有发展前景的趋势是货仓的自动化。例如，在亚马逊（Amazon）仓库中部署了超过 3 万个 Kiva 装载机器人，实现了全自动的存储、配套和包装。在它们的助力下，公司将业务支出减少了 20%。当 Kiva 项目扩展到公司全部 110 个仓储中心时，运营成本将缩减 8 亿美元。

沃尔玛公司（Walmart）计划在物流中心内使用无人机，它们在仓库中穿梭，每秒拍摄 30 帧图像。该信息用于盘点大型仓库，借助无人机，可以做到每天清点库存，而之前上述过程由人工完成则需要将近一个月。

在物流数字化转型中发挥关键作用的是可穿戴式设备。利用可穿戴式设备进行跟踪、远程控制、分析和自动化，将改变整个运输行业的运行规则。根据思科公司（Cisco）的预测，在 2020 年之前，全球将有 500 亿个连接物联网的设备，其中 83% 为可穿戴式电子设备。

三、关于白俄罗斯加入“数字丝绸之路”的几点建议

过境运输是白俄罗斯经济增长的关键因素之一。借助丝绸之路项目，白俄罗斯正在逐渐成为欧盟与欧亚经济联盟和中国进行贸易的纽带。白俄罗斯货运服务出口量的增长（见表 2）便可说明这点。因此，对于白俄罗斯而言，同欧亚经济联盟的其他国家一道建设通往中国和欧盟的欧亚数字运输走廊（“数字丝绸之路”）就显得尤为重要。基于无纸化文件传递（运输和海关文件在内）的运输信息支撑可以大大提高“数字丝绸之路”的经济效率。

“数字丝绸之路”应为货物配置随行的电子文件，以加快货物在白俄罗斯—波兰和哈萨克—中国边境的通行。数字走廊应与运输公司的数字物流系统联通。如今，白俄罗斯海关已经提前接收电子报关单，从而加快了货物的通行速度。另外，在其新古塔口岸也顺利引入了视频监控系统。

在 2017 年底通过的《白俄罗斯共和国 2030 年前物流系统发展构想》中设定了以下任务：

（1）在商品流通稳定链条中开展电子文件传递技术；

表 2 白俄罗斯货运服务出口量

（单位：百万美元）

服务种类	1995 年	2000 年	2005 年	2010 年	2011 年	2012 年	2013 年	2014 年	2015 年	2016 年	2017 年	2018 年
货运服务出口	302	457.5	1133.1	2580.4	3061.0	3082.1	3214.0	3144.1	2448.8	2409.7	2876.4	3230.0
其中包括：												
铁路货运	94	138.7	401.5	645.9	775.0	851.3	918.8	807.2	609.4	583.3	761.7	916.6
公路货运	56	114.6	288	618.6	869.6	988.7	1099.0	1091.7	852.2	907.9	1126.1	1306.1
航空货运	16	8.7	13.1	19.1	24.3	26.0	27.6	50.1	42.7	43.1	33.6	45.9
海上货运		0	4.7	453.3	473.0	314.7	233.8	310.0	226.8	212.5	286.6	320.2
管道货运	88	195.2	425.3	833.6	907.2	882.7	919.7	866.8	696.6	620.5	649.8	618.8

资料来源：白俄罗斯收支平衡表（www.nbrb.by）。

（2）在与国际信息系统交互整合的基础上形成统一的物流系统数字平台；

（3）对物流系统参与者之间数据信息交换标准进行统一；

（4）在各种国际运输方式中使用电子化的货运单据和商业单据；

（5）在物流服务领域开发电子交易系统。

在欧亚经济联盟公路、铁路和航空运输数字化日程框架下将要实施“数字道路”和“数字运输”项目。

还需要基于云端大数据创建货运需求预测系统，这可以增加收入和降低运输成本。此外，通过中小型企业的在线渠道实现货运联通的扩充也是合理之举。可供效仿的最佳案例为下列多模式系统：Cargoclix. com、DBSehenker、Cargomatic、UPS、MyDHL、Xeneta、Inttra，它们简化了法人获得物流服务的流程。

中白“巨石”工业园是“丝绸之路经济带”其他国家学习的典范。园区公司享受了白俄罗斯提供的巨大优惠政策。在园区注册的55家高科技公司（其中25家是中国企业）都已经开始产品生产，其中有电动公交车的超级电容器、发光二极管、马斯柴油机等等。中国招商局集团（China Merchants Group）的贸易物流园已投入运营，它可以成为中国和欧盟间空运货物的国际枢纽。在“巨石”工业园创建白俄罗斯—中国应用科学大学的条件已经成熟，该大学将致力于“数字丝绸之路”项目骨干人员的联合培养，其中包括数字物流专业人员。将阿里巴巴公司规划的14个数据中心之一部署在明斯克的“巨石”工业园也将是合理的举措，该中心可以聚焦于“一带一路”沿线电子商务的信息化物流。覆盖5G网络的数字通道有可能实现无人化运输。

在21世纪朝阳产业方向上所取得的联合技术突破创新将为“数字丝绸之路”带来巨大的收益。首先提到的是白俄罗斯高科技工业园与中国愈加紧密的合作，园内约有600家公司和4.57万名程序员正在从事突破性技术研究工作，目前该项工作大多面向美国和欧盟。须引导白俄罗斯程序设计员在丝绸之路联合项目的数字化转型中发挥自身的聪明才智。有必要在“巨石”工业园区内开设一个高科技工业园的分支机构，集中进行白俄罗斯—中国突破性计算机技术的攻关。

四、“数字丝绸之路”的经济效益

物流系统的经济效益在很大程度上与其所运用的数字技术相关。数字技术可以实现新的物流解决方案并优化技术作业流程，通过运行之前不可用的程序来提高经济指标。因此，在国内和国际运输业务中，数字技术可成为额外的收益来源。PwC 在 2016 年所进行的研究数据表明，“……全球 90% 的物流运输公司认为，数据处理和分析系统将成为未来五年内行业转型的关键因素；50% 的公司承认，‘数字技术应用文化’的欠缺是最严重的管理问题。”

对运输管理效率的高要求决定了需要以更高水平推进运输市场参与者经营活动和协作业务的数字化转型。鉴于此，数字技术势必从辅助手段级别升级为主要手段，在极大地降低组织和运输费用的同时，提高物流运输服务质量、运输企业职工的劳动生产率，以及公司的竞争力。

物流过程始终伴随着与货物流转和运输车辆行驶等内容有关的信息流。但是，只有数字物流和数字运输开创了信息通信技术应用的新阶段。将监控运输车辆位置的定位系统和货物射频识别系统（RFID）集成到物流系统，同时实行智能合约，二者合力将会创建新型数字物流。例如，智能集装箱不仅可以跟踪货物的位置，还可以监控它们的状态，以及对货物不利的气候信息。基于传感器数据采集的物联网技术有助于及时重装集装箱并选择最佳运输路线。

重点介绍几个最有前景且可创造数字物流经济效益的运输数字化方向：

（1）监控货物位置，整个供应链中货物的可见性，最终实现运输的完全透明化；

（2）防止盗窃燃油和车辆使用不当以及事故调查时数据的可用性；

（3）自动调度和与 ERP 系统集成；

（4）物流仓库、销售区或集装箱的立即清点；

（5）配备机器人和自动装载机的全自动化仓储系统；

（6）对物流状态变化的立即响应；

（7）驾驶员助手系统和自动驾驶仪，以及未来有望实现的全自主运输。

数字物流减少了因数据收集造成的时间、劳动力和财务损失，这些数据用于对不同组织间生产经济和贸易经济关系进行有效建模，在此基础上形成最佳物流配送方案。数字物流在运输经营活动中的发展可以优化运输流程，大幅度降低流程规划和保障上的费用。

五、总结

最后，我们对“数字丝绸之路”的经济效应做以下分类：

1. 技术效应。“一带一路”物流数字化转型将提高所应用技术的先进程度。通过提升物流业务中技术作业过程的质量，减少从中国到欧盟的集装箱配送时间。

2. 增强公司的竞争力效应。数字化转型可以提升竞争力并增加物流公司在市场上的份额。通过缩短文件办理的等待时间，以及提高货物配送速度和质量，达到提升服务质量满意度的目的，借此实现客户群体的增长。

3. 商业效应。“数字丝绸之路”将推动中国—欧盟陆路运输量的增长，新型 IT 服务行业会兴起，生产力获得提高，费用得到降低，最终实现收入的增长，而 IT 服务业的出现也将会带来额外的收入。

4. 社会经济效应。“一带一路”沿线运输贸易的组织结构会获得完善，质量和生产率将提高，工作条件将得到改善，纸质文件的数量也将减少。通过提高劳动生产率来减少人员，特别是管理人员的数量，运输管理决策的效率将提高，信息获取的时间会缩短。

对于白俄罗斯而言，“一带一路”倡议的主要成果体现在 2018 年快速集装箱列车从中国经白俄罗斯运送到欧盟的 32.5 万个集装箱（增长近 20%）。预计在数字化技术条件下，2025 年，集装箱运输量将增长到 100 万个，后续会增加到 200 万个，白俄罗斯的物流运输服务收入将会随之增长。欧洲问题对于白俄罗斯而言却是有利的——他们的铁路可以通行大约 740 米长的火车，而从中国驶往欧亚经济联盟的火车长度为 1000 米。为此，在白俄罗斯的布列斯特建成了一个枢纽站，将一部分车厢重新装载到厢式货车。而且，白俄罗斯可以将中国在集装箱铁路运输中研发的数字技术运用于其他领域，这点也很重要。同时，白俄罗斯还希望将对华出口额从目前的约 5 亿美元（最近 10 年）增长到对华快速增长的进口水平（达 36 亿美元），通过包括运输服务在内的方式实现贸易平衡。

欧洲—大西洋地区奉行的自由主义思想已是强弩之末，而中国还需为“共同命运、共同努力和共同发展”的理念扩充具体内容，并将其作为一种新的世界思想体系在全球传播。作为经济发展模式与中国相似的地狭人少之国，白俄罗斯将全力支持“共同发展”的新世界思想体系，而且令我们尤其格外敬佩的是，中国并未将自身的内部管理规则强加给其他国家。“平等、开放、信任和共享”作为“数字丝绸之路”的组成部分将拉动经济增长、提升经济发展质量，促进就业并改善民生福祉。

（本文由北京航天情报与信息研究所工程师吴娜娜翻译）

【俄文原文】

Цифровой Шелковый Путь

Алина Дутина[*], Михаил Ковалев[**], Анна Королева[***]

1. Введение

Инициатива «Один пояс и один путь» как международный инфраструктурный коридор укрепляет региональное сотрудничество стран – членов ЕАЭС как между собой, так и с Китаем. Сотрудничество четырех небольших стран ЕАЭС с Китаем уравновешивает доминирование в ЕАЭС России и придает ЕАЭС динамику развития. «Один пояс и один путь» – это крупный инвестиционный проект, совместно реализуемый странами ЕАЭС. Вдоль транспортного коридора «Один пояс и один [illegible] Китая через Казахстан, Россию и Беларусь, уже пропустившую [illegible] г. 325 тыс. контейнеров, активизируется работа по созданиюЦифрового шелкового пути. Планируется строительство автомобильной скоростной трассы по одному из альтернативных проектов российских компаний «Автодор» или «Меридиан РХК». Обсуждаются варианты строительства высокоскоростной железной дороги «Западный Китай – Европа». Идею Цифрового шелкового пути выдвинул Си Цзиньпин на Международном форуме «Один пояс и один путь» в 2017 г. Цифровой шелковый путь – это результат слияния достижений цифровой экономики и проекта «Один пояс и один путь». В статье на основе обобщения работ [3 – 16] проанализированы и оценены эффекты цифровой трансформации логистики с целью использования их в Цифровом шелковом пути.

---

* Заместитель декана экономического факультета БГУ.

** Заслуженный деятель науки Республики Беларусь.

*** Декан экономического факультета БГУ.

2. Эффекты цифровой логистики

Сетевая экономикаXXI века, основанная на распределенных географически производственных процессах, привела к росту до 10% логистических издержек в конечной стоимости продукта [1, 2]. Цифровая трансформация логистики породила новый термин – цифровая логистика (Логистика 4.0). Цифровая логистика, повысив эффективность и скорость логистических процессов, должна снизить эту долю.

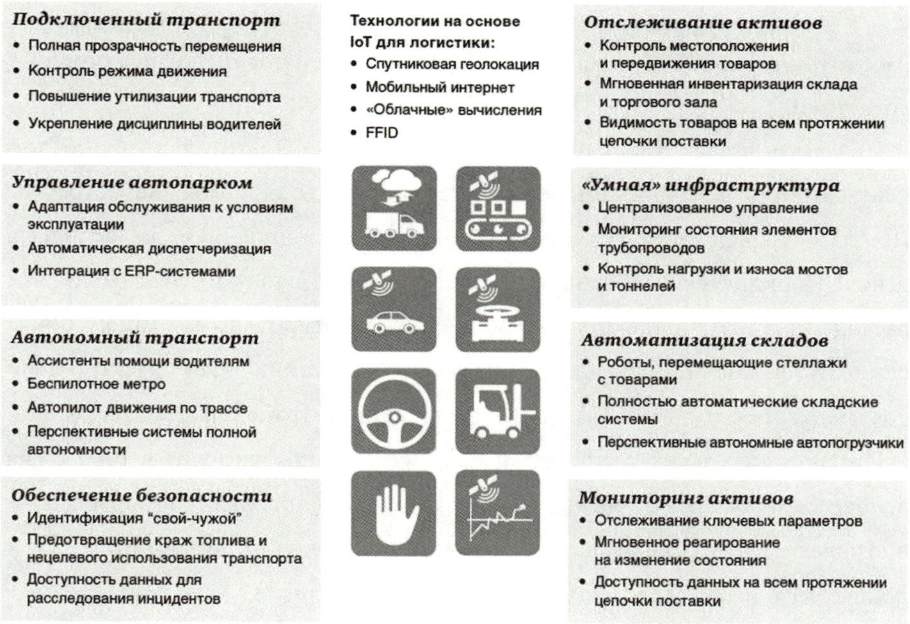

Рисунок 1 – Цифровой транспорт

Figure 1 – Digital transport

Цифровая логистика – это цифровизация грузоперевозок, которая включает интеллектуальные системы управления и прослеживания грузов на всех этапах перевозок, безлюдные технологии, полную автоматизацию документооборота (электронные товарно – транспортные документы) в обеспечении перевозок внутри страны и в международном сообщении с электронным таможенным оформлением грузов в трансграничном сообщении. Речь идет о цифровых транспортных коридорах, когда параллельно с товаром движется информация, когда все процессы переведены в электронный вид, за счет чего движение товаров ускоряется. Цифровая логистика – это «уберизация» грузоперевозок, т. е. соединение клиентов и логоператоров через цифровую платформу, что существенно сокращает для клиента стоимость перевозок, ускоряя ее реализацию. Цифровая железная дорога увеличит пропускную способность на 50% и вдвое снизит стоимость перевозок [2].

Цифровой транспорт – это беспилотный транспорт: беспилотные автомобили и поезда, дроны.

Основные эффекты цифровой логистики приведены на рисунке 1. Рассмотрим их по основным направления цифровой трансформации логистики.

Электронные транспортные накладные. Подготовка бумажной документации и задержка доставки, связанная с ее оформлением, требует 10 – 15% транспортных расходов. При внедрении цифровой логистики на основе юридически признанного электронного документооборота эти расходы и сроки доставки могут быть снижены на 20 – 40% [14, с. 144]. Поэтому важнейший эффект цифровой логистики дает электронный документооборот. Использование электронной транспортной накладной (consignment e – note) с цифровой подписью утверждено еще в 2006 г. на основе Единых правил международных железнодорожных грузоперевозок в странах – членах Международного железнодорожного комитета (CIT) и реализуется в ЕС в рамках проекта e – rail Freight, к которому присоединились более 20 железных дорог Европы.

Поэтому ядром Цифрового шелкового пути должно стать единое информационное пространство электронных документов, содержащих сведения о перевозимых грузах, грузоотправителях и грузополучателях, формирует предпосылки к применению технологий больших данных (Big Data) и переходу от стратегии конкуренции в транспортном секторе к стратегии сотрудничества и партнерства – основной модели бизнеса в цифровой логистике. Благодаря применению технологии Big Data транспортные компании могут лучше управлять трафиком, ежедневно анализируя информацию о транспортных операциях. С помощью правильно структурированных и проанализированных данных можно задействовать неиспользованные ресурсы в сложных логистических цепочках. Также аналитика поможет сделать системы транспортировки более гибкими, позволяя оперативно перестраивать маршруты доставки в случае непредвиденных осложнений [3]. Так, по сообщению Р. ван Труайена, генерального директора Maersk Line: «в Азиатско – Тихоокеанском регионе 98% всех заказов компании теперь оформляются в цифровом виде, а 50% заказов Maersk и судоходной документации обрабатывается сайтом my. maerskline. com, который позволяет осуществлять более 250 000 бизнес – транзакций ежедневно и генерирует 1, 5 млн долл. платежей в час» [16].

Эффект от использования цифровых технологий оформления перевозочных документов с применением электронной подписи в международном сообщении формируется на высшем уровне управления компанией и носит синергетический эффект взаимодействия всех ее элементов, а также приводит к устранению потерь на всех этапах жизненного цикла оформления взаимоотношений с клиентом – грузоотправителем и грузополучателем.

Возможность трансграничного использования цифровой подписи в электронных перевозочных документах вдоль Шелкового пути ограничивается следующими факторами:

- различиями в терминологии и правовой базе разных стран;
- многозначностью толкования нормативной базы;
- неоднообразным использованием атрибутов сертификатов;
- проверкой валидности цифровой подписи национальными центрами вместо единого международного центра (необходим единый информационный центр цифрового шелкового пути);
- проблемами долговременного хранения цифровых документов.

Поэтому необходимо ускорить принятие единых для стран ООН стандартов электронных документов и методологии обмена информацией и проект такого стандарта могли бы предложить страны ЕАЭС, ЕС и Китай.

Использование электронного документооборота при осуществлении грузовых перевозок создает предпосылки к развитию цифровой логистики как инновационной технологии управления информационными потоками в логистической сети на всех иерархических уровнях. Создание единого информационного пространства с помощью цифровых технологий открывает новые возможности для управления логистическими процессами. Обмен информацией, отслеживание транспортировки грузов, дистанционное управление и контроль над операциями и персоналом, анализ и автоматизация с участием стационарных и мобильных устройств становятся требованием времени в транспортной сфере. Цифровые технологии создают преимущества над конкурентами в управлении транспортно – логистическими процессами за счет интеграции разных целевых групп грузоотправителей и грузополучателей по всем видам транспорта.

В рамках ЕАЭС ведется также работа по введению системы электронных паспортов транспортных средств (паспорта шасси и паспорта самоходной машины).

Интернет вещей на транспорте. Интернет вещей (IoT) создает умные палеты и контейнеры, что существенно облегчает отслеживание перевозимых грузов или их поиск на складе. Внедрение технологий IoT создаст такие эффекты, как:

- сокращение затрат на грузоперевозки и задержки в пути;
- повышение прозрачности перевозок и минимизация человеческого фактора;
- «уберизация» перевозок (GoCargo, Can Deliver), которая позволит отказаться от посредников – экспедиторов.

Цифровые технологии, включающие миниатюрные датчики (IoT) и искусственный интеллект, связывают воедино физический и цифровой миры, превращая традиционные цепи поставок в интеллектуальные быстрые сети поставок, базирующиеся на цифровых цепочках поставок (DSC). Последние, работая вместе с технологиями блокчейна и IoT, создают основу цифровой логистики, предоставляя потребителям возможность отслеживать отгрузку в режиме реального времени, просматривать стадии движения груза [4]. PwC подсчитал, что эффект в России от внедрения IoT на транспорте до 2025 г. составляет около 0, 5 трлн руб.

КомпанияCMA CGM, международный лидер в области контейнерных перевозок, внедрила на борту самого крупного французского судна – контейнеровоза Bougainville технологию Traxens, позволяющую превратить каждый контейнер в умный объект, подключенный к компьютерной сети судна, что позволило отправителям и получателям грузов, а также сотрудникам страховых компаний иметь постоянный доступ к информации о контейнере: температуре и влажности внутри него, случаях непредусмотренного вскрытия и физического воздействия на груз. Технология Traxens востребована и для рефрижераторных перевозок, поскольку предоставляет возможность контроля и удаленного измерения температуры в контейнерах [5].

КомпанияDHL оснащает контейнеры сверхвысокочастотными RFID – метками и встроенными температурными датчиками Smart Sensor, которые позволяют клиентам отслеживать температурные режимы перевозок и получать предупредительный сигнал в случае их нарушения [6]. Все это обеспечивается спутниковой геолокацией, мобильным интернетом, RFID – метками на каждую единицу товара, интернетом вещей и облачными вычислениями.

Отслеживание товаров вдоль Шелкового пути с помощью навигационных электронных пломб сократит задержки грузов за счет излишних таможенных досмотров на 4 – 5 дней, а также будут сэкономлены средства за счет снижения страховок отслеживаемых грузов.

Наибольшие эффекты от подключенного кIoT автотранспорта дают сокращение операционных расходов за счет оптимизации ремонта и обслуживания, повышения прозрачности процессов и минимизации злоупотреблений. Сдерживают внедрение стандартные факторы: недостаточная квалификация менеджмента, отсутствие массовых типовых IoT – решений и их относительная дороговизна.

Умные склады. Совершенно новые возможности открывает использование технологии интернета вещей в складском хозяйстве – умные (smart) склады. Первая из областей применения IoT на складах – умная инвентаризация (Smart inventory management – SIM) – данные сенсоров и датчиков передаются в систему управления складом (Warehouse Management Systems – WMS), позволяя в интерактивном режиме следить за тем, что именно хранится на складе и в каком количестве. Вторая область – контроль за целостностью товаров и других материальных активов. При хранении скоропортящейся продукции, требующей специального температурного режима, система автоматизации зданий (Building Automation Systems – BAS) отслеживает колебание температуры на участке склада через сенсоры и при достижении критических значений подает сигнал в систему WMS, а та в свою очередь – информирует складских работников о сложившейся ситуации. Также с помощью расположенных на складе и в зоне отгрузки камер можно выявить нарушение целостности упаковки, продукции. Третья область – повышение качества обслуживания клиентов. Датчики в зоне отгрузки могут обеспечить дополнительный контроль за тем, что конкретный груз отправляется нужному клиенту: это предохраняет от ошибок и пересортицы. Также IoT – решения позволяют повысить эффективность работы складского оборудования, начиная от погрузчиков и заканчивая лентами транспортеров: они могут быть оснащены датчиками, чтобы определить их оптимальную пропускную способность и скоростной режим. Подобные решения предлагает, например, компания Swisslog, одно из них называется SmartLIFT [7]. Применение IoT в компании Continental Tire, оснастившей контейнеры Wi – Fi – сенсорами, позволило интегрировать их в систему управления запасами и с помощью мобильных устройств мгновенно определять их местоположение, что уменьшает затраты на хранение.

Известный удачный пример примененияIoT в логистике – система SmartPort (умный порт): мониторинг и управление трафиком транспорта в порту Гамбурга. Система в том числе управляет закрытием мостов для движения судов, управляет железнодорожным и автодвижением в районепорта.

3D – печать на логистических складах. Трехмерная 3D – печать открывает перспективы создания цифровых складов, где будут храниться уже не предметы, а их виртуальные модели. Заказы будут выполняются на таком складе непосредственно производителем и доставляться потребителю на дом. Одним из первых будет затронут сектор производства запасных частей, электронную модель которых можно будет в очень короткое время загрузить из онлайн – библиотеки в аппарат 3D – печати, изготовить и затем поставить со склада заказчика. В 2013 г. американская компания United Parcel Service, специализирующаяся на экспресс – доставке и логистике, начала тестирование принтера Stratasys

UPrint SE Plus, который можно использовать для производства запчастей, функциональных прототипов, реквизита, архитектурных моделей, крепежей для камер, осветительных приборов и кабелей [5].

Сторонники развития 3D – печати на логистических складах традиционно выделяют четыре эффекта новой технологии: увеличение скорости производства при одновременном сокращении издержек, клиентоориентированность, уход компаний от аутсорсинга, снижение влияния на окружающую среду из – за сокращения количества грузовиков на улицах.

Экономические последствия массового внедрения технологии 3D – печати для логистической отрасли значительны. Стратегия 3D – производства на заказ может существенно повлиять на отношения производителей и продавцов, которые в некоторых секторах либо вообще перестанут существовать, либо станут складами производителей, не имеющими собственного товарного запаса. Изготовление продукции по индивидуальным заказам непосредственно на месте, недалеко от потр-ебителя, повлечет за собой снижение складских запасов и транзитных издержек. Например, производство товаров, которые ранее изгота-вливались на китайском рынке, может быть перемещено к потребителям шелкового пути или Европе, что значительно уменьшит объемы перевозок.

Таким образом 3D – печать может существенно изменить логистику – вместо грузовых перевозок нужно будет, но уже в меньшем объеме, перевозить материалы для 3D – принтеров, что уменьшит использование складов. Крупнейшим новым сектором станет хранение и перемещение сырья для 3D – печати.

Роботизация складов. Еще один перспективный тренд цифровой логистики – роботизация товарных складов. Например, на складах Amazon уже трудится более 30 тыс. роботов – грузчиков Kiva, которые полностью автоматизировали процесс хранения, комплектования и упаковки. С их помощью компания сократила операционные расходы на 20%. Когда проект Kiva будет распространен на все 110 центров компании, то она снизит издержки на 800 млн долл [7].

КомпанияWalmart планирует использовать внутри логистических центров дронов, которые будут перемещаться по пространству склада, делая 30 фотокадров в секунду. Эта информация будет использоваться для инвентаризации огромных складов, которую с помощью летающих роботов можно провести за один день, а ранее на такой процесс «вручную» ушло бы около месяца [7].

Ключевая роль в цифровой трансформации логистики отводится носимым устройствам. Отслеживание, дистанционное управление, анализ и автоматизация с помощью носимых устройств поменяют правила игры во всей транспортной сфере. По прогнозам компанииCisco, к 2020 г. в мире будет насчитываться 50 млрд подключенных к сети устройств IoT, из них 83% – носимая электроника [9, р. 4].

3. Рекомендации по участию Беларуси в Цифровом шелковом пути

Транзит – один из ключевых факторов роста белорусской экономики. Страна постепенно становится звеном в торговле ЕС с ЕАЭС и Китаем благодаря проекту Шелкового пути. Свидетельство тому – рост белорусского экспорта грузовых транспортных услуг (таблица 1). Поэтому для Беларуси главное – вместе с другими странами ЕАЭС – создать евроазиатский цифровой транспортный коридор между Китаем и ЕС (Цифровой шелковый путь). Информационная поддержка перевозок на основе безбумажного документооборота, включая транспортные и таможенные документы могут существенно повысить экономическую эффективность Цифрового шелкового пути.

Таблица 1 – Экспорт белорусских грузовых транспортных услуг (млн долл).

Цифровой шелковый путь должен сопровождать грузы с электронной документацией с целью ускорения их прохождения на белорусско – польской и казахско – китайской границе. Цифровой коридор должен быть увязан с цифровыми логистическими системами транспортных компаний. Уже сегодня белорусская таможня заранее принимает электронные декларации, что ускоряет прохождение груза. Успешный проект также реализован по внедрению в пункте пропуска «Новая Гута» системы видеоконтроля.

В принятой в конце 2017 г. Концепции развития логистической системы Республики Беларусь до 2030 г. в области цифровизации поставлены следующие задачи:

Table 1 Export of Belarusian freight transport services (USD million)

Вид услуги	1995	2000	2005	2010	2011	2012	2013	2014	2015	2016	2017	2018
Экспорт грузовых транспортных услуг	302	457, 5	1133, 1	2580, 4	3061, 0	3082, 1	3214, 0	3144, 1	2448, 8	2409, 7	2876, 4	3230, 0
в том числе:												
грузовых железнодо-рожных	94	138, 7	401, 5	645, 9	775, 0	851, 3	918, 8	807, 2	609, 4	583, 3	761, 7	916, 6
грузовых автомобильных	56	114, 6	288	618, 6	869, 6	988, 7	1099, 0	1091, 7	852, 2	907, 9	1126, 1	1306, 1
грузовых воздушных	16	8, 7	13, 1	19, 1	24, 3	26, 0	27, 6	50, 1	42, 7	43, 1	33, 6	45, 9
грузовых морских		0	4, 7	453, 3	473, 0	314, 7	233, 8	310, 0	226, 8	212, 5	286, 6	320, 2
трубопроводных	88	195, 2	425, 3	833, 6	907, 2	882, 7	919, 7	866, 8	696, 6	620, 5	649, 8	618, 8

Источник: Платежный баланс РБ (www. nbrb. by).

• переход на электронные технологии документооборота по устойчивым цепям товародвижения;

• формирование единой цифровой платформы логистических систем на основе интеграции взаимодействия с международными информационными системами;

• унификация стандартов информационного обмена данными между участниками логистической системы;

• использование электронных форм товаро – сопровождающих и коммерческих документов при международных перевозках различными видами транспорта;

• развитие системы электронной биржевой торговли в сфере оказания логистических услуг.

В рамках цифровой повестки ЕАЭС для распространения на автомобильном, железнодорожном и авиационном транспорте ЕАЭС реализуются проекты: «Цифровая дорога» и «Цифровой транспорт».

Необходимо также на основе больших данных в облаках создать системы прогнозирования спроса на грузоперевозки, что увеличит доходы и снизит стоимость перевозок. Целесообразно также расширить подключение к грузоперевозкам посредством онлайн каналов малого и среднего бизнеса. Лучшие образцы для подражания – мультимодальные системы: Cargoclix. com, DBSehenker, Cargomatic, UPS, MyDHL, Xeneta, Inttra, упрощающие процесс приобретения логистических услуг для юридических лиц.

Китайско – белорусский индустриальный парк «Великий камень» есть образец для других стран экономической зоны проекта «Один пояс и один путь». Фирмы парка получили для развития от белорусского государства значительные льготы. Каждая из 55 (среди них 25 китайских) высокотехнологичных фирм, зарегистрированных в парке, уже начали выпуск продукции, это суперконденсаторы для электробусов, светодиоды, дизели для МАЗ и т. п. Функционирует торгово – логический паркChina Merchants Group, который может стать международным хабом при авиационной перевозке грузов из Китая в ЕС. Уже назрела необходимость открытия в «Великом камне» белорусско – китайского прикладного университета, в котором была бы сосредоточена совместная наука и подготовка кадров проекта Шелковый путь, в том числе цифровых логистов. Также в минском «Великом камне» целесообразно расположить один из 14 планируемых дата – центров компании Алибаба, который мог бы когнцентрироваться на информационной логистике электронной торговли вдоль «Пояса и пути». Цифровой путь, оснащенный связью 5G, сделал бы возможными беспилотные перевозки.

Наибольшие блага в Цифровом шелковом пути принесут совместные инновационно – технологические прорывы по перспективным направлениямXXI века. Это в первую очередь более тесное сотрудничество с Китаем белорусского ПВТ, в котором около 600 фирм с 45, 7 тыс. программистов разрабатывают прорывные технологии, пока в основном для США и ЕС. Необходимо интеллект белорусских программистов повернуть на службу цифровой трансформации совместных проектов цифрового шелкового пути. Назрела необходимость открытия филиала ПВТ в «Великом камне» и концентрации там белорусско – китайских прорывных компьютерных технологий.

4. Экономическая эффективность Цифрового шелкового пути

Экономическая эффективность логистических систем в значительной степени связана с применяемыми в ней цифровыми технологиями. Цифровые технологии позволяют воплощать новые логистические решения и оптимизировать технологический процесс, что улучшает экономические показатели деятельности за счет реализации ранее недоступных процедур. Таким образом цифровые технологии служат источником дополнительной прибыли при организации внутригосударственных и международных перевозок. По данным исследования, проведенногоPwC в 2016 г., «…90% транспортно – логистических компаний мира считают, что ключевым трансформационным фактором в отрасли в ближайшие пять лет станут системы обработки и анализа данных; 50% компаний признают, что самой серьезной организационной проблемой является отсутствие «культуры использования цифровых технологий» [14, р. 7].

Высокий уровень требований к эффективности управления перевозками определяет потребность в высоком уровне цифровизации операционной деятельности участников транспортного рынка, их взаимодействия между собой. В связи с этим цифровые технологии неотвратимо перемещаются из разряда вспомогательных средств в класс основных, позволяя существенно снизить затраты на организацию и осуществление перевозок, повысить качество транспортно – логистических услуг, производительность труда работников транспортных предприятий, повысить конкурентоспособность компании [15].

Логистические процессы всегда сопровождались информационными потоками, несущими информацию о перемещении груза, транспортных средств и т. д. Однако только цифровая логистика и цифровой транспорт создали новую стадиюИКТ – внедрения. Интеграция в логистику систем геопозиционирования, позволяющих контролировать местонахождение транспортных средств и систем радиочастотного кодирования (RFID) грузов, а также внедрение умных контрактов создают новую цифровую логистику. Например, умные контейнеры позволят отслеживать не только нахождение груза, но и его состояние, информацию о климатических угрозах для груза. Технологии интернета вещей (IoT) на основе данных, полученных от сенсоров, позволят вовремя перегрузить контейнеры и выбрать оптимальные маршруты перевозок.

Выделим наиболее перспективные направления цифровизации транспорта, которые создают экономические выгоды цифровой логистики:

- контроль местоположения товаров, видимость товаров на всем протяжении цепочек поставок и в итоге полная прозрачность перемещения;
- предотвращение краж топлива, нецелевого использования транспорта и доступность данных для расследования инцидентов;
- автоматическая диспетчеризация и интеграция с ERP – системами;
- мгновенная инвентаризация логистических складов, товарных залов или контейнеров;
- полностью автоматические складские системы, оборудованные роботами и автономными автопогрузчиками;
- мгновенное реагирование на изменение логистического состояния;
- ассистенты водителя и автопилоты движения по трассе и в перспективе полная автономность транспорта.

Цифровая логистика сокращает временные, трудовые, финансовые потери, связанные с поиском данных для формирования оптимальных логистических схем на основе эффективного моделирования горизонтальных производственно – экономических и торгово – экономических связей между различными организациями. Развитие цифровой логистики в организации перевозок позволяет оптимизировать процесс транспортировки, существенно сократить затраты на его планирование и обеспечение.

5. Заключение

В заключение классифицируем экономические эффекты Цифрового шелкового пути:

1. *Технологические эффекты*. Цифровая трансформация логистики «Пояса и пути» повысит уровень прогрессивности применяемых технологий. За счет улучшения качества осуществления технологических процессов логистического бизнеса сократится время доставки контейнеров из Китая в ЕС.

2. *Эффекты, повышающие конкурентоспособность компаний*. Цифровая трансформация улучшает конкурентные возможности и увеличивает долю логистической компании на рынке. В результате растет клиентская база за счет роста удовлетворенности качеством обслуживания, которое происходит благодаря сокращению времени ожидания при оформлении документов и скорости и качеству доставки грузов.

3. *Коммерческие эффекты*. Благодаря Цифровому шелковому пути произойдет увеличение объема сухопутных перевозок Китай – ЕС, появятся новые ИТ – услуги, повысится производительность, будут уменьшены расходы, в результате произойдет прирост доходов, появятся дополнительные доходы от оказания ИТ – услуг.

4. *Социально – экономические эффекты*. Произойдет совершенствование организационной структуры транспортной торговли вдоль «Пояса и пути», повысится качество, производительность и улучшатся условия труда, сократится количество бумажных документов. Сократится численность персонала, особенно управленческих работников за счет повышения производительности труда, повысится оперативность принимаемых решений в управлении перевозками, сократится время доступа к информации.

Главный результат для Беларуси проекта «Один пояс и один путь» – это 325 тыс. контейнеров（рост почти на 20%）, которые в 2018 г. перевезли ускоренные контейнерные поезда через Беларусь из Китая в ЕС. Прогнозируют, что при условии цифровизации этот поток будет расти до 1 млн контейнеров в 2025 году и в дальнейшем до 2 млн, увеличивая доходы Беларуси от транспортно – логистических услуг. Для Беларуси выгодна и европейская проблема – их железные дороги могут пропускать поезда длиной приблизительно в 740 м, в то время как из Китая по территории ЕАЭС идут поезда длиной 1000 м. В итоге в белорусском Бресте формируется хаб по перегрузке части вагонов на автофургоны. Важно так же, что цифровые технологии, отработанные в контейнерных железнодорожных перевозках из Китая, Беларусь может использовать и по другим направлениям. Вместе с тем белорусы хотели бы роста нашего экспорта в Китай с нынешних примерно 0, 5 млрд долл.（последние 10 лет）до уровня стремительного растущего импорта из Китая, который достиг 3, 6 млрд долл. и выравнивания торгового баланса, в том числе за счет транспортных услуг.

Евроатлантическая либеральная идея исчерпала себя и китайские усилия «общей судьбы, общих усилий и общего развития» необходимо наполнять конкретным содержанием и распространять в мире как новую мировую идеологию. Беларусь – небольшая страна с моделью экономического развития, схожей с китайской, и она всецело будет поддерживать новую мировую идеологию «общего развития» и нам особенно импонирует, что Китай не навязывает свои правила для внутреннего порядка в других странах. «Равенство, открытость, доверие и совместное разделение» – составляющие Цифрового шелкового пути будут стимулировать экономический рост и качество экономического развития, содействовать занятости и повышению благосостояния населения.

6. Список библиографических ссылок

1. Ковалев, М. М. Цифровая экономика – шанс для Беларуси : моногр. / М. М. Ковалев, Г. Г. Головенчик. – Минск : Изд. центр БГУ. –2018. –327,［4］с.

2. Ковалев, М. М. Транспортная логистика в Беларуси: состояние, перспективы: моногр. / М. М. Ковалев, А. А. Королева, А. А. Дут-

ина. – Минск: Изд. центр БГУ, 2017. – 327 с.

3. Цифровизация контейнерных перевозок. Влияние современных технологий на логистику. – АВТОР. – 49 с. – transweek. ru.

4. Куприяновский, В. П. Цифровые цепи поставок и технологии на базе блокчейн в совместной экономике / В. П. Куприяновский, С. А. Синягов, А. А. Климов, А. В. Петров, Д. Е. Намиот //International Journal of Open Information Technologies. – 2017. Т. 5. – № 8. – С. – 80 – 95.

5. Ларин О. В. Вопросы трансформации рынка транспортно – логистических услуг в условиях цифровизации экономики // О. В. Ларин, В. П. Куприяновский /Inter J. of Open Information Technologies. – 2018. – V. 6. – N 3. – P. 95 – 100.

6. Какие технологии в логистике используютAmazon, DHL, Alibaba и другие гиганты // Клуб логистов – [Электронный ресурс]. – Режим доступа: http: //www. logists. by/library/view/kakie – tehnologii – v – logistike. – Да – та доступа: 26. 01. 2018.

7. «Умные склады»: как сенсоры, роботы и дроны меняют логистику// Новости интернета вещей – [Электронный ресурс]. – Режим доступа: https: //iot. ru/riteyl/umnye – sklady – kak – sensory – roboty – i – drony – menyayut – logistiku. – Дата доступа: 25. 01. 2018.

8. Глобальный институтMcKinsey. Прорывные технологии, которые изменят мир. – McKinsey&Company, 2013. – 34 с.

9. Юзаева, А. Г. Беспилотные автомобили: опасности и перспективы развития / А. Г. Юзаева, В. В. Кукарцев // Актуальные проблемы авиации и космонавтики. – 2016. Т. 2. – № 12. – С. 120 – 122.

10. Афанасьев И. Д. Цифровая логистика // И. Д. Афанасьев, В. В. Борисова / СПб: Питер. – 2019. – 272 с.

11. Силкина Г. Ю. Современные бренды цифровизации логистики // Г. Ю. Силкина, В. В. Щербакова / СПб. : Политех – Пресс. – 2019. – 256 с.

12. Халяфиев, А. А. Беспилотные грузовые автомобили / А. А. Халяфиев, Р. А. Халяфиев // Научный журнал. – 2016. – № 9 (10). – С. 17 – 19.

13. Новикова, Т. В. Повышение эффективности функционирования логистической системы на основе внедрения автономного транспорта в

практику применения / Т. В. Новикова, Д. Г. Янусов // Новая наука: Стратегии и векторы развития. –2016. –№ 1 –1 (58) . –С. 114 –116.

14. Shifting patterns the future of the logistics industry / PwC. –2016. –20 p. – [Электронный ресурс] . –Режим доступа: https: //www. pwc. com/transport.

15. Левин, Б. А. Цифровая логистика и электронный обмен данными в грузовых перевозках / Б. А. Левин, Г. В. Бубнова // Мир транспорта. – 2017. Т. 15. –№ 2 (69) . –С. 142 –149.

16. King, M. Carriers, "best placed to control digital shipping", claims Maersk / M. King // Lloyd's Loading List. – [Electronic resource] . –Mode of Access: https: //www. lloydsloadinglist. com/freight – directory/news/Carriers – "best – placed – to – control – digital – shipping" – claims – Maersk/68197. htm#. WGpZcLZ953k. –Date of access: 27. 01. 2018.

第三篇

上海合作组织发展的新机遇

/现阶段上合组织双多边关系/

——乌中关系发展动力问题

罗拉·萨伊多娃*

第四届"一带一路"上海国际论坛将我们汇聚在一起，共同探讨新时代欧亚地区的稳定与繁荣问题。上海合作组织框架下的多边关系正在经济、制造业、物流、旅游和人文领域迅速发展。以"互信、互利、平等、协商、尊重多样文明、谋求共同发展"为内容的"上海精神"是上海合作组织的核心思想，习近平主席强调的这一精神正在当今逐步变为现实。

2004—2018 年中国与乌兹别克斯坦在双边和上合组织框架下共举行了 15 轮政治磋商。乌兹别克斯坦高度重视加强同中国的战略伙伴关系，两国在互惠、互利和平等基础上全方位发展经贸、投资和金融合作。根据 1992 年签署的《中华人民共和国和乌兹别克斯坦共和国政府经济贸易协定》，中乌两国之间互相给予了最惠国待遇，中国在乌兹别克斯坦的贸易伙伴国中具有重要地位，2017 年两国贸易额达到了 50 亿美元，其中出口为 22 亿美元，进口为 28 亿美元。2010 年中国与乌兹别克斯坦签署了两国间在非能源和高科技领域合作框架文件后，两国的投资伙伴关系得以确立和发展。已有多家中国企业积极参与乌兹别克斯坦境内煤矿和天然气资源的勘探、开采和精加工项目。乌兹别克斯坦支持修建乌兹别克斯坦—中国天然气管道和中国—吉尔吉斯斯坦—乌兹别克斯坦铁路建设项目的实施。

中国与乌兹别克斯坦双边合作取得了良好的成绩。现今乌兹别克斯坦国内有 786 家有中国投资的企业，其中 95% 的企业为中国独资。有 73 家中国主要企业在乌兹别克斯坦开设了代表处。进一步深化发展中乌合作的新领域，要求两国合作不仅停留在国家层面，还需要进一步深化地方合作，尤其是体现在乌兹别克斯坦和中国的省级直接合作之上。现在塔什干和上海、纳沃伊和湖南省株洲市、布哈拉和河南省洛阳市、塔什干州和湖南省以及撒马尔罕和陕西省西安市、撒马尔罕州和陕西省都建立了友好关系。从 10 月份起，从塔什干到西安之间开通了直航航班。

协商一致政策和可持续发展是"上海精神"的核心理念，为中乌之间

---

* 乌兹别克斯坦司法部律师进修中心国际法和人权教研室主任，法学博士。

的互利合作开辟了广泛的前景。乌兹别克斯坦总统米尔济约耶夫在比什凯克峰会上提出了新的合作倡议，认为在上合组织框架下开展议会间合作能进一步深化伙伴国家间的合作。乌兹别克斯坦领导人建议在发展经济与交通走廊领域开展合作，并在智能农业和推广农业创新领域开展互利合作。尤其是上合组织提出了“上合组织绿色带”计划之后，为我们深入推广现代化的资源节约和经济的清洁环保技术提供了便利条件，乌兹别克斯坦同样延续这一思路，并建议定期召开上合组织框架下的经济论坛。

除此之外，在扩大议会间合作方面的倡议中包括了扩大与深化议会、政党和公民社会组织间的关系。

在现阶段，发展上合组织成员国一体化的一个重要的领域便是发展组织成员国各城市和地区间的旅游合作。为此乌兹别克斯坦建议形成如下传统：每年在上合成员国中选择一座城市成为上合旅游和文化年度首都。

上合组织的另一个发展方向是中国—吉尔吉斯斯坦—乌兹别克斯坦铁路的修建。在我们看来，这条铁路线能为贸易发展提供良好推动力，国家应当为参与该项目提供更多资金。

在上合组织框架下首次讨论了合作问题并交流了青年合作的相关经验，该项倡议是在青岛峰会青年领袖会议上发起的，因为青年在实施创新思想、实践创业和保障就业方面具有重要意义。并且我们非常重视青年人的潜力，乌兹别克斯坦是9月份在塔什干举行的“维护青年在和平的民主社会中的权利以促进可持续发展”国际研讨会中发表的《青年权利公约》的发起国，该研讨会属于联合国论坛。在2019年10月15日举行的突厥语国家首脑会议上，乌兹别克斯坦领导人呼吁各国加强青年人之间的团结以实现更紧密的一体化。我们加强这方面的团结是为了地区和全球共同面临的威胁。

我们认为，上海合作组织的多边合作十分成功，特别是在经济领域的合作。现今在上合组织框架下召开的一系列经济和工商业论坛、国际进出口交易会、小企业论坛、妇女论坛、科研论坛和青年交流活动都体现了广泛推动经济一体化的进展，并包括了上合组织同其他国际组织的合作。

商品、技术和信息的交流为一体化进程提供了强大推动力，最终为上合组织成员国利益相互联系、共同促进地区经济发展提供了机会。

（根据现场同传速记稿整理）

【俄文原文】

Актуальные вопросы динамики и развития «Узбекско – Китайских отношений на двухсторонних и многосторонних отношениях ШОС на современном этапе»

Лола Саидова *

Четвертый раз собирает нас Шанхайский Международный форум «Один пояс и один путь» по вопросам процветания и стабильность в Евразиастком регионе в новую эпоху.

Многостороннее отношения в рамках ШОС все более набирают нарастающий оборот в различных сферах экономики, промышленности, логистики, туризма и гуманитарного обмена.

Шанхайский дух: взаимодоверие, взаимного выгода, равноправие, консультации, уважение к многообразию культур, стремление к совместному развитию – ключевая идея ШОС подчеркнутая Си Цзинпином воплощается сегодня в жизнь.

В рамках взаимодействия между МИД двух стран в 2004 – 2018 г. г. проведено 15 раундов политических консультаций по вопросам двухстороннего сотрудничество и в рамках ШОС. Узбекистан придаёт приоритетное значений дальнейшему укреплению стратегического партнерства с КНР, расширению многопланово торгово – экономического, инвестиционного и финансово сотрудничество между двумя странами на основе принципов взаимной выгоды, учета интересов и равноправия.

В соответствии с Торговым экономическим соглашением (1992) между странами установлен режим наибольшего благоприятствования. КНР занимает ведущее место среди торговых партнеров Узбекистана. За 2017 г двухсторонний товарооборот достиг 5 млрд. долл. в т. ч. экспорт составил 2, 2 млрд. долл. Импорт – 2, 8 млрд. долл.

---

* Заведующая кафедрой «Международное право и права человека» Центра повышения квалификации юристов Министерство Юстиции Узбекистана, доктор юридических наук.

Инвестиционное партнерство осуществляется в рамках подписанной в 2010 году Программы сотрудничества между Правительствами Республики Узбекистан и КНР в не сырьевой и высокотехнологической сферах. Ряд китайских компаний активно участвует в проектах разведки и разработки месторождений углеводородов и глубокой переработке природного газа на территории республики.

Узбекистан поддерживает реализацию проектов по строительству газопровода «Узбекистан Китай» и железной дороги «Китай – Кыргызистан – Узбекистан».

Двухстороннее сотрудничество Китая с Узбекистаном сегодня имеет хорошие показатели. В частности, На территории Узбекистана действует 786 предприятий с участием китайских инвестиций, в том числе 95 процентов из них 100% китайском капиталом, в Узбекистане функционируют представительство 73 ведущих фирм компаний Китайской народной Республики.

Дальнейшие развитие сотрудничество между Узбекистаном и Китаем характеризуется масштабностью на уровне не только центрального управления, но и на региональном уровне. Развитие регионального сотрудничество видится на установленные прямых связей областей Узбекистана и провинции Китая в частности, статус побратимах городов имеет сегодня Ташкент и Шанхай, Навои и Чжучжоу (Провинция Хунань) Бухарой и Лоянем (провинция Хэнань), Ташкентской областью и Хунань, Самаркандском и Сианем (провинция Шеньси) Самаркандской областью и провинцией Шеньси. Начиная с октября, установлены прямые авиарейсы между Ташкентом и Сианем.

Согласованная политика , устойчывое развитие – ключевое понятия «шанхайского духа» открывают большие перспективы для взаимовыгодного сотрудничество. Выступая на Бишкекском заседании совета глав государств Президент Узбекистана Ш. Мирзиёев предложил новые инициативы взаимодействия как межпарламентское сотрудничество в рамках ШОС которая – служить дальнейшему углублению сотрудничества между странами партнёрами.

Руководитель нашей страны предложил развивать партнерство по вопросам эффективной экономических и транспортных коридоров, концепцию взаимодействия в области, «умного сельского хозяйство и вне-дрения агро инноваций». В частности, было предложено принятые Программы «Зелёного пояса» ШОС в целях широкого внедрения в наших странах современных ресурсосберегающих и экономически чистых технологий, продолжая эту мысль Узбекистан также предлагает регулярное проведение экономического форума ШОС.

Одна из инициатив по расширению парламентского сотрудничество является углубление этих связей, который расширить свези на уровне парламентариев, политических партий, институтов гражданского общество.

Одна из потенциальных возможностей интеграции стран ШОС на современном этапе раскрытие туристического потенциала городов и регионов ШОС. В связи с чем Узбекистан предложил установление традиции: ежегодно один из городов страны, председательствующий в ШОС, объявить туристической и культурной столицей ШОС.

Одна из перспективных направлений ШОС это строительство железной дороги Китай – Кыргизистан – Узбекистан На наш взгляд, он даст хороший толчок развитию торговли, росту притока инвестиций странам участвующим в этом проекте.

Впервые в рамках стран ШОС – обменивалась опытом, рассматривали вопросы взаимодействия. Началом этой инициативы послужило Циндаосская (1918) обращение глав государств молодежи поскольку проблемы молодежи очень схожие особенно вопросах реализации инновационных идей, предпринимательских инициатив, обеспечения занятости. Более того, мы придаем большие значение потенциалу молодежи, Узбекистан был инициатором разработки Конвенции о правах молодежи которая прозвучала с трибуны ООН в сентябре в Ташкенте прошел Международный семинар ОИС по вопросам «О важности поощрении защиты прав молодежи в миролюбивых демократических обществах в устойчивом развитии».

15 октября 2019 г. на саммите Туркоязычных государств руководитель нашей страны также призвал стран участниц к объединению молодежи для более теской интеграции. Объединяя усилия мы сила которая, способна решать как региональные и так глобальные вызовы проблем.

Многосторонне сотрудничество ШОС очень успешен на наш взгляд, особенно в экономическом измерение. Экономическая интеграция сегодня, широко проявляется Экономических и Торгово – промышленных форумах, Международных ярмарках импорта, Форумов малого бизнеса, Женских форумов и Научно – практических форумов ШОС, молодежного обмена, в рамках сотрудничества с международными организациями.

Взаимообмен товарами, технологиями и информацией даст хороший импульс для интеграционного процесса, что в конечном итоге даст возможность объединению усилий совместного продвижения интересов стран ШОС во благо потенциала быстро развивающихся экономик стран этого региона.

新阶段上合组织发展面临的挑战和任务

张健荣*

2017年上合组织顺利扩员开启了其历史发展新阶段，成为人口最多、地域最广的地区国际组织，愈加令世界关注。从当今国际时局看，上合组织的发展顺应了本地区国家要求，推动了地区经济发展，保证了地区安全与稳定，在世界政治中占据了重要地位。面对新的国际形势变化，壮大的上合组织需要经历新的考验，发挥更大作用，开启新的发展未来。

一、上合组织面临的新挑战

必须指出的是，当前国际局势出现的逆向变化对上合组织地区将产生诸多不利影响，这些新的挑战是上合组织从未经历过或者是对其的严峻考验：

第一，全球化进程遇到前所未有的阻力，贸易保护主义抬头，关税贸易战此起彼伏，导致世界经济体贸易纠纷，世界贸易体系陷入分裂，对各国及组织现有机制形成巨大冲击。

美国特朗普当局祭起“美国第一”的大旗，导致当今国际体系出现混乱，国际治理面临困难。

美国把中俄列为其主要战略对手，采取打压、制裁与遏止的手段，同时对上合组织其他成员国采取利诱和拉拢策略，试图分化和瓦解上合组织凝聚力。

第二，上合组织地区安全形势依然严峻。阿富汗国内和平进程缓慢，武装冲突潮起潮落，反复无常。而阿富汗境内北部地区隐藏的大量“伊斯兰国”武装分子团伙时刻威胁着中亚地区的安全与稳定。令上合组织不安的还有来自阿富汗境内的大量鸦片，毒品交易扩散、跨境犯罪团伙渗透，严重影响着地区社会治安与稳定，阿富汗政府机构及驻阿富汗西方联军显得束手无策，而国际社会开展的反毒禁毒行动效果依然有限。

第三，当前全球经济增速缓慢，新的潜在经济危机时隐时现。经合组

---

* 上海社科院俄罗斯中亚研究中心副主任、副研究员。

织最新公布的报告中再度下调了2019年全球经济增速预测，由3.2%下调至2.9%，2020年经济增长预测下调至3.0%。[①] 其中经合组织预测中国2019年和2020年两年经济增长预期分别降至6.1%和5.7%，而此前预测分别为6.2%和6%。对2019年印度的经济预测急剧下降至5.9%（此前为7.2%），2020年为6.3%（此前为7.4%）。俄罗斯2019年从1.4%降至0.9%，2020年从2.1%下降至1.6%。[②] 中国银行研究院发布《2019年四季度经济金融展望报告》预测2019年中国全年GDP增长6.2%左右。[③]

全球经济增速放缓预期给世界不同地区经济未来笼罩上阴影。从上合组织区域国家经济现状看，中亚国家经济依然步履艰难，对国际市场的依赖强，抗危机免疫力弱，易产生多米诺效应。一些国家资源型经济结构转型缺少必要条件与基础，导致区域经济一体化进程磕磕绊绊。更何况，由于次区域不同机构和机制交叉重叠，区域外势力对这一地区争夺激烈，使得各国对外政策难以统一，政策协调愈加艰难。

第四，上合组织扩员之后，其内部机构及其政治生态变得更趋复杂，民族、文化、宗教、价值观的多样化，对外政策取向的非单一化，交织着历史遗留民族和领土纠纷与现实政治经济利益分歧，这一切给组织成员国利益协调带来更大困难，使得上合组织奉行的协商一致原则及其行动效力更趋复杂化，对组织国际威望和影响力构成消极因素。

二、上合组织面临的新任务

历史证明，和平与发展依然是当代主流，当下世界局势的变化是历史发展中的曲折。面对这些挑战与曲折，上合组织具备的能量和积累的经验将为其提供强大的发展动力和应对能力，厚积薄发，实现其新的伟大任务。

（一）弘扬“上海精神”，扩大国际影响力与作用

作为非西方国家的新型的地区国际组织，上海合作组织在国际体系中扮演了独特角色，成为维护地区安全的稳定器。它倡导的新型国际关系是

---

① 《经合组织将2019年全球经济增长预测从3.2%下调至2.9%》，http://finance.eastmoney.com/a/201909191242193949.html? qrqm = tjyd。

② 《经合组织将2019年全球经济增长预测从3.2%下调至2.9%》，http://finance.eastmoney.com/a/201909191242193949.html? qrqm = tjyd。

③ 中国银行：《预计中国2019年GDP增长6.2%左右》，http://finance.sina.com.cn/roll/2019-09-25/doc-iicezueu8283989.shtml。

当今国际关系中合作模式的典范，这一合作模式顺应了地区发展时代要求，符合发展中国家的利益诉求。从创建之初，上合组织在其宪章中便明确了自己的宗旨，提出了“互信、互利、平等、协商、尊重多样文明、谋求共同发展”基本原则。18 年来，上合组织立足于这一“上海精神”，信守睦邻友好原则，积极倡导新的安全观，反对三股势力，构建地区新型国家关系，成为了保障地区安全稳定、促进地区合作发展的基石。面对新的复杂国际形势，上合组织实现了新的扩员，扩大了地区影响力，提升了自己的国际地位。如今，上合组织成员国八国元首们站在了一起，先后以《青岛宣言》和《比什凯克宣言》向全世界宣告，上海合作组织将一如既往拥护和捍卫国际法准则，坚持和平共处，反对零和博弈，坚持多边主义和外交解决冲突，主张通过完善全球治理共同应对各类威胁和挑战，推动构建相互尊重、公平正义、合作共赢的新型国际关系，共建人类命运共同体。

中国在上合组织提出的人类命运共同体理念正越来越受到国际社会的认同，自印巴加入后，越来越多的国家表达了加入上合组织的愿望。而今在维护国际秩序稳定和地区安全上，上合组织被寄予了更大期望，在世界政治中扮演更大角色。中俄两国高度战略协作，为增强上合组织影响力起到了关键作用。在国际舞台上，中俄携手成为了捍卫公平与公正国际秩序的中坚力量。

近年来，上合组织框架内的安全军事合作得到了加强，一些西方国家开始炒作“中俄军事威胁论”，显然这种论调不符合上合组织一贯主张，“上合组织不针对第三方”，也不是要挑战美国的世界主导地位，但是美国始终是零和游戏思维，为了遏止中俄崛起，美国采取各方面限制、封锁、打压、霸凌，但美国的打压更坚定了中俄加强战略协作的决心与意志，两国关系合作水平达到了历史新高。普京总统在 2019 年曾先后两次在公开场合（9 月符拉迪沃斯托克东方经济论坛和 10 月索契“瓦尔代”国际论坛）把中俄关系上升到“盟国关系”水平。中俄日益强大意味着上合组织在壮大。不妨套用一下 2019 年俄罗斯索契举办的“瓦尔代”国际论坛发布的报告标题前半句“Время взрослеть，или опра-вдание анархии”（是长大的时候了）。

（二）增强团结协作，提高危机应对和治理能力

面对内外复杂形势，上合组织始终本着“上海精神”、睦邻友好和协商一致原则，有效阻止了一些国家间的纠纷和矛盾在组织内部的扩大。上合组织各国能够冷静面对矛盾与分歧，通过谈判协商解决问题，体现了应对和处理纠纷的能力。在应对周边安全问题上，包括阿富汗问题和平进程、叙利亚复杂局势控制，上合组织及其成员国正在发挥积极作用。在上合组织安全议程上，阿富汗问题始终牵动着上合组织。自上合组织阿斯塔纳峰会上重新恢复上合组织—阿富汗联络小组工作之后，上合组织加大了介入阿富汗问题解决进程。2017 年 10 月 11 日，莫斯科举办了外长层面的上合组织—阿富汗联络小组会议。联络小组的工作模式由“6 + 1”变成“8 + 1”副外长级别会谈，每年举行一次。从 2016 年 12 月到 2017 年 4 月，俄罗斯举行了由中国、伊朗和巴基斯坦共同参加的三轮会谈。2019 年 3 月 27 日塔什干举行了阿富汗问题外长级国际会议，会上提出尽早促成阿富汗政府与塔利班武装之间实现不附加任何前提条件的双边和谈，推进阿富汗和平进程。

2017 年 12 月 26 日在北京举行的中国、阿富汗和巴基斯坦外长三方会晤中，中方提议让阿富汗加入中巴经济走廊项目，使之效益辐射到更大区域范围。如今国际社会为解决阿富汗问题形成了各种模式，“伊斯坦布尔进程”、喀布尔论坛、乌鲁木齐会谈（2015 年 5 月）、莫斯科论坛以及各类多边合作磋商机制，有效发挥扩员后上合组织的潜在能力。印巴共同参与阿富汗问题解决，为上合组织介入阿富汗问题解决提供了新的途径，有助于阿富汗问题和平进程取得实际效果，对减轻上合组织地区安全形势压力具有重要意义。

许多人对美国从阿富汗撤军可能会带来一系列不利影响存有担心。事实上，美军驻阿富汗期间，阿富汗国内武装冲突不断，驻阿富汗美军并未给阿富汗带来更大的和平希望。上合组织及其成员国一直在致力于阿富汗和平进程，阿富汗与上合组织之间在各方面协作在不断加强，在阿富汗国内经济建设上，中国与上合组织势必能够提供更多帮助。

（三）落实“一带一路”倡议，加速区域合作步伐与进程

上合组织地区是一个巨大新兴市场，面临着提高区域社会经济发展水平迫切需求，通过加强贸易、服务、投资、物流、产业联合与便利化，形成区域经济国际竞争优势，但由于本地区均为发展中国家，投资环境和市场条件相对不够完善，需要优化的地方很多。近六年来，中国提出的“一带一路”倡议成为了中国与上合组织地区国家的合作纽带。“五通”建设加速推进了区域贸易、物流、资本、技术、人文合作与交流。欧亚经济联盟发展势头向上，近两年联盟内双边贸易持续增长，贸易总额达到 547 亿美元，2017 年增长了 27.3%，2018 年增长 10.1%。欧亚经济联盟自贸区建设在有序推进，欧亚经济联盟与中国经济贸易合作协议的签订，深化了

与“一带一路”倡议的对接合作，为上合组织区域经济协同发展和一体化建设打下了重要基础。

上合组织顺利实现扩员后，为本区域经济发展提供了更大市场，将给世界和整个地区能源、交通运输、农牧业、轻工业、通信和数字产业等领域带来新的经济格局，有助于本区域内双边贸易和经济规模的增长，军事技术和能源合作的提升，投资金融和创新产业的扩大。同时，中国加大改革步伐，扩大进口，为周边国家经济发展提供了巨大机遇。近年俄罗斯和中亚国家对华出口规模在上升，中俄农产品交易每年达到40亿美元以上，中亚国家对中国畜牧产品出口逐渐扩大，正在成为上合组织地区蓬勃发展的新增长点，有效刺激了上合组织区域金融、贸易、物流、产业经济的发展。2019年中国六大沿边地区自贸实验区开启，不仅激发了中国地方新一轮经济建设，而且对加速上合组织贸易便利化进程和未来自贸区建设产生了巨大推动作用。

（四）深化制度改革，加强经贸合作力度与水平

长期以来，由于种种原因，上合组织多边经济合作进展不顺。2003年签署了多边经济贸易合作纲要及其措施实施计划，其中制定了上百项合作项目，但这些项目多半停留在纸面上，得到落实的寥寥无几，上合组织双轮驱动显得有些高低不平。2019年11月上合组织成员国政府首脑会议审议通过新版《上合组织多边经贸合作纲要》，为上合组织未来经济发展注入新的动力，有助于推进运输物流、基础设施、数字产业、信息技术以及能源、农业等领域合作，提升上合区域经济发展一体化水平。

值得一提的是，美国对华贸易战和对俄经济制裁，以及中国扩大进口政策等综合因素有效拉动了本地区贸易的大幅增长，上合组织对地区农业及其相关产品领域的合作前景看好。据各方面统计资料显示，2019年1—8月，中俄双边贸易额达到705.9亿美元，同比增长4.5%。[①] 中国连续9年成为俄罗斯第一大贸易伙伴。1—7月，中哈双边贸易额超过了114亿美元，同比增长8.6%，[②] 是近五年来最高的贸易额。1—7月，中乌双边贸易额达到39.76亿美元，同比增长20.4%，在乌兹别克斯坦对外贸

① Товарооборот России и Китая с января по август 2019 года вырос на 4，5 процента. https：//rg. ru/2019/09/09/tovarooborot – rossii – i – kitaia – s – ianvaria – po – avgust – 2019 – goda – vyros – na – 45 – procenta. html.

② В январе – июле 2019 года товарооборот между Китаем и Казахстаном увеличился на 8，6 проц. http：//russian. people. com. cn/n3/2019/0924/c31518 –9617273. html.

易总额中中国比重占18%以上，成为乌兹别克斯坦第一大贸易伙伴。[①] 同期乌俄双边贸易额达到24.76亿美元；乌哈双边贸易额达到13.58亿美元。此外，乌吉、乌塔、乌印之间双边贸易额分别都有不同程度增长。而塔吉克斯坦对外贸易总额中上合组织国家的比重占到69%，2019年1—8月，塔吉克斯坦与上合组织大多数国家双边贸易额呈现不同增长态势，其中包括塔哈、塔俄、塔乌、塔印之间贸易额。

三、上合组织多边经贸合作新起点及建议

2019年11月1—2日，在乌兹别克斯坦首都塔什干举行的上海合作组织成员国政府首脑（总理）理事会第十八次会议批准了新版《上合组织成员国多边经贸合作纲要》，并强调有必要制订该纲要落实活动计划。必须指出的是，新版（至2035年）上合组织多边经济贸易合作纲要为组织未来经济合作发展确立了新的中短及长期发展目标，对增强区域经济贸易合作具有十分重要意义。根据新版上合组织多边经济贸易合作纲要提出的要求，在短期内（至2025年），上合组织将制订运用现代创新和“绿色”技术具有发展前景的计划并加以实施；在中期内（至2030年），计划制定上合组织框架内贸易与投资规则，推进服务行业和电子贸易以及贸易便利化，保证各国经济实现转型；在长期内（至2035年），通过实施数字化技术和逐渐为实现商品、资本、服务和技术自由流动创造有利条件，保证上合组织各国经济体数字化改造和提高全球竞争力。

因此，加快制订上述经济合作纲要措施计划并加以充分落实，对上合组织经济发展将显得尤为迫切和重要。

第一，上合组织成员国之间需要建立多边合作项目保障机制，科学规划和制定未来具体合作项目，并确保各领域合作项目的最终落实。为此，各方需继续就上合开发银行和帐户设立进行协商，充分利用各方面融资渠道，促进多边经济合作高质量发展。

第二，上合组织成员国需要推进各自制度现代化改革与创新。在当今世界经济发展不确定因素上升、全球化进程曲折复杂形势下，上合组织成员国经济发展面临很大挑战，深化国内制度改革与创新是适应新形势发展环境的保障，加强多边经济合作是有效应对各种风险的有效手段。在区域

① 《2019年1—7月中国从乌兹别克斯坦进出口商品总值统计》，http://www.huaon.com/story/467478。

经济合作中，充分发挥组织现有合作机制作用，加强政府间政策沟通和磋商，把促进本组织区域经济产业和贸易放在优先位置，增强各成员国之间经济发展良性互动，共同应对外来冲击，提高抗险能力和互利合作水平。

第三，上合组织和欧亚经济联盟需要密切协同发展。由于两个组织主要成员很大重叠，各自具有优势，双方协同和融合有利于地区和谐与繁荣。在基础设施建设上，“一带一路”“五通”国际合作、欧亚大陆桥扩能及其改造、北极航道合作开发，将带动地区经济发展整体效应。在能源合作上，中俄、中国—中亚、TAPI 等石油和天然气管线建设将提高本地区油气及其运输产业的竞争优势，对提升区域经济发展意义重大。在农业和畜牧业领域，中国与俄罗斯、中亚国家合作具有很大发展空间。在人文和旅游领域，人员签证的简化和服务质量提高将吸引更多游客和投资，向世界传播优秀文化遗产，给地区各国发展带来实际经济效益。

第四，上合组织成员国之间需要加快贸易投资便利化进程，在投资、服务、贸易、技术和基础设施政策上“开绿灯”，营造更加有利的投资和贸易环境，扩大服务贸易自由化范围。继续深化中国与欧亚经济联盟经贸合作协定相关配套项目，出台“带盟”对接合作细则和措施，协调并兼容各方贸易和投资相关管理规定以及非关税领域的各项政策，制定相应的贸易争端协商和解决机制；以“带盟”建设对接合作为契机，采取分步骤、分阶段推进区域自贸区建设进程，尝试建立不同规模的跨境自由贸易试验区，扩大本币结算规模，逐渐减低和消除上合组织地区成员国之间的贸易和投资壁垒，实现上合组织自由贸易区建设目标。

总而言之，如果说当下世界变局是百年一遇，那么它给上合组织发展带来的将是前所未有的机遇。抓住机遇，迎接挑战，上合组织才有望实现更大目标。

╱上合组织务实合作亟需创新思路╱

许涛*

当前，在全球化不均衡发展的影响下，国际政治与经济格局正处在重大变化之中，原有的规则体系和关系体系都面临瓦解和重组。在这样的全球和地区背景下，上海合作组织（以下简称“上合组织”）的巩固与发展必须做出重大抉择。在2018年6月，习近平主席根据形势的变化和新时期的要求对“上海精神”进行时代诠释，提出了包括新发展观、新安全观、新合作观、新文明观和新全球治理观在内的系统创新思路。准确把握面对的风险、挑战和焕发时代生命力，是上合组织研究的重要任务。

一、维护成员国共同发展的有利环境

当今世界进入百年未有之大变局，世界经济发展的主要动能正在发生根本性转变，这就意味着全球财富资源和权力中心将出现明显位移。受其影响和制约，国家关系体系正在发生深刻变化。国际社会原有规则与现行秩序面临冲击和挑战，国际环境充满变数，世界政治、经济发展前景不确定性凸显。美国仍然处在国际体系主导地位，但对全球战略格局发生的重大变化产生明显的焦虑和不自信。特朗普打着“美国优先”“重新伟大”的旗号推出保护主义、单边主义，使全球现有多边机制受到冲击。美国对华贸易战、退出《中程导弹条约》、退出《伊核协议》等孤立主义行为，不仅使原有大国关系严重失衡、甚至趋于紧张，而且加剧了上合组织成员国所在地区的不稳定，成员国政治安全、外交环境、发展空间受到严重威胁。对此，上合组织应努力发挥地区综合性国际合作的积极作用，指导和团结各成员国加强团结协作，消除误解和管理冲突，携手营造一个适合于共同发展的稳定空间。而且，上合组织有必要在国际舞台上集体发声，呼吁国际社会为全球稳定做出一致努力。可以考虑继2019年6月中俄双边签

---

* 中国现代国际关系研究院研究员，博士研究生导师，国务院发展研究中心欧亚社会发展研究所上海合作组织研究室主任。

署《关于加强当代全球战略稳定的联合声明》[①] 后，上合组织协调各成员国立场，达成基本共识，就当前地区和全球形势联署发表共同文件，以上合组织为平台，以《联合国宪章》和国际法为依据，倡导世界格局多极化和多边合作，推动建设相互尊重、公平正义、合作共赢的新型国际关系，为构建上合组织命运共同体争取有利环境。

二、有的放矢加强成员国间的政治信任

上合组织的互信关系是在20世纪末冷战结束时协商解决共同边境军事安全问题过程中奠定下的牢固基础，并在联手应对地区非传统安全威胁（恐怖主义、极端主义、分裂主义）的合作中不断加强。成员国在政治上的信任关系成为上合组织成立18年来抵御数次世界和地区形势重大突发事件冲击的定力所在，也是“上海精神”中最重要的内容和原则。当前，全球及地区形势趋于复杂和紧张，对上合组织内成员国间政治互信关系提出更高要求。尤其在印度、巴基斯坦作为正式成员国加入后，成员国全球观、地区观差异增大，实现组织内基本政治立场协调难度提高。美国推行“印太”战略，使印度在地区内回旋余地扩大。美国急于从阿富汗脱身，加大诱拉巴基斯坦的力度，借伊斯兰·汗访美“重写伊斯兰堡与华盛顿关系”。7月12日，联合国人权理事会通过中国提交的“发展对享有所有人权的贡献”决议，[②] 有包括俄罗斯、塔吉克斯坦、巴基斯坦等37个国家驻联合国大使联名致函联合国人权理事会主席，积极评价我国新疆人权事业发展成就和反恐、去极端化成果，支持我国在涉疆问题上的立场，并代表本国支持这一决议。但身为上合组织正式成员国的哈萨克斯坦、吉尔吉斯斯坦、乌兹别克斯坦和印度驻联合国代表却均未参与联署支持。作为新型国际合作组织，包容政治、文化、制度上的差异性是上合组织的特色之一。但在世界政治、经济格局急剧变化面前亟需加强组织内部团结时，管控成员国差异性立场成为组织建设的重要任务。在6月的比什凯克峰会上，习近平主席针对全球和地区形势的变化提出要把上合组织打造成团结互信

---

① 《中华人民共和国和俄罗斯联邦关于加强当代全球战略稳定的联合声明（全文）》，中华人民共和国中央人民政府网，2019年6月6日，http：//www. gov. cn/xinwen/2019－06/06/content_5397869. htm。

② 《联合国人权理事会再次通过中国提交的“发展对享有所有人权的贡献”决议》，新华社，2019年7月12日，http：//www. xinhuanet. com/2019－07/12/c_ 1124747411. htm。

的典范、安危共担的典范、互利共赢的典范、包容互鉴的典范。[①] 这是新形势下秉持以“上海精神”为中心的核心价值和共同理念，根据形势变化和组织发展赋予上合组织的新时代内涵。继续树牢命运共同体意识，从营造地区安全、稳定、发展大环境视角扩大成员国间共同语言，有利于上合组织成员国间确立新形势下的政治互信。

三、盘活上合组织经济合作需另辟蹊径

经济合作是继安全领域之后的重要合作领域，关系到上合组织健康发展。同时，也一直是上合组织相对薄弱的领域。由于各成员国在资源禀赋、发展模式、所处阶段、经济体量等方面不尽相同，上合组织经济合作必须实事求是地承认这一差异性基础。而且，随着各成员国在世界政治、经济体系大变革中做出的不同发展定位，使这一固有的差异性更呈扩大趋势。尤其在2017年阿斯塔纳峰会完成了本组织的正式扩员后，印巴的加入使上合组织经济活动的区域中心多元化。在这样的形势和条件下，继续推动上合组织自由贸易区建设、建立上合组织开发银行等多边制度性安排显然将面临更大阻力。如果不顾现实条件仍然坚持推动上合组织经济合作在多边层面的进展和成果，不仅难以达到促进区域经济发展和拓展我国外部经济空间的目的，而且会引起成员国更多的戒备、甚至排斥。在经济全球化和区域经济一体化的双向潮流中，上合组织经济合作也应采取灵活、多向的原则，根据成员国各自发展的需求，制定切合实际的经济发展战略。

鉴于此，在新形势下推动上合组织框架内经济合作应分出层次、循序渐进：一是以《上合组织至2025年发展战略》提出的“深化经贸、投资合作以及优先领域的合作项目，促进成员国可持续发展，提高人民生活水平”为基本方向，坚持推动成员国间贸易和投资便利化，重视多数成员国对基础设施建设的关切，[②] 抓紧落实2014年签署的《上合组织成员国政府

① 《习近平主席在上海合作组织成员国元首理事会第十九次会议上的讲话（全文）》，中华人民共和国外交部，2019年6月14日，https://www.fmprc.gov.cn/web/gjhdq_676201/gjhdqzz_681964/lhg_683094/zyjh_683104/t1672328.shtml。

② 《上海合作组织至2025年发展战略》，上海合作组织成员国元首理事会2015年7月10日第1号决议批准，上海合作组织官方网站，file:///C:/Users/lenovo/AppData/Local/Packages/Microsoft.MicrosoftEdge_8wekyb3d8bbwe/TempState/Downloads/s%20（5）.pdf。

间国际道路运输便利化协定》有关细则①和2018年6月习近平主席在上合组织青岛峰会上提出“中国政府支持在青岛建设中国—上海合作组织地方经贸合作示范区”② 的表态，充分利用已有机制和对接平台；二是继续以双边形式与各成员国开展互利、务实经济合作，尤其与已对“一带一路”倡议做出积极反应和开展政策对接的成员国加快确定互通、互惠项目，找准需求点，找准突破口，扩大早期合作成果；三是尽快落实习近平总书记在比什凯克峰会上关于建立“上合组织陕西农业技术交流培训示范基地”的倡议③，充分发掘多数上合组织成员国的农业大国优势，利用基地做实、做大、做活新型农业的示范和引领作用，促进亟待改变的各国农业发展方式更新换代。而且循此思路还可考虑建立上合组织框架下的数字经济、生态环保、电商贸易、自贸区建设等主题的交流培训示范基地，将先进的产业发展和经济合作理念、标准、管理等新要素伴随人员培训和技术交流有序推广、普及，增强上合组织成员国及周边地区的总体交流实力和发展水平。

四、当前上合组织安全合作的去极端化主题

当前全球化的不均衡发展，激活了各种形式的极端主义思潮与行动，已成为国际社会普遍面临的政治安全与社会安全问题。以中东叙利亚、伊拉克出现“伊斯兰国”为标志的全球性极端主义影响高峰期似乎已经过去，但曾经搅动世界政治格局的极端主义政治理念和意识形态却仍然在相关地区产生着强大的后续影响，中亚地区就是其中之一。在国际社会的一致反对和合力打击下，“伊斯兰国”土崩瓦解。至此，以极端主义意识形态为核心建立超国家政治经济实体的“神话”随之破灭。但是，曾经将全球各地区极端主义势力聚集起来的“哈里法国家”理念和“萨拉菲全球圣战”思想却并没有随着“伊斯兰国”的失败和解体而中止传播，反而因各

① 《上海合作组织成员国政府间国际道路运输便利化协定》，2014年9月12日于杜尚别签订，上海合作组织官方网站，file：///C：/Users/lenovo/AppData/Local/Packages/Microsoft. MicrosoftEdge_ 8wekyb3d8bbwe/TempState/Downloads/2014Avto%20（3）. pdf。

② 《习近平在上海合作组织成员国元首理事会第十八次会议上的讲话（全文）》，中华人民共和国外交部，2018年6月10日，https：//www. fmprc. gov. cn/web/gjhdq_ 676201/gjhdqzz_ 681964/lhg_ 683094/zyjh_ 683104/t1567432. shtml。

③ 《习近平主席在上海合作组织成员国元首理事会第十九次会议上的讲话（全文）》，中华人民共和国外交部，2019年6月14日，https：//www. fmprc. gov. cn/web/gjhdq_ 676201/gjhdqzz_ 681964/lhg_ 683094/zyjh_ 683104/t1672328. shtml。

地“圣战者”返回原籍产生一种“发散性”效应。“伊斯兰国呼罗珊省”概念至今仍在中亚、南亚等地区极端主义势力中沿用。[①]“后伊斯兰国时期”的中亚安全形势因此呈现出不同此前的显著特征：第一是有统一指挥和严密组织的活动数量明显减少，极端主义组织已发生重大改组，碎片化和社会化成为重要特征；第二是通过自媒体等现代传播手段宣传、招募、联系成为极端主义势力存在的主要方式，如“哈卡尼网络”“伊斯兰解放党”等利用网络空间进行活动[②]；第三是自发性、无指令暴力恐怖活动成为各国主要安全威胁，时间、地点、人群的随机性使各国强力部门预警难度增大。面对这一变化，上合组织安全合作除一如既往加强司法协作、情报共享、网络共管、技术交流外，落实《上合组织反极端主义共约》、由社会层面多方位入手做好去极端化工作应成为重心。鉴于哈、吉、塔等国均尝试建立不同类型的“转化中心”，协助、疏导曾赴中东参加“圣战”的本国公民重返社会，可考虑在上合组织安全合作框架下组织和指导各国职能部门进行交流与合作，一方面可共享有关信息和成功经验，另一方面可利用上合组织平台向国际社会和外国媒体联合公布各国去极端化工作的基本目的和原则，以及因国情差异而在主要形式和成果上的异同，为上合组织及各成员国落实《上合组织反极端主义共约》和巩固地区安全与稳定创造有利国际环境。

五、在上合组织框架内提高整体治理水平

上合组织成员国基本由发展中国家和新兴经济体组成，大多数在全球化带来的重大变革中以特有经济活力扮演重要角色的同时，也显露出治理水平和管理经验不足的短板，这是当前各成员国面临的共同问题。特别是在20世纪90年代冷战结束后新获独立的中亚各国，建国后仅经历了不到30年的发展模式探索和社会转型阶段，至今仍未顺利进入成熟的现代民族国家行列。加之中亚国家所处的独特地缘经济环境，苏联解体造成的原有经济链条断裂的致命影响仍未完全消除。中亚各国在独立后为摆脱经济困境，均竭力突出自身的片面资源优势，分别推出“能源立国”“资源立国”

---

① ИГ взяло ответственность за атаку на министерство в Кабуле, 21 апреля 2019. https://ru.wikinews.org/wiki/ИГ_взяло_ответственность_за_атаку_на_министерство_в_Кабуле.

② В Афганистане уничтожены 12 командиров «Сети Хаккани», 11 июня 2019. https://eadaily.com/ru/news/2019/06/11/v-afganistane-unichtozheny-12-komandirov-seti-hakkani.

战略。在有效推动国家经济发展的同时，难免导致社会生产环节发展失衡，自然资源和生态环境过度开发，人口增长过快、水资源不足、粮食安全隐患、咸海生态危机等隐性的发展风险正渐渐由隐性转为现实。对此，上合组织高层应予以足够重视，从提高区域治理水平、打造上合组织命运共同体的高度出发，加强成员国间国家治理方法和经验的交流与协作。近年，中亚各国领导人对《习近平谈治国理政》表现出深厚兴趣，且多译成本国文字，要求高官学习。这一现象不仅仅是各国增强高层政治互信的元首外交姿态，也确实体现了希望获知中国40多年改革开放政策和发展核心理念及国家治理经验的迫切愿望。上合组织可以此为契机，由官、学、商三方面组织当代国家、地区、全球治理理论与实践研讨、交流活动，设立“上合组织治理论坛”，通过各层级的交流活动逐渐形成上合组织共同理念和行动。

六、用学术交流正确引领上合组织人文合作

随着上合组织的全面发展，人文合作正成为继安全、经济领域之后的又一重要地区合作方向。尤其在中国领导人关于“一带一路”倡议提出后，上合组织作为与各国经济政策和发展战略对接的平台，成员国间的交流与合作由国家向社会、由官方向民间、由群体向个人快速推广。这一变化不仅使上合组织人文合作地位和作用大大提升，而且也将原本潜在于各国、各民族间的社会文化因素激活。这些因素的活跃构成了双向的影响作用：如能正确引导则可成为巩固成员国间友好关系的“黏合剂”，否则完全可能变成影响上合组织国家团结的负能量。上合组织成员国间不同专业的学术交流与合作，应该看作所有人文交流活动中的高端领域。积极有效的学术交流活动可以起到正确引导、有目的推动这一趋势的作用，而且有利于增进成员国之间在上层建筑领域的认同与理解。例如：2014年，中国、哈萨克斯坦、吉尔吉斯斯坦三国在联合国教科文组织多哈会议上为“丝绸之路：起始段和天山廊道路网”联合申遗成功，[①] 开创了上合组织内多国合作开展重大学术研究和文化遗产保护项目的先例。近年，中国社会科学院考古研究所、西北大学历史系等中国各考古专家队伍与哈萨克斯坦、吉尔吉斯斯坦、乌兹别克斯坦等国考古部门纷纷开展合作，对丝绸之

---

① 《中国等三国联合申报的丝绸之路项目申遗成功》，2014年6月23日，人民网，http://henan.people.com.cn/n/2014/0623/c351638-21485332.html。

路上的重要文化遗迹、遗址展开联合发掘和研究，丝绸之路中段、西段的联合申遗工作也在积极筹备。这些高层次学术活动不仅创造了各国间学术交流的机会，而且将丝绸之路沿线各民族的文化认同历史发掘出来，大大促进了当代各国民间友谊。学术交流与合作具有科学、理性、专业的特点，对上合组织成员国民间人文活动有着不可替代的导向作用。再例如：被吉尔吉斯（柯尔克孜）民族视为“荷马史诗”的《玛纳斯史诗》在历史传唱的不同版本中，多处出现关于古代吉尔吉斯人遭受“克塔依”（“Kitay”“Кытай”）压迫，以及抗击“克塔依”的记载。至今多数吉尔吉斯人仍将其理解为“中国人”或“汉族人”，造成中吉历史关系误读，进而影响对华关系。经中国学者胡振华、梁真惠等认真考证，“克塔依”应为当时对进入中亚的西辽契丹人称谓。[①] 这一学术成果已经得到国际学术界的认可，一些欧洲学者将胡振华等人的考证引入自己的吉尔吉斯历史和《玛纳斯史诗》的研究。[②] 将上述学术成果在相关国际交流场合公布和解读，不仅会对消除历史误解起到正本清源的良好作用，而且也是引导中吉人文交流的正确途径。

---

① 胡振华：《〈玛纳斯〉中关于克塔依人的描述》，《青海民族学院学报（社会科学版）》，1993 年第 1 期，第 61—63 页。

② 梁真惠、陈卫国：《〈玛纳斯〉英译本中“克塔依”与“别依京”误译探析》，《西域研究》，2017 年第 3 期，第 121、124 页。

上合组织成员国的人文合作与中亚国家间关系的改善

萨伊达·阿格扎姆霍德扎耶娃*

互信、互利、平等、协商、尊重多样文明、谋求共同发展的“上海精神”，在当今时代正在成为现实。

通过对另一个民族语言、传统和文化的了解，形成对其民族文化的积极看法和宽容态度，从而形成人与人之间的信任。

人道主义合作是上海合作组织的活动领域之一。该组织章程文件《上海合作组织宪章》提出了“扩大科技、教育、卫生保健、文化、体育和旅游等领域的合作”。

在全球化背景下，人道主义合作是一个优先事项。通过人道主义合作，国家和组织才能在国际舞台上获得威望，并塑造良好的形象。通过组织文化中心，与同胞合作，吸引外国人就业，推广传播本国文化。这需要大量资金支持。大国意识到文化和人道主义合作的重要性，在这一领域投入大量资金。

2007 年 8 月 16 日在比什凯克签署的《上海合作组织成员国政府关于文化领域合作的协定》是规范上海合作组织国家间文化合作的主要文件。

长期人道主义合作的成功经验可以促使在双边和/或多边外交文化中形成和/或进一步建立共同的价值观、规范和行为准则。后者对其（战略）伙伴关系的状态有直接的、积极的影响，因为它扩大了通用概念和范畴，改善了外交沟通的语言。

任何组织或结构的积极作用和长期存在，都会影响到参与国的普通民众对加入该组织或结构的必要性产生多大程度的信心，并理解为它能给自己带来什么样的实际利益。人道主义合作只有切实向参与其中的每一方提供普通公民的反馈，即人道主义援助或文化教育影响的“受援方”，才能产生效能。换句话说，一个国际组织只有成功地开展集体人道主义合作——这是传递伙伴国正面信息的手段，也是塑造伙伴国利益和世界观趋

* 乌兹别克斯坦国立大学社会学系教授，哲学博士。

同机制，才能确保实现其崇高的政治战略目标。

成功的人道主义联系也可以成为其他领域团结一致的有效先决条件。这是它们的特殊性所在，而这也是现在有必要在上合组织开展人道主义合作的依据。

当前人们不应该忘记人道主义纽带的重要性，通过文化往来、教育交流、鲜活的人际交往，娴熟、灵活多样的宣传，提高思想上的重视，必须通过大量的人文交流建立人道主义对话。

上海合作组织各成员国人民丰富的历史和文化遗产体现在物质文化遗产中，约占教科文组织代表作名录的20%。在这里，我们有机会接触到欧亚大陆的历史，沉浸在丰富多彩的民族和文化特色中，深入了解生活在其中的人们的世界观。

乌兹别克斯坦与中国的合作涉及文化领域。两国文化、科学、教育、旅游等领域的合作稳步发展。乌兹别克斯坦—中国友好协会和中国—中亚友好协会在这方面发挥了重要作用。

2019 年 4 月 20 日至 5 月 5 日，首都举办了第五届“2019 年塔什干巴赫西”歌剧芭蕾舞艺术节。作为艺术节的参与者，中国国家歌舞剧院芭蕾舞团访问了塔什干。5 月 1 日至 2 日两天的时间里，剧团的艺术家们以其精湛的技艺和专业的水平征服了塔什干观众，并为“2019 年塔什干巴赫西”带来了优秀剧目之一——话剧《孔子》，该剧成为国际文化交流的重要项目。

从演出的第一个音符开始，观众就被艺术家们的高超技艺所震撼，连他们手中的羽毛都以同一个角度、一个频率旋转。中国演员色彩斑斓、轻盈飘逸的服装也给乌兹别克斯坦人民留下了深刻的印象。最大的惊喜则是中国艺术家的速度、节奏感、弹跳力和高频率的旋转。他们以不可思议的“轻功”，迷人的笑容，表演了复杂的支撑和不寻常的技艺。

芭蕾舞剧编号、歌剧表演和民族乐器的精彩演奏相呼应。在表演的同时，还在屏幕上对每个号码进行了说明。“兰花之歌”“盛开的樱桃花”“幸福”——从这些数字的标题就可以看出，导演和艺术家们创作作品时从大自然中汲取灵感。芭蕾舞演员成功塑造了荷花这个角色（《荷花颂》），观众仿佛看到的不是芭蕾舞演员，而是真正的百花齐放。

上海合作组织公共外交中心在塔什干启动。2017 年 6 月，上合组织阿斯塔纳峰会期间，乌兹别克斯坦总统沙夫卡特·米尔济约耶夫提出创建该中心的倡议。该中心利用公共外交机制加强乌兹别克斯坦与上海合作组织国家的联系，还将促进信息资源的形成和与大众媒体的互动，目的是促进上海合作组织各成员国人民丰富的历史文化遗产，促进几百年来文化传统的相互学习和借鉴，并编写和定期出版有关上海合作组织国家在文化和人道主义领域取得的成就的相关研究资料。

上海合作组织乌兹别克斯坦公共外交中心制定了“路线图”，筹划并开展了合作保护丝绸之路文化遗产的活动。在乌兹别克斯坦的倡议下，中心组织了上海合作组织国家电影节、戏剧日以及体育活动，组织了“上合组织国家青年研究人员学校”，在塔什干的友谊公园建立了“上合组织林荫大道”，举办了纪念上合组织重要日子的活动，并先后举办了上合组织国家儿童画展、“科技世界”少儿绘画大赛等活动。

中国驻乌兹别克斯坦大使馆参赞张汶川表示，上合组织运行以来，取得了前所未有的活力和长足的发展，给所有参与者带来了巨大的利益，吸引了其他国家的关注。乌兹别克斯坦作为该组织的创始人之一，多次为该组织的发展做出了重大贡献，而不只是上海合作组织地区反恐机构的成功运作。

根据2019年工作路线图，中心计划举办30多项活动，与上合组织成员国政府和非政府组织、观察员和对话伙伴建立和发展合作关系，举办联合活动、节庆、博览会，民俗、手工艺和艺术展览会，促进丝绸之路文化遗产保护等领域的合作。

目前，中国在科教方面潜力巨大，对中亚国家具有很大的吸引力。中国和乌兹别克斯坦科技机构之间广泛开展合作，高校学生的交流也在增加：在中国学习乌兹别克语，在乌兹别克斯坦学习汉语。塔什干和撒马尔罕各设立了孔子学院。中央民族大学和北京外国语大学皆开设乌兹别克语课程。上海大学上海合作组织公共外交研究院乌兹别克斯坦研究与教育交流中心已经成立。

举办电影日、艺术展和艺术节，加强文化领域的合作。中国艺术家定期参加东方旋律国际音乐节“Sharq Taronalari”。2015年，中国乐团江苏女子乐团获得了2015年音乐节大奖赛的冠军。

塔什干市与上海、撒马尔罕市与西安市、撒马尔罕地区与陕西省的联系不断加强，促进了两国地区交流往来的进一步发展。

在上海合作组织框架内，举办以上合组织国家人民生活为主题的艺术家绘画展、音乐节、体育比赛。热衷于哈萨克族、柯尔克孜族题材的中国艺术家，用中国水墨画将塔吉克族、哈萨克族、柯尔克孜族等各族人民的生活体现其中。先后在新疆、北京等地举办了书展和音乐会。音乐节、民间艺术节、民间工艺节、电影节、民俗体育比赛等，对加强上合组织内部的融合发展具有重要意义。

上海国际问题研究所所长杨洁勉认为，中国现在最重要的问题是，如何将中国价值观融入国际体系，使中国模式对发展中国家具有吸引力。应该说，现代中国所推行的政策主要是为了实现中国梦。概括地说，就是“中华民族的伟大复兴”。

正如2019年6月16日《上海合作组织成员国元首理事会比什凯克宣言》所指出的，成员国将加强在科技、文化、人道主义、旅游等领域的联系，为进一步加强睦邻友好关系、友好合作做出贡献。他们将从上合组织地区人民的利益出发，促进文化间对话，保护和促进文化的多样性，合作研究地区的文化和自然遗产，举办国际节日和比赛，深化音乐、戏剧、美术、电影、电视、广播、档案、博物馆和图书馆等领域的合作，发展民众之间的联系，主要是年轻人之间的联系，以及旅游交流，包括历史上的“大诺夫哥罗德”沿线的旅游交流。

文化合作将是国家间关系取得成就的关键。为此，要利用民间外交方式，增加科教交流、增加旅游访问、联合出版报刊杂志等。

（根据现场同传速记稿整理）

【俄文原文】

Культурно – гуманитарное сотрудничество стран ШОС – как фактор достижений в межгосударственных отношений ЦА и Китая

Саида Агзамходжаева *

«Шанхайский дух», подразумевающий гармоничный мир, взаимные доверие и выгоду, равноправие, учет мнений друг друга с помощью консультаций, уважение многообразия культур и стремление к совместному развитию приобретает актуальность в наше время.

---

* Профессор факультета социальных наук Национального университета Узбекистана имени Мирзо Улугбека, доктор философских наук.

Через знание языка, традиций и в целом культуры другого народа формируется положительное восприятие других национальных культур, толерантное отношение к другим народам, в результате чего складывается доверие между людьми.

Неслучайно в Шанхайской организации сотрудничества одним из направлений деятельности является гуманитарное сотрудничество. В уставном документе этой организации – Хартии – прописано «расширение взаимодействия в области науки и техники, образования, здравоохранения, культуры, спорта и туризма». ①

В условиях глобализации гуманитарное сотрудничество приобретает приоритетное значение. Именно через гуманитарное сотрудничество государства и организации приобретают авторитет на международной арене, создают о себе положительный имидж. Эта работа предполагает популяризацию своей культуры через организацию культурных центров, работу с соотечественниками, привлечение на работу иностранцев. В свою очередь все это требует немалых финансовых вливаний. Крупные государства, понимая важность культурно – гуманитарного сотрудничества, вкладывают значительные средства.

Основным документом, регулирующим культурное взаимодействие стран ШОС, является Соглашение между правительствами государств – членов ШОС о сотрудничестве в области культуры, подписанное 16 августа 2007 года в Бишкеке.

Продолжительный опыт успешного гуманитарного взаимодействия способен привести к формированию и/или дальнейшему утверждению в двух и/или многосторонней дипломатической культуре общих ценностей, норм, стереотипов и поведенческого кода. Последнее обстоятельство непосредственно и положительно сказывается на состоянии их (стратегического) партнерства, ибо обеспечивает расширение общей понятийно – категориальной базы последнего и совершенствование дипломатического

---

① Хартия Шанхайской Организации Сотрудничества. Принята 7 июня 2002г. в Санкт – Петербурге// http: //archive. kremlin. ru/text/docs/2002/06/106755. html.

языка общения. ①

На положительный эффект и долгосрочное существование любой организации либо структуры влияет насколько простое население страны – участницы уверенно в необходимость состоять в нем и понимает практическую пользу для себя. Гуманитарное сотрудничество может быть эффективным только тогда, когда оно реально обеспечивает обратную связь каждой участвующей в нем стороны с простыми гражданами – «реципиентами» гуманитарной помощи или культурно образовательного воздействия. Иными словами, международная организация способна обеспечить себе возможность успешно осуществлять свои высшие, политико – стратегические цели, только если она достигнет успеха в развитии коллективного гуманитарного сотрудничества – средства трансмиссии пози-тивной информации о стране – партнере и механизма формирования сходства интересов и мировоззренческих подходов государств – партнеров.

Успешные гуманитарные связи могут стать действенной предпосылкой единства мнений и по иным направлениям. В этом их особая полезность и специфика. И таково дополнительное обстоятельство, обусловливающее необходимость развития гуманитарного сотрудничества в ШОС именно сейчас.

Сегодня особенно не стоит забывать о значении гуманитарных связей как средства борьбы за умы, осуществляемой через культурное общение, образовательные контакты, живые межличностные контакты, умелую, ненавязчивую пропаганду. Следует выстраивать гуманитарный диалог по средствам многочисленных культурно – гуманитарных связей.

Богатое историческое и культурное наследие народов стран ШОС, воплощенное в объектах материального культурного наследия, составляет сегодня около 20% репрезентативного списка ЮНЕСКО. Знакомство с ними дарит уникальную возможность соприкоснуться с живой историей Евразийского макрорегиона, погрузиться в пёструю палитру национальных и культурных особенностей, глубже познать мироощущение

① Сафронова, Е. И. Текущая и перспективная роль гуманитарного сотрудничества в деле развития ШОС.

проживающих в нем людей. [1]

Сотрудничество между Узбекистаном и Китаем охватывает и сферы культуры. Между нашими странами последовательно развивается сотрудничество и в сфере культуры, науки, образования, туризма. При этом важную роль играют Общество дружбы «Узбекистан – Китай» и Общество дружбы «КНР – страны Центральной Азии».

С 20 апреля по 5 мая 2019 года в столице проходил пятый фестиваль оперного и балетного искусства «Тошкент Бахори 2019». В рамках фестиваля ГАБТ им. А. Навои посетила труппа Национального театра оперы и балета Китая. В течение двух дней, 1 и 2 мая, артисты труппы буквально очаровали столичную публику своим мастерством, техничностью, профессионализмом.

Одну из лучших своих постановок исторического плана – драму "Конфуций" – коллектив привёз на «Тошкент Бахори 2019». Спектакль служит проектом международного культурного обмена.

С самых первых нот представления артисты поразили такой синхронностью, что даже перья в их руках отклонялись под одним углом и с одинаковой частотой. Впечатлили и китайские красочные, легкие, летящие костюмы. Больше всего удивил рост китайских артистов и их пластичность, высокий прыжок и многочисленные вращения. С невероятной легкостью и улыбкой на лице они выполняли сложные поддержки и необычные трюки.

В программе гармонично перекликались балетные номера, оперные выступления и потрясающая игра на национальных инструментах. Спектакль сопровождался описаниями на экране к каждому номеру. «Песня орхидеи», «Вишня в цвету», «Счастье» – по названиям номеров понятно, что многое в постановках режиссер и артисты черпали из природы. Так Гао Вентинь удалось настолько вжиться в роль лотоса («Ода лотосу»), что казалось, это не балерина, а настоящий распускающийся цветок.

В Ташкенте начал работу Центр народной дипломатии ШОС и

---

① Рашид Алимов. РОЛЬ ШАНХАЙСКОЙ ОРГАНИЗАЦИИ СОТРУДНИЧЕСТВА В ПРОТИВОДЕЙСТВИИ УГРОЗАМ МИРА И БЕЗОПАСНОСТИ. https://www.un.org/ru/chronicle/article/21818.

инициативу по его созданию выдвинул Президент Узбекистана Шавкат Мирзиеёв во время саммита ШОС в июне 2017 года в Астане. Центр занимается укреплением связей Узбекистана со странами Шанхайской организации сотрудничества, используя при этом механизмы народной дипломатии. Центр также будет оказывает содействие формированию информационных ресурсов и взаимодействию со средствами массовой информации с целью взаимного познания богатого исторического и культурного наследия, многовековых традиций народов стран ШОС, а также готовить и регулярно публиковать информационно – аналитические материалы о достижениях стран ШОС в культурно – гуманитарной сфере.

Центром народной дипломатии ШОС в Узбекистане принято "Дорожная карта" в котором предусмотрены и проведены мероприятие по сотрудничество в области сохранения культурного наследия Шелкового пути. По инициативе Узбекистана организован кинофестиваль и Дни театра стран ШОС, а так же спортивные мероприятии. Организованы "Школы юных исследователей стран ШОС", создается "Аллея ШОС" в парке "Дружбы" в городе Ташкенте, были проведены мероприятии в честь знаменательным датам ШОС. Проведены художественные выставки детских рисунков стран ШОС и детский конкурс "Мир науки и техники" и др.

"За 18 лет своего функционирования ШОС получила невиданную жизнеспособность и значительное развитие, которое приносит колоссальную пользу всем ее участникам, привлекая внимание и других стран", – сказал советник посольства Китая в Узбекистане Чжан Вэньчуань.

Узбекистан, добавил он, являясь одним из основателей данной организации, неоднократно вносил весомый вклад в ее развитие, и успешное функционирование РАТС ШОС далеко не единственное тому свидетельство.

В соответствии с "Дорожной картой" по организации эффективной деятельности Центра в 2019 году планируется проведение более 30 мероприятий по установлению и развитию взаимодействия с правительственными и неправительственными организациями государств – членов, наблюдателей и партнеров по диалогу ШОС, организация совместных мероприятий, фестивалей, ярмарок, выставок фольклорной направленности, народного ремесла и творчества, продвижение сотруд-ничества по сохранению культурного наследия Шелкового пути и в других направлениях.

В настоящее время в КНР накопилось огромный потенциал в сфере науки и образования, что является очень притягательным для стран Центральной Азии. Поэтому между научно – техническими учреждениями КНР И Узбекистана развивается научное сотрудничество, увеличивается межвузовский обмен студентами. В Китае изучают узбекский язык, а в Узбекистане – китайский язык. В Ташкенте и Самарканде действует Институт Конфуция. В Центральном университете национальностей Китая и Пекинском университете иностранных языков ведется обучение узбекскому языку. На базе НИИ публичной дипломатии ШОС при Шанхайском университете открыт Центр исследований Узбекистана и образовательных обменов.

Проводятся Дни кино, художественные выставки, фестивали, направленные на укрепление сотрудничества в сфере культуры. Китайские артисты регулярно участвуют в международном музыкальном фестивале «Шарк тароналари». В 2015 году Гран – при фестиваля завоевала китайская группа “JiangsuWomen'sOrchestra”.

Укрепляются связи между городами Ташкент и Шанхай, Самарканд и Сиань, Самаркандской областью и провинцией Шэньси, что способствует дальнейшему развитию прямых контактов между регионами наших стран. ①

В рамках стран ШОС и в рамках двусторонних отношений проводятся «Дни» и «Годы» стран – партнеров, выставки картин художников на темы жизни народов стран ШОС, музыкальные фестивали, спортивные соревнования. Для нас представляют интерес прекрасные полотна китайских художников, увлекающиеся казахскими, киргизскими темами и воплотивших в своих картинах жизнь таджиков, казахов, киргизов и других народов Синьцзяна как в масле, так и тушью в традициях китайской живописи. За истекший период сотрудничества проводились

---

① Узбекистан – Китай: новый этап сотрудничества – всестороннее стратегическое партнерство. http://www.press – service.uz/ru/news/5263/22.06.2016.

книжные ярмарки, организовывались концерты музыкальных и других артистических коллективов из Синьцзяна и Пекина. Для укрепления интеграции в рамках ШОС большое значение продолжают иметь фестивали песен, фестивали народного творчества и народного ремесла, кинофестивали, спортивные соревнования по народным и другим видам спорта.

По мнению директора Шанхайского института международных исследований Ян Цземянь: сейчас для Китая главнейший вопрос состоит в том как сформировать «набор ценностей с китайской спецификой» внедрить их в международную систему и сделать китайский модель привлекательной для развивающихся стран. ①

Следует обратить внимание на то, что проводимая в современном Китае политики прежде всего направлено на достижения «китайской мечты» о котором подчеркивал новый глава КНР Си Цзин Пинь. В самом общем плане под этим понимается «возрождение китайской нации» в два шага к столетию КПК (2021 г.) достичь уровня «средней зажиточности» а к столетию КНР (2049) войти в число развитых государств мира. ②

Как отмечено в Бишкекском Декларации Совета Глав Государств③ – членов Шанхайской Организации Сотрудничества от 16 июня 2019 года государства – члены будут укреплять связи в научной, технической, культурной, гуманитарной и туристической сферах, способствуя дальнейшему укреплению отношений добрососедства, дружбы и сотрудничества. Они будут развивать межкультурный диалог в интересах народов, живущих на пространстве ШОС, сохранять и поощрять многообразие культур, сотрудничать в области изучения культурного и природного наследия региона, проводить международные фестивали и конкурсы, углублять взаимодействие в области музыкального, театрального и изо-

---

① Узбекистан – Китай: новый этап сотрудничества – всестороннее стратегическое партнерство. http://www.press-service.uz/ru/news/5263/22.06.2016. С. 26.

② Портяков В. Я. Контуры внешней политики лидеров Китайской Народной Республики пятого поколения// Проблемы Дальнего Востока №1. 2014. С. 17.

③ БИШКЕКСКАЯ ДЕКЛАРАЦИЯ СОВЕТА ГЛАВ ГОСУДАРСТВ – ЧЛЕНОВ ШАНХАЙСКОЙ ОРГАНИЗАЦИИ СОТРУДНИЧЕСТВА. 16 июня 2019. https://mfa.uz/ru/press/news/2019/06/19569/.

бразительного искусства, кинематографии, телерадиовещания, архивного, музейного и библиотечного дела, а также развивать контакты между людьми, прежде всего молодежью, и туристические обмены, в том числе вдоль исторического «Великого Шелкового пути».

В рамках данной статьи можно прогнозировать что культурное сотрудничество будет залогом для достижений в межгосударственных отношениях. Для этого необходимо использовать инструменты народной дипломатии, увеличения и упрошения научных и образовательных обменов, посещение туристов, издание совместных газет и журналов, культурных альманахов и проведения совместных конференций и создание Фонда для грантов, по исследованию двусторонних отношений, организация летних и зимних университетов с участием представителей науки и образования с обеих сторон. Также необходимо обратить внимание обменов между школами так как новое поколение более мобильно с точки зрения коммуникации.

中国和塔吉克斯坦在共建“一带一路”方面的务实合作

吴爱荣*

塔吉克斯坦国素有“高山国”之称。塔吉克斯坦积极响应并全力支持“一带一路”倡议，成为首批与中国签署共建“一带一路”合作文件的国家之一。在中塔两国友好关系的基础上，在塔方对“一带一路”倡议的大力支持下，中方积极对接塔《2030年前国家发展战略》，目前，中塔两国在交通基础设施、电力设施、农业、金融、人文等方面进行务实合作，“一带一路”倡议在塔吉克斯坦已见成效。

一、塔吉克斯坦简介

塔吉克斯坦位于中亚东南部，东部与中国新疆接壤，南部与阿富汗交界，西部与乌兹别克斯坦毗邻，北部与吉尔吉斯斯坦相连，是中亚五国中面积最小的国家。塔吉克斯坦素有“高山国”之称，半数以上的国土位于海拔3000米以上。塔吉克斯坦人口约有816万（2014年），共有86个民族，其中塔吉克族占79.9%，乌兹别克族占15.3%，俄罗斯族占1%。此外，还有鞑靼、吉尔吉斯、乌克兰、土库曼、哈萨克、白俄罗斯、亚美尼亚等民族。多数居民为逊尼派伊斯兰教徒（帕米尔一带属什叶派）。

塔吉克语为其国语，俄语通行。塔吉克族历史悠久，是中亚最早形成的主体民族。这个民族由巴克特里亚、粟特和花剌子模等东伊朗诸游牧民族组成。19世纪，沙俄势力侵逼。1868年，北部费尔干纳省和撒马尔罕省部分地区并入俄国，南部的布哈拉汗国成为俄国属国。1929年10月16日塔吉克苏维埃社会主义共和国成立，同年12月5日加入苏联。1991年9月9日，塔吉克斯坦共和国宣布独立，12月21日加入独联体。

---

* 上海外国语大学俄罗斯东欧中亚学院中亚语系主任、副教授。

二、中塔共建“一带一路”务实合作取得的成效

塔吉克斯坦是中国的西部友好邻邦和“丝绸之路经济带”的重要枢纽国家。1992 年 1 月 4 日，中国与塔吉克斯坦建交。近年来，中塔睦邻友好合作关系稳步健康发展。2013 年 5 月，两国建立中塔战略伙伴关系，全面深化合作；2017 年 8 月，塔吉克斯坦总统拉赫蒙对华进行国事访问期间，两国元首共同宣布将中塔关系提升为全面战略伙伴关系，揭开了两国关系发展史上的崭新一页。

2013 年 9 月，中国国家主席习近平提出建设“丝绸之路经济带”倡议后，塔吉克斯坦积极响应并全力支持，成为首批与中国签署共建“一带一路”合作文件的国家之一。两国成立了共建合作委员会，签署了《中塔合作规划纲要》。中塔双方加紧战略对接，重点推动经贸、交通、采矿、能源、农业、投资合作，迅速形成更高更深层次的务实合作新局面。目前，中国是塔第一大投资来源国和第三大贸易伙伴，中塔两国在交通基础设施、电力设施、农业、金融、人文等方面进行务实合作，“一带一路”倡议在塔吉克斯坦已见成效。

（一）交通基础设施方面

2016 年 8 月 24 日，由中国铁建承建的塔吉克斯坦“瓦赫达特—亚湾”铁路（简称“瓦亚铁路”）正式通车，这是塔吉克斯坦共和国建国 25 年来修建的第一条铁路，也是中国铁路施工企业在中亚建成的首条铁路。瓦亚铁路不但使塔吉克斯坦国内铁路的中段与南段首次实现互联互通，还将成为连结中国—塔吉克斯坦—阿富汗—伊朗国际铁路交通的枢纽，进一步促进“一带一路”建设，加快中国与中亚地区的互联互通。

除此之外，中国在帮助塔吉克斯坦建成了中塔公路一期工程后，正在讨论启动二期工程。中国路桥等企业利用中国政府优惠贷款，先后帮助塔吉克斯坦建成了塔吉克斯坦—乌兹别克斯坦公路、哈特隆隧道、友谊隧道、沙尔—沙尔隧道，以及库尔干秋别和库里亚布两座城市道路修复等项目。中国—中亚天然气管道 D 线塔吉克斯坦境内段（约 410 公里）已经顺利开工。

（二）电力设施方面

中国特变电工程帮助塔吉克斯坦实现了南北电网统一，2016 年该公司承建的杜尚别二号火电站竣工，该项目使用中国政府优惠贷款，承担着杜尚别市近 70% 的供电和 50% 的供暖任务，给塔人民带来了光明，送去了

温暖。

2018 年 10 月 28 日，中国电建承建塔吉克斯坦格拉夫纳亚水电站技改工程首台机组并网发电。

2018 年 11 月 7 日，中国水利水电第十六工程局承建的格拉芙纳亚水电站一号机组技改竣工。

（三）农业和农产品加工方面

2013 年中国河南省黄泛区实业集团有限公司在塔吉克斯坦成立了农业开发公司，该公司开展的小麦—玉米“一年两熟”种植试验屡创佳绩，改变了塔吉克斯坦“一年一熟”的农业种植模式。

中国新疆公司在塔吉克斯坦哈特隆州建设的“中泰新丝路塔吉克斯坦农业纺织产业园”项目进展顺利，一期已经竣工投产，2018 年 11 月二期项目也已经竣工投产，三期奠基。整个项目建成后将年产棉纱 2.5 万吨、棉布 5000 万米，可解决当地 3000 余人就业，产品远销埃及、土耳其等国。

（四）金融方面

2014 年 9 月 13 日，中国农业银行与塔吉克斯坦农业投资银行签署了《支持农业领域合作协议》，在驻塔吉克斯坦农业投资银行设立“中国柜台”，标志着两国在商业银行领域深度合作的正式开启。

2017 年 9 月，中国进出口银行与塔吉克斯坦财政部签署塔直属中央区 500 千伏输变电项目援外优惠贷款协议。

中塔两国签署了 30 亿元人民币的本币互换协议，2018 年中国国家开发银行同塔储蓄银行签署 6000 万元人民币授信协议，人民币贸易结算快速发展。中国驻塔吉克斯坦大使刘彬表示，目前两国人民币贷款和贸易结算业务稳步推进，亚洲基础设施投资银行对塔境内项目提供融资积极支持。此外，双方还在探讨成立联合投资基金的可能性。

（五）人文合作方面

近年来，中塔人文合作日益密切，塔吉克斯坦学习汉语的人数不断增加，目前塔吉克斯坦有塔吉克斯坦国立民族大学孔子学院和塔吉克斯坦苦盏冶金学院孔子学院及一个孔子学堂，其他一些大学和中学也开设了中文课程。到中国留学的塔吉克斯坦学生数量近年来不断增长，目前塔在华留学生已达 3500 多人。

2019 年 6 月 11 日，在中宣部常务副部长、中国国家电影局局长王晓晖与塔吉克斯坦文化部副部长泽瓦尔·达夫拉特佐达（Зевар Давлатзода）的见证下，在杜尚别的塔吉克斯坦国家图书馆签署了《中华人民共和国国家电影局与塔吉克斯坦共和国国家电影制片厂关于合作摄制电影的协议》。

这是中塔两国首次在电影领域签署官方合作文件。

中国高校也积极与塔高校开展更为紧密的合作。上海外国语大学俄欧亚学院中亚语系开设了塔吉克语课堂，并于2017年3月9日正式开课。2018年12月20日，常州工业职业技术学院成立了塔吉克斯坦研究中心。

三、中塔共建“一带一路”务实合作取得成效的原因

经过中塔两国的努力，“一带一路”倡议在塔吉克斯坦的务实合作在基础设施、电力设施、农业、金融、人文等方面已见成效，其原因主要有以下几点：

（一）中塔两国的友好关系为基础

自建交以来，中国和塔吉克斯坦的睦邻友好合作关系稳步健康发展。中塔两国始终坚持相互尊重、平等相待、互利共赢原则，在涉及彼此核心和重大利益方面相互给予坚定支持。特别是近年来，在两国元首亲切关怀和战略引领下，中塔各领域合作步入了发展快车道。两国元首建立起紧密的工作关系和亲密的友谊，两国政治互信达到前所未有高水平，中塔关系已成为了不同社会制度、不同文明、不同规模国家友好合作的典范。2007年1月15日签订的《中华人民共和国和塔吉克斯坦共和国睦邻友好合作条约》、2013年5月20日签订的《中华人民共和国和塔吉克斯坦共和国关于建立战略伙伴关系的联合宣言》、2014年9月13日签订的《中华人民共和国和塔吉克斯坦共和国关于进一步发展和深化战略伙伴关系的联合宣言》和2017年发表的《中华人民共和国和塔吉克斯坦共和国建立全面战略伙伴关系的联合声明》具有重要的历史和现实意义，为两国关系长期和稳定发展奠定了坚实的法律基础，为中塔两国共建“一带一路”奠定了坚实的基础。

（二）塔方对“一带一路”倡议的支持为助力

2016年塔吉克斯坦总统已把“一带一路”倡议纳入到塔国《2030年前国家发展战略》等重要文件中。2019年4月26日，塔吉克斯坦总统拉赫蒙出席第二届“一带一路”国际合作高峰论坛前接受《人民日报》等中国媒体联合采访时表示：“‘一带一路’倡议致力于推动经济全球化，有效促进了贸易自由化、资源合理配置和全球治理体系的完善。塔吉克斯坦将持续推动国家发展战略与‘一带一路’倡议深度对接，积极拓展并深化区域合作，不断推动互利合作取得新成果。”

（三）中方以积极对接塔国家战略为中心

塔吉克斯坦在2016年通过的《塔吉克斯坦至2030年前国家发展战略》制定了四个战略发展目标，即确保能源安全和高效使用电力能源、将塔吉克斯坦从交通死角转变为重要交通枢纽国家、确保粮食安全和为公众提供高品质食物、扩大生产性就业。这与中国的“一带一路”倡议有很多的相似点，从近年来中塔在共建“一带一路”的务实合作中取得的成果来看，中方以积极对接塔国家战略为中心，通过在塔修建公路和水电站等基础设施、合资发展农业种植和纺织产业园等不仅解决了塔经济发展中的实际困难，也促进了塔的人民就业，实现了与塔国家发展战略的对接。

2019年6月14—16日，习近平主席对塔吉克斯坦进行国事访问，并出席了在杜尚别举行的“亚洲相互协作与信任措施”会议第五次峰会。访塔期间，习近平主席同塔吉克斯坦元首对中塔全面战略伙伴关系未来发展做出新规划新部署，进一步夯实中塔关系的政治基础，为“一带一路”倡议在塔吉克斯坦的务实合作描绘了新蓝图。

中亚地区水资源问题与区域合作关系探析

王晓红*

一、中亚地区的水资源问题

（一）中亚地区的水资源现状

目前，世界上淡水资源充足，但有数百万人生活在淡水资源不足的地区。人口增长、城市化、工业发展和农业对水的需求不断增加，而水资源是有限的。在全球许多国家，现有水资源大多已被开发出来。将来能否在经济可行性基础上开发出新的水资源获取方法尚未可知。河流、湖泊和含水层通常属于跨界资源。这就有必要恰当解决跨界水资源的使用问题。但目前并没有统一的解决方案，因为这取决于国家间的历史、经济、地理状况以及相互间的关系。

中亚水资源系统受自然区域的形成因素影响。积聚在高山冰川和雪原中的寒季降水形成了河流的发源地，而不同方向的河流则形成了朝向乌兹别克斯坦、哈萨克斯坦以及土库曼斯坦的最大扇形区。同样，塔吉克斯坦和吉尔吉斯斯坦是中亚地区的两个主要成水国。也有一部分水资源形成于中国，然后其中一部分流向东哈萨克斯坦。

许多专家认为，中亚一些国家的年淡水储量约为 170—180 立方千米。① 但是，相对完整的估算②约为 300 立方千米（人均超过 5600 立方米）。表 1 为中亚国家的水资源数据。

---

* 陕西师范大学“一带一路”建设与中亚研究协同创新中心博士生。

① Абдуллаев И. История водного хозяйства и перспективы вододеления в Цент - ральной Азии / Искандар Абдуллаев // Полемика : электрон. журн. 2000. Вып. 7. URL: http: //www.irex. ru/press/pub/polemika/07/.

② Проблемы водоснабжения и канализации в странах Центральной Азии и Южного Кавказа: Региональный обзор = Global Water Partership, Central Asia and Caucasus : Regional review. 2009. Апрель. С. 9.

表 1　中亚国家水资源补给数据（2007 年）*

国家	地表水径流量（10 亿立方米）	外来水量（10 亿立方米）	地下水径流量（10 亿立方米）	供水率（立方米/人）
哈萨克斯坦	1005	342	164	6485
吉尔吉斯斯坦	441	—	130	8480
塔吉克斯坦	802	162	187	13500
土库曼斯坦	247	234	04	4089
乌兹别克斯坦	504	341	88	1874
整个中亚地区	2999	—	573	5667

* *Проблемы водоснабжения и канализации в странах Центральной Азии и Южного Кавказа : Региональный обзор = Global Water Partership, Central Asia and Caucasus : Regional review. 2009. Апрель.*

根据国际水资源协调委员会的数据，即使在 2008 年，中亚国家缺水地区人均年淡水使用量仍为 1870 立方米，塔吉克斯坦 1801 立方米，乌兹别克斯坦 1647.9 立方米。① 据专家介绍，当人均年可用水量低于 1700 立方米时，就会出现水资源短缺，这阻碍了大多数用水密集型工业和农业的发展。因此，在中亚，尽管局部地区为山区和干旱气候，但用水量实际上尚未阻碍经济的发展。

中亚的水资源由可再生的地表水和地下水以及人为来源的回水组成，主要是流经多国或两国边界的河流地表排水。中亚主要水资源来源于锡尔河和阿姆河。阿姆河是中亚最大的河流，其主要水流量形成于塔吉克斯坦境内，然后沿着阿富汗与乌兹别克斯坦的边界流动，穿过土库曼斯坦，再返回乌兹别克斯坦，最终流入咸海。河流主要靠雪水和冰川融水补给，因此，夏季的径流量最大，而 1—2 月的径流量最小，这对农田灌溉非常有利。

锡尔河是中亚第二大河流和第一长河流，发源于吉尔吉斯斯坦境内的中（内）天山。在纳伦与卡拉达里亚汇合之后，被称为锡尔河。其河流补给来源于冰川融水和雪水，主要靠雪水补给。水系特点是从 4 月开始有春夏季洪水，6 月份流量最大。锡尔河的主要水流形成于吉尔吉斯斯坦境内，然后，穿过乌兹别克斯坦和塔吉克斯坦，流入哈萨克斯坦境内的咸海。

① Абрамий М. Трансграничные реки ЦентрАзии: частота экстремальных явлений увеличилась / Маърифат Абрамий // ЦентрАзия : интер.

对中亚主要河流径流的长期观测表明，在整个观测期（1911—2000年）内，咸海年平均径流量达到100立方千米以上。表2为锡尔河和阿姆河年均径流量及其在不同国家境内形成的径流量。

表2　咸海流域长年平均河流量　　（立方千米/年）*

国家	锡尔河	阿姆河	整个咸海流域（立方千米,%）	
哈萨克斯坦	2426	—	2426	21
吉尔吉斯斯坦	27605	1604	29209	251
塔吉克斯坦	1005	49578	50583	434
土库曼斯坦	—	1549	1549	12
乌兹别克斯坦	6167	5056	11223	96
阿富汗和伊朗	—	21593	21593	186
整个咸海流域	37203	79280	116483	1000

* *Диагностический доклад для подготовки региональной стратегии рационального и эффективного использования водных ресурсов Центральной Азии/ Европейская экон комиссия, Экон и социальная комиссия для Азии и Тихого океана 2002. С 14.*

数据显示，中亚河流总流量大部分形成于吉尔吉斯斯坦和塔吉克斯坦的交界处。由于水含量波动而引起的水资源年度指标在干旱年和湿润年之间变化范围如下：阿姆河流域58.6—109.9立方千米，锡尔河流域23.6—51.1立方千米。这些河流的水量波动很大，无法确保农业作物可持续发展。

（二）苏联解体后，乌塔间水资源的争夺

苏联时期，上、下游国家凭借各自的资源禀赋，在集中统筹的情况下能够实现资源互补。上游国家吉尔吉斯斯坦和塔吉克斯坦向下游国家提供生产生活所需的水资源，下游国家则向上游两国提供煤炭及油气资源。

苏联解体后，对上游两国来说，成本低廉的煤炭和油气获取途径戛然而止，它们需要另谋出路，而借力充沛的水资源发电则是一种可行的选项。但是，这对下游国家而言却是“伤筋动骨”的，特别是对极度依赖水资源的农业生产生活而言是致命的。于是，上下游国家争夺水资源的矛盾逐渐发酵。乌兹别克斯坦与塔吉克斯坦就罗贡水电站（Рогунская ГЭС）建设开始了长达40年的争议，上述事件是上下游国家发电与灌溉需求的结构性矛盾的典型。

乌前总统卡里莫夫去世后，新总统米尔季约耶夫（Шавкат Мирэиёев）

在水资源问题的态度上有所“软化”，乌、塔两国关系也开始回暖，特别是乌也释放出通过对话方式解决中亚跨境水资源纠纷的诚意，这不仅对于乌、塔两国，对于中亚其他上下游国家也是一次重要的机遇。

（三）水资源问题和边界问题交织在一起

除跨界河流水资源开发利用存在分歧外，一些国家尚未确定边界地区以及已经确认边界的地区也会因为跨界水资源利用问题出现边界分歧。在中亚国家中，哈吉两国间边界早在2001年已得到解决。但哈方资料称，部分吉国公民认为划界不合理，故意切断跨界水渠，导致哈方果园断水，从而导致边界矛盾。[①]

二、中亚地区水资源纠纷成因分析

（一）有限的水资源与不断增长需求间的矛盾

中亚水资源决定着国家和地区安全的各个方面，水资源被用于各个经济部门。近年来，年用水量为131.3—155立方千米，也就是说，水资源利用系统很紧张。在缺水年份，用水量超过了水文资源量，这表明了水资源的再利用。中亚地区主要用水领域仍然是农业灌溉。灌溉用水消耗了咸海流域[②]可用水资源的90%以上。在该地区耕地总面积（3997.5万公顷）中，灌溉面积为1021.9万公顷，其中42.4%位于乌兹别克斯坦，22.7%位于哈萨克斯坦，17.2%位于土库曼斯坦，10.6%位于吉尔吉斯斯坦，7.1%位于塔吉克斯坦。农业在该地区的经济、社会关系和环境领域中发挥重要作用，为超过2/3的人口提供就业机会。哈萨克斯坦农业占GDP的比重为8.6%，吉尔吉斯斯坦为34.1%，塔吉克斯坦为34.1%—24.2%，土库曼斯坦为28.8%，乌兹别克斯坦为21.7%。农业发挥重要作用的原因在于：一是中亚所有国家一半以上的人口生活在农村地区；二是食品主要在该地区国家内部消费；三是农业为工业解决原料供应；四是农业保障社会人口发展。因此，农业生产同时解决了经济、社会、

① М. А. Сарсембаев：《Режим казахстанско —кыргызских трансграничных рек и юридический анализ урегулирования статуса》, Правао и государство , №4 （61）, 2013, http：//km. kazguu. kz/uploads/files/.

② Мироненков А. Что кроется за нехваткой воды：ситуация с наличием водных ре－сурсов и водопользованием в Центральной Азии / Александр Мироненков // Ана－литический центр “Разумные решения”：интернет－сайт. 2006. 14 ноября. URL：http：//analitika. org/ca/water－and－energetics/1145－20061114224933178. html.

环境和人口等诸问题。[①]

从环境的角度考虑，直到20世纪下半叶，相对优良的土壤仍然保留了下来。但是，由于人口、运输业、工业企业增加和农业化学化以及人口压力的增加，“人与自然”相对平衡的系统遭到破坏。近年来，中亚大部分地区成为环境条件恶劣地区。

1960—2000年，中亚地区的土地灌溉面积增加了1.8倍。但是，地区人口持续增长（例如，从2000—2008年，仅塔吉克斯坦的人口从620万增长到720万，从1950年计起则是增长了4倍[②]）导致该地区人均耕地灌溉面积不断减少。如果在20世纪初，人均土地面积约为0.6公顷，那么到2011年，这一指标平均不到0.2公顷，乌兹别克斯坦约0.15公顷[③]（乌兹别克斯坦土地灌溉面积为420万公顷，人口为2800万）。结果，大部分农村人口无法满足其最低生活保障。未来，塔吉克斯坦国家计划增加新土地的开发。但是，适合耕种的土地分布不均匀。在可预见的将来，哈萨克斯坦和土库曼斯坦将有足够的土地满足发展需求，而在其他两个国家（吉尔吉斯斯坦、塔吉克斯坦）中和乌兹别克斯坦个别地区（花拉子模州、撒马尔罕州、费尔干纳盆地）土地资源将比较稀缺。在哈萨克斯坦、吉尔吉斯斯坦和塔吉克斯坦，预计农业用地的增加相对较小（45万—50万公顷）。到2025年，土库曼斯坦和乌兹别克斯坦预计增加600万公顷[④]的灌溉土地。因此，乌兹别克斯坦、哈萨克斯坦和土库曼斯坦将不得不增加灌溉用水量。需指出的是，截至目前，该地区水资源几乎完全用于农业活动。这种情况不仅为该地区国家之间，而且还为各国家

---

① Межстрановой проект содействия Инициативе стран Центральной Азии по управ - лению земельными ресурсами. Исследовательский проект по устойчивому управлению зе - мельными ресурсами 2007 - 2009: Заключительный отчёт: Часть III (Социо - экономический анализ) / Региональный офис ИКАРДА по Центральной Азии и Закавказью (ЦАЗ), Ташкент, Узбекистан // International Center for Agricultural research in the Dry Areas : интернет - сайт. 2009. Октябрь.

② Петров Г. Н. Совместное использование водно - энергетических ресурсов трансгра - ничных рек Центральной Азии / Петров Г. Н. // Евразийская экономическая интегра - ция. 2009. № 1 (2). С. 104.

③ Джалалов А. А. Перевод управления водными ресурсами на бассейновый прин - цип: [доклад] /А. А. Джалалов//Интегрированное управление водными ресурса - ми на трансграничных бассейнах - межгосударственные и межсекторальные подходы : науч. - практ. семинар НАТО (г. Бишкек, 23 - 27 февраля 2004 г.). С. 4. URL: http://www.berg. bendery. md/vp/mened/djalalov. pdf.

④ Салимов Т. О. Рогунская ГЭС - источник света, воды и развития для стран Центральной Азии / Салимов Т. О. // Общероссийское общественное движение “Тад - жикские трудовые мигранты” : интернет - сайт. 2011. 17 ноября. URL: http://tajmigrant. com/rogunska.

内部，尤其是在人口密度分布不均地区的矛盾创造了天然土壤。部分地区清洁用水及农业灌溉中存在缺水现象，同时又存在水资源利用率不高、浪费等问题。①

（二）中亚国家间能源政策的冲突

水资源在保障中亚能源安全方面发挥着特殊作用，因为水资源用于水力发电。该地区有 65 个水力发电站，总容量为 34.5 GW；功率范围在 50—2700MW 之间。最大的两个水力发电站是功率 2700MW 的努列克水电站（位于塔吉克斯坦的瓦赫什河岸）和功率 1200 MW 的托克托古尔水电站（位于吉尔吉斯斯坦的纳伦河岸）。②

水电在该地区能源发电结构中的份额为总用电量的 27.3%，塔吉克斯坦的这一指标为 96%，吉尔吉斯斯坦为 82%。③ 这表明这些国家的经济发展高度依赖于水资源的开发利用。咸海流域主要形成于塔吉克斯坦和吉尔吉斯斯坦，这两个国家重视利用现有的水资源来发电，而位于下游的国家——哈萨克斯坦、土库曼斯坦和乌兹别克斯坦打算继续将水资源用于灌溉。同时，上游国家在能源匮乏的冬季拥有最大的排水量，而下游国家则在夏季需要最大量的灌溉用水。在涉及国家安全和维护国家主权的用水问题上，个别国家不同的态度导致水资源利用方面的矛盾不断加深。

苏联解体后，新独立的国家宣布其独立性和建立市场经济政策后，开始在水资源的控制和分配领域实行独立政策。因此，该地区的每个国家都制定了针对水资源开发利用的经济发展战略。显然，在地区水资源共同利用战略框架之外，任何国家的计划都无法现实。然而，如果将全部计划结合起来，整体考虑，那么，所需水资源至少比咸海④流域水量多 1.5 倍。

---

① 赵玉明：《中亚地区的水资源问题：美国的认知、介入与评价》，《俄罗斯东欧中亚研究》，2017 年第 3 期。

② Текущее состояние секторов энергетики в республиках Центральной Азии ：Приложение 3.1//Центральная Азия：Исследования регионального потенциала экспорта электроэнергии（Регион Европы и Центральной Азии. Всемирный банк，Ва－шингтон，О. К. ）. 2004. Декабрь. С. 3，6，9，12. URL：http：//siteresources. worldbank. org/INTUZBEKISTANINRUS/Resources/REEPS_Appendix_ Volume_ Russian. pdf.

③ Водно－энергетические ресурсы Центральной Азии：проблемы использования и освоения：Отраслевой обзор / Евразийский банк развития. 2008. 24 апреля. С. 10.

④ Медведев А. История проблемы и позиции внерегиональных партнеров по транс－граничным водно－энергетическим проектам в Центральной Азии ：интервью с директором Ин－та Центральной Азии и Кавказа Андреем Медведевым / Андрей Медведев // Joint Eurasian Expert Netwo.

（三）域内国家间水资源方面的互信较低与合作较少

中亚国家实行相互竞争的国家计划，这可能会引起局势紧张，也会有碍于相互合作。用水量的增加加剧了这种紧张局势，这与人口增长和该地区经济的集约化发展有关。由于气候变化，预计在不久的将来水资源径流量会减少，这会使该问题更加严重。

专家们指出，该地区灌溉用水和水力发电[①]之间发生冲突有两个主要原因。首先，20 世纪 60 年代至 90 年代过度发展灌溉农业，在季节性和多年缺水情况下，几乎 100% 的河流用于农业灌溉。

其次，苏联时期，在一个国家中，优先使用水资源灌溉农业。同时，水力发电在一种无利可图的模式下为上流国家服务。但这实际上并没有影响其在地区的总体运行结果。当时，中亚地区的水力发电仅占总能源的一小部分，火力发电占 80%。在既定工作计划和维修调试期间，国家生产者在夏季对水力发电需求的增加以及冬季发电功率不足时，水力发电站进行补充。最终，这在总体上确保了中亚统一能源系统的最佳运行模式。可以说，在中亚各国共同利用水资源的关系中存在着一种交换模式：补偿服务。

苏联解体后，这种计划停止运行，引发了国家间利益冲突。例如，过去 10 年，由于夏季与邻国的季节性电力交换终止，塔吉克斯坦的能源系统被迫从努列克水库中释放闲置的水（水轮机）。2010 年，努列克水电站的闲置水排放量占所有用水量的 50% 以上，因此，塔吉克斯坦的总电力损耗超过 50 亿千瓦时，占共和国[②]年均发电量的 25%。当然，这不仅给塔吉克斯坦本身造成了损失，也给整个地区造成了损失。

造成这一局面的主要原因是这些新独立国家的发展政策含有强烈的民族主义色彩，发展政策侧重的不是自己的绝对获益，而是相对获益，即“不在乎自己在世界中的位置，只要自己比周边国家强大就可以”。[③]苏联解体后，原有的经济分工体系被中断，统一和协调的机制被取消。新独立的国家只能立足于本国国情来制定自身的改革与发展战略。同

---

① Петров Г. Н., Ахмедов Х. М. Комплексное использование водно – энергетических ресурсов трансграничных рек Центральной Азии. Современное состояние, проблемы и пути решения / Г. Н. Петров, Х. М. Ахмедов; Акад. наук Республики Таджикистан. Душанбе: Дониш, 2011. С. 49.

② Петров Г. Н. Региональная интеграция и водно – энергетическая независимость / Г. Н. Петров // Евразийская экономическая интеграция. 2010. Ноябрь. № 4 (9). С. 99.

③ 李镇明、王逸舟主编：《国际形势黄皮书——2005 年全球政治与安全报告》，社科文献出版社，2005 年版，第 246 页。

时，各国在饱受经济联系中断造成的恶果后，认为只有建立完整的工农业体系，才能摆脱对他国的依赖，求得真正的独立。正是这些来自内部和外部的不安全感增加了中亚各国彼此间的不信任，造成它们之间的合作往往貌合神离，进展缓慢，无法享受国际专业化分工带来的规模效益。①

另外一个重要因素是发展观念问题。中亚国家都处于经济转型阶段，都认为只有迅速发展经济、提高人民生活水平才能稳定政权、获得国际地位，所以将国家有限的资金全部投入到能产生巨大收益的部门，以致忽视了生态和环境保护及发展水利等国家发展大计。

尽管合作具有明显的经济利益，但由于执着追求自给自足和经济独立，致使流域沿岸国家采取了无利可图的措施。有效管理跨界水资源需要开展建设性对话和谈判，这样有可能确定最适合所有参与者的方案，并制定财政和其他经济合作战略以执行该方案。目前，该地区没有展开这种对话。

联合国开发计划署专家指出，阻碍国际跨界河流利用协议签署有以下四个主要原因。第一，基于绝对国家主权理念，用水需求不尽相同。域内国家对共同使用水资源的态度差异很大。第二，领导人的能力和远见。领导人仅对其选民负责，而不对共享水域的民众和其他政府负责。② 在水资源问题提上议事日程的国家中，国内政治因素可能导致大家不愿合作。更加公平的水资源分配将有利于流域各国的共同发展，但同时也可能导致某个国家的当局失去投票权。还有一个时间跨度的问题，很难在一个政府的任期内看到合作的成果。第三，跨界河流对沿岸国家的影响不平衡。各国经济发展程度和谈判中取胜的几率各不相同。这些差异影响了其对合作、谈判和共享利益的渴望程度。在共享水源且其中某个国家占主导地位的地区中会显示出这种不平衡性。最后一个原因，不参与国际水域倡议。③ 正如俄罗斯战略研究所专家库尔托夫④所指出的那样，实际上所有阻碍最佳合作的因素在中亚都存在。

---

① 雷斯别克·阿巴斯诺夫：《区域水资源合作——一体化还是经济民族主义》，http：//www. rus. gateway. kg/vodn。

② Пример того, как выводы экспертов международных организаций базируются на приоритете глобальных подходов. – Прим. ред.

③ См.：Что кроется за нехваткой воды... С. 223.

④ Куртов А. Водные конфликты в Центральной Азии / Аждар Куртов // Обозреватель – Observer. 2004. № 7. С. 23 – 35.

三、中亚水资源问题的影响及新趋势

（一）中亚水资源问题的影响

第一，中亚国家双边关系发展中的薄弱点。

水资源缺乏和水资源纷争严重影响中亚各国之间的相互关系。因此解决中亚水资源危机已经成为迫在眉睫的问题。[①]

第二，中亚区域合作的突破点。

水资源问题得不到解决，中亚区域合作便无从谈起，上合组织框架下的经济合作也很难有大的起色。妥善处理中亚的水资源问题将成为区域合作的突破点。

第三，大国长期介入中亚事务的立足点。

地区水资源问题是美国对中亚外交的议题之一。美国对中亚地区水资源问题的介入途径和主要内容包括促进跨境水资源及水能管理与分享，提供资金与设备改善地区生活用水和农业用水情况，传播美国的技术、经验，推动科学研究，以提高地区内的认识水平与合作意愿，同时展示美国先进技术对水资源管理效率的提升，并介绍美国的水资源共享管理经验。从主动与被动角度来看，更多的是美国联合其他组织和机构共同推动中亚地区各种水资源问题的解决，中亚各国扮演被动接受角色。综上所述，美国在中亚地区水资源问题上有着自身明确的认知，而将这种认知转化为实践，即美国对中亚地区水资源问题的介入，最早可追溯到 20 世纪 90 年代前期。早在 1994 年，克林顿政府所宣布的促进中亚投资和贸易计划中，就包括安装水资源净化装置，进行水资源管理等内容。[②] 按照《中亚地区合作发展战略：2015—2019》的规划，美国对水资源问题的介入呈现如下架构（见图 1）。

事实上，这份行动战略不仅规划了未来美国在中亚地区水资源问题上的介入途径与实施内容，也是对历年来美国在此问题介入的总结。美国通过国际开发署与各国政府部门、国际性组织和地区性组织进行合作，推动解决中亚地区存在的各种水资源问题。从主观与客观角度来看，对水资源问题的介入是美国中亚总体战略的组成部分，与对各国的价值观输出和

---

① 吴宏伟：《中亚水资源与跨界河流问题研究》，中国社会科学出版社，2019 年版，第 72 页。

② 杨鸿奚：《美国中亚战略 20 年：螺旋式演进》，社科文献出版社，2012 年版，第 163 页。

“民主改造”结合在一起，增加了美国在地区事务上的参与度与话语权。①

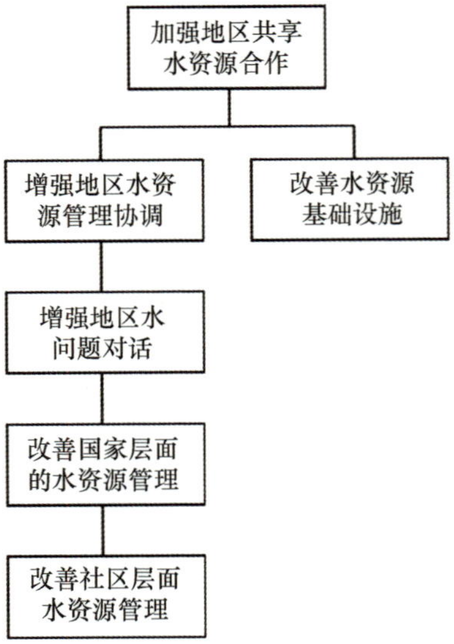

图1　美国介入中亚水资源问题架构

资料来源：美国国际开发署：《中亚地区合作发展战略：2015—2019》，第29页。

（二）中亚区域合作新趋势

第一，中亚国家自己开始探索建立区域机制的尝试。

需指出的是，中亚邻国之间跨界水资源的矛盾不是一个不可解决的问题。许多专家认为，解决灌溉和发电用水冲突的方法可能不是限制一个行业的活动或将一个行业从属于另一个行业，而是恰恰相反，建设具有大型水库的大型水力发电站，这可以使他们达到最大程度的共同发展。当前，在该地区两条主要河流的流域中，各自只有一个大型水力发电站（锡尔河岸——托克托古尔发电站，瓦赫什河岸——努列克发电站）在能源系统中运行，尤其是在冬季。这种情况不适合哈萨克斯坦、土库曼斯坦和乌兹别克斯坦。他们认为，在此期间，水资源应储存在水库中，这样在夏季可以最大程度地用于灌溉。从理论上讲，在这些河流上出现具有大型水库的新型水力发电站将满足电力工程师和农业的需求。在这种情况下，上游水库将能够以纯能源模式运行，而相同容量的下流水库将调节流量直至恢复其

① 赵玉明：《中亚地区的水资源问题：美国的认知、介入与评价》，《俄罗斯东欧中亚研究》，2017年第3期。

自然状态，或保障灌溉用水。对于水力发电，这意味着增加廉价和环保能源的生产；对于灌溉，这意味着增加多年调节流量的深度。这种方案的实施需要大量的财政资源和时间。如过去的经验所示，一个大型水力发电站的建设大约需要 10 年。施工应在各国的参与下进行。在建设国际项目时，形成一个强大的共同管理核心。除特殊事项外，在这一框架内，自动解决与该地区跨界水资源有关的所有问题。

专家评估显示，只要达成关于共同开发河流水电潜力和调节水能制度的地区协议，在锡尔河流域和阿姆河流域上游兴建水力发电设施是有经济效益的。在河流上游完成水力发电站建设后，整个地区各国整体宏观经济效率的成本回收将不超过 3 年。该地区所有国家都将获得统筹协调采取这些措施带来的经济效益。①

显然，下游国家执行大型水电设施建设计划的活动减少，主要原因之一在于它们，特别是乌兹别克斯坦，担心开展这些活动将改变水能的普遍使用状况，不利于农业灌溉，这对其具有重大的社会经济意义。

还有一个解决矛盾的方法——水能财团。哈萨克斯坦、吉尔吉斯斯坦和乌兹别克斯坦国家元首于 1997 年 7 月 24 日在乔蓬—阿塔市发表了建立财团的声明，并签署了哈萨克斯坦共和国政府、吉尔吉斯斯坦共和国政府以及乌兹别克斯坦共和国政府自 1998 年 3 月 17 日起共享锡尔河流域水资源的协议（塔吉克斯坦共和国于 1999 年加入该协议）。然而，迄今为止，各国在建立财团方面尚未取得实际成果。导致这一协议落实缓慢的主要原因是，最初所有开发商的任务是准备并签署关于建立水能财团的协议，而在开展具体活动上各方并未做充足准备。结果，甚至没有提出规范财团活动和确定法律空间的许多重要问题。建立一个财团需要认真开展初步可行性研究。②

同时，财团无法解决该地区水能综合体的所有问题，在立法、财经、技术、组织、机构、信息等其他领域也需要工作，同时需要建设相应的基础设施。最主要的问题之一是发展水能领域的协调经济机制，最终形成水、能源和服务的共同市场。遗憾的是，至今还没有研究出这方面的通用

① Мироненков А., Сарсембеков Т. Освоение гидроэнергетических ресурсов Центральной Азии / А. Мироненков, Т. Сарсембеков // Промышленный еженедельник. 2005. 1 июня. № 18. С. 12.

② Петров Г. Н. Совместное использование водно – энергетических ресурсов транс – граничных рек Центральной Азии / Г. Н. Петров // Трансграничные водные ресурсы: совместное использование: инф. сб. НИЦ МКВК. 2009. С. 48.

解决方案。

第二，域外国家加强该领域的参与度。

中亚国家寻找解决水资源问题的办法和途径的同时，域外国家也应加强该领域的参与度。中国与中亚国家在很多领域均有合作，中国参与中亚水资源开发拥有得天独厚的优势。中国企业在水电站建设方面有超强的设计和施工能力，又有雄厚的资金支持。但为回避该地区不同国家间存在争议的问题，中国有限地参与了部分水电站建设，并在环境保护和环境变化研究方面同中亚国家进行了卓有成效的合作。随着乌塔关系的缓和，中国将迎来参与中亚地区水电开发的新契机。美国对中亚水资源问题表现得极度热心，利用各种机会参与中亚地区水资源问题的对话，加大对中亚水资源问题的投入。英国和瑞士等国政府也积极参与到中亚水资源领域的合作项目中。

同时，欧盟、联合国、亚洲开发银行等国际组织和金融机构都对中亚水资源问题兴趣浓厚，并且积极发挥各自的影响力。

第三，中国与中亚国家在该领域的新型合作。

中国作为中亚的周边大国，又与中亚水资源最为丰富的吉尔吉斯斯坦和塔吉克斯坦相邻。多年来，中国一直重视环保工作，积极推动生态环境的可持续发展。中国与中亚国家在环保领域的合作日益紧密。2011 年，由中国科学院新疆生态与地理研究所牵头，国内 18 家科研院所、大学与中亚五国 48 家大学及科研机构共同参与的国际合作项目“中亚地区应对气候变化条件下的生态环境保护与资源管理联合调查与研究”立项。该项目搭建了中国与中亚国家资源和生态环境双边及多边合作平台。为中亚地区开展农业节水灌溉，农作物高产技术及促进沙漠化、盐渍化治理提供了条件。①

① 汪金生：《中国与中亚科技合作再添新举》，中国新闻网，2016 年 7 月 26 日，http：//m. chinanews. com。

第四篇

“一带一路”框架内的多边经贸合作

中俄欧在欧亚地区合作的前景

邓浩*

中、俄、欧是欧亚地区三个具有重要影响的力量，对整个地区的战略稳定与发展具有重大影响。当前，欧亚地区形势正处在一个大发展、大变革、大调整的复杂多变时期，各种力量加速分化组合，大国博弈愈演愈烈，存在诸多不稳定、不确定因素。在此背景下，探讨中、俄、欧三边合作具有显而易见的现实意义，有助于欧亚地区的稳定、发展和繁荣，也有利于构建一个公正合理的欧亚地区新秩序，对国际政治和经济也会产生重要影响。

一、加强中、俄、欧在欧亚地区三边合作面临难得的历史契机

第一，三方都提出了具有合作意愿的地区治理倡议和方案，构成三方利益的交汇点，为三边合作创造了有利条件。中国提出的“一带一路”倡议主要是面向欧亚地区，而俄罗斯是欧亚地区的传统大国，其立场态度对“一带一路”倡议能否顺利实施具有关键作用。2015 年中俄元首签署关于“一带一盟”对接联合声明是一个重要的标志性事件，说明俄罗斯正面、积极地看待“一带一路”倡议。这成功地规避了中俄在欧亚地区的利益碰撞，开辟了中俄在欧亚地区和平相处、合作共赢的新时期。2018 年 5 月中国与欧亚经济联盟签署经贸合作协定，2019 年 11 月该协定正式生效，① 标志着“一带一盟”倡议对接进入制度对接的新境界，为中俄在欧亚地区合作提供了基本的制度性保障。而欧盟是“一带一路”倡议的落脚点之一，其本身又是欧亚地区的重要“玩家”，也是不可缺少的。2018 年 7 月发表的中欧领导人会晤联合声明确认：“将继续推动中国的‘一带一路’倡议与欧盟倡议对接，包括欧洲投资计划以及扩大的泛欧运输网络，并通过兼

---

* 中国上海合作组织研究中心秘书长，中国国际问题研究院研究员，中俄战略协作高端合作智库常务理事。

① 《关于 2018 年 5 月 17 日签署的〈中华人民共和国与欧亚经济联盟经贸合作协定〉生效的联合声明（全文）》，新华网，http：//www. xinhuanet. com/2019 -10/25/c_ 1125154042. htm。

容的海陆空运输、能源和数字网络促进硬联通”，强调“该领域合作应改善亚欧互联互通在经济、社会、财政、金融和环境方面的可持续性。该合作基于市场规则、透明原则，为所有投资者提供开放采购以及公平竞争环境，合作也应遵循现有国际准则和标准、各自的国际责任和项目受益国的法律，同时要考虑受益国的政策和国别情况”。[1] 这说明，欧盟总体上对中国的“一带一路”倡议并不排斥。中、俄、欧在欧亚地区合作显然对“一带一路”倡议具有重要价值，在某种程度上可以说决定着“一带一路”倡议的成败。中欧班列的开通和运行为中、俄、欧在欧亚地区合作进行了有益的探索，起到了一个很好的示范作用。在俄罗斯推出的“大欧亚伙伴关系计划”中，中国和欧盟都是不可缺少的重要角色，中国已明确表示支持“大欧亚伙伴关系计划”，愿意积极促进“一带一路”倡议与“大欧亚伙伴关系计划”的协调发展。[2] 由于俄罗斯与欧盟在乌克兰危机后关系恶化，目前仍处于僵持状态，欧盟参加“大欧亚伙伴关系计划”尚不具有现实可能性。但俄罗斯始终没有放弃与欧盟建立共同经济空间的努力。欧盟则制定出台了“亚欧互联互通战略”，表现出对欧亚地区的进取心和主动性，同时，修订发布了新的中亚战略，表示将与中亚五国进一步加强伙伴关系，促进合作交流，共同实现中亚地区的经济繁荣、可持续发展和互联互通。[3] 未来中、俄、欧三方发展战略存在对接的可能。

第二，三方现在都在承受美国的打压。一方面，美国特朗普政府出台新的国家安全战略，明确把中俄同时列为“战略竞争对手”，开始全面打压。在欧亚地区，美国对中俄实施双遏制，且明显加大遏制力度。2019 年，美国打破惯例，在“C5 + 1”框架内与中亚国家举办两次对话。2019 年 5 月，美国盛邀中亚一些国家政要参加其主办的跨里海论坛，构建排除中俄、覆盖大里海地区的“C8 + 1”多边机制。美国还积极实施所谓“印太”战略，对付中俄的意味浓厚。另一方面，美国大搞单边主义，倡导“美国第一”，也在打压欧盟。这在一定程度上有助于中、俄、欧加强三边联合。面对美国的单边主义、贸易保护主义，中、俄、欧都坚定主张多边主义，维护联合国权威和以世贸组织原则为基础的国际贸易规则，支持建立多极世界，这使三方在欧亚地区合作容易凝

---

① 《第二十次中国欧盟领导人会晤联合声明（全文）》，中国政府网，http：//www. gov. cn/xinwen/2018 - 07/16/content_ 5306805. htm。

② 《中华人民共和国和俄罗斯联邦关于发展新时代全面战略协作伙伴关系的联合声明（全文）》，新华网，http：//www. xinhuanet. com/world/2019 - 06/06/c_ 1124588552. htm。

③ 《欧盟发布新的中亚战略合作》，http：//www. sohu. com/a/315573296_ 825950。

聚共识，形成合力。

第三，中、俄、欧在欧亚地区各有所长，优势互补，具有广阔的合作空间和潜力。中国在多年的改革开放中积累了丰富的发展经验，具有比较优势和资金技术能力；俄罗斯具有传统影响和强大的政治军事实力，软实力也很强；欧洲则拥有先进的科学技术、管理理念和多边合作经验，三方完全可以各取所长、携手合作，共同推进欧亚地区发展，实现互利共赢。中俄在欧亚地区合作已经积累了丰富的经验，取得了巨大成功。中欧在欧亚地区合作也具有广阔的前景。中欧在欧亚地区并不存在地缘战略性冲突，相反存在诸多共同需求和合作空间。一是作为中欧共同近邻的欧亚地区是全球恐怖极端主义活动高发区，维护该地区稳定是中欧共同需求。欧亚地区尤其是中亚的安全稳定对中国的重要性毋庸置疑，欧盟同样视安全为其欧亚地区战略的核心关切。中欧在维护欧亚安全、打击地区恐怖极端主义活动方面存在广泛的共同利益和合作机会。二是欧亚地区是欧亚大陆发展“凹陷地带”，整体经济状况不佳，社会问题突出。这对中欧合作来说既是挑战，更是机遇。中欧双方完全可以发挥各自特长，合力推动欧亚地区发展，实现互利双赢。三是欧亚地区是全球治理滞后地带，多种治理方案和机制并存甚至相互排斥。中欧在全球治理问题上共识远大于分歧，双方都赞成世界多极化，主张通过多边主义解决重大国际和地区问题，反对单边主义和保护主义。中欧有可能通过合作弥合分歧，扩大共识，从而促进欧亚地区实现良性治理。

二、中、俄、欧在欧亚地区三边合作面临的主要挑战

第一，内部因素。三方差异，主要是欧盟与中俄的差异和分歧影响三边合作。在目前的中、俄、欧三边关系中，中俄关系最好，中欧关系次之，俄欧关系最差。

中、俄、欧之间的差异主要体现在意识形态和地缘政治上。从意识形态看，欧洲与中俄的价值观存在明显分歧，中俄之间也不尽相同。在地缘政治上，欧盟实施“东方伙伴关系”计划实际上已导致俄欧进入一个全面地缘对抗状态。欧盟的新中亚战略也对中俄构成一定挤压。欧洲与中俄在经济、政治和社会法律制度、文化传统方面固有的差异，以及欧洲对中俄挥之不去的疑虑和担心，对中、俄、欧在欧亚地区合作难免产生消极影响。欧盟一直坚持认为，中俄在欧亚地区一定会走上竞争之路，并抱有冷

战思维，把中俄视为其欧亚地区竞争对手。

与此同时，欧洲本身内部并不是整齐划一的，既有欧盟国家，也有非欧盟国家，而欧盟内部又具有多层次、多中心的结构特点，欧盟的整体利益与成员国的国家利益并非总能保持一致，如何协调整体利益和部分利益的差异，对欧盟在欧亚地区开展三边合作是一个必须解决的难题。欧盟决策对成员国具有某种约束力，但成员国也保有一定的自主性，如何在欧亚地区三边合作上处理好双边和多边合作问题，对欧盟来说也是一个棘手问题。

中俄在欧亚地区合作也不是不存在挑战。首先，中国和俄罗斯的实力对比正在发生历史性的变化，如何对待这一演变需要双方做出正确应对。俄罗斯目前虽仍在欧亚地区占据主导地位，但处在一个逐渐衰减过程，而中国的影响力则持续上升，已成为拉动地区经济重要引擎。如何适应一个不断强大的中国并与之继续合作相处，对俄罗斯来说是一个全新且艰难的挑战；如何与这样一个俄罗斯打交道，同样考验着中国的智慧。其次，美欧是欧亚地区的现实存在，如何与之相处对中俄也是一个考验。如何处理好与西方在欧亚地区竞合关系，协调好彼此立场，事关中俄在欧亚地区合作大方向和总目标。再次，地区国家构成欧亚地区的主体，内部差异明显，日益多元，很难统合，在此背景下，中俄如何协调行动也是一个全新课题。

第二，美国因素。欧亚地区是美欧亚大陆战略的关键环节，遏制俄罗斯、抑制中国一直是美国欧亚战略的主要目标。特朗普上台后明显加大了对中俄的打压，美国在欧亚地区强化“C5 + 1”机制，拉拢印度搞所谓“印太”战略，对伊朗极限施压，针对中俄的图谋昭然若揭。2019 年以来，美国在欧亚地区对中俄实施双重遏制。美国全力阻止推进欧亚地区实施“一带一路”建设，一方面，通过舆论恶意炮制所谓“债务陷阱”“不透明”等无稽之谈，不断抹黑“一带一路”倡议；另一方面，不断抛出新的基础设施和互联互通倡议和方案，干扰“一带一路”倡议的实施。美国积极鼓动中亚国家通过新组建的“美国国际发展金融公司”开展基础设施融资，并重点拉拢印度共同组织“欧亚创业与创新论坛”，包装推广私营企业占主导的“创业和创新驱动型”基础设施发展模式，还在对伊制裁中豁免印“连通中亚”战略的“旗舰品牌”恰巴哈尔港项目。与此同时，美国还大肆炒作涉疆问题。美国在欧亚地区挑起与中俄的大国竞争，必将对欧盟产生消极影响，进而也会对欧盟在欧亚地区开展三边合作形成干扰和阻碍。美国也在竭力离间中欧、俄欧关系，不能接受欧盟在欧亚地区与中俄走向合作，必将强行干涉和破坏，是影响中、俄、欧在欧亚地区合作面临的主要外部因素。

第三，地区因素。欧亚地区是一个存在诸多安全隐患的地区，阿富汗问题、“三股势力”、毒品走私、跨国犯罪以及有关国家之间的领土、民族和宗教纷争等多重挑战并存，导致该地区安全风险居高不下。这是造成欧洲在欧亚地区“束手束脚”的主因之一，也会对其在这一地区开展中、俄、欧三边合作构成牵绊。同时，欧亚地区国家都处在艰难的转型之中，改革任务繁重，发展状况并不乐观，投资环境欠佳，社会问题日益突出。这会影响欧洲在欧亚地区开展对中俄合作。欧亚地区内部也在经历一个多元化进程，各方面差异不见缩小，反而不断加大，外交上各行其是，与中、俄、欧形成错综复杂的关系，对三边合作也会产生微妙影响。如乌克兰和格鲁吉亚，由于两国均与俄罗斯交恶，中、俄、欧三边合作于它们而言是不可想象的。欧盟和俄罗斯在这一地区的政策明显具有地缘政治色彩，欧盟至今拒绝与欧亚经济联盟建立联系和合作，俄罗斯则对欧盟借“东方伙伴关系”分化独联体一直持反对态度。这都会对中、俄、欧三边地区合作构成挑战。

三、中、俄、欧在欧亚地区合作的前景

从短期来看，中、俄、欧在欧亚地区合作尚是一个美好的愿望，还缺乏现实可能性。但从中长期来看，三边合作肯定是大势所趋。目前在三边关系中，中俄关系是合作远大于竞争，前景看好；中欧关系是合作与竞争并存，但合作面逐渐扩大，潜力巨大；俄欧关系仍是以竞争为主，但双方都在积极寻求合作和互动的时机，打破坚冰只是时间问题。

中、俄、欧在欧亚地区合作应该从实际出发，既不能急于求成，也不能无所作为，还是应该抓住时机，本着循序渐进、由易到难的原则稳步、稳妥向前推进。一是相继举行中、俄、欧三方合作学术研讨会，建立三方智库合作机制，增进了解、消除分歧、形成共识，为三方合作献计献策。二是积极寻求三方利益交汇点，从敏感度不高、较易合作的领域和项目做起，当前可把基础设施、互联互通作为三方合作的主攻方向，同时，可在教育、环保、反恐、禁毒等领域开展合作。待条件成熟时，可逐渐将三方在欧亚地区合作的重点提升至制度、秩序建设层面。三是推动上合组织与欧盟、欧安组织建立联系和合作，为三边合作搭建有利平台。同时，视情况推动建立中、俄、欧三边官方会晤机制，逐步促进三边合作机制化、制度化。

"一带一路"倡议在中亚地区的发展潜能

德米特里·萨夫金*

俄罗斯和中国通过全面合作关系和战略互动而团结在一起。关于这点已经说了很多了。如前所述，俄罗斯与中国之间的关系处于前所未有的历史水平，贸易额也达到历史最高水平。大多数大型项目都处于国家直接控制的范畴中，这些项目由国家银行资助，这是俄中合作的传统。但我想着重介绍一下俄罗斯与中国合作的新特点：

第一，俄中合作中私企因素的加强是显而易见的。西方一向批评俄中关系的过度政治化和国企，包括国有银行资助的联合项目对合作领域的高占有率。而今国家关系的最新发展表明，两国私企之间的合作得到了加强。一部分原因是由于美国对俄罗斯的制裁和美国对中国的贸易限制。另一部分原因是国有公司之间多年合作的惯性，促使私营公司采取更加积极的行动。例如，ALIBABA 财团和 mail. ru，或者是华为与 Megafon 和 Vimpelcom（Beeline）之间更加积极的合作。

第二，中美之间的贸易争端为形成两种技术体系创造了先决条件，这两种技术体系的核心一方是中国公司，另一方是美国公司。在这些技术系统的框架内，形成了彼此不兼容的第五代网络表现形式——5G，且创建了不同的大数据管理系统。

俄罗斯对中国正在形成的技术体系表现出了极大的兴趣。今年，俄罗斯和中国率先在信息技术发展方面展开合作，以消除美国在这一领域的垄断。这一举动，无论从保护国家经济不受美国软件产品的影响来看，还是从减少美国公司的利润及其对俄罗斯和中国公司的再分配来看，或是从建立俄中联合信息平台以促进互助关系的角度来看，都非常重要。

此外，采用中国的 5G 标准以及整合俄罗斯联邦和中国的卫星系统能够扩大两国的覆盖范围。从日常角度来讲，这将使人们的生活更加方便：优化导航，改善数据的快速传输服务，当发生人为威胁时，快速警报系统将变得更加快捷，也将加速生物技术和医学的交流。

第三，对待国内的欠发达地区，俄罗斯和中国有着相似的发展方式，

---

* 国家级研究型大学——伊尔库茨克国立理工大学外事副校长，贝加尔金砖学院院长。

更积极地在国内创造一个平等共进的经济环境，以将这些地区带入全球经济。因此，在中国实施了“西部大开发”（2000 年）、“中部崛起”（2004 年）等国家项目；在俄罗斯，有在远东的远东发展计划。去年，布里亚特共和国和贝加尔地区被从西伯利亚联邦区撤出，并转移到远东联邦区，以加快发展并获得大量资金。俄罗斯和中国开始在这些地区的共同发展中更加积极地合作。这方面的一个例子是中国领导人对符拉迪沃斯托克经济论坛的高度关注，该论坛旨在使俄罗斯这一地区融入亚太经济空间。

第四，俄中开始在金砖机制的实践行动上更加紧密地合作。众所周知，几年前，金砖国家新发展银行在上海建立，该银行拥有一定条件的外汇储备，金砖国家也同意建立一种共同投资基础设施项目的股份机制。现在，金砖国家新发展银行贷款给两国感兴趣的几个小型项目，例如，在俄罗斯的亚洲区域创建了工程学校。

第五，扎哈罗夫教授称，俄罗斯和中国正在上海合作组织的框架中更加积极地开展工作，特别是在促进数字战略方面。

无论如何，我们将在不久的将来看到这些新兴领域的成果。俄罗斯和中国应当在以下领域积极开展工作：

第一，中小企业的大规模合作。很少参与合作的中小公司主要是因为公司所有者不了解市场、不了解法律、“三方货币协议”对两国之间的汇兑影响以及对另一个国家专利知识的了解。

第二，俄罗斯和中国的大众文化交流仍然薄弱。俄罗斯的中国传统艺术节和中国的俄罗斯传统艺术节是吸引少数观众的利基项目，对应的受众范围较窄。确实，在中国播放了俄罗斯电影（2018 年有 2 部电影），在俄罗斯播放了中国电影，但数量非常有限。在中文网站中有很多韩国电视节目，但是有关俄罗斯的电视节目和电影很少。

第三，中文有线电视节目不显示俄罗斯频道。在俄罗斯仅以 NTV +付费有线电视套餐的形式收看中国电视频道 CGTN - Russian；在中国广受年轻人欢迎的浙江卫视和湖南卫视在俄罗斯也没有播放。两国几乎没有大众文化的交流，但这是所有国际关系的基础。

（根据现场同传速记稿整理）

【俄文原文】

Пределы возможностей инициатива «Один пояс и один путь» в центральной Азии

Дмитрий Савкин *

Россию и Китай объединяет всеобъемлющее партнерство и стратегическое взаимодействие. Уже много было сказано о содержании этих положений. Отношения России и Китая, как уже отмечалось раньше, находятся на беспрецедентном историческом уровне, товарооборот достиг исторического максимума. Большинство крупных проектов находится в зоне, которую непосредственно контролируют государства в стратегических для государств секторах, финансируется государственными банками, что является традиционным для российско – китайского сотрудничества. Но я хотел бы сосредоточиться на Новом в отношениях России и Китая:

1. Очевидно усиление частного фактора в Российско – Китайского сотрудничества. Западные эксперты традиционно критикуют Россию и Китай за излишнюю политизацию отношений и совместные бизнес – проекты, которые реализуются государственными корпорациями и финансируются государственными банками. Новейший этап государственных отношений демонстрирует усиление сотрудничества частного бизнеса двух стран. Отчасти это связано с санкциями США против России и торговыми ограничениями США против Китая. Отчасти это инерция многолетнего сотрудничества государственных компаний, которая подтолкнула частные компании к более активным действиям. Пример – консорциум АЛИБАБА иmail. ru, более активное сотрудничество ХУАВЭЙ с компаниями Мегафон и Вымпелком（Билайн）.

2. Начало технологической войны между США и Китаем создало предпосылки для формирование двух технологических систем, ядра которых – китайские компании с одной стороны и американские – с другой.

---

* Проректор по международной деятельности ИРНИТУ, Директор БИ БРИКС.

В рамках этих технологических систем уже создаются разные форматы сетей 5 поколения – 5G, несовместимые друг с другом, разные системы управления большими данными.

a. Россия склонна проявлять большой интерес к формируемой Китаем технологической системе. Россия и Китай в этом году взяли курс на сотрудничество в разработке информационных технологий, для ликвидации монополии США в этой области. Это важно с точки зрения защиты национальных экономик от влияния американских программных продуктов, это важно для снижения прибылей американских компаний и ее перераспределения в пользу Российских и Китайских компаний, это важно с точки зрения создания совместных информационных платформ России и Китая для упрощения взаимодействия.

b. Кроме этого, использование единых стандартов 5G китайского образца и интеграция спутниковых систем РФ и Китая способны расширить поле покрытия данных двух стран. А в бытовом плане это сделает жизнь народов удобнее: улучшится навигация, получение услуг посредством быстрой передачи данных, будет удобнее система быстрого оповещения при возникновении техногенных угроз, быстрее пойдет обмен наработками в биотехнологиях и медицине.

3. Россия и Китай используют похожие инструменты развития своих менее развитых регионов для более активного создания однородного экономического пространства внутри страны и вывода этих регионов в глобальное экономическое пространство. Так, в Китае были проведены государственные проекты «Развитие Западного Китая» (2000 г.), «Возрождение Центрального Китая» (2004 г.), В 2005 г. начал функционировать коллективный проект под названием «Региональная программа Великого Шелкового пути». В России действует программа развития Дальнего Востока, Минист-ерство Дальнего Востока. В прошлом году регионы Бурятия и Заба-йкальский край были выведены из состава Сибирского Федерального округа и переданы в Дальневосточный Федеральный округ для более ускоренного развития и получения больших объемов финансирования. Россия и Китай стали более активно сотрудничать во взаиморазвитии этих регионов друг друга. Примером тому может служить большое внимание лидера КНР к Владивостокскому

экономическому форуму, направленному на интеграцию этого региона России в экономическое пространство АТР.

4. Россия и Китай стали теснее сотрудничать в практическом направлении в формате БРИКС. Как известно, несколько лет назад были созданы Новый Банк Развития (Банк БРИКС), который находится здесь в Шанхае, пул условных валютных резервов, страны БРИКС также договорились создать совместный механизм для инвестиций в акционерный капитал инфраструктурных проектов. Сейчас Новый банк развития кредитует небольшие проекты, интересные для двух стран. Например, создание инженерных школ в Азиатской части России.

5. Россия и Китай еще более активно работают в формате ШОС, в особенности – в части продвижения цифровой стратегии, о которой вчера сказал профессор Захаров.

В любом случае мы увидим результаты этих наметившихся векторов взаимодействия в ближайшем будущем.

В каких областях России и Китаю предстоит активно работать:

1. массового сотрудничества малого и среднего бизнеса. Малый средний бизнес слабо вовлечен в сотрудничество, поскольку владельцы компании:

a. плохо знают рынок

b. плохо знают законы

c. «три комиссии» за перевод денег между странами

d. Знание о патентах в другой стране

2. У России и Китая пока что еще слабый обмен массовой культурой. Фестивали традиционного китайского искусства в России и традиционного российского искусства в Китае – это нишевые проекты, которые привлекают узкую аудиторию. Действительно, в Китае транслируют российское кино (в 2018 году в китайском прокате было 2 фильма), а в России транслируют китайские фильмы, но их количество очень ограничено. В китайском (aiqiyi) много корейских сериалов, но российских сериалов очень мало, также как и российских фильмов.

В Китайских пакетах кабельного телевидения не показывают российские каналы. Китайский телеканалCGTN – русский показывают в

России только в платном кабельном пакете НТВ +, известные Чжэцзянский и Хунаньский телеканалы, которые смотрит китайская молодежь, в России не показывают.

Обмена массовой культурой сейчас практически нет, а ведь это фундамент любых межгосударственных отношений.

中国与中亚经贸关系研究

何树全　丁钟毓　李桂平*

一、引言

中国是中亚地区的重要贸易伙伴，与中亚五国的关系日益密切，并且在中亚地区的经济发展中扮演越来越重要的角色。双边贸易规模不断扩大，贸易结构不断改善，合作范围不断拓宽。同时，中亚五国在中国的对外战略中具有重要地位，是中国实现“走出去”的一个重要地缘舞台。中国与中亚五国处于不同的发展阶段，经济结构不同，产业各具特色，应该取长补短，加强经贸往来，深化产业合作。这对于中国和中亚五国实现“可持续发展”具有重要指导意义。

目前，国内外学者关于中国与中亚各国经贸关系的研究大多集中于贸易类型、贸易现状以及发展潜力的研究。赵青松（2014）针对中乌双边经贸往来进行总体概述与展望；张方慧（2018）针对中国与中亚国家经贸现状，建议加强双边合作平台建设；田原、张滔（2019）从贸易、投资、工程承包与劳务合作方面解释中国与中亚国家经贸往来关系。项义军、汤保君（2016）利用 TII 指数研究分析中国与东盟自贸区的贸易情况；王广宇、张倩肖、董瀛飞（2016）利用 ESI 指数、TII 指数和 RCA 指数等研究得出中国与中亚各国贸易存在较弱的竞争性和较强的互补性；郭扬、李金叶（2017）通过测算产业区域集聚指数、G－L 指数、贸易结合度指数等研究中国与中亚整体贸易质量，得出中国与中亚贸易规模虽大，但影响力弱化，与其他贸易国相比，中国与中亚贸易结构互补性优势并不明显的结论；张晓涛、王淳（2017）基于相互贸易的视角研究发现金砖国家的经贸关系存在一定的竞争性和普遍的互补性。由于研究中国和中亚贸易竞争性与互补性的文献相对较少。基于此，本文利用中国与中亚的贸易数据，通过测算 RCA 指数、ESI 指数和 TII 指数，就中国与中亚各国的贸易竞争性

* 何树全，上海大学经济学院教授、博导；丁钟毓，上海大学经济学院硕士研究生；李桂平，上海大学经济学院硕士研究生。

与互补性经贸关系展开深入研究，以期进一步提高双边贸易效率与贸易质量。

本文对于中国与中亚经贸关系的研究主要从两个层面展开：首先，对中国与中亚五国贸易合作的总体的贸易总额、贸易差额、贸易结构以及投资状况等基础与条件展开分析，然后有针对性地对中国与中亚五国各国的贸易规模与结构进行对比分析。其次，基于中国与中亚近十年的贸易数据，通过测算中国与中亚各国的RCA指数、中国与中亚地区的ESI指数和TII指数，对中国与中亚各国贸易的竞争性与互补性进行分析，基于中国与中亚贸易竞争性弱，存在较强的贸易互补性，且近年来双边贸易联系有所减弱的研究结果给出相应的对策建议，以期进一步提高双边贸易效率与贸易质量，挖掘双边贸易潜力。

二、中亚五国基本情况概述

中亚地区自然资源丰富，尤其是石油、天然气、有色金属储备丰富。中亚五国处于亚欧大陆腹地，特殊的地理位置使得农业和矿业成为其支柱型产业。五国利用自身资源优势，加之市场化的改革，经济发展势头迅猛。自2008年金融危机之后，尽管世界经济发展低迷，但五国的经济发展依旧保持良好的态势。虽有个别年份出现异常，但总体而言，GDP增速明显高于世界平均水平。而近年，由于俄罗斯经济衰退，中国经济发展减速，能源价格下降等因素影响，五国的经济发展速度放缓。

除了发展放缓以外，五国之间的经济发展差距十分明显。以2018年为例，哈萨克斯坦的GDP最高，人均GDP约9000美元，水平与中国相当。相比之下，塔吉克斯坦的人均GDP仅为800美元，与哈萨克斯坦相差约10倍。仅哈萨克斯坦一国的GDP就占了五国GDP总量的60%，而塔吉克斯坦与吉尔吉斯斯坦两国合计不到五国总量的5%。五国内部也存在其他的经济风险，以通货膨胀为例，2018年，土库曼斯坦和乌兹别克斯坦的通货膨胀率分别为13.6%和17.5%。中亚五国受制于其单一的经济结构和经贸格局，发展情况不尽如人意，长期依靠自然资源出口并非可持续发展之路。加强国内基础设施建设以及扩大国际经贸往来是面向未来的重要战略途径。

表 1 2009—2018 年中亚五国 GDP 增速

年份	哈萨克斯坦	乌兹别克斯坦	塔吉克斯坦	吉尔吉斯斯坦	土库曼斯坦
2009	1. 20%	8. 05%	3. 89%	2. 89%	6. 10%
2010	7. 30%	8. 48%	6. 52%	-0. 47%	9. 20%
2011	7. 40%	8. 28%	7. 40%	5. 96%	14. 70%
2012	4. 80%	8. 18%	7. 49%	-0. 20%	11. 10%
2013	6. 00%	8. 03%	7. 40%	10. 90%	10. 20%
2014	4. 20%	7. 18%	6. 71%	4. 00%	10. 30%
2015	1. 20%	7. 45%	6. 01%	3. 90%	6. 50%
2016	1. 10%	6. 09%	6. 87%	4. 30%	6. 20%
2017	2. 60%	4. 46%	7. 62%	4. 70%	6. 50%
2018	2. 90%	5. 13%	7. 30%	3. 50%	6. 20%

数据来源：亚洲基础设施投资银行。

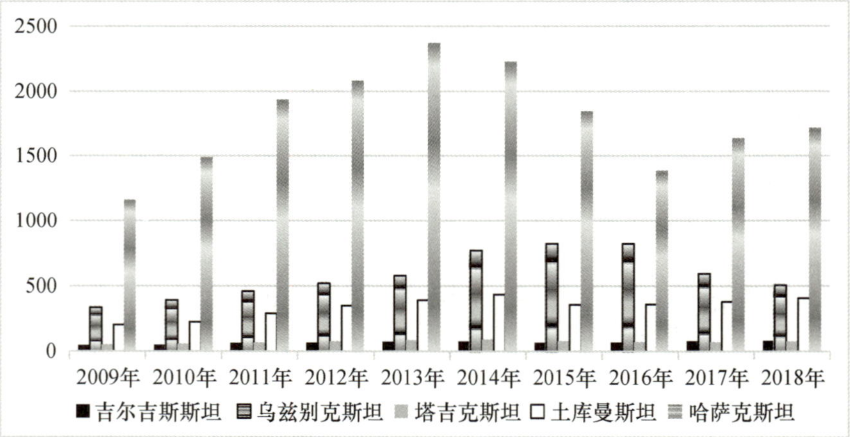

图 1 中亚国家 2009—2018 年 GDP 情况（亿美元）

数据来源：亚洲基础设施投资银行。

三、中国与中亚五国的贸易现状

自 1992 年中亚五国与中国建交以来，贸易规模持续扩大。主要可分为以下几个阶段：1992—2003 年，平稳增长阶段，这一时期，双边贸易关系实现了从“0”到“1”的突破。2003—2013 年为高速发展阶段，尤其是中国与哈萨克斯坦的贸易额发展迅猛，虽然 2008 年金融危机打击巨大，但双方贸易发展很快恢复过来，2013 年中国与哈萨克斯坦和土库曼斯坦的贸易额均突破100亿美元。2014年至今，为战略调整阶段，一方面由于中国自身政策调整，另一方面受国际环境影响，双边贸易额出现一定程度的下降，近年又恢复了发展势头。

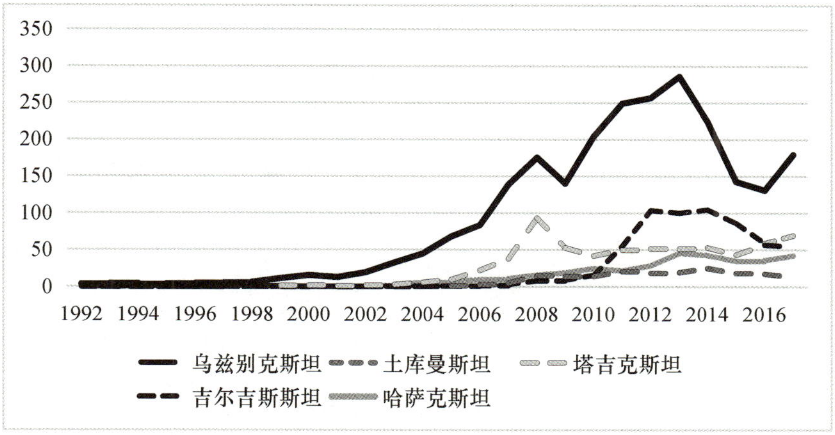

图2 1992—2016年中国对中亚五国贸易总额（亿美元）

数据来源：联合国UN Comtrade数据库。

（一）中国与吉尔吉斯斯坦

吉尔吉斯斯坦位于中亚东北部，水资源和矿产资源丰富。良好的自然地理条件有利于畜牧业和种植业的发展。吉尔吉斯斯坦经济基础薄弱，国民经济以农牧业为主，工业基础薄弱。为摆脱贫困，吉尔吉斯斯坦探索了一系列改革措施。1998年，吉尔吉斯斯坦加入世贸组织，是中亚地区第一个加入该组织的国家。吉尔吉斯斯坦长期以来保持较高的开放程度。对外贸易增长快速，外贸总额从2007年的35.5亿美元，上升至2013年的77.5亿美元。

与中国的贸易方面，中吉初期的贸易模式以边境贸易为主，且非正式贸易占比巨大，对吉的经济恢复起到了一定的帮助作用。进入21世纪以后，双边贸易快速发展。2005年，吉尔吉斯斯坦发生政治运动，但双边贸易并未受到影响。2008年双边贸易达到了93.3亿美元，创下历史记录。但是从进出口方向看，两国贸易额主要由中国出口主导，中国进口额在长达20多年的时间内，并未出现明显的变化。2008年贸易逆差达到峰值，超90亿美元，2009年以后，贸易逆差起起伏伏，但常年保持在50亿美元左右。中国对吉尔吉斯斯坦始终保持贸易顺差，且出口额接近甚至超过了吉尔吉斯斯坦的GDP总量。这是由于吉尔吉斯斯坦特殊的地理位置，它地处中国境外丝绸之路南线开端，是中亚、东欧国家进入中国的必经之路，具有得天独厚的地缘优势，同时也是中国向中亚出口的重要集散中心。这也是中吉双边贸易的特殊之处。

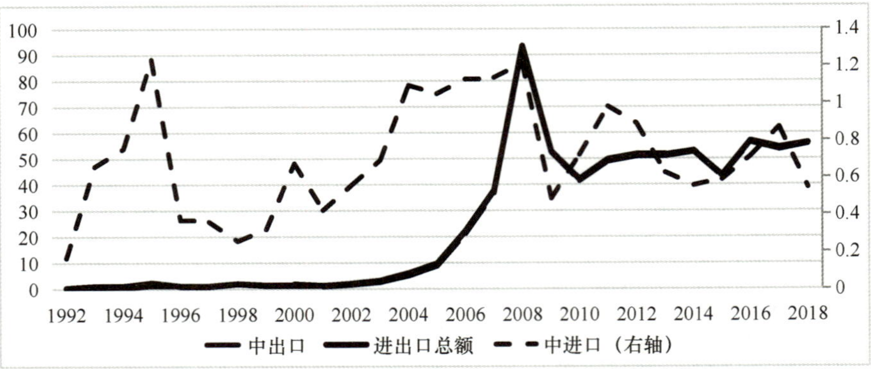

图 3　1992—2018 年中吉贸易情况（亿美元）

数据来源：联合国 UN Comtrade 数据库。

在贸易结构方面，吉尔吉斯斯坦出口始终以原材料和初级产品为主，而中国出口货物则是服装纺织以及日用消费品为主。2016 年，中国对吉尔吉斯斯坦贸易额首次超越俄罗斯，成为其第一大贸易伙伴。

在投资方面，21 世纪以前，中国对吉尔吉斯斯坦投资非常少，以小企业为主，且集中在农业、轻工业等领域。2000 年，中国在吉尔吉斯斯坦首都创办了第一个贸易商城，使得中国产品抱团进军中亚市场，并且逐步发展成为中国商品出口的集散中心。2001 年后，两国在上合组织的框架下，投资活动越发频繁，虽然多数项目规模不大，但是涉及领域广大，矿产资源、运输、工程承包成为重点方向。2009 年后，中吉投资活动迎来新阶段，中国国有大企业也参与到投资活动。投资重点转移到基础设施建设，包括电网、公路、通信。作为“一带一路”标志性项目之一的吉尔吉斯斯坦“达特卡—克明”输变电线项目于 2015 年顺利竣工，是两国经贸的重要成果，截至 2017 年底，中国对吉尔吉斯斯坦累计直接投资达到 38.6 亿美元。

（二）中国与哈萨克斯坦

哈萨克斯坦于 1992 年独立后陷入严重的经济混乱，但是政府制定的相关经济政策，成功将其国内发展拉回正轨，采矿业是哈萨克斯坦的支柱性产业，占工业产值的 60%。进入 21 世纪后，政府积极推动石油和天然气产业的发展，使得哈萨克斯坦成为中亚发展最好的国家之一。

在贸易结构方面，矿产资源是哈萨克斯坦主要的出口项目。机械设备、交通运输设备则是哈萨克斯坦进口最多的产品。从一定程度上反映出，哈萨克斯坦虽然拥有丰富的自然资源，但是国内产业结构不合理、技术水平较低的情况。这与中国的经济结构存在高度的互补性。哈萨克斯坦拥有丰富的能源和矿产资源，有效地填补了中国高速发展时期所形成的供需缺口。2018 年，哈萨克斯坦对中国出口的矿产品达 29 亿美元，占比 46.2%。中国的制造加工业十分发达，主要向哈萨克斯坦出口劳动力密集型产品，例如鞋靴、伞、塑料橡胶、家具、玩具等轻工产品，机电产品和纺织品在哈萨克斯坦市场也颇受欢迎。目前，中国已经成为哈萨克斯坦的第一大进口来源地、第二大出口市场。2014 年，哈萨克斯坦制定了新经济政策“光明之路”，致力于推动国内基础设施建设，保障经济持续发展和社会稳定。这与“一带一路”的初衷相契合。“丝绸之路经济带”一方面可以为“光明之路”提供资金、技术、设备支持，通过优质产能合作促进哈萨克斯坦产业发展及经济结果调整，发掘市场潜力，促进投资和消费，创造需求和就业，助力哈萨克斯坦国内经济发展。另一方面还可以促进中哈及其他沿线国家深入合作，建立伙伴关系，构建多层次互联互通网络，推进区域经济一体化进程，实现哈萨克斯坦可持续发展。哈萨克斯坦对中国的贸易逆差趋于缩小，哈萨克斯坦的经济转型将进一步降低发展对于原材料出口的依赖性。

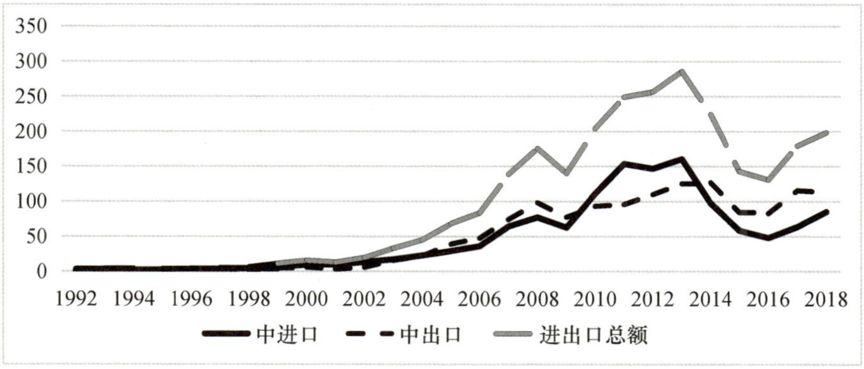

图 4　1992—2018 年中哈贸易情况（亿美元）

数据来源：联合国 UN Comtrade 数据库。

相比中哈贸易，中哈投资起步相对较晚，2007 年之前增长相对缓慢，除了大型国企投资的矿石开采、输油管道等项目进展顺利，大多数项目以失败告终。2007 年之后，中哈投资活动实现大幅增长。中国政府倡导的“走出去”战略与哈萨克斯坦的“开放投资”相呼应。进入投资发展“快车道”后。投资领域也呈现多元化发展，从石油、矿物开采、工程建设等传统项目，逐步拓展到信息通讯等高新技术项目。

（三）中国与塔吉克斯坦

塔吉克斯坦是中亚五国中面积最小的国家，也是中亚地区最贫困的国家，虽然拥有丰富的矿产资源储备，但是国内产业结构单一，相比中亚其他国家，油气资源严重匮乏。中塔早期的经贸往来限制较多，贸易活动波动较大，为推动两国经贸发展，2004 年，正式开通卡拉苏口岸，随着两国直接经贸合作机制进一步完善，双边贸易进入制度化发展时期。2008 年，双边贸易额首次突破 10 亿美元大关，随后两年，尽管受到金融危机的冲击，双边经贸小幅下滑，但在五国中中塔贸易增速最快。2012 年，卡拉苏口岸被批准成为常年开放一类口岸，用于促进两国之间经贸往来，并且塔吉克斯坦正式加入世贸组织，双方之间的贸易往来更加制度化与规范化。2014 年，双边贸易再创新高达 25 亿美元。2015 年，中国成为塔吉克斯坦第二大贸易伙伴和最大的出口市场。

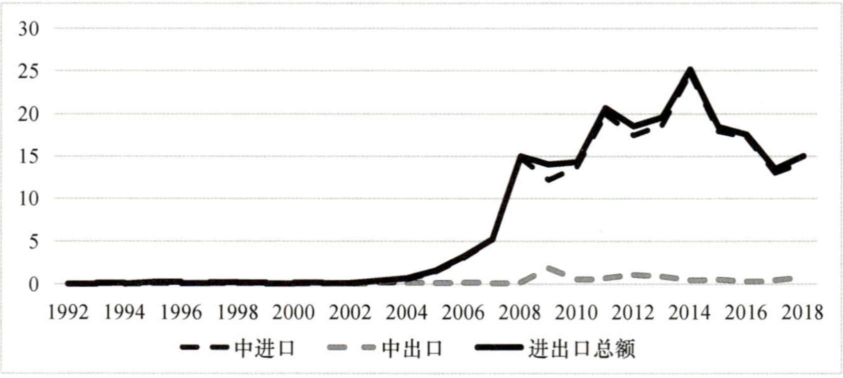

图 5 1992—2018 年中塔贸易情况（亿美元）

数据来源：联合国 UN Comtrade 数据库。

从贸易结构上看，中国从塔吉克斯坦主要进口矿产品、贱金属以及农产品。塔吉克斯坦的自然地理环境适合种植棉花，棉花是中国主要的进口农产品。中国的出口产品贸易结构不断优化，除了传统的服装、纺织品等商品外，中国的移动通信设备和高新技术产品也开始进军塔吉克斯坦市场。虽然有高新技术产品的进入，但是双边整体的贸易模式没有发生质的改变，中国从塔吉克斯坦进口资源密集型产品，出口劳动力密集型产品，技术资本密集型产品虽然逐年提升，但是整体比重较小。除此以外，中塔之间的贸易逆差数额巨大。近年来，中塔贸易逆差占塔总逆差比重30%以上，中国是塔吉克斯坦主要的逆差来源国。

在投资方面，从2002年开始，双方经济技术合作正式起步，在电网、道路交通以及电信领域取得突破性进展。塔吉克斯坦制定的相关法律推动了外来投资的有效利用。2007年以后，中国大型国有企业陆续加入到经贸投资的活动中去，但是从总量上看，中国对于塔吉克斯坦的投资数额远小于其他中亚国家。虽然投资数额相对较少，中国对塔吉克斯坦的援助项目比例很高，主要集中在交通与基础设施建设领域。

（四）中国与土库曼斯坦

土库曼斯坦位于中亚西南部，地广人稀，自然环境较差。但是土库曼斯坦的自然资源丰富，据土官方统计，在其80%的领土上蕴藏丰富的石油和天然气资源。中国与土库曼斯坦于1992年正式签订相关经贸协定。2006年以前，中土贸易发展相对缓慢，近年来的双边贸易发展波动较大。2006年，土库曼斯坦向中国的进口实现大幅增长，2012年达16.99亿美元，随后下降严重，2018年进口额仅有3.16亿美元。而出口额在2010年出现井喷式增长后，一直处于高位，主要原因在于，中土双方签署的天然气合作协议。2009年12月，全长7000千米的中亚—中国天然气管道正式投入运营，打破了俄罗斯的垄断，因此土库曼斯坦对中国的出口额大幅增长。2010年，中国对土库曼斯坦的进口额达到10.4亿美元，出口只有5.2亿美元，进口首次超越出口。2011年，中国一跃成为土库曼斯坦第一大贸易伙伴。2014年，土库曼斯坦对中国出口额高达95亿美元，之后由于国际能源价格下降等因素，出现一定程度的回落。

从贸易结构上看，中国主要出口轻工类产品、机械设备以及运输工具等。进口主要集中在石油、天然气等能源，且占比接近进口的90%。中土两国的贸易互补性十分明显。目前中国发展的一个重要限制因素，就是能源问题。土库曼斯坦可以提供清洁、价低、优质的天然气资源，是双边贸易快速发展的一个关键因素。土库曼斯坦的经济结构相对单一，国民经济主要依靠天然气支撑，这样的发展模式显然缺乏可持续性，今后的中土贸易模式将以能源产业为中心，深化产业合作，并且拓展到其他的产业。能源贸易是两国经贸的重点项目和关键基石。土库曼斯坦得益于其自身能源优势，是中亚五国中唯一对中国保持贸易顺差的国家。

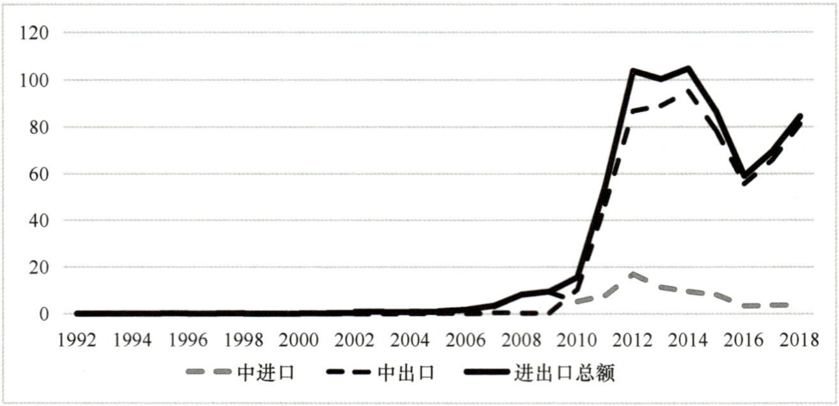

图 6　1992—2018 年中土贸易情况（亿美元）

数据来源：联合国 UN Comtrade 数据库。

投资方面，能源领域一直是中土合作的重中之重。由于土库曼斯坦丰富的天然气资源，早在 2006 年，中国就在石油天然气和交通运输领域投资近 2 亿美元，并且于当年签署了天然气出口协议，进一步推动了中国对土库曼斯坦的投资发展。投资领域也呈现多元化发展，以能源开发为中心，涉及通信、化工、基础设施等领域。投资主体主要是天然气开采企业。中国—中亚天然气管道工程是迄今中国在海外最大的天然气项目，被誉为新时期的能源“丝绸之路”。这一项目使中国摆脱了长期以来对于俄罗斯天然气的依赖。

（五）中国与乌兹别克斯坦

乌兹别克斯坦位于中亚地区中心，是世界上仅有的两个“双重内陆国家”之一。乌兹别克斯坦是中亚五国中人口最多的国家，其支柱性产业是棉花、黄金以及能源。与中亚其他国家不同，乌兹别克斯坦国内的工业体系较为完善，并且在 1991 年独立以后，将维护社会稳定作为国家首要任务，并且逐步开展经济改革活动。2002 年以后，乌兹别克斯坦经济步入正轨。

1992 年，中乌建交之后，双边贸易处于起步阶段，贸易额较小。主要原因在于：第一，乌兹别克斯坦国内经济环境不稳定，发展缓慢；第二，中乌两国不接壤，交通运输不便利，过境贸易和转口贸易是主要贸易方式。2002 年，中乌贸易发展进入“快车道”。2002 年，中乌贸易额为 1.3 亿美元，2006 年，双边贸易额达 9.7 亿美元。这一阶段主要是中方进口所带动，2004—2006 年中方在贸易中处于逆差。之后，中乌双方贸易持续扩大，除 2010 年，中国出现贸易逆差外，其余年份均保持较大的顺差。2013—2015 年，国际能源价格下跌，双边贸易受到较大影响。2013 年，双边贸易额达到 45.5 亿美元，次年下滑至 42.7 亿美元，下滑全部来源于中国进口额减少。2016 年以后，双边贸易恢复增长趋势，2018 年双边贸易额达到 62.6 亿美元，同比增长 48%。

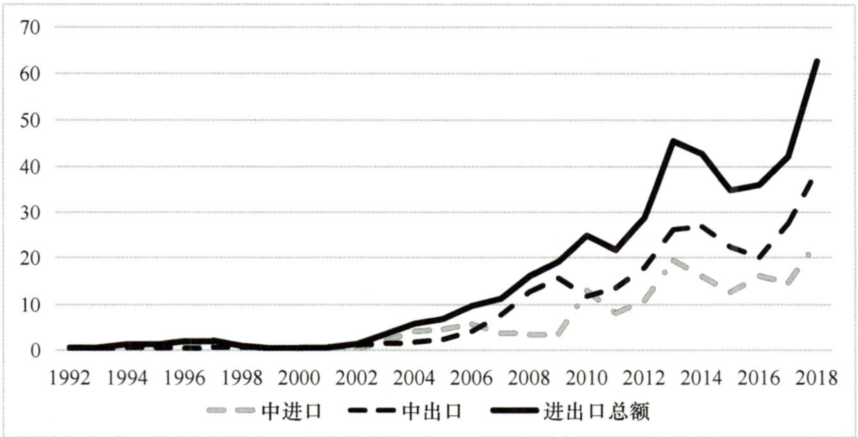

图 7　1992—2018 年中乌贸易情况（亿美元）

数据来源：联合国 UN Comtrade 数据库。

在贸易结构方面。2003 年以前，中国主要向乌兹别克斯坦进口棉花、肥料、飞机和相关设备；出口纺织品以及食品。2003 年后中国出口开始转型，科技、机械、电子产品比重逐步上升。而乌兹别克斯坦的出口依旧是以棉花为主。2007 年以后，两国经贸关系进一步发展，进出口贸易商品种类更加多元化，高新技术产品的贸易进一步增长。2018 年，中国超越俄罗斯成为乌兹别克斯坦最大的贸易伙伴国。

在投资方面，中国与乌兹别克斯坦的合作主要得益于上合组织的推动，2003 年开始，中国对乌兹别克斯坦的投资活动逐步扩大，中国投资的领域也很广泛，涉及农业、化工、基础设施、石油等领域。由于两国互不接壤，交通基础设施建设也是两国投资重点，中—吉—乌公路和铁路建设项目的开展，有助于中国与中亚国家更好地发展双边贸易。

四、中国与中亚经贸关系竞争性与互补性的指数分析

（一）研究方法

涉及到中国与中亚经贸关系的研究大多集中在中国与中亚整体竞争性与互补性的研究，本文将遵循同样的研究方法，结合“一带一路”倡议背景等宏观经济环境，选取2008—2017年近十年的数据，通过测算中国与中亚各国、贸易显示性比较优势指数、贸易结合度指数对双边贸易关系的竞争性与互补性展开深入研究。

（二）数据来源

本文近十年中国与中亚各国的进出口贸易额数据、世界进出口贸易数据均来源于联合国 UN Comtrade 数据库、UNCTADSTAT 数据库与中国统计年鉴。其中世界、中国与中亚的贸易进出口商品分类均采用《联合国国际贸易标准分类方法》（SITCRev3）的商品分类方法。

表 2　联合国国际贸易标准分类方法

类别	名称
STIC0	食品及主要供食用的活动物
STIC1	饮料及烟类
STIC2	燃料外的非食用粗原料
STIC3	矿物燃料、润滑油及有关原料
STIC4	动植物油及油脂
STIC5	未列名的化学品及有关产品
STIC6	主要按原料分类的制成品
STIC7	机器及运输设备
STIC8	杂项制品
STIC9	没有分类的其他商品

（三）中国与中亚各国贸易竞争性与互补性指数分析

1. 显示性比较优势指数（RCA 指数）

RCA 指数又称出口结构指数，是由美国经济学家巴拉萨创立，用于反映某国或某地区某一产业的出口与世界平均水平的相对“显性”比较优势。

$$RCA_{ij} = (X_{ij}/X_i)/(X_{cj}/X_c)$$

其中 X_{ij} 指的是 i 国 j 类商品出口额，X_i 是 i 国商品贸易出口总额，X_{cj} 是世界 j 类商品出口额，X_c 是世界商品贸易出口总额，当 RCA 大于 1 时，该国该类商品贸易处于比较优势地位，当 RCA 小于 1 时，表示该类商品贸易处于比较劣势地位，当 RCA 大于 2.5 时，该类商品贸易具有极强的竞争力，当 RCA 取值 1.25 到 2.5 之间时，该类商品贸易具有很强的竞争力，当 RCA 指数取值 0.8 到 1.25 之间时，该类商品贸易具有较强的竞争力，而当 RCA 取值小于 0.8 时，则表明该类商品贸易具有较弱的竞争力。该指数排除了国家或世界总量波动影响，较好地反映了贸易结构和竞争力状况，但该指数也具有其局限性，例如产业内贸易盛行时候该指数不具有适用性，忽略进口的作用，受政府政策影响较大等使得不同国家、不同时期、不同产业间不具有可比性。本文选取 2008—2017 年世界、中国以及中亚五国 STIC 编码分类项 STIC0、STIC1、STIC2、STIC3、STIC4、STIC5、STIC6、STIC7、STIC8、STIC9 十类商品贸易历年出口统计数据计算各类商品 RCA 指数结果如表 3 所示。

表 3　2008—2017 年中国分类商品 RCA 指数

年份	STIC0	STIC1	STIC2	STIC3	STIC4	STIC5	STIC6	STIC7	SITC8	STIC9
2008	0.43	0.14	0.22	0.12	0.07	0.53	1.34	1.40	2.29	0.03
2009	0.43	0.15	0.19	0.12	0.05	0.45	1.21	1.46	2.17	0.03
2010	0.45	0.15	0.18	0.11	0.05	0.49	1.22	1.47	2.21	0.02
2011	0.46	0.16	0.18	0.10	0.05	0.55	1.30	1.50	2.32	0.03
2012	0.45	0.16	0.17	0.08	0.05	0.52	1.34	1.48	2.42	0.01
2013	0.42	0.15	0.17	0.09	0.05	0.51	1.35	1.47	2.39	0.01
2014	0.41	0.15	0.18	0.09	0.06	0.53	1.39	1.39	2.29	0.02
2015	0.40	0.17	0.17	0.11	0.06	0.50	1.36	1.30	2.05	0.02
2016	0.43	0.19	0.18	0.13	0.05	0.51	1.35	1.28	1.99	0.05
2017	0.43	0.18	0.17	0.14	0.06	0.55	1.32	1.32	2.00	0.05

数据来源：UNCTADSTAT 数据库利用 excel 计算整理得出。

从上表可以看出近十年中国在 STIC6、STIC7 和 STIC8 商品贸易出口的 RCA 指数均大于 1 小于 2.5，说明中国在主要按原料分类的制成品、机器、运输设备及杂项制品三类产品的出口方面具有很强的竞争力，在杂项制品比较优势显著，而纵向来看中国近年来这两类产品的竞争力正在不断降低，因此中国应该继续发挥制造业大国的优势地位，促进产业结构的优化升级，延长产业链，提交工业制成品附加值和技术含量水平，实现“中国制造”到“中国创造”的质的飞跃。同时基于“一带一路”倡议，不断促进工业产品到中亚各国的出口，实现优质工业的产业转移，促进工业制成品贸易竞争力水平的不断提高。

表 4　2008—2017 年中亚五国分类商品 RCA 指数

年份	STIC0	STIC1	STIC2	STIC3	STIC4	STIC5	STIC6	STIC7	SITC8	STIC9
2008	0.74	0.17	1.86	3.64	0.03	0.34	1.04	0.07	0.05	0.94
2009	0.71	0.26	2.12	4.37	0.12	0.46	1.06	0.06	0.08	0.67
2010	0.74	0.25	2.52	3.80	0.11	0.55	1.09	0.06	0.09	0.61
2011	0.50	0.19	2.24	3.60	0.05	0.39	1.06	0.06	0.08	0.42
2012	0.55	0.22	2.23	3.41	0.07	0.44	1.14	0.08	0.12	0.48
2013	0.50	0.23	1.98	3.81	0.08	0.42	0.85	0.07	0.08	0.72
2014	0.51	0.29	2.01	4.08	0.10	0.41	0.81	0.08	0.08	0.73
2015	0.59	0.40	2.18	5.05	0.14	0.59	1.10	0.04	0.12	1.29
2016	0.76	0.41	2.21	5.41	0.18	0.57	1.32	0.06	0.18	1.38
2017	0.67	0.32	2.16	4.76	0.24	0.45	1.42	0.05	0.10	1.61

数据来源：UNCTADSTAT 数据库。

从上表可以看出 2017 年中亚五国在 STIC2、STIC3 两类产品 RCA 指数分别为 2.16 和 4.76，均大于 1，STIC3 商品的 RCA 指数大于 2.5，说明中亚五国在资源密集型等初级产品的出口中具有极强的竞争力，而其他类产品的 RCA 指数均小于 1，这说明中亚国家工业发展水平低，产品结构单一，工业制成品对进口具有较强的依赖性，在资本密集型以及技术密集型产品的出口竞争力弱势显著，这刚好与中国贸易形成较强的互补性，双边贸易潜力巨大。

2. 贸易结合度指数（TII 指数）

贸易结合度指数主要用于衡量两国贸易联系的紧密程度，其数学计算公式如下：

$$T_{IJ} = (X_{IJ}/X_I) - (M_J/M_W)$$

其中 T_{IJ} 表示两国的贸易结合度指数；X_{IJ} 为 I 国向 J 国的出口额；X_I 为 I 国出口总额；M_J 为 J 国的进口额；M_W 为世界进口总额。公式分子表明 I 国对 J 国的出口占 J 国出口总额的比重，其表明 I 国的出口能力，而分母表明 J 国的进口总额占世界进口总额的比重，其表示的是国家 J 的进口能力。如果贸易结合度指数大于等于1，说明两国贸易联系紧密，即I国对J国的出口依赖程度较高，反之，则表明两国的贸易关系较为疏远，贸易依存程度较低。

本文选取中国与中亚五国作为研究对象，利用上述公式和相应数据，对中国与哈萨克斯坦、吉尔吉斯斯坦、塔吉克斯坦、乌兹别克斯坦和土库曼斯坦2008—2017年贸易结合度指数进行分析，输出结果如表5。

表5　中国对中亚五国的出口贸易结合度指数

年份	中对哈	哈对中	中对吉	吉对中	中对塔	塔对中	中对土	土对中	中对乌	乌对中
2008	2.38	1.58	26.04	0.56	5.20	0.32	1.89	0.03	1.95	2.27
2009	2.34	1.84	18.35	0.37	5.02	2.31	0.82	0.10	1.38	0.41
2010	2.93	2.05	12.52	0.45	5.06	0.52	0.90	1.77	1.33	1.23
2011	2.52	1.93	11.12	0.52	6.05	0.61	1.00	3.82	1.26	0.64
2012	2.16	1.74	8.60	0.48	4.21	0.82	1.56	5.39	1.35	1.00
2013	2.21	1.84	7.18	0.29	3.87	0.74	0.98	5.15	1.71	1.57
2014	2.50	1.19	7.43	0.28	4.67	0.47	0.78	5.28	1.56	1.35
2015	2.03	1.27	7.74	0.40	3.95	0.58	0.86	7.79	2.24	1.34
2016	2.56	1.34	10.82	0.46	4.40	0.35	0.52	8.15	1.37	2.28
2017	3.14	1.29	9.43	0.48	3.73	0.38	0.64	8.60	1.81	1.38

数据来源：联合国UN Comtrade数据库、中国统计年鉴。

由表5可以看出，中国与中亚五国总体贸易联系较为紧密，贸易结合度指数大于1，具体来看中国与中亚各国贸易结合度指数差异较大，其中中国对吉尔吉斯斯坦的贸易结合度指数总体大于7，贸易联系程度非常高，贸易结合度指数波动较大，总体上呈下降趋势；对哈萨克斯坦和塔吉克斯坦的贸易联系程度较为紧密，贸易结合度指数总体上大于2，近年来中国对哈萨克斯坦的贸易联系趋于增强，对塔吉克斯坦的贸易联系趋于松散。对土库曼斯坦和乌兹别克斯坦的贸易联系较强，总体上大于1，且中国对土库曼斯坦的贸易联系程度有所下降，对乌兹别克斯坦的贸易联系程度缓慢增强。这说明，中亚是近年来中国重要的贸易伙伴和出口市场，中国对中亚的出口额占中国出口总额的比重大于中亚各国进口额占世界的比重，但总体上中国除与哈萨克斯坦的贸易联系不断增强外，与其余四国的贸易联系不断降低。

土库曼斯坦对中国的贸易关系非常紧密，自2016年起贸易结合度指数大于8，且贸易结合度指数逐年上升；哈萨克斯坦对中国的贸易联系关系较强，总体上介于1—2之间，但近年来贸易联系有不断下降的趋势，贸易联系程度减弱；乌兹别克斯坦对中国的贸易结合度指数波动较大，总体介于1—2之间，贸易联系较为紧密；而吉尔吉斯斯坦和塔吉克斯坦对中国的贸易结合度指数均小于1，贸易联系程度较弱，贸易依存度较低，且近年来贸易联系趋于松散；总体来看，吉尔吉斯斯坦是中国最为重要的出口市场，中国是塔吉克斯坦和乌兹别克斯坦最为重要的出口市场，而中国和哈萨克斯坦互为重要的出口市场，中国对中亚各国的贸易联系程度较强，但近年来总体趋于下降，随着“一带一路”建设的不断推进，中国以“一带一路”经贸合作组织为支点，借助贸易便利化条件，不断推进与中亚各国的贸易合作，巩固贸易合作伙伴关系，加快能源合作，推进产业内贸易，不断开拓土库曼斯坦和乌兹别克斯坦等出口市场，进一步拓展两地合作的潜力与空间。

3. 出口相似度指数（ESI 指数）

出口相似度指数用以衡量任意两个国家（或两组国家）在世界市场（或第三方市场）上出口产品的相似程度，其计算公式为：

$$ESI = \left[\sum min\left(\frac{E_{il}^{m}}{E_{il}}, \frac{E_{jl}^{m}}{E_{jl}}\right) \right] \times 100$$

其中，E_{il}^{m} 和 E_{jl}^{m} 分别代表 i 国和 j 国在出口市场 l 国上 m 产品的出口额，E_{il} 和 E_{jl} 分别代表 i 国、j 国对 l 的总出口额。ESI 的取值范围在 0 到 100 之间。若 ESI 越趋近于 0，表明两国市场差异越大，分工越明显；若 ESI 越趋近 100，则两国出口结构越相似，在第三方市场竞争越激烈。

表 6 显示，中国和中亚国家在国际市场上的 ESI 指数偏小，近十年国际市场上的 ESI 指数稳定在 26 左右，最高值为 2016 年的 31.9。说明中国与中亚国家在国际市场上贸易竞争性较弱，并且经贸交流逐步拓宽。这也与两个国家（地区）的要素禀赋相切合。近年，中国出口商品，主要以机械、运输设备、化工制品为主，均属于资本密集型产品；而中亚地区出口主要集中在矿石、石油、天然气以及农产品。双边经贸关系呈现较强的互补性。

表 6　中国和中亚五国的出口相似度指数

年份	国际市场
2008	26.3
2009	26.7

续表

年份	国际市场
2010	28.1
2011	26.4
2012	27.3
2013	22.8
2014	23.1
2015	27.3
2016	31.9
2017	29.7

数据来源：联合国 UN comtrade 数据库、中国统计年鉴。

五、结论与建议

近年来，随着政府“一带一路”倡议的不断推进，中国与中亚各国的贸易规模不断扩大，贸易关系日益紧密，双边贸易发展势头良好，中国与中亚各国经贸发展面临新的机遇，新形势下进一步深化中国与中亚各国的双边贸易合作，不断拓宽经贸合作的领域和范围已成为各国的共同愿望，是大势所趋。在这一经贸合作的大背景下，本文通过测算中国与中亚各国2008—2017年近十年数据，从RCA指数来看，中国贸易竞争力集中在劳动密集型以及资本密集型产品的出口上，而中亚主要集中在资源密集型初级产品的出口上，双方贸易优势产品没有重叠，具有较强的贸易互补性。此外，TII指数计算结果也证明了这一点。中国和中亚国家在国际市场的上的ESI指数偏小，说明中国与中亚国家在国际市场上贸易竞争性较弱，并且经贸交流逐步拓宽。研究表明中国与中亚贸易联系紧密，贸易结合度高，具体表现为哈萨克斯坦、吉尔吉斯斯坦和塔吉克斯坦三国是中国重要的出口市场，中国也是土库曼斯坦和哈萨克斯坦重要的商品输出国，与此同时，除哈萨克斯坦外，中国与中亚各国贸易结合度处于不断降低的发展态势，贸易联系趋于松散，这对于新时期不断加强与中亚各国的贸易合作，增强双边贸易竞争性互补性提出了更高的要求。基于以上实证研究的结果，本文就新的贸易形势下如何更好的发挥中国与中亚各国各自的要素禀赋优势，挖掘中国与中亚贸易合作发展潜力针对性地提出以下几点建议。

（一）依托顶层设计，建立持久有效的经贸合作机制

“一带一路”倡议的提出为构建中国与中亚经贸合作伙伴关系提供了历史机遇，中国应该以现有经济合作组织为依托，实现“丝绸之路经济带”与“欧亚经济联盟”的深入对接，促进中国与中亚各国双边贸易长足发展。具体来看，政府应该加强与中亚各国贸易便利化、行业问题、通关便利等领域的双边贸易谈判，加强双边在区域通关一体化和海关信息认证、海关监管互认等领域的合作，不断减少双边贸易摩擦和隐形贸易壁垒，促进双边贸易互联互通。

（二）深化能源合作，深入挖掘双边贸易发展潜力

中国与中亚双边贸易具有较强的互补性，近年来，中国对中亚出口产品以工业品为主，而从进口情况来看，中国对中亚的原材料进口依赖性较强，尤其是从土库曼斯坦和哈萨克斯坦进口的石油、天然气等原料，而中亚国家由于自身资本技术受限，对中国附加值和技术含量高的产品依赖程度较强。这样的经贸合作特点有助于推动中国与中亚各国的海外产业转移，这样既可以减少进口原料的运输成本与消耗，又可以帮助中亚各国提升自身产业发展水平，减低中亚各国从中国进口产品的成本。与此同时，中国应该不断推进工业科技水平，提升中国出口工业产品的附加值与技术含量水平，促进产业结构的优化升级和贸易结构的改善，实现由“中国制造”到“中国智造”的飞跃。

（三）鼓励对外投资，加快推进中国潜力企业“走出去”的步伐

中国以“一带一路”建设为依托，抓住历史机遇，出台一系列相关政策，鼓励中国企业到中亚直接投资，利用当地丰富的自然资源，建立海外工业基地，开展加工贸易。一方面，目前中亚各国工业发展水平低、产业结构单一，缺乏必要的资金、技术与管理经验，亟需引进外资，发展民族工业。另一方面，中国作为制造业大国，工业体系完备、资金雄厚，因此政府应该采取低息贷款、给与补贴等政策手段，推动中国优质企业对中亚各国的直接投资，帮助中亚各国建立完善的工业体系的同时，拓展双边贸易发展空间，确保国家能源安全供给。

（四）促进互联互通，加强交通等基础设施建设

中亚地缘战略重要性突出，是连接中国与西欧各国的重要桥梁和关键节点，中国与中亚经贸往来自古代丝绸之路起，经贸合作源远流长，而运输成本极大地影响着产业布局与扩散。由于历史原因，苏联解体后中亚各国的交通体系都受到不同程度的影响，极大地影响了中国与中亚各国的贸易往来，因此中国必须推动与中亚各国建立完善的交通等基础设施建设，加大对中亚各国基础设施建设的投资，与中亚各国政府签订更多交通合作协议，积极推进“欧亚新大陆桥”、热特肯霍尔果斯铁路、义新欧铁路线等交通运输项目工程建设，合理利用“第二亚欧大陆桥”等海运条件，为货物贸易运输提供必要的硬件设施。

（五）加强金融保障，提高金融服务水平

首先，中国应积极推进亚投行在中亚基础设施建设投资等资金融通领域的积极作用，促进金融功能的高效运转，为“一带一路”沿线国家的经济发展注入更多活力。中国应该加快人民币境外结算营业网点的建设，促进人民币跨境结算在中亚各国中的不断普及，有效规避美元汇率波动带来的风险，推进人民币国际化的进程，提高人民币国际地位。中亚各国应该不断推进中央银行与亚投行的金融合作，借助亚投行的力量，为发展本国工业提供资金支持，加快国内工业化进程，提高工业化发展水平，促进国内经济的发展。此外，中亚各国应积极引进金融工具，创新金融产品，搭建完善的金融服务体系，为双边或多变的商贸投资提供便利。其次，中国应加快与中亚各国的金融合作，缩短贷款审查周期，降低贷款利率，降低中国企业对外投资的融资成本，加快资金在国家间的高效运转，提高资源配置效率，稳步推进中国企业跨境贸易与对外投资合作的步伐。

参考文献

1. XUS. China and South Asia trade competition and complementary: analysis based on the background of “one belt and one road” [J] . Chinese Studies, 2017, 6 (2) : 108 – 122.

2. China and South Asia trade competition and complementary: analysis based on the background of “One Belt and One Road” . XU S. Chinese Studies. 2017.

3. An Empirical Research on Agricultural Trade between China and The Belt and Road Countries: Competitiveness and Complementarities. He M, HuangZ, Zhang N. Modern Economy . 2016.

4. HE M, HUANG Z, ZHANG N. An empirical research on agricultural trade between China and “the belt and road” countries: competitiveness and complementarity [J] . Modern Economy, 2016, 7 (14) : 1671 – 1686.

5. 赵青松：《中国与乌兹别克斯坦经贸关系：历史、现状与前景》，《新疆财经》，2014 年第 5 期。

6. 郭扬、李金叶：《与中亚贸易的质量研究——基于国家时空视角》，《亚太经济》，2018 年第 2 期。

7. 王广宇、张倩肖、董瀛飞：《中国与中亚五国贸易的竞争性和互补性研究——以“丝绸之路经济带”为背景》，《经济问题探索》，2016 年第 3 期。

8. 张晓涛、王淳：《以自贸区为发展方向的金砖国家经贸合作——基于相互贸易关系视角的分析》，《宏观经济研究》，2017 年第 4 期，第 156—167 页。

9. 马莉、黄佛君：《中国与中亚地区贸易研究竞争性和互补性研究》，《世界农业》，2019 年第 1 期，第 70—79 页。

10. 赵青松：《中国与吉尔吉斯斯坦经贸关系：历史、现状与前景》，《新疆财经》，2016 年第 1 期，第 66—73 页。

11. 项义军、汤保君：《中国—东盟自由贸易区贸易结合指数分析》，《经济研究导刊》，2016 年第 31 期，第 155—158 页。

12. 胡玲玲：《“一带一路”背景下中国与中亚国家贸易合作竞争性和互补性分析》，北京理工大学硕士论文，2016 年版。

13. 蒋宇宁、王雅莉：《“一带一路”倡议下中国与中亚地区贸易合作的竞争性与互补性研究》，《内蒙古社会科学》，2018 年第 5 期。

14. 田原、张滔：《“一带一路”倡议下中国与中亚国家经贸合作现状及展望》，《国际贸易》，2019 年第 8 期。

15. 张方慧：《“一带一路”背景下中国与中亚国家经贸合作：现状、机制与前景》，《现代管理科学》，2018 年第 10 期。

“冰上丝绸之路”

——俄中合作的新方向

弗拉基米尔·彼得罗夫斯基*

这篇文章主要论述的是俄中建设“北极丝绸之路”或者叫“北方丝绸之路”的前景。现在正在讨论的不仅是一个经贸项目，也是一个对我们两国来说具有战略意义的话题。由于全球变暖导致北极地区发生了水循环的变化，北极航运逐渐引起世界关注。世界航运业总是需要找到更短的航路，在不久的将来，北极地区将有这样一条新航线，我们称之为“北方海上之路”，它将具有怎样的前景？该如何使用它呢？在此，我想主要讨论俄中在这条航线上的合作。作为一条海上运输航路，是沿着俄罗斯北部的海岸线，从东方到西方。现在关于如何在北极地区使用这条航线有一些争议，比如说如何划分北极，有的是希望按着区块来划分，如果这样分的话，整个北极的面积就变小了，也就没法利用北极的资源发展北极航运了。

确实在北极地区我们的边境线也是模糊的，甚至还有领土争端，我们需要找到更好的途径来进行国际合作。俄罗斯的观点就是坚持国际海洋法，以大陆架来划分，200 海里专属经济区，这样俄罗斯将会分得更多北极地区的水域和领土。国际法中有一些相关法规可以协调这方面的争议，比如国际海洋法、大陆架法，以及联合国大陆架委员会和有关航行的法规。美国并没有履行很多条约的义务。现在北极委员会对北极进行着管理，有自己的观察员，比如说中国就是这个机构里的观察员。

俄罗斯的立场是，这条海上航路是俄罗斯国家级的航线，同时俄罗斯支持开展国际合作，共同开发这条航路，来促进国际贸易，并不是把它封闭，这是最重要的一个政策立场。“北方海上之路”所经过的海域不是国际公海，而是俄罗斯的领海。因为刚刚说过俄罗斯支持 200 海里大陆架专属经济区。

那么，俄中该怎样合作？在 2018 年 6 月普京总统访华的时候第一次正

---

* 俄罗斯科学院远东研究所研究员，军事科学院院士，政治学博士。

式提到要开展该领域的合作，2019 年在第二届“一带一路”国际合作高峰论坛上，普京总统再次重申了这样的立场，而且说到俄中有可能把“北方海上之路”与“一带一路”进行对接。普京总统当时说“北方海上之路”涉及的不仅是北方，还可以联通到南方。也就是说“北方海上之路”可以成为“21 世纪海上丝绸之路”一部分。使用“北方海上之路”有什么样的好处？与通过马六甲海峡和苏伊士运河相比，它是一条更短的航路，但是这里有一些风险。目前大部分的集装箱运输还是通过刚刚说到的传统航线，苏伊士运河一天的运量是“北方海上之路”一年的运量。而且现在“北方海上之路”还不适合集装箱运输，也缺乏商业的导航系统。“北方海上之路”可以更多运输的是大宗商品，俄罗斯现在非常关注北极的话题，而且把这个上升为国家战略，也出台了自己的《北极发展战略》，其中包括了关于“北方海上之路”的有关章节。这项政策能够促进许多经济项目的快速发展，比如，亚马尔半岛正在开发油气资源，可以形成液化天然气的运输，有关方面正在考虑在这里建立港口。

还有一个趋势，“北方海上之路”可以与其他许多的交通节点相连接。不久前，就在 2019 年 10 月，俄罗斯采取了“北纬行动”，把基础设施包括港口联通太平洋到大西洋，同时还包括有关的铁路项目，比如说从阿穆尔州到雅库茨克。雅库茨克是北极圈的一个城市，再往北还有一些俄罗斯北极的港口。从中国黑河到布拉戈维申斯克市就比较近了，对运输也是一个有价值的选项，当然也存在着许多的问题。中方的学者提到航行的规则，还有特殊的运输成本等问题。因为在北极航行要多出很多支出用于破冰船及其护航，这些问题还没有解决。现在两国有关机构正在起草一个备忘录，来规划如何在北极进行合作。

（根据现场同传速记稿整理）

【俄文原文】

Россия, Китай и перспективы строительства «Северного шелкового пути»

Владимир Петровский *

Взаимодействие РФ и КНР по освоению Арктического региона – важный аспект российско – китайских отношений всеобъемлющего партнерства и стратегического взаимодействия. В условиях антироссийских санкций Запада из – за кризиса вокруг Украины и снижения мировых цен на нефть, Россия и Китай становятся все более близкими стратегическими партнерами, и Арктика, в числе прочих сфер, постепенно превращается для них в арену потенциального долгосрочного сотрудничества.

Россия считает Китай приоритетным партнером для сотрудничества в собственной зоне Арктики, заявил в августе 2015 г. глава МИД РФ Сергей Лавров. По его словам, Китай является одним из наблюдателей в Арктическом совете, "поэтому этот принцип абсолютно распространяется на него". "И у Китая, думаю, здесь перспективы, наверное, благоприятные, потому что есть соответствующие ресурсы, технологии, научный потенциал. Но наше взаимодействие в Арктике с Китаем необязательно должно ограничиваться рамками Арктического совета. Аркт-ическая зона Российской Федерации – это зона, в которой мы можем на двусторонней основе работать со многими партнерами, и, конечно, КНР – один из приоритетных". ①

Арктическое сотрудничество России и Китая обладает большим потенциалом, и в системе его приоритетов, особенно в контексте китайской Инициативы Пояса и Пути (ИПП, главное место занимает Северный морской путь (СМП). «Шелковый путь дотянулся до самого Севера. Объединим его с Северным морским путем, и будет то, что

---

* Главный научный сотрудник, Институт Дальнего Востока РАН, доктор политических наук, академик Академии военных наук.

① «Лавров: КНР – приоритетный партнер России по сотрудничеству в Арктике», URL: http://www.tks.ru/reviews/2015/08/24/03.

нужно, и Северный морской путь сделаем Шелковым», – отметил в этой связи президент РФ Владимир Путин. ①

В июне 2017 года председатель КНР Си Цзиньпин и президент РФ Владимир Путин пришли к договоренности о сотрудничестве по развитию Арктики, строительстве "Ледяного Шелкового пути". Стороны договорились, что это сотрудничество станет важным направлением в рамках сопряжения концепции "Один пояс и один путь" и ЕАЭС. В ноябре 2017 г. во время XXII регулярной встречи глав правительств КНР и РФ состоялся обмен мнениями, и стороны пришли к консенсусу насчет совместного строительства "Ледяного Шелкового пути. ②

Как заявил В. Путин на Втором Форуме Пояса и пути в апреле 2019 г., Россия рассматривает возможность состыковать СМП и китайский «Морской Шёлковый путь», тем самым создав глобальный и конкурентный маршрут, связывающий Северо – Восточную, Восточную и Юго – Восточную Азию с Европой. Такой масштабный проект подразумевает тесное сотрудничество стран Евразии в наращивании транзитных перевозок, строительстве портовых терминалов, логистических центров. ③

Северный морской путь — зона морских пространств между меридианом мыса Желания (на архипелаге Новая Земля) и Беринговым проливом, прилегающая к северному побережью РФ, в пределах которой на судоходные пути непосредственное влияние оказывает ледовый покров Северного Ледовитого океана (СЛО). В зависимости от ледовых условий, мощности флота, особенностей проводимых судов протяженность маршрута колеблется от 2, 2 до 3 тыс. миль. Необходимость прохода судов с более глубокой осадкой (более 11 м) смещает маршрут к северу – в высокие широты, повышая требования к техническому обеспечению проводки, изменяя ожидаемое время прохода судна и возможные откл-

① «Путин надеется, что РФ и Китай совместно сделают Северный морской путь Шелковым», URL: https://tass.ru/ekonomika/4797575.

② «Россия и Китай разрабатывают меморандум о совместном освоении Арктики», URL: https://tass.ru/mezhdunarodnaya-panorama/5200505.

③ «Заседание круглого стола форума Один пояс и один путь», URL: http://www.kremlin.ru/events/president/news/60393.

онения от среднего срока следования. ①

Акватория СМП – это водное пространство, охватывающее внутренние морские воды, территориальное море, прилежащую зону и исключительную экономическую зону РФ, поэтому к ней применимы соответствующие положения Конвенции 1982 г. (статьи 2 – 33, 55 – 75 и др.) К примеру, согласно ст. 33 Конвенции 1982 г., в своей прилежащей зоне Российская Федерация может осуществлять контроль, необходимый для предотвращения нарушений таможенных, фискальных, иммиграционных или санитарных законов и правил в пределах своей территории или территориального моря, а также назначать наказания за их нарушение.

Основным нормативным правовым актом РФ по данному вопросу является Федеральный закон от 28 июля 2012 г. № 132 – ФЗ «О внесении изменений в отдельные законодательные акты Российской Федерации в части государственного регулирования торгового мореплавания в акватории Северного морского пути» (Федеральный закон № 132 – ФЗ). В нем закреплено новое понятие «акватория Северного морского пути» как водного пространства, прилегающего к северному побережью РФ, охватывающего внутренние морские воды, территориальное море, прилежащую зону и исключительную экономическую зону РФ и ограниченное с востока линией разграничения морских пространств с США и параллелью мыса Дежнева в Беринговом проливе, с запада меридианом мыса Желания до архипелага Новая Земля, восточной береговой линией архипелага Новая Земля и западными границами проливов Маточкин Шар, Карские Ворота, Югорский Шар. ②

Северный морской путь является системообразующим элементом Арктической транспортной системы. С одной стороны, СМП является уже исторически сложившимся маршрутом: в советское время были

---

① Поворот на Восток: Развитие Сибири и Дальнего Востока в условиях усиления азиатского вектора внешней политики России //отв. ред. И. А. Макаров. – М.: Международные отношения, 2016. с. 388.

② Боброва Ю. В. Северный морской путь: национальный правовой режим в меняющемся международном контексте// Российский совет по международным делам Аналитическая записка №9, ноябрь 2016 г. с. 4 – 5.

созданы основная часть инфраструктуры, мощный ледокольный флот и системы обеспечения судоходства по трассе СМП. С другой стороны, для использования СМП в качестве высокотехнологичной и конкурентоспособной трассы международного значения необходимы полная реконструкция и модернизация, а в некоторых случаях – новое строительство. К тому же транспортировка грузов по СМП является технически сложной и высокорисковой операцией. Этому способствует ряд обстоятельств.

1. Сложные навигационные условия из – за неравномерных (ограниченных) глубин на маршрутах плавания, состояния ледовой обстановки и характеристик ледяного покрова (сплоченности, толщины, сжатия и др.), низкой температуры, туманов, сезонных ограничений.

2. Значительный возраст судов ледокольного флота. Основной состав эксплуатируемых в настоящее время атомных ледоколов был построен в 1980 – 1990 – х гг., а линейных дизель – электрических – в 1970 – 1980 – х гг. При этом средний срок службы атомных ледоколов составляет 20 лет, дизель – электрических – 28 лет. С учетом выработки основного и планируемого продленного ресурсов к 2020 г. 12 ледоколов (80%) подлежат выводу из эксплуатации. Узким местом северной транспортировки является высокая стоимость изготовления кораблей усиленного ледового класса. В среднем она на35 – 40% выше, чем для кораблей, работающих в умеренных широтах.

3. Недостаточное количество компетентных морских экипажей при работе в условиях ледовой эксплуатации судна и караванного плавания крупнотоннажных судов, а также отсутствие значительного числа судов ледового класса, которые адаптированы к плаванию в сложных климатических условиях. Кроме того, существует запрет на использование «однокорпусных» танкеров для перевозки тяжелых сортов нефти и нефтепродуктов, определенных Международной конвенцией МАРПОЛ 73/78 с 1 января 2015 г., в то время как значительная часть добываемой арктической нефти относится именно к тяжелым сортам.

4. Отсутствие эффективных отечественных навигационных систем в Арктической зоне. В настоящее время информация о навигационных условиях (в первую очередь о состоянии ледового покрова) поступает в основном (98%) от иностранных спутников и только отчасти от одного

отечественного аппарата «Метеор – М № 1». В связи с этим Россия находится в зависимости от зарубежных источников спутниковой информации, что ведет к высокой вероятности проявления политического риска.

5. Неудовлетворительное состояние береговых опорных баз, морских портов, портовых перегрузочных комплексов по трассе и спасательных станций, отсутствие судоремонтных мощностей, а также недостаток навигационно – гидрографического и гидрометеорологического обеспечения. ①

Коммерческие риски тесно связаны с конкурентоспособностью транспортных операций и рентабельностью перевозок, которая зависит от уровня тарифов, объемов перевозок и оптимизации транспортных связей. Основным приоритетом логистики является доставка груза в заданный промежуток времени при минимальных затратах с обеспечением сохранности доставляемых грузов и, что самое главное для арктических регионов, безаварийности. Высокая степень риска ввиду большой зависимости от природно – климатических условий, сезонного характера и слабого взаимодействия разных видов транспорта снижает эффективность работы транспортной системы арктического региона, что снижает объем товарной выручки. ②

Для развития и оптимальной эксплуатации СМП как единой национальной транспортной системы России в Арктике российскими экспертами высказываются нижеследующие предложения:

1. Необходимо привести нормы Правил плавания в акватории СМП в соответствие с положениями Полярного кодекса, вступившего в силу 1 января 2017 г.

2. Организация контроля за исполнением самих Правил плавания в акватории СМП требует доработки в части соблюдения правил ледокольной проводки судов, ледовой лоцманской проводки судов, проводки

---

① Е. П. Воронина. Транспортное освоение арктических территорий: стратегические задачи и анализ рисков//Арктика: экология и экономика № 3 (27), 2017. с. 63 – 64.

② Е. П. Воронина. Транспортное освоение арктических территорий: стратегические задачи и анализ рисков. С. 65.

судов по маршрутам в акватории СМП, осуществления связи по радио при плавании судов в акватории СМП и др. Кроме того, необходимо разработать механизм принятия решения о наказании за нарушение Правил.

3. Возможная антропогенная нагрузка в акватории СМП ставит задачу создания адекватной правовой основы для обеспечения безопасного с экологической точки зрения судоходства с учетом требований по защите морской среды от загрязнения Конвенции 1982 г. (ст. 211, 234 и 235 и др.) Многочисленность нормативных правовых актов по вопросам осуществления экологического контроля, его широкая предметная сфера, разделение объектов экологического контроля на объекты федерального и регионального уровня, рассредоточение функций по его осуществлению между различными исполнительными органами государственной власти (и «по вертикали», и «по горизонтали») неизбежно порождают ряд проблем практического характера и снижают эффективность экологического контроля. Остаются актуальными вопросы кодификации.

4. Необходимо консолидировать усилия всех заинтересованных российских министерств, ведомств и организаций с целью согласования единой политики по вопросу дальнейшего развития СМП как национальной транспортной коммуникации РФ. Свой вклад в данную деятельность может внести Государственная комиссия по вопросам развития Арктики как координационный орган, обеспечивающий взаимодействие органов власти РФ и организаций при решении социально – экономических и других задач, касающихся развития Арктической зоны РФ и обеспечения национальной безопасности. ①

Развитие СМП в долгосрочном плане будет определяться рядом факторов структурного характера. Россия рассматривает маршрут не столько как коммерческий проект, который должен быть выгоден в настоящее время, сколько как стратегический, способный стать долгосрочным фактором экономического роста прилегающих территорий. Стратегический интерес к СМП высок и в азиатских странах: Китае,

① Боброва Ю. В. Северный морской путь: национальный правовой режим в меняющемся международном контексте. С. 10 – 11.

Японии, Республике Корея и Сингапуре. Это означает, что на начальном этапе проект может развиваться даже при отрицательных чистых выгодах транспортировщиков. ①

Коммерчески СМП станет привлекательным тогда, когда интерес в переключении на него с южных маршрутов появится у компаний – транспортировщиков, перевозящих свои грузы из Европы в Азию и обратно. Затраты транспортировщиков, работающих на СМП, существенно различаются в зависимости от множества факторов. При этом анализ выгод и затрат целесообразно осуществлять лишь для перевозок конкретных грузов на судах определенного типа в заданный период по конкретному маршруту, а не для пути в целом.

Главным конкурентным преимуществом СМП становится возможность снижения затрат на топливо за счет сокращения протяженности маршрута по сравнению с главной альтернативой – морским маршрутом через Суэцкий канал и Малаккский пролив. Однако в большинстве случае это преимущество компенсируется высокими транзитными пошлинами, а также дополнительными капитальными и операционными издержками. За редким исключением, в ближайшем будущем СМП будет малопригоден для транспортировки контейнерных грузов (основного типа морских перевозок). К основным барьерам, снижающим конкурентоспособность СМП, относятся экстремальные погодные условия, нехватка и высокая стоимость судов для ледокольной проводки, высокие страховые издержки, тарифы на ледокольную проводку, а также бюрократические барьеры. ②

В действительности темпы роста грузопотока по СМП мало предсказуемы. Они будут определяться как эндогенными (эффективностью реализации проектов по строительству СПГ – заводов, обустройству инфраструктур вдоль трассы и развитию прилегающих регионов, политикой в отношении тарифообразования), так и экзогенными (изме-

---

① Поворот на Восток: Развитие Сибири и Дальнего Востока в условиях усиления азиатского вектора внешней политики России. С. 417.

② Поворот на Восток: Развитие Сибири и Дальнего Востока в условиях усиления азиатского вектора внешней политики России. С. 418.

нением климата, мировыми тенденциями в сфере регулирования и обеспечения экологической безопасности, ожиданиями международных партнеров и их реализацией в виде проектов по строительству соответствующих судов и перенаправлению потока СМП, международной обстановкой в Арктике) факторами. ①

При этом следует понимать, что использование СМП может представлять интерес только для некоторых секторов мировой торговли. В арктическом морском траффике могут быть заинтересованы такие азиатские страны, как Китай, Япония и Южная Корея, чтобы диверсифицировать свои поставки и снизить зависимость от южных проливов, даже переплачивая при этом. Эти озабоченности больше геополитические, чем коммерческие. Среди других игроков – Германия и нордические страны, заинтересованные в поставках в Россию и из нее. ②

Наиболее востребована на СМП в краткосрочной и среднесрочной перспективе будет перевозка по конкретным маршрутам, включая доставку сырьевых материалов в порты внутри и за пределами региона, таких как нефть, газ, конденсат, СПГ, руды и минералы, с использованием специальных судов ледового класса, таких как нефте – и СПГ – танкеры, сухогрузы, многоцелевые и специализированные прибрежные транспортные и вспомогательные суда. ③

По мнению авторитетных российских экспертов, СМП принесет стране немалые выгоды, но лишь при условии взвешенной политики использования маршрута, свободной от эйфории и не предполагающей освоение трассы любой ценой, а основанной на всестороннем анализе выгод и издержек. Роль государства должна заключаться не в предоставлении заоблачных сумм из федерального бюджета, а в снятии барьеров и построении такой системы стимулов для заинтересованных

---

① Поворот на Восток: Развитие Сибири и Дальнего Востока в условиях усиления азиатского вектора внешней политики России. С. 389 – 390.

② Marlene Laruelle. In Search of Borea, Hopes, Hipes and Realpolitik in Russia's Arctic Strategy. URL: http: //www. arcticandnorth. ru/upload/medialibrary/a4c/laruelle_ russia_ s – strategy – in – the – arctic. pdf.

③ The Arctic in World Affairs. A North Pacific Dialogue on the Future of the Arctic//2013 North Pacific Arctic Conference Proceedings. December 2013. p. 56.

сторон, которая позволит осваивать маршрут при минимальном прямом государственном участии. При таком подходе Северный морской путь станет ключом к исторической миссии моста между Европой и Азией, с которой Россия всегда себя ассоциировала, но которую на практике давно не выполняет. ①

По итогам первого Восточного экономического форума, прошедшего во Владивостоке в сентябре 2015 г., Президент России поручил Минвостокразвития России разработать финансово – экономическую модель развития СМП в качестве транспортного коридора глобального значения, в том числе для организации контейнерных перевозок. Минвостокразвития России при участии АНО «Аналитический центр при Правительстве Российской Федерации», заинтересованных организаций и предприятий выполнена научно исследовательская работа, доклад был представлен Президенту РФ. Модель развития СМП, а также предложения по структуре управления СМП и проект «дорожной карты» были направлены в адрес федеральных органов исполнительной власти и организаций (Минтранс России, Минэкономразвития России, ФАС России, Росморречфлот, Государственную корпорацию «Росатом»). В ходе работы были проанализированы структура и динамика изменения мировых грузопотоков, направления технического прогресса в судостроении, текущее и ожидаемое финансовое положение судоходных компаний, климатические прогнозы.

Статс – секретарь – заместитель Министра РФ по развитию Дальнего Востока Павел Волков заявил о возможности превращения СМП в дополнительный маршрут перевозки контейнерных грузов между Азией и странами северной Европы, а также перевода на него части российских грузов, которые в настоящее время перевозятся по Транссибу. По расчетам Минвостокразвития России, перевозки по СМП могут занять 10% от рынка импорта контейнерных грузов из Азии в РФ и 5% от рынка международного транзита из Азии в Европу. Общий объем контейнерных перевозок по СМП может составить 455 тысяч контейнеров.

---

① The Arctic in World Affairs. A North Pacific Dialogue on the Future of the Arctic//2013 North Pacific Arctic Conference Proceedings. December 2013. p. 397.

В частности, было определено, что переключение на СМП актуально для тех маршрутов, где это сократит время в пути не менее чем на 10%, потенциально перспективными для переключения на СМП являются 17 маршрутов с общим грузопотоком около 60 млн. тонн. Больше половины из них (15 маршрутов) – это маршруты между Восточной Азией (Северным и Центральным Китаем, Японией и Южной Кореей) и Северной Европой. Наибольшей привлекательностью для переориентации грузопотоков на СМП обладают порты Северной Европы (Роттердам, Копенгаген, Гамбург) и порты Японии (Йокогама), Южной Кореи (Пусан) и севера Китая (Далянь, Тяньцзин), а также грузы с высокой добавленной стоимостью (текстиль, транспортное оборудование, электротехническое оборудование). ①

Обращаясь 1 марта 2018 г. с ежегодным Посланием Федеральному собранию, Президент РФ В. В. Путин подчеркнул, что Северный морской путь станет ключом к развитию русской Арктики и регионов Дальнего Востока. К 2025 г. его грузопоток возрастёт в десять раз, до 80 миллионов тонн. «Наша задача – сделать его по – настоящему глобальной, конкурентной транспортной артерией … Мы продолжим активную политику привлечения инвестиций, формирования центров социального и экономического роста на Дальнем Востоке. Будем создавать все условия, чтобы люди здесь жили комфортно, приезжали сюда, чтобы население дальневосточных регионов увеличивалось»②.

КНР рассматривает Арктику как более короткий и безопасный путь, связывающий материковый Китай с Европой. Маршрут через Суэцкий канал и Средиземное море имеет высокую степень загруженности, через Ближний Восток – находится в зоне нестабильности. Потенциальный маршрут через Центральную Америку по существующему Панамскому или предполагаемому Никарагуанскому каналу не рационален. В итоге Северный морской путь и Северо – Западный морской проход могут стать важным стратегическим дополнением проекта «Один пояс и один путь»,

---

① URL: https: //minvr. ru/press – center/news/10972/? sphrase_ id = 860307.

② Послание Президента Федеральному Собранию, 1 марта 2018 г., http: //www. kremlin. ru/events/president/news/56957.

который объединяет «Экономический пояс Шелкового пути» (через Среднюю Азию в Европу), «Морской шелковый путьXXI века» (через Южно – Китайское море в южную часть Тихого океана и Европу), а также ряд других геополитических проектов КНР в Евразии. Этот проект должен соединить КНР с рынками Европы, Ближнего Востока, Африки. ①

Китай является одним из главных бенефициаров развития СМП. Выгоды заключаются и в возможной экономии, и в смягчении проблемы Малаккского пролива, зависимость Китая от которого (в части как импортных поставок топлива, так и экспорта промышленной продукции) слишком велика, особенно с учетом рисков перегруженности и проблем пиратства. Китайское судноYong Sheng стало первым иностранным контейнерным судном, прошедшим по СМП. Оно преодолело маршрут Далянь – Роттердам в августе – сентябре 2013 г. за 35 дней. Одновременно по СМП прошло еще одно – балкерное – китайское судно Hong Xing. В 2012 г. первый проход по СМП совершил китайский ледокол Xue Long («Снежный дракон») с исследовательской группой на борту. ②

В январе 2018 г. была обнародована Белая книга по арктической политике Китая. «КНР играет важную роль в формировании международных норм, связанных с деятельностью в Арктике. Инициатива "Один пояс и один путь" является важным проектом сотрудничества, предложенным Китаем, он должен принести возможности для сторон, заинтересованных в создании "Арктического шелкового пути", устойчивого экономического и социального развития Арктики, – говори-тся в документе. ③

Белая книга по арктической политике Китая – первый официальный документ, в котором упоминается Арктический, или Северный шелковый путь (北极丝绸之路) в связи с развитием торговой навигации в арк-

---

① Владимир Иванов. Зачем Китай рвется в Арктику, URL: http: //nvo. ng. ru/concepts/2018 – 05 – 27/100_ arctic. html.

② Поворот на Восток: Развитие Сибири и Дальнего Востока в условиях усиления азиатского вектора внешней политики России. С. 433.

③ China's Arctic Policy. The State Council Information Office of the People's Republic of China, January 2018, http: //english. scio. gov. cn/2018 – 01/26/content_ 50313403. htm.

тических водах. Помимо двух кратких упоминаний об этом в Белой книге, зам. министра иностранных дел КНР Кун Сюанью на одной из пресс – конференций отметил, что Северный Шелковый путь (СШП) рассматривается в контексте сопряжения с евразийской интеграцией, а также в контексте сотрудничества с другими арктическими странами. ①

Китай будет совместно с разными странами прилагать усилия к тому, чтобы построить сообщество с единой судьбой для человечества в арктическом регионе. Преследуя свои собственные интересы, Китай будет уделять должное внимание интересам других стран и общим интересам международного сообщества, сочетать защиту и развитие Арктики, а также соблюдать надлежащий баланс текущих и долгосрочных интересов, с тем, чтобы содействовать устойчивому развитиюАрктики, говорится в Белой книге. ②

Руководитель арктического исследовательского центра при Китайском университете океанологии Го Пэйцин, комментируя китайское видение «Арктического шелкового пути", отметил, что считает его "очень удачной и практичной инициативой, и она на данный момент является наиболее реализуемой, так как совпадает с современными трендами в мире". "Одной из важнейших современных тенденций является" состыковка "Европы и Азии, таким образом, два важнейших двигателя мировой экономики будут интегрированы", – добавил эксперт, отметив, что "Арктический шелковый путь" может стать одной из трех веток крупнейшей китайской инициативы азиатско – европейской интеграции "Один пояс и один путь" и соединить посредством северного коридора страны АСЕАН, Китай, ЮжнуюКорею, Японию со странами Европы. ③

"Могут быть сделаны конструктивные шаги по координации стратегий развития с арктическими государствами для содействия совместным усилиям по созданию морского экономического коридора между Китаем и Европой через Северный Ледовитый океан", – отмечается в

① URL: http: //www. scio. gov. cn/32618/Document/%201618357/1618357. htm.

② China's Arctic Policy. The State Council Information Office of the People's Republic of China, January 2018, http: //english. scio. gov. cn/2018 –01/26/content_ 50313403. htm.

③ Взгляд на Север: как в Китае видят развитие сотрудничества по Арктике, https: //ria. ru/20180910/1528215029. html.

Белой книге. "Китайские предприятия поощряются за участие в развитии инфраструктуры для этих путей и совершение пробных коммерческих плаваний в соответствии с законодательством и соответствующим регулированием".

Правительство Китая также намерено уделить особое внимание обеспечению безопасности морской навигации в регионе. "Страна приняла активное участие в исследовании таких путей и постоянно усиливала гидрографические работы в регионе для повышения качества навигации, а также усиления безопасности и логистических возможностей Арктики", – говорится в белой книге. "Китай намерен развивать добычу нефти, газа, минеральных ресурсов и неископаемых видов топлива, а также развивать рыболовство и туризм совместно с арктическими государствами, уважая их традиции и культуру коренных жителей этого региона, принимая меры для защиты окружающей среды"①.

Прежде, чем перейти к проблемам и перспективам российско–китайского сотрудничества в Арктике, включая СМП, следует отметить, что китайское видение СШП предполагает развитие научного и торгово–экономического сотрудничества со всеми арктическими странами по разным направлениям.

Так, в контексте обустройства судоходных маршрутов по Северному морю Финляндия и Норвегия обнародовали планы Арктического коридора, включая продление их железнодорожных путей до арктических районов, а также строительство подземного тоннеля, соединяющего Хельсинки и Таллин. Маршрут соединит финский город Рованиеми за Полярным кругом с норвежским Киркенесом, связывая Европу с портами на СЛО и СМП. Продление ж/д маршрутов оценивается в 3 млрд. евро, а строительство тоннеля – в 15 млрд. евро, включая потенциальные китайские инвестиции. Соединение СМП с ж/д маршрутами окажется кратчайшим путем для транспортировки грузов из Азии в Европу и приведет к интенсификации китайско – европейских торгово – экономических связей. Финляндия также начала предварительные работы в

① China's Arctic Policy. The State Council Information Office of the People's Republic of China, January 2018, http://english.scio.gov.cn/2018-01/26/content_50313403.htm.

рамках проектаArctic Connect по прокладке 10.5 км оптоволоконного кабеля в арктических районах в рамках усиления взаимосвязанности Европы и Азии. Это укрепит позиции Финляндии как технологического и дата – хаба для Северного Шелкового пути.

В США компанияAlaska Gasline Development Corporation создала совместное предприятие с китайской Sinopec, Банком Китай и China Investment Cooperation по добыче природного газа на Аляске. Стоимость проекта оценивается в 43 млрд. долл; 75% финансирования берет на себя Банк Кита, в ответ Sinopec обязуется экспортировать 75% добычи в Китай. Китай вступил в этот проект после того, как его обошли стороной американские нефтяные компании из – за его недостаточной конкурентоспособности с более дешевыми сланцевыми проектами. ①

По мнению канадских экспертов, китайское участие в делах канадской Арктики в рамках СШП следует «приветствовать с осторожностью». Китайские инвестиции могут быть полезны для развития арктической инфраструктуры, при наличии понятной бизнес – модели. Если китайские компании серьезно относятся к возможности использования Северо – Западного прохода, может возникнуть общий интерес к инвестированию в новую инфраструктуру, которое будет содействовать развитию местных районов путем снижения издержек на их снабжение, а также развитию местного предпринимательства. Развитию арктических ресурсов будет способствовать интерес со стороны китайских добывающих компаний, которые уже работали ранее в северном Квебеке (шахта Раглан) и на Юконе (проектыWolverine Mine и Selwyn). ②

Тем не менее, китайские инвестиции в инфраструктурные проекты СШП вызывают озабоченность по поводу безопасности в Арктике. Так, интерес китайских строительных компаний к модернизации трех аэропортов в Гренландии встретил сопротивление со стороны датских властей. Китай отказался от инвестиций в строительство глубоководного порта

---

① Kong Soon Lim. China's Arctic Policy & the Polar Silk Road Vision//Arctic Yearbook 2018, pp. 429 – 430.

② Adam Lajeunesse. Finding "Win – Win" China's Arctic Policy and What it Means for Canada// SPP Briefing Paper, Volume 11: 33 December 2018. p. 3.

Лисекиль в Швеции, из - за опасений по поводу национальной безопасности и охраны окружающей среды. Китайские инвестиции в арктических странах также подвергаются критике из - за непрозрачности и сокрытия источников финансирования, которое часто осуществляется подставными компаниями, чтобы скрыть вовлеченность государственных или частных корпораций. Характер и объем этих инвестиций часто искажаются в зарубежной прессе, чтобы дать Китаю возможность конкуренции и геополитического маневрирования. ①

В рамках СШП рассматривается возможность строительства при китайской поддержке порта в Киркенесе, а также ж/д ветки, которая свяжет севернуюНорвегию с Китаем через Финляндию и Россию. В июне 2018 г. было объявлено о решении продлить грузовой ж/д маршрут, связывающий Китай с Финляндией, до Нарвика на север Норвегии. В рамках развития СШП норвежские энергетические, рыболовецкие и судоходные компании надеются на развитие сотрудничества с Китаем.

Пекин поддерживает тесные отношения с Рейкьявиком, Исландия стала первым европейским государством, заключившим соглашение о создании зоны свободной торговли (ЗСТ) с Китаем. С тех пор Исландия позиционирует себя как «ворота в Арктику». В 2013 г. китайскаяCNOOC и исландская Eykon создали совместное предприятие по добыче нефти и газа в районе Дреки в Северной Атлантике, однако китайская сторона вышла из него в январе 2018 г. Тем не менее, энергетическое сотрудничество развивается в других сферах, включая проекты по строительству геотермальных электростанций в Китае по исландским технологиям; также осуществляется совместное строительство центров хранения данных в Исландии, и другие проекты в отраслях «зеленой экономики». ②

Пекин осуществляет различные научные и экономические проекты в Гренландии, особенно в сфере добычи природных ресурсов и в смежных

---

① Kong Soon Lim. China's Arctic Policy & the Polar Silk Road Vision//Arctic Yearbook 2018, pp. 429 -430.

② Lau Øfjord Blaxekjær, Marc Lanteigne & Mingming Shi. The Polar Silk Road & the West Nordic Region//Arctic Yearbook 2018, p. 444.

областях. Гренландия, крупнейший остров в мире, покрытый ледниками, привлекает Китай как место для создания своей полярной научной станции. На конференции Арктического круга в 2017 г. В Рейкьявике зам. директора Института полярных исследований в Шанхае Юн Юй впервые заявил об этом, отметив, что станция может быть построена на северо－востоке острова.

Китайские компании также проявляют активность в Гренландии, особенно в сфере добычи полезных ископаемых, включая добычу редкоземельных металлов, урана и цинка в Кванефельде (с участием австралийскойGreenland Minerals, у которой контрольный пакет акций, и китайской Shenghe Resources с 12, 5% акций). Кванефельд на юге Гренландии－одно из крупнейших месторождений редкоземельных металлов в мире, чьи ресурсы, по данным 2015 г., оцениваются в 1, 4 млрд. долл. billion, с возможностью добычи в течение 37 лет. Планируется строительство цинковой шахты в форте Цитронен на севере Гренландии, при участии австралийской Ironbark и китайской China Nonferrous Metals. Гонконгская компания General Nice в 2015 г. выкупила права на железно－рудную шахту Исуа на западе Гренландии. ①

В последние годы развивается торговля Китая с Фарерскими островами. В 2017 г. Китай стал для них седьмым по значимости торговым партнером. Основной статьей экспорта (вырос с 359 млн. датских крон в 2015 г. до 569 млн. в 2016 г.) является мясо лосося. Однако особенно важным в контексте СШП является деятельность компании Хуавэй. В 2013 г. она сменила шведскую Эриксон в качестве основного подрядчика по развитию инфраструктуры мобильной связи в Дании, а в 2015 г. выиграла международный тендер у американских, европейских и китайских компаний, получив дорогостоящий подряд на полную модернизацию телеком－инфраструктуры Фарерских островов в формате 4G－/LTE. США, которые внимательно следят за деятельностью Китая в Гренландии и Дании, пока не высказывали свою озабоченность деятельностью Хуавэй в Дании и на Фарерских островах, как они делают

① Lau Øfjord Blaxekjær, Marc Lanteigne & Mingming Shi. The Polar Silk Road & the West Nordic Region//Arctic Yearbook 2018, p. 445.

сейчас во многих других странах. ①

В целом, потенциал СШП ассоциируется с высокой степенью неопределенности, ввиду воздействия внешних факторов на его операционную среду. Речь идет, прежде всего, о геополитических озабоченностях, которые дают о себе знать в Арктике. Экономические аспекты касаются роста спроса на морской транспорт, что делает добычу природных ресурсов в регионе дорогостоящей и влияет на товарные рынки. Технологическое развитие может усилить конкурентный потенциал СШП с точки зрения безопасности и сокращения стоимости транспортировки. Хотя изменения климата также отличаются неопределенностью, именно они являются главным доводом в пользу усиления привлекательности СШП. Правовой режим судоходства в арктических водах также не согласован полностью, хотя и позволяет регулировать судоходство и обеспечивать устойчивое использование региона. ②

Развивая многовекторное сотрудничество с различными арктически странами по совместному изучению и освоениюАрктики, Китай уделяет приоритетное внимание России. Отвечая на вопрос о том, кто для Китая является наиболее желаемым и полезным партнером в Арктике, руководитель арктического исследовательского центра при Китайском университете океанологии Го Пэйцин отметил, что “партнерами Китая в Арктике являются все страны Арктического союза, однако на современном этапе Россия является самым важным партнером Аналитик подчеркнул, что Россия и Китай могут активно сотрудничать в строительстве базовой инфраструктуры, портов, в ведении метеорологических и экологических исследований, совместно проводить спасательные операции и предоставлять различные услуги” . ③

Как полагают эксперты, в обозримом будущем главным стимулом для развития «Ледяного пути» в этой части Арктики станут эконо-

---

① Lau Øfjord Blaxekjær, Marc Lanteigne & Mingming Shi. The Polar Silk Road & the West Nordic Region//Arctic Yearbook 2018, pp. 447 –448.

② Tuomas Kiiski. Feasibility of Commercial Cargo Shipping Along the Northern Sea Route. Turku, Finland 2017. p. 147.

③ Взгляд на Север: как в Китае видят развитие сотрудничества по Арктике, https: //ria. ru/20180910/1528215029. html.

мические проекты на Севере России. Первоначально запланированные транспортные маршруты должны были пройти через территории стран ЕАЭС с востока на запад, соединив кратчайшими сухопутными путями китайских производителей с европейскими потребителями. Новые планы «Ледяного Шёлкового пути» предполагают строительство инфраструктуры по линиям «юг – север» для обеспечения освоения прибрежного арктического пространства. Реализация китайских планов будет порождать растущую потребность в дорогах, ведущих к российским арктическим портам. ①

Главный региональный проект, судьба которого тесно связана с развитием СМП, – освоение топливно – энергетических богатств полуострова Ямал. Ключевое значение для маршрута имеет проект «Ямал СПГ», и в частности заложенный в его рамках в 2012 г. порт Сабетта – окно Ямала в открытый мир. Возможно, порт будет не узкоспециализированным, нацеленным лишь на обслуживание проекта «Ямал СПГ», как предполагалось изначально, а многопрофильным. В таком случае он станет главным опорным пунктом на СМП. ②

Китай приобрел крупные доли в бизнесе по производству сжиженного газа на Ямале, а также выразил намерение вложить в российскую Арктику еще 10 млрд. долларов. Следуя российско – китайской договоренности о сопряжении Инициативы Пояса и пути (ИПП) с процессами евразийской экономической интеграции, Китайский банк развития выдал кредит Внешэкономбанку размером 10 млрд. долл. для финансирования проектов в рамках ИПП и ЕАЭС. Соглашение об этом было подписано на полях государственного визита Владимира Путина в Китай в июне 2018 г.

По соглашению, Банк развития Китая и ВЭБ будут совместно финансировать около 70 предварительно одобренных проектов, прежде всего в Арктическом регионе. Как заявил председатель ВЭБ И. Шувалов,

---

① А. Ломанов, «Ледяной шелковый путь: программа взаимной стыковки», http://ru.valdaiclub.com/a/highlights/ledyanoy – shyelkovyy – put/.

② Поворот на Восток: Развитие Сибири и Дальнего Востока в условиях усиления азиатского вектора внешней политики России. С. 395.

будут поддержаны проекты, относящиеся к СМП и высокоскоростной магистрали Китай – Западная Европа. Кредитное соглашение – крупнейшее в истории сотрудничества Банка развития Китая и ВЭБ, которые заключили за последние 12 лет кредитные соглашения на сумму 10 млрд. долл. ①

В апреле 2019 г. на втором Форуме Пояса и Пути было объявлено о том, чтоChina National Petroleum Corporation (CNPC) покупает у НОВАТЭКа 10% долю в проекте “Арктик СПГ – 2”. Обязывающее соглашение подписала с российской компанией Китайская национальная компания по разведке и добыче нефти и газа (CNODC), подконтрольная CNPC. Аналогичное соглашение подписала с российской компанией китайская корпорация CNOOC. Соглашение предусматривает приобретение CNOOC 10% доли участия в проекте. ②

“Капитал, технологии, рынок, знания и опыт Китая должны сыграть важную роль в расширении сети транспортных путей в Арктике, обеспечив экономический и социальный прогресс для всех прибрежных стран вдоль этих путей, интересы которых Пекин разделяет”, – говорится в Белой книге③. В этой связи Посол РФ в КНР А. Денисов отметил, что Китай располагает широкими финансовыми возможностями для решения подобных задач. “Главный козырь Китая сейчас – это возможность выделения достаточно серьезных средств для финансирования каких – либо определенных работ”, – подчеркнул он④.

Москва последовательно готовится к использованию азиатских стран для развития арктического судоходства. В совместном российско – китайском заявлении по итогам визита Владимир Путина в Китай в мае 2014 г. говорится о сотрудничестве в ряде сфер, включая использование СМП. В декабре 2015 г. министр РФ по делам развития Дальнего Востока

---

① https://gbtimes.com/china – pledges – 10bn – to – silk – road – arctic – projects – in – russia.

② «Китай вошел в проект НОВАТЭКа “Арктик СПГ – 2”, URL: https://teknoblog.ru/2019/04/25/98696.

③ China's Arctic Policy. The State Council Information Office of the People's Republic of China, January 2018, http://english.scio.gov.cn/2018 – 01/26/content_ 50313403.htm.

④ «Посол России в КНР считает интерес Китая к Арктике вполне естественным», 09.02.2018, http://www.forumarctic.com/conf2017/news/politika/Posol_Rossii_v_KNR_schitaet_interes_Kitaya_k_Arktike_ vpolne_ estestvennym/.

А. Галушка и председатель Госкомитета КНР по развитию и реформам подписали меморандум о взаимопонимании по региональному сотрудничеству, включая Арктику. Более того, у СМП ест не только «горизонтальный», но и «вертикальный» вектор, включающий ж/д и речные маршруты по доставке сырьевых материалов по Оби, Енисее и Лене в арктические порты, а также маршруты снабжения отдаленных регионов. «Норильск – Никель», крупнейший в мире производитель никеля и палладия, с 1979 г. использует почти круглогодичную навигацию с использованием порта Дудинка на Енисее для доставки грузов по СМП. ①

Китай наиболее всего привлекает использование арктического судоходства, по нижеследующим причинам:

● Кратчайшее расстояние. Арктические судоходные маршруты на 2, 000 –3, 500 морских миль короче, чем обычные маршруты из портов на восточном побережье Китая в порты на восточном побережье Северной Америки, и сокращают время доставки из портов к северу от Шанхая в порты Западной Европы, по Северному и Балтийскому морю, на 25% –55%.

● Сокращение расходов. Использование арктических судоходных маршрутов сократит ежегодные китайские издержки на международную торговлю на 53, 3 –127, 4 млрд. долл.

● Использование арктических судоходных маршрутов приблизит Китай к арктическим природным ресурсам и упростит их использование.

● Использование арктических судоходных маршрутов принесет большую прибыль портам северного Китая, существенно увеличив их грузооборот. ②

Китай вряд ли обойдется без России в попытках получить допуск к арктическому судоходству. Тем не менее, по этому поводу высказываются нижеследующие сомнения:

Во – первых, СМП нуждается в весьма существенных инфраст-

---

① George Soroka . The Political Economy of Russia's Reimagined Arctic//Arctic Yearbook 2016. p. 410.

② Kai Sun. China and the Arctic: China's Interests and Participation in the Region// East Asia – Arctic Relations: Boundary, Security and International Politics. Paper # 2 – November 2013. pp. 4 –5.

руктурных инвестициях, прежде чем он начнет приносить прибыль (они могут исчисляться триллионами долларов). Более того, факты опровергают представления о т ом, что у Китая не будет других альтернатив, кроме использования СМП или Северо – Западного прохода. Как говорится в публикации китайского Института полярных исследований, акватория СЛО ближе к Северному полюсу – наиболее удобный торговый путь из Азии в Европу. Его использования освободит нас от необходимости прохода через территориальные воды России и Канады. В июне 2017 г. китайский ледокол «Сюэлун» совершил тестовый проход через Северный полюс, не заходя в территориальные воды России, Канады и США.

Во – вторых, Россия – не единственный потенциальный партнер Китая в Арктике. В Белой книге по арктической политике Китая говорится, что китайское участие в арктических делах будет носить многосторонний, а не двусторонний характер. С 2010 г. Китай развивает сбалансированные связи со всеми арктическими странами, иногда привлекая при этом для технологической поддержки Японию и Южную Корею, используя многосторонние платформы диалога и сотрудничества, а также различные соглашения и исследовательские центры.

В – третьих, в конечном итоге Китай может обойти Россию. Как отмечает П. Гудев, китайская стратегия в Арктическом регионе нацелена на «снижение эксклюзивной роли» арктических государств и «возможно большую интернационализациюАрктики», что не соответствует российским национальным интересам в регионе.

Наконец, международная конкуренция со стороны других арктических стран может снижать эффективность российских усилий. Примером может служить финно – норвежская инициатива строительства ж/д ветки, соединяющий порт Киркенес на Баренцовом море с балтийским портом Оулу в Финляндии, которая станет прямым мульти – модальным маршрутом доставки китайских товаров в страны ЕС. По мере того, как Китай развивает различные транзитные маршруты на Запад, Россия сохраняет убежденность в том, что география делает ее в этом неизбежным и обязательным партнером. Однако Россия все чаще обнаруживает себя обойденной, и не обладает финансовыми ресурсами, чтобы переломить эту ситуацию. ①

Исходя из аргументов «за» и «против», М. Ананьева и П. Грачев утверждают, что наиболее прагматичный подход для России – построение стратегического сотрудничества с Китаем, направленное на развитие арктического направления во внешней политике. Не имея обоснованных притязаний на разведку и добычу ресурсов в Арктике, а также на свое геополитическое закрепление в регионе, Китай может получить доступ к добыче ресурсов и к СМП в обмен на инвестиции и технологии. Выгодные контракты совместной добычи полезных ископаемых, гарантии наиболее благоприятных условий при использовании СМП помогут России заручиться весомой поддержкой со стороны КНР в отстаивании своей позиции по вопросу расширения границ континентального шельфа в комиссии ООН. В случае же промедления России Китай в качестве альтернативы пойдет на сближение с другими арктическими странами, включая США и Канаду, что негативно скажется на позициях и влиянии России в Арктике в целом. ②

В итоге СМП оказался наиболее доступной для Китая опцией для организации арктического транспортного коридора. Для Китая он является более предпочтительным, поскольку Москва так же, как и Пекин, стремится проводить независимую политику в Арктике и продемонстрировала готовность инвестировать в регион крупные средства. Параллельно с развитием портов, навигационных и коммуникационных систем Россия наращивает объемы добычи ресурсов в Арктике, прежде всего нефти и природного газа. Основные цели российской арктической стратегии во многом созвучны с задачами китайской политики, что стало почвой для сближения стран. ③

Это уверенно подтверждают события последнего времени. В июне 2018 г. в совместном заявлении по итогам визита президента России В. Путина в Китай лидеры двух стран отметили, что Москва и Пекин будут

---

① Sergey Sukhankin. China's "Polar Silk Road" Versus Russia's Arctic Dilemmas, URL: https://jamestown.org/program/chinas-polar-silk-road-versus-russias-arctic-dilemmas/.

② http://www.ng.ru/economics/2014-03-20/3_kartblansh.html.

③ «Политика Китая в Арктике и ее влияние на регион», URL: http://vpoanalytics.com/2018/07/10/politika-kitaya-v-arktike-i-ee-vliyanie-na-region/.

укреплять сотрудничество в Арктике и оказывать поддержку соответствующим ведомствам, учреждениям и предприятиям обеих сторон в научно – исследовательском сотрудничестве, совместном осуществлении проектов в области энергетики, транспорта и инфраструктуры, освоении и использовании потенциала Северного морского пути, продвижении туризма и защиты окружающей среды. ①

В ноябре 2018 г. в рамках регулярной встречи глав правительств Д. Медведев и Ли Кэцян подчеркнули, что стороны намерены активизировать российско – китайское сотрудничество в Арктике, содействовать освоению арктических путей и модернизации инфраструктуры в Арктическом регионе, а также развивать научные исследования.

Как заявил в апреле 2019 г. на пленарном заседании Международного арктического форума Владимир Путин, Россия продолжит работу по развитию глобального транспортного коридора, включающего СМП, который будет действовать бесперебойно и круглогодично. По итогам 2018 г. объём перевозок по Севморпути уже достиг 20 миллионов тонн. Это втрое выше советского рекорда, поставленного в 1987 г. Для того чтобы СМП как глобальный транспортный коридор работал на полную мощность, Россия будет развивать коммуникационную и береговую инфраструктуру, включая портовые мощности, средства навигации, метеонаблюдения, обеспечения безопасности коммерческого плавания.

В. Путин пригласил зарубежных партнёров России к совместной работе по созданию портов – хабов в конечных точках трассы, включая Мурманский транспортный узел и портовую инфраструктуру в Петропавловске – Камчатском. Также предполагается модернизировать гавани арктического побережья, включая возможности для организации перевозок «река – море». Россия продолжит обновлять свой ледокольный флот и наращивать выпуск судов ледового класса. В Петербурге, строят три новых атомных ледокола: «Арктика», «Сибирь» и «Урал». Всего же к 2035 году Арктический флот России будет насчитывать не менее 13

---

① «Совместное заявление Российской Федерации и Китайской Народной Республики», URL: http://kremlin.ru/supplement/5312.

тяжёлых линейных ледоколов, в том числе девять атомных. ①

«Росатом» ставит целью перевозку к 2024 году по Севморпути не 80 млн., а 92, 6 млн тонн грузов. Об этом заявил в апреле 2019 г. глава госкорпорации Алексей Лихачев. «Росатом» рассчитывает на 41 млн. тонн СПГ, 17, 1 млн тонн нефти, 3, 5 млн тонн металла, строительных грузов, снабжения и транзита, 23 млн тонн угля и 8 млн тонн железнодорожных грузов.

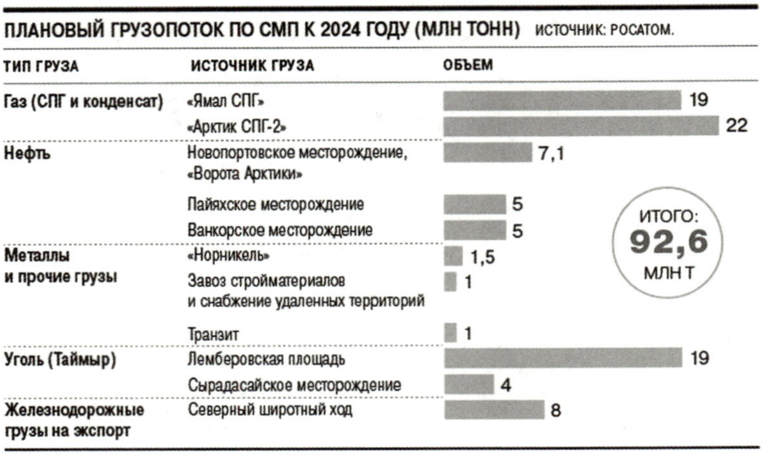

«В горизонте 2030 - х гг. мы рассчитываем добавить значимую часть международного транзита и выйти только в восточном направлении - растущих рынков Юго - Восточной и Восточной Азии - на 110 - 120 млн. тонн», - отметил Алексей Лихачев. К 2030 г. «Росатом» надеется создать флот атомных ледоколов, который позволит использовать СМП круглый год: «50 лет Победы», пять новых универсальных судов по 60 МВт и сверхмощный «Лидер» на 120 МВт. ②

Российский президент подчеркнул, что ставится задача сделать СМП безопасным и выгодным для грузоотправителей, привлекательным как по качеству услуг, так и по цене. В частности, конкурентной и обоснованной должна быть плата за ледокольное сопровождение судов.

① «Пленарное заседание Международного арктического форума», URL: http: //www. kremlin. ru/events/president/news/60250.

② «Шире Севморпуть. Чиновники ждут все больше грузов в Арктике», URL: https: // www. kommersant. ru/doc/3938883.

Государство потому и вкладывает свои средства в эту сферу, чтобы минимизировать тарифную нагрузку на перевозчиков, на бизнес. ①

В этой связи следует отметить, что вопрос о сборах, взимаемых с иностранных (в том числе китайских) судоходных компаний за пользование СМП, является проблемным аспектом, который беспокоит Китай. В частности, китайские специалисты и представители судоходных компаний критикуют подходы России к регулированию судоходства в полярных водах. По Правилам плавания в акватории СМП с 2013 г. ② осуществляется более строгий контроль над судоходством, что, по их мнению, не способствует привлечению коммерческих судоходных компаний различных стран.

Однако, в отличие от других игроков, категорически протестующих против подобной практики (США, Европейский Союз, Япония), Китай готов выработать с Россией консенсус по данному вопросу. ③ При этом у России есть убедительные доводы для того, чтобы отстоять свои интересы в области финансового регулирования арктического судоходства. В основу соответствующего обоснования должны быть положены нормы международного морского права, признанные всеми заинтересованными сторонами (в т. ч. и КНР). Они состоят в следующем.

Во – первых, зафиксированные в соответствующем федеральном законе сборы, являются не фискальным анахронизмом, а платой за конкретные услуги (ледокольное сопровождение и лоцманская проводка во льдах), которые предоставляются иностранным компаниям отечественным ледокольным оператором. Употребление термина «конкретные» имеет в данном случае принципиальное значение, отсылая к двум важным статьям Конвенции ООН по морскому праву 1982 г. В частности, статья 26 Конвенции устанавливает, что «иностранное судно, проходящее через

---

① «Пленарное заседание Международного арктического форума», URL: http://www.kremlin.ru/events/president/news/60250.

② Приказ Минтранса России от 17 января 2013 года № 7 «Об утверждении Правил плавания в акватории Северного морского пути» // Министерство транспорта РФ. 22 января 2013 г. URL: https://www.mintrans.ru/documents/3/2914.

③ Приказ Минтранса России от 17 января 2013 года № 7 «Об утверждении Правил плавания в акватории Северного морского пути» // Министерство транспорта РФ. 22 января 2013 г. URL: https://www.mintrans.ru/documents/3/2914. с. 189.

территориальное море, может облагаться только сборами в оплату за конкретные услуги, оказанные этому судну» 18. Далее, в статье 127 Конвенции говорится о том, что «транзитное движение не подлежит обложению никакими таможенными пошлинами и налогами или другими сборами, за исключением сборов, взимаемых за конкретные услуги, оказываемые в связи с таким движением». Соответственно предполагается положительный ответ на вопрос о легитимности практики взимания российской стороной сборов за использование СМП.

Вторым аргументом является особый статус Северного морского пути, прописанный в ряде основополагающих политических документов, а именно в Основах государственной политики в Арктике до 2020 г. (где СМП – «национальная единая транспортная коммуникация России») 20 и Федеральном законе о СМП (акватория СМП является исторически сложившейся национальной транспортной коммуникацией РФ).

В – третьих, даже при отсутствии в летний период серьёзных ледовых препятствий, судовладелец не может игнорировать сам риск возни-кновения ситуации, в которой помощь со стороны ледокольного эскорта может быть жизненно необходима. Тем более, что факторов риска в Арктике предостаточно (даже невзирая на видимый эффект от изменения климата в регионе). Это и дрейфующие айсберги, и поля однолетнего льда (механическое воздействие которого не менее опасно чем пакового), и сложные нестабильные погодные условия. В этих условиях выбор в пользу сотрудничества с «Атомфлотом» является вполне закономерным и оправданным. ①

Уровень услуг, предоставляемых отечественным ледокольным оператором, а также Администрацией СМП, должен постоянно повышаться и становиться максимально привлекательным для иностранных судоходных компаний. До начала круглогодичного использования транспортного потенциала российской Арктики (ожидаемого по некоторым подсчётам к началу 2020 г.) указанным ведомствам необходимо решить массу рабочих задач, наиболее актуальными из которых следует считать:

– модернизацию и увеличение состава ледокольного флота за счёт

---

① *Тулупов Д С* Российско – китайское сотрудничество в Арктике. Возможности и вызовы// Московский журнал международного права №1 (89), январь – март 2013 г. с. 187 – 188.

введения в строй новых единиц;

– создание подробных и надежных карт и лоций всей акватории СМП (особенно её восточной части);

– развертывание широкой сети метеостанций вдоль всего северного побережья России с параллельным внедрением спутниковых систем мониторинга климата Арктики;

– максимальное сокращение времени рассмотрения заявки на использование СМП. ①

Эти и другие проблемы российско – китайского сотрудничества в Арктике могут быть урегулированы совместными усилиями сторон. Между соответствующими полномочными ведомствами двух стран соз-даны рабочие группы. Идут переговоры по меморандуму о сотруд-ничестве КНР и РФ в сфере освоения Арктики, который предоставит институциональную базу для дальнейшего развития и сотрудничества в этой сфере. ②

В октябре 2019 г., выступая на заседании Валдай – клуба, Владимир Путин отметил особое значение перспективного маршрута Арктика – Сибирь – Азия. Его смысл в том, чтобы через Восточную Сибирь соединить транспортными магистралями порты Северного морского пути с портами Тихого и Индийского океанов. «Чтобы реализовать эту идею, сформировать недостающие звенья, мы намерены ускорить строительство железнодорожных подходов к порту Сабетта – это на самом севере России, на полуострове Ямал, – реализацию всего комплекса проектов «Северный широтный ход» намерены ускорить и завершить, а также строительство железнодорожной магистрали Курагино – Кызыл, это Республика Тыва на востоке Российской Федерации, с последующим её выходом на железнодорожную сеть Монголии, Китая и других государств региона. Готовы работать по этой инициативе, имеющей общеевразийское значение, со всеми заинтересованными партнёрами». ③

① *Тулупов Д С* Российско – китайское сотрудничество в Арктике. Возможности и вызовы//Московский журнал международного права №1 (89), январь – март 2013 г. с. 188.

② «Россия и Китай разрабатывают меморандум о совместном освоении Арктики», URL: https://tass.ru/mezhdunarodnaya – panorama/5200505.

③ «Заседание дискуссионного клуба «Валдай», 33 октября 2019 г., http://www.kremlin.ru/events/president/news/61719.

/“一带一路”框架下的中乌经贸合作前景/

舍尔佐德·阿塔-米尔扎耶夫*

未来在欧亚伙伴关系之内，主题就是经济发展。我们可以举一个例子：基础设施建设。如果没有双方的合作就不会有公路建设，通过基础设施的加强可以使欧亚地区贸易畅通。这种跨境运输，不仅提升了本地区的竞争力，还提高了经济的协同性。所以说我们作为“一带一路”沿线国家应该相互合作，应该在国际组织包括上合组织、欧亚联盟组织等内推动欧亚联盟和“一带一路”进行对接。

乌兹别克斯坦是一个非常大的市场，乌兹别克斯坦拥有铁路、公路、航空等良好的基础设施，也有国际线路过境，这些交通设施能够促进物流的发展，大幅度减少物流成本。在首届“一带一路”国际合作高峰论坛期间，我国总统在发言中指出，要丰富本地区的合作内容，包括投资、高科技，能源等；要发展交通运输物流，建设从中国到乌兹别克斯坦，再通过俄罗斯抵达欧洲的通道，建设通过巴基斯坦、伊朗的海上运输通道，发展生产集群，推行大项目；要围绕“一带一路”倡议，搞好中乌双方经贸合作。乌兹别克斯坦总统在论坛期间也与习近平主席举行了友好的会谈，并且向习近平主席表示乌兹别克斯坦完全支持中国“一带一路”倡议。

近期，乌兹别克斯坦开设了通往中国新疆维吾尔自治区的运输航线。同时，乌兹别克斯坦、吉尔吉斯斯坦和中国正在实施跨境铁路建设，这将是一个非常大的项目。这个铁路与现有的铁路运输路线相比，可以节省900公里的路程。与中国的合作还包括从西安发出的中欧班列，乌兹别克斯坦和巴基斯坦等国参与到了这个项目的建设之中。乌兹别克斯坦还积极配合国际合作，在铁路维护方面投入力量，加强维修和建设。乌兹别克斯坦要在“一带一路”框架内，把东方和西方连接在一起，成为“一带一路”向南方开通的重要交通枢纽。由于“一带一路”倡议的实施，扩大了乌中经济合作，促进了双方经济发展。乌兹别克斯坦是中国忠实的合作伙伴，中乌之间签署了239个正式的文件，其中有68个是政府部门之间签订

---

* 乌兹别克斯坦国家发展战略中心项目主管。

的，还有两国领导人之间签订的联合声明，根据双方政府的协议双方将鼓励相互投资，在2018年中乌双方的贸易额实现了6.5%的提升。

在这个区域里，我们知道中国会起到重大的作用，当然我们也不反对美国、俄罗斯起到作用。乌中经贸关系在平等互利的基础之上，未来乌中之间一定会开展更大规模的经济合作，会有更好的明天。

（根据现场同传速记稿整理）

【俄文原文】

Перспективы торгово – экономического сотрудничества Китая и Узбекистана в рамках инициативы «Один пояс и один путь»

Шерзод Ата – Мирзаев *

1. Наш аналитический центр создан в соответствии с Указом Президента Узбекистана в 2017 году. Уставных задач очень много. Основной задачей является своевременное и качественное информационно аналитическое обеспечение государственных органов, должностных лиц из Администрации и Кабинета Министров по стратегическим направления внешней и внутренней политики. Наш центр объединил ведущих специалистов и экспертов в своей области, деятельность которых направлена на:

—анализ состояния внутриполитических процессов в стране, международных отношений, геополитических изменений в глобальном, региональном и субрегиональном аспектах.

—выработку рекомендаций, направленных на совершенствование проведения государственной политики в различных областях, работы в информационной сфере, в том числе по укреплению авторитета Республики Узбекистан в мире.

---

* Руководитель службы по работе с проектами Центра «Стратегия развития» Узбекистана.

—согласование разрабатываемых государственными органами документов стратегического планирования（доктрины，концепции，стратегии）.

—проведение прикладных и фундаментальных исследований состояния，тенденций развития внешнеполитических и внутриполитических процессов.

—участие в выполнении межгосударственных программ и проектов，международном сотрудничестве.

—распространение результатов аналитических исследований.

—взаимодействие с научными организациями. Аналитическими институтами и центрами，учреждениями высшего образования（в том числе и иностранных государств）по вопросам проведения и координации исследований.

—организацию конференций（симпозиумов семинаров）в том числе по поручениюАдминистрации Президента Республики Узбекистан либо на основе заключённых договоров.

Как совершенно правильно было отмечено нашими уважаемыми коллегами из Шанхайского университета – *В сегодняшние дни процессу глобализации предстоят небывалые вызовы，наш мир переживает период неопределенности и беспрецедентных перемен При этом важным регионом и партнером в ходе совместного строительства инициативы «Один пояс и один путь» является Евразийское пространство，которым полагается не только отреагировать на новые вызовы в региональной безопасности и стабильности，но и воспользоваться новыми возможностями в данной инициативе С учетом исторического опыта и предстоящих вызовов，мы должны подводить итоги прошлого и заглядывать в будущее，углубленно изучать проблемы в евразийском пространстве.*

Основой для выстраивания равноправных，направленных в будущее политических отношений，в том числе междуевроазиатскими странами，безусловно，является экономическое партнёрство，которое открывает реальные перспективы для устойчивого и долгосрочного развития всех.

В качестве примера можно привести транспортную взаимосвязанность. Без создания современной автомобильной，морской，железнодорожной инфраструктуры невозможно развивать торговлю，промышленную кооперацию, налаживать взаимные обмены в любых других сферах. Необходимо вместе думать, как нам ускорить формирование такого евразийского транспортного каркаса, настоящей сети широтных и меридианных торговых маршрутов.

На наш взгляд, трансграничные, транснациональные транспортные артерии служат ключом, стимулом к выстраиванию отношений, основанных не только на естественной конкуренции, но и, что очень важно, на солидарности. Потому что, если не будет политической или экономической стабильности в одной из стран, через которую проходит маршрут, не заработает и вся цепочка. И поэтому соседи естественным образом должны стремиться к процветанию друг друга.

Это важно для формирования большого евразийского партнёрства с потенциальным участием стран Евразэс, СНГ, ШОС, АСЕАН и ряда других государств.

Одной из «несущих опор» большой Евразии призвано стать сопряжение проекта Евразийского экономического союза и китайской инициативы «Один пояс и один путь».

2. Позвольте мне остановитьсяболее подробно на регионе Центральной Азии. В современном мире геополитический регион Центральной Азии состоит, согласно общепринятому представлению, из пяти государств: *Казахстана, Узбекистана, Туркменистана, Таджикистана и Кыргызстана*. Ключевой страной в данном регионе является Узбекистан, который занимает центральное геостратегическое положение. В настоящее время республика Узбекистан имеет одну из самых развитых экономик стран Центральной Азии и представляет собой один из крупнейших рынков.

ВXXI веке практика ведения бизнеса во всех развитых государствах показывает, что в организации торговых потоков логистика играет стратегически важную роль.

В мире более сорока стран не имеют прямого выхода к морю. Чтобы доставить грузы к побережью им приходится пересекать границы другого государства. Уникальность Узбекистана состоит в том, что его грузы, прежде чем достигнуть моря, должны преодолеть территорию не менее двух стран.

На севере, чтобы добраться до российских и прибалтийских портов, необходимо преодолеть Казахстан и только тогда попасть на территорию-России.

На юге путь к морскому побережью проходит через Туркменистан и Иран. На западе через Туркменистан есть выход только ко внутреннему Каспийскому морю, и далее, чтобы добраться к черноморским портам необходимо пересечь границы кавказских государств.

На востоке только через Казахстан можно добраться до российских портов Дальнего Востока или китайских портов.

На юго – востоке, чтобы достигнуть побережья, необходимо преодолеть самый опасный путь через Афганистан, а затем Пакистан.

3. До 1991 года у Узбекистана не было выхода к международным транспортным коридорам на всех направлениях, кроме северного. Это обстоятельство крайне затрудняло транспортное сообщение как внутри республики, так и с другими государствами. В 1990 – е годы и в начале этого века начала формироваться дорожно – транспортная инфраструктура, открылись новые пути к мировому рынку, сделаны важные шаги к созданию современных транспортных коммуникаций, которые связали Узбекистан со многими странами земного шара. Приоритетным направлением экономики республики становится строительство новых железных путей и формирование единой железнодорожной сети.

7 ноября 1994 года на базе Среднеазиатской железной дороги было образовано акционерное общество «Узбекистон темир йуллари», которая начинает реализовывать следующие основные направления деятельности. В 1994 – 2001 годах строится железная дорога протяжённостью 700 км, которая соединила Навои, Учкудук, Султонувайстог и Нукус, а через реку Амударья воздвигается железнодорожно – автомобильный мост длиной 681м. пока единственный во всей Центральной Азии. Затем строится ещё одна железнодорожная линия Ташгузар — Байсун — Кумкурган протяженностью223 км. Новый железнодорожный поток позволил сократить расстояние грузовых и пассажирских перевозок до 170 км и освободить государство от платежей за транзит, и даже начать зарабатывать на транзите. В Узбекистане в последние годы была построены новые железные дороги общей протяжённостью более 1200 км, рек-

онструированы и модернизированы свыше 3800 км железнодорожных путей, а также электрифицированы почти 1100 км железнодорожных магистралей. В настоящее время общая протяженность железнодорожной сети республики составляет 6500 км, и она соединяет все регионы Узбекистана.

Автомобильные дороги являются очень важным ресурсом в развитии международных сообщений. В государстве постоянно выделяются немалые средства для реконструкции и капитального ремонта автотранспортных магистралей как государственного, так и международного значения. Сейчас общая протяжённость всей автомобильной дорожной сети составляет в Узбекистане 183 тысячи километров. Национальная республиканская автомагистраль имеет длину около 3000 км. На долю автомобильного транспорта в настоящее время приходится основная часть пассажирских и грузовых перевозок. В ближайшем будущем автомобильные перевозки являются наиболее приоритетными и их роль будет постоянно расти.

28 января 1992 года была создана Национальная авиакомпания «Узбекистон хаво йуллари». Основными задачами этой компании является государственное управление гражданской авиации, разработка, координация и реализация политики в области воздушного транспорта на территории Республики Узбекистан. И вот уже более 27 лет воздушный транспорт успешно выполняет свою немаловажную роль в транспортной системе республики. За эти годы в данной отрасли было реализовано не мало крупных проектов. Так была модернизирована в основном вся наземная инфраструктура аэропортов, авиапарк воздушных судов полностью обновился, а для более безопасных перелётов освоены новые типы авиалайнеров. В настоящее время в республике есть 11 международных аэропортов, в которых налажено регулярное авиасообщение с более чем 50 городами Европы и Азии, а чартерные рейсы осуществляются от Новой Зеландии до Аляски.

Таким образом, в республике Узбекистан на данный момент развиты все основные виды транспорта. Руководство республики уделяет постоянное внимание развитию железнодорожного, автомобильного и авиационного транспорта, а также вкладывает достаточно большие средства в развитие всей транспортной инфраструктуры.

4. Мировой опыт развитых стран показывает, что максимальную эффективность в развитии транспортно – логистического сектора могут обеспечить специальные комплексы инфраструктурных объектов и служб, которые в наши дни носят названия «логистический центр» и «транспортный терминал». Данные объекты расположены, как правило, на локальной территории и оказывают услуги по таможенному обслуживанию товаров и транспортных средств, их хранению, перевалке, страхованию, транспортно – экспедиторскому обеспечению, а также дальнейшей дистрибуции по регионам республики. Роль транспортно – логистических центров, на примере стран ЕС, очень значительна. Деятельность этих центров в Голландии приносит доход более 40% всего транспортного сектора, во Франции —31%, в Германии — 25%. В среднем эта доля доходит до 30% во всех государствах Центральной и Восточной Европы. Терминалы, в основном, строят недалеко от аэропорта или пункта пропуска через государственную границу. Они выполняют роль международных перегрузочных узлов. Также данные центры создаются в узловых точках пересечения международных транспортных коридоров.

Логистические центры Узбекистана

Как уже упоминалось ранее, в настоящий момент происходит процесс создания и укрепления торгового, транспортного и экономического моста, проходящего через всю Центральную Азию, и в том числе через Узбекистан, который соединил бы Россию и страны Европейского Союза со странами Юго – Восточной Азии, Китаем и Японией.

Уникальное геостратегическое расположение Узбекистана служит важнейшим аспектом и стимулом развития сети современных складских комплексов и логистических центров. Создаваемые терминалы смогли бы значительно уменьшить логистические затраты по доставке различных грузов. Вопрос создания благоприятных условий для транзита грузов, проходящих через республику, и содействия развитию международных транзитных маршрутов заслуживает всё возрастающее значение для Узбекистана.

Международный интермодальный центр логистики* （*хаб*）*« Навои» открылся в 2008 году в аэропорту города Навои.

Этот центр находится в центре Узбекистана и Центральной Азии и представляет из себя идеальный региональный центр для международных перевозок. На сегодняшний день «Навои» является крупнейшим терминалом грузовых авиаперевозок в Центральной Азии и может обрабатывать 100 тысяч тонн груза в год.

В настоящее время пропускная способность обработки грузового терминала составляет до 300 тонн в сутки, но планируется увеличить его производительность до 1000 тонн.

В Центральной Азии международный логический центр «Навои» является самым первым проектом, и корейский авиаперевозчик «Korean Air» руководит всей структурой аэропорта, а также самостоятельно решает вопросы тарифной политики, логистики и сочленения маршрутов, включая автомобильные и железнодорожные.

Через аэропорт «Навои» проложены регулярные авиамаршруты из Южной Кореи и Китая в Европейские города Милан и Брюссель. Также регулярно осуществляются грузоперевозки из Навои в Дели, Мумбай, Бангкок, Франкфурт. Успешно действует и развивается чартерная программа перевозки грузов в Дакку и Франкфурт. В перспективе будут обязательно открываться новые рейсы в Европу и Азию.

Международный центр логистики « Ангрен», расположенный в Ташкентской области, был создан в середине 2009 года. Его задача состоит в обеспечении гарантированного круглогодичного транспортного потока между областями Ферганской долины и другими регионами Узбекистана. Основными грузами этого логического центра являются автомобили производства «GM Uzbekistan», автокомпоненты, химическая и сельскохозяйственная продукция, нефтепродукты Ферганского НПЗ и другие товары. Мощность центра «Ангрен» составляет до 4 млн т. грузов, обработанных за год. Этот «сухой порт» общей площадью 184 тыс. м2 может оказывать самый широкий спектр услуг по обработке, хранению, транспортировке грузов и таможенной очистке.

Международный центр логистики « Ташкент» —«United Cargo Center» (UCC) открыл свои двери в марте 2017 года на базе вновь созданной компании ООО «Interlogistics». Комплекс оказывает весь спектр логистических услуг, связанных с приемом, хранением, таможенным оформлением и отправкой грузов, и он расположен на пролегании основных региональных и международных транспортных маршрутов. UCC включает крытые склады общей площадью 18000 $м^2$, холодильные и морозильные камеры общей площадью 800 $м^2$, склад – навесы общей площадью 20000 $м^2$, контейнерные площадки общей площадью 22000$м^2$. Таким образом, Узбекистан располагает сетью транспортно – логических центров, которую необходимо всесторонне развивать и наращивать.

5. Транспортно – логистический потенциал Узбекистана в международной торговле неразрывно связан с транспортным потенциалом окружающих Узбекистан стран центральной Азии и Афганистана.

В дорожную автомобильную сеть стран Центральной Азии входит примерно 66000 км магистральных дорог. Основную нагрузку региональных и международных перевозок несут дороги протяжённостью около 29000 км. Большая часть этих дорог проложены с севера на юг, а транзит товаров из Узбекистана проходит, чаще всего, через территории России и Казахстана. А – 40 в виде асфальтобетонной магистрали является единственным основным коридором, который пересекает весь регион с востока на запад и соединяет Ташкент и Алматы. Данная магистраль имеет ответвляющие дороги, ведущие в Китай и Туркменистан. Железнодорожный коридор в Китай тоже один, и он проходит через пункт «Достык» на казахско – китайской границе. Сеть автомобильных дорог в Центральной Азии довольно обширна, но большая их часть находится в неудовлетворительном состоянии, что говорит об плохом техническом обслуживании. Общая протяжённость железнодорожных путей государств Центральной Азии составляет более 22000 км. Самой крупной сетью железных дорог — 66% обладает Казахстан, он же является несомненным лидером по грузовым перевозкам. По территории Казахстана осуществляется до 84% всех железнодорожных перевозок Центральной Азии. Узбекистан имеет около 18% региональных железнодорожных путей, и по его территории осуществляется около 11% от общего числа перевозок. В наше время перед Узбекистаном и другими странами Центральной Азии стоят задачи по обеспечению свободного и доступного выхода к морским перевозкам, сокращению издержек, связанных с пересечением государственной границы. Для решения этих непростых задач в 2003 году в Алматы состоялась Международная конференция министров развивающихся стран, не имеющих выхода к морю, и развивающихся стран транзита и стран - доноров, и представителей международных учреждений, занимающихся вопросами финансирования и развития. На этом форуме была принята Алматинская программа действий, которая закрепила особые потребности стран в новых глобальных рамках для сотрудничества в области транзитных перевозок. Затем была принята Венская программа действий для развивающихся стран, не имеющих выхода к морю, на десятилетие 2014 - 2024 годов, документы которой подписали 32 страны. В настоящее время Узбекистан последовательно реализует международные обязательства, которые были взяты в Вене, и включает принятые международно - правовые нормы в национальную правовую систему. Уже сейчас необходимо начать активную работу над повышением качества услуг, предоставляемых транспортными и логистическими компаниями республики для того, чтобы увеличить объём международных грузоперевозок и привлечь новые транзитные грузопотоки через территорию Узбекистана.

Сейчас в Узбекистане наблюдается устойчивый ежегодный рост грузоперевозок в размере 6% - 7%. Около 27 млн тонн составляет среднегодовой объем международных грузовых перевозок, в том числе экспорт — на уровне 4 - 4, 3 млн тонн, а импорт — на уровне 13 - 13, 3 млн тонн. Около 9, 2 - 9, 7 млн тонн транзитных товаров пересекают Узбекистан каждый год, которые приносят доход республике около 1 млрд долл. . В общем объёме транзитных грузоперевозок наибольшее количество перевозимого транзитного груза принадлежит Казахстану — 32%, далее следует Российская Федерация — 31% и Иран — 13.8%. По железнодорожным перевозкам следует отметить, что наибольшее количество транзитного груза в общем объёме транзитных грузоперевозок принадлежит Казахстану — 32%, далее следует Российская Федерация — 31% и Иран — 13.8%.

Транспортные коридоры Узбекистана

Коридор 1 — транзитом через Казахстан и Россию в порты стран

Балтии — Таллинн（Эстония），Клайпеда（Литва），Рига，Лиепая，Вентспилс（Латвия）.

Коридор 2 — транзитом через Казахстан，Россию，Украину или Беларусь в страны Европейского Союза через погранпереходы Брест（Беларусь）и Чоп（Украина）.

Коридор 3 — транзитом через Казахстан，Россию и Украину в черноморский порт Ильичевск（Украина）.

Коридор 4（ТРАСЕКА）— транзитом через Туркменистан，Казахстан и Азербайджан в порты Чёрного моря.

Коридор 5 — транзитом через Туркменистан и Иран в порт Бандар－Аббас，находящийся на побережье Персидского залива.

Коридор 6 — транзитом через Казахстан，Китай，Россию，используя казахско－китайский погранпереход（Достык/Алалшанькоу）в китайские восточные порты и российские дальневосточные порты Находка，Владивосток и другие.

Коридор 7 — транзитом через Кыргызстан и Китай в китайские порты Желтое，Восточно－Китайское и Южно－Китайское морей.

Коридор 8 — транзитом через Афганистан в иранские порты Бандар－Аббас，Чахбахар и пакистанские порты Гвадар и Карачи.

Инициатива КНР «Один пояс один путь»

В настоящее время，Китай выдвинул международный проект «Один пояс и один путь»，который может изменить влияние Китая на регион и превратить Центральную Азию из ряда государств，не имеющих выхода к морю，в транзитный регион между Азией и Европой. По сути，Китай открывает Центральную Азию.

В 2019 году своё участие в этом проекте подтвердили 125 стран мира и 29 международных организаций，которые подписали 173 соглашения о сотрудничестве. В будущем транспортные коридоры должны связать 60 государств в Европе，Азии и Африке. Об этом проекте лидер КНР Си Цзиньпин рассказал ещё в 2013 году，когда был с официальным визитом в Казахстане. Инициатива Китая «Один пояс и один путь» объединила два других проекта：«Экономический пояс шёлкового пути» и «Морской шёлковый путь XXI века» и её цель — создание глобальной инфраструктуры торговых путей.

«Экономический пояс шёлкового пути» предполагает следующие транспортные потоки: – из Китая через ЦА, Россию до Европы (до Балтийского моря); – из Китая через ЦА и Западную Азию к Персидскому заливу и Средиземному морю; – из Китая в Юго – Восточную Азию, Южную Азию, к Индийскому океану. Основные направления «Морского Шёлкового пути XXI века»: – из морских портов Китая через Южно – Китайское море до Индийского океана и дальше до Европы; – из китайских портов через Южно – Китайское море в южную акваторию Тихого океана.

В указанных направлениях планируется сформировать международные коридоры экономического сотрудничества: «Китай — Монголия — Россия», «Китай — Центральная Азия — Западная Азия», «Китай — Индокитай», «Китай — Пакистан» и «Бангладеш — Индия — Мьянма — Китай».

В ходе первого международного форума «ОПОП», который состоялся 14 – 15 мая 2017г. в Пекине организованный по инициативе председателя Си Цзиньпина Президент Республики Узбекистан Ш. М. Мирзиёев, выступая с докладом отметил заинтересованность республики в следующем:

1) наполнение Концепции ОПОП конкретными программами регионального развития, предусматривающими реализацию в Центральной Азии крупных проектов в сферах транспорта, торговли, инвестиций, энергетики и высоких технологий.

2) разработка комплексной программы сотрудничества в сфере развития транспортно – логистических маршрутов, связывающих Центральную Азию через Китай и Россию с рынками Южной, Юго – Восточной Азии и европейских стран. Интеграция в эту сеть ж/д «Китай – Кыргызстан – Узбекистан – Афганистан» с выходом на порты Пакистана и Ирана в Индийском океане.

3) создание по линии «Экономического пояса Шелкового пути» интегрированных промышленных технопарков, научно – инновационных кластеров и свободных экономических зон. Совместная выработка эффективных механизмов продвижения таких проектов.

4) налаживание прямого диалога между бизнес – сообществами с

целью принятия конкретных программ и проектов сотрудничества, укладывающихся в концепцию ОПОП.

25 – 27 апреля 2019 года в Пекине состоялся второй форум высокого уровня «Один пояс и один путь». В саммите приняло участие 37 лидеров государств и правительств. Китайскую столицу посетили около 5 тысяч гостей, которые представляли 150 стран и 90 международных организаций. По результатам мероприятия были достигнуты 283 договорённостей и подписано соглашений о сотрудничестве на сумму более 64 млрд долларов. 25 апреля 2019 года Президент Узбекистана Ш. М. Мирзиёев в рамках саммита в Пекине встретился с Председателем КНР Си Цзиньпином, на которой заявил, что Узбекистан полностью поддерживает инициативу «Пояса и Пути» и готов внести практический вклад в ее полномасштабную реализацию. Председатель КНР выразил уверенность, что участие и инициативы Ташкента в рамках проекта будут способствовать всестороннему углублению взаимовыгодного сотрудничества Китая с Узбекистаном и Центральной Азией в целом.

В последние годы реализованы ряд проектов по совершенствованию транспортной системы Центральной Азии. 17 февраля 2018 года был открыт новый автомобильный коридор Ташкент – Андижан – Ош – Иркештам – Кашгар, протяжённостью 920 км, который соединил Узбекистан с Китаем.

17 июля 2019 года Узбекистан и Казахстан открыли новый международный транспортный коридор «Бейнеу – Акжигит – граница Узбекистана». Развиваются авиаперевозки, так новый грузовой авиамаршрут был запущен 15 июля 2019 года между Синьцзян – Уйгурским автономным районом Китая и столицей Узбекистана Ташкентом. 15 мая 2019 года Узбекистан отправил первый транзитный контейнерный груз из казахстанского порта Актау.

Сейчас, пока довольно успешно продвигаются более масштабные проекты. Таким, например, является строительство железной дороги Узбекистан — Кыргызстан — Китай. Этот железнодорожный поток является кратчайшим путём из КНР в Европу и на Ближний Восток, и при введении в действие данной железной дороги расстояние по сравнению с действующими маршрутами сократится на 900 км, а время доставки грузов уменьшится на 7 – 8 дней. В реализации этого проекта активное участие принимает Китай, который 17 июля 2019 года запустил прямой грузовой железнодорожный маршрут Сиань — Бишкек.

Также очень многообещающим может стать строительство железной дороги Мазари – Шариф — Кабул — Пешавар с выходом на пакистанский порт Гвадар. Узбекистан совместно с Афганистаном, Казахстаном, Пакистаном и РФ уже приступил к обсуждению этого проекта. В декабре 2018 года и в марте 2019 года в Ташкенте состоялись пятисторонние встречи глав железнодорожных ведомств, в ходе которых было принято решение о создании рабочей группы по его реализации.

В связи с реализацией данного проекта и укреплению торгово – экономического сотрудничества Узбекистана и Афганистана Ташкент продолжает попытки урегулировать ситуацию в Афганистане. Узбекистан в марте 2019 года организовал Ташкентскую конференцию по Афганистану «Мирный процесс, сотрудничество в сфере безопасности и региональное сотрудничество». А в августе 2019 года министерство иностранных дел Республики Узбекистан принимало делегацию движения «Талибан», которая посетила Ташкент 7 – 10 августа. В урегулировании взрывоопасной ситуации в Афганистане активную позицию занимает и Казахстан, который в ходе председательства в СБ ООН выдвинул инициативу по «превращению Центральной Азии и Афганистана в модельную зону мира, сотрудничества и безопасности».

Заключение

Узбекистан — это страна «double – landlocked», то есть даже ее соседи не имеют прямого выхода к морю. С другой стороны, как и вся Центральная Азия в целом, Узбекистан находится на пересечении всех узловых наземных коридоров в Евразии, соединяющих Восток и Запад. Тогда как Казахстан стал главной территорией в китайской инициативе «Один пояс и один путь», предоставляя обширные возможности для северных маршрутов, нацеленных в Европу, Узбекистан пытается использовать свои преимущества и стать региональным транспортным хабом на южных рубежах, благодаря близости к Афганистану. Таким образом, в настоящее время Узбекистан имеет все возможности стать ключевым транспортно – логистическим центром стран центральной Азии.

Реализация инициативы «Один пояс и один путь» будет содействовать расширению торгово – экономического сотрудничества Узбекистана и Китая. Это важная площадка для конструктивного обсуждения различных аспектов процесса устойчивого развития.

Узбекистан был и всегда будет дружественным и надежным партнерам КНР, у нас было очень много ярких исторических моментов проявления дружбы между Узбекистаном и Китаем.

Между Республикой Узбекистан и КНР подписаны 239 двусторонних документов, из них: 105 международных договоров межгосударственного и межправительственного характера; 68 межведомственного и 66 – иного характера (совместные заявления президентов, протоколы заседаний межправительственной комиссии и т. д).

Основные принципы отношений зафиксированы в Договоре о партнерских отношениях дружбы и сотрудничества от 9 сентября 2013 г.

В соответствии с межправительственным соглашением «О поощрении и взаимной защите инвестиций» от 2011 г. во взаимной торговле установлен режим наибольшего благоприятствования.

В 2018г. объем двусторонней торговли достиг 6, 42 млрд. долл. (+35, 2%), в т. ч. экспорт – 2, 8 млрд. долл. (+41, 6%), импорт – 3, 5 млрд. долл. (+30, 4%).

Основные позиции экспорта: природный газ, услуги (в т. ч. трубопроводный транзит, авиаперевозки), текстильная продукция (в т. ч. хлопчатобумажная пряжа, хлопковое волокно), пластмассы и изделия из них (полимеры этилена и пропилена), уран, медь, кожевенное сырье, переработанная плодоовощная продукция.

Импорт: механическое и электрическое оборудование, химические товары и пластмассы, изделия из черных металлов, транспортные средства, резиновые изделия, продовольственные товары, текстильные изделия, фармацевтические препараты.

Выросли поставки в Китай природного газа, текстильной продукции, полимер этилена. Налажен экспорт новых видов плодоовощной продукции и сухофруктов на рынок КНР. В частности, только за 2018г. экспорт черешни в Китай составил более 147 тн., зеленого маша 38 тыс. тн., изюма 27 тыс. тн., сушенного абрикоса 159 тн. и сухофруктов

634 тн.

Подводя итог отмечу, чторазвитие транспортно – логической системы имеет очень важное значение для национальной экономики Узбекистана, Центральной Азии а также для всего Евразийского региона в целом.

В настоящее время, наблюдается более активное продвижение различных национальных и международных проектов в этом направлении. Но для того, чтобы реализовать эти проекты далеко не всё зависит от Узбекистана. Всё более важную роль в регионе играет политика Китая, но нельзя забывать и о влиянии США и России.

Приводя все эти примеры, хочу подчеркнуть очень простую и на мой взгляд, очевидную мысль, а именно: построение такого типа отношений между государствами, основанного на прагматизме, учёте интересов друг друга, – это не благие пожелания и мечты, не вопрос отдалённого будущего. Оно возможно и, более того, реализуется прямо сейчас.

“一带一路”框架下乌中经济合作的战略载体：区域方面

德罗博秋克·奥利加*

2019年是乌克兰和中国双边建交27周年，两国之间已有240个政府间的合作协定。包括中小企业之间的合作，现在我们乌方正在与中方的中小企业逐渐开展这样的合作。

2018年的统计数字表明，中国是乌克兰最大的贸易伙伴，2019年上半年仍然占据第一位。乌克兰的贸易结构是以原材料为主，主要是出口这些原材料给国际市场。形成这样的出口结构主要原因可能是中方的一些进口政策，还有就是乌克兰企业不愿意参加推销自己的国际展览。大部分出口到中国的就是原材料，大概占到95%，成品是5%。我们从中国进口的主要是高科技产品，目前进口最多的就是半导体，还有一些数字产品。双边的经贸合作根据贸易互补性这个指数的计算，可以说处于中等水平，双边的贸易进出口是平衡的。

关于投资合作，中方对乌克兰的累计直接投资有3300万美元，乌方投资者向中国投资只有60万美元，所以说双方之间的投资现状非常的沉闷和消极。2019年我们看到中国新增在乌克兰投资主要分布如下：工业33%，制造业30%，科技方面的投资是24.3%，农业是19%。

还需要指出的是，在乌克兰有很多中国的企业，一共是1162个，占到了整个乌克兰企业数量的1%。在“一带一路”框架内，我们两国签署了有关投资合作的备忘录，涉及到基础设施、能源等领域。现在在乌克兰市场上中国企业所做的并购，其中只有三单达成协议，包括收购了乌克兰的太阳能电站，收购了乌克兰的复兴开发银行的股份，收购了一家采矿企业，还有两个现在反垄断委员会正在审核。在“一带一路”框架内，也在进行大规模的建设，包括基础设施、能源和工业设施的建设。“一带一路”的“丝绸之路经济带”是经过乌克兰的，既有铁路，也有南方港口，例如中国的能源港建集团正在实施我国南方港口的疏浚工作。未来非常有前景

* 乌克兰国立基辅经济大学现代中国研究所所长，经济学博士。

的合作就是通过建设铁路来建立“欧亚大陆桥”，把乌克兰与其他几个东欧国家连接起来。目前在乌克兰有两条中欧班列的路线，一个是从中国到匈牙利，另一个是从中国去往斯洛伐克。

此外，我还想强调的是，其他领域的合作同样富有前景，例如能源领域、旅游业等。乌方也非常期待中方的投资，希望能够投资核电站、热电站、风电站、太阳能电站，还有油气的开发，基础设施方面就是建设铁路、公路、港口。对中国投资更感兴趣的是我国南方港口，另外还有一些机场的改造项目。

为了加深我们的合作，制定长期的战略非常重要，其中包括：一是“乌克兰发展战略 2030”，以及乌中在“一带一路”倡议框架内合作的战略；二是争取加入亚洲基础设施投资银行；三是成立有关的委员会或者是协调机构，来实施双边合作项目；四是提供非常专业和及时信息服务。乌中经贸合作有很大的潜力，可以更加积极、更好发挥中小企业的作用。

（根据现场同传速记稿整理）

【俄文原文】

Стратегические векторы украинско – китайского экономического сотрудничества в рамках «Один пояс и один путь»: региональный аспект

Дроботюк Ольга *

Китай – глобальный игрок на геополитической и геоэкономической картах мира. С целью усиления своих позиций в мировой политике и экономике, правительство КНР инициирует ряд масштабных проектов и программ, имеющих глобальный эффект и углубляют межгосударственное сотрудничество. Среди таких инициатив «Один пояс и один путь» –

---

* к. э. н., директор Института исследований современного Китая им. Бориса Курца при ГВУЗ «Киевский национальный экономический университет имени Вадима Гетьмана», г. Киев, Украина.

возрождение Великого Шелкового пути, который призван создать новый глобальный порядок и перейти к глобализации 2. 0. В основу нового этапа положены принципы мира, взаимопонимания, взаимного доверия, открытости и толерантности.

В рамках Инициативы развивается масштабный транспортно – логистический проект XXI ст., соединяющий Китай и страны Западной Европы. Благодаря этому другие государства имеют возможность позаимствовать китайский опыт ведения внешней политики, которая направлена на мирное взаимодействие и устойчивое развитие. Украина не осталась в стороне, подписав План действий по реализации инициативы совместного строительства «Экономического пояса Великого шелкового пути» и «Морского шелкового пути XXI века» в декабре 2017 г. Однако на сегодняшний день, участие Украины в проекте «Один пояс и один путь» является только декларативным и это замедляет прогресс экономического сотрудничества Украины и КНР, что отображается в торговых, инвестиционных отношениях и научно – технологическом обмене.

По итогам 2018 года товарооборот между Украиной и Китаем составил 9, 8 млрд долл., в том числе экспорт – 2, 2 млрд долл., импорт – 7, 6 млрд долл. Китай занимает 2 место в географической структуре внешней торговли Украины, на его долю приходится 9% товарооборота (экспорт – 5%, импорт – 13%). Объем торговли вырос на 27, 3% по сравнению с предыдущим годом (рис. 1).

Начиная с 2004 года, сохраняется тенденцияувеличения отрицательного сальдо торговли товарами, что объясняется, во – первых, сырьевой структурой украинского экспорта, на стоимость которого влияет конъюнктура на мировых сырьевых рынках; во – вторых, наличием высоких входных барьеров на китайский рынок (высокая конкуренция на внутреннем рынке, количественные и качественные ограничения); в – третьих, низкой активностью украинских предприятий на международных выставках и ярмарках с целью продвижения их продукции.

ис. 1. Динамика украинско – китайскойдвусторонней торговли 2010 – 2018 гг. , млрд долл.

Источник: Государственная служба статистики Украины [11]

Украинский экспорт в КНР преимущественно сырьевой (руды, кукуруза и растительное масло), в то же время импорт – технологический (полупроводники, смартфоны, компьютеры) . Так 94, 1% экспорта в КНР приходится на сырьевые товары, а 5, 6% – готовую продукцию.

В 2018 году доля пяти наибольших товарных позиций украинского экспорта в КНР составила 81%, в том числе: железная руда и концентраты – 30%; кукуруза – 22%; масло и семена подсолнечника – 15%, турбореактивные двигатели – 8%, жмых – 6%. В период с 2014 по 2018 гг. стоимостной объем экспорта железной руды и концентратов сокращался в среднем на 17% ежегодно, а кукурузы – рос на 17%. Необходимо подчеркнуть, что 62% китайского общего импорта кукурузы и 58% подсолнечного масла покрывают украинские экспортёры (табл. 1) .

В 2018 г. в товарной структуре импорта наибольшая доля приходилась на полупроводники и смартфоны – по 8%, компьютеры – 5%, плоский стальной прокат – 3%, пестициды – 2%. За период 2015 – 2018 гг. ежегодно в среднем почти в 2 раза увеличивался импорт полупроводников (диоды, транзисторы, светочувствительные полупроводники). Стоит отметить, что 94% украинского импорта полупроводников покрывают китайские экспортёры, что составляет 2, 1% китайского совокупного экспорта данной товарной позиции (табл. 1).

Таблица 1. Ключевые товарные позиции украинско – китайской торговли в 2018 г.

Экспорт в КНР	Доля * товара в		Импорт из КНР	Доля * товара в	
	экспорте Украины	*импорте КНР*		*экспорте КНР*	*импорте Украины*
Руды и концентраты	23%	0, 9%	Полупроводники	2, 1%	94%
Кукуруза	14%	62%	Смартфоны	0, 2%	59%
Масло или семена подсолнечника	8%	58%	Компьютеры	0, 3%	68%
Турбореактивные двигатели	57%	2, 5%	Прокат плоский из стали или нелегированной стали	1, 5%	46%
Жмых в гранулах	15%	22%	Пестициды	3, 1%	17%

** доля экспорта/ импорта товара в КНР/ из КНР в общем экспорте/ импорте данного товара*

Источник: рассчитано на основе данных International Trade Center [2]

На основе статистических данных International Trade Center рассчитан индекс комплементарности торговли по методике ЮНКТАД и представлен в динамике за период 2010 – 2018 гг. (формула 1, рис. 2) [9].

$$TC_{ij} = 100 \times \left(1 - \sum \frac{|m_{ik} - x_{ij}|}{2}\right) \qquad (1)$$

где x_{ij} – доля товара i в общем экспорте страны j, а m_{ik} – доля товара i в общем импорте страны k.

Согласно расчетам, индекс комплементарности торговли превышает 50%, что свидетельствует о среднем уровне соответствия украинского экспорта китайскому импорту.

Таким образом, двухсторонняя торговля между Украиной и Китаем демонстрирует восходящий тренд после падения в 2014 – 2015 гг., однако сохраняется рост отрицательного сальдо. По итогам последних лет, Китай является одним из ключевых торговых партнеров Украины.

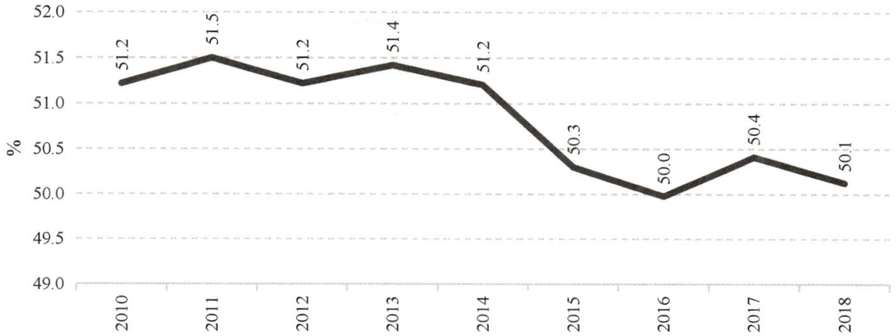

Рис. 2. Динамика индекса комплементарности торговли Украина – Китай в период 2010 – 2018 гг.

Источник: рассчитано на основе данных International Trade Center [2]

Рис. 3. Динамика прямых инвестиций в акционерный капитал в 2010 – 2019 гг., млн долл. (на начало года)

Источник: Государственная служба статистики Украины [10]

Подписание украинской стороной Плана действий в рамках Инициативы «Один пояс и один путь» привело к росту экономического и инвестиционного интересов к энергетическим, инфраструктурным, финансовым объектам в Украине. Однако доля китайских инвестиций является несущественной. В инвестиционном сотрудничестве, по состоянию на начало 2019 г., объем накопленных прямых китайских инвестиций в украинскую экономику (акционерный капитал) превысил 33 млн долл. (0, 1% объема совокупных прямых иностранных инвестиций в Украину). В свою очередь, объем украинских прямых инвестиций (запас) в китайскую экономику составил 0, 6 млн долл. (рис. 3).

По состоянию на начало 2019 года, в разрезе отраслевой структуры китайских прямых инвестиций в акционерный капитал наибольшую долю занимают промышленность – 33, 1%, в том числе перерабатывающая –30, 6%, добывающая – 1, 8%; профессиональная и научно – техническая деятельность –24, 3%, а также сельское хозяйство –19, 9% (рис. 4).

Рис. 4. Отраслевая структура китайских прямых инвестиций в акционерный капитал Украины на 01. 01. 2019, млн долл.

Источник: Государственная служба статистики Украины [12]

На начало 2018 года большая доля инвестиций приходилась на сельское хозяйство – 37, 6%, промышленность – 27% и оптово – розничную торговлю –10%. В связи с ростом числа китайских проектов в Украине, выросла доля инвестиций профессиональной и научно – техническую деятельность.

Согласно данным Государственной службы статистики Украины, по состоянию на начало 2019 года насчитывается 1162 предприятия с китайскими инвестициями. Это составляет более 1% от общего числа предприятий в Украине（рис. 5）.

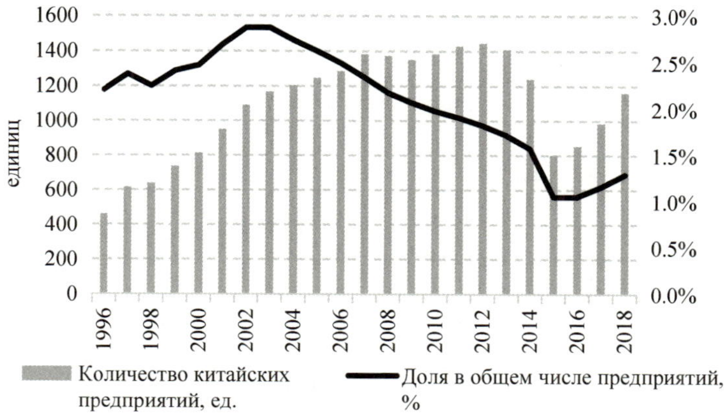

Рис. 5. Динамикачисла предприятий с китайскими инвестициями в Украине 1996 – 2018 гг.

Источник: Государственная служба статистики Украины

В период 2015 – 2019 гг. на украинском рынке M&A, между китайскими и украинскими компаниями было заключено три соглашения в энергетическом, металлургическом и банковском секторах:

– 1681221279 – приобретение солнечных станций «Восход Солар», «Нептун Солар»（обе – Николаевская обл.）, «Дунайская СЭС – 1», «Дунайская СЭС – 2», «Франко Солар», «Франко Пиви», «Приозерная – 1», «Приозерная – 2», «Лиманская Энержи 1», «Лиманская Энержи 2»（все – Одесская обл.）;

– 1681221280 – покупка горнорудной компании Consolidated Minerals с активами в Австралии и Гане;

– 1681221281 – покупка 99, 99% акций Украинского банка реконструкции и развития.

Ещедве сделки пребывают в процессе согласования с Антимонопольным комитетом Украины: > 50% телекоммуникационной компании UNTC и >50% – Мотор Січ.

Таблица 2. Сделки слияния и поглощения за период 2015 – 2019 гг.

Год	Объект	Доля	Покупатель	Продавец	Сектор	Стоимость	Состояние сделки
2015	Солнечные станции	100	CNBM International	Active Solar	Энергетика	$ 185 млн	Закрыта
2016	Consolidated Minerals	100	ChinaTian Yuan Manganese	Геннадий Боголюбов	Металлургия	N/A	Закрыта
2017	Фондовая биржа ПФТС	>25	Bohai Commodity Exchange Co., Ltd	Dragon Capital	Финансы	N/A	В процессе
2017	Украинский банк реконструкции и развития	99, 99	Bohai Commodity Exchange Co., Ltd	Фонд гос. имущества	Банки	$ 3млн	Закрыта
2018	ООО "Украинские новейшие коммуникации"	>50	Просат (Xinwei)	Concorde Capital	Телекомму – никации	N/A	В процессе
2019	Мотор Січ	>50	Skyrizon и Xinwei Group	Вячеслав Богуслаев	Машинно – строение	N/A	В процессе

Источник: M&A Ukraine [3]

Помимо ПИИ, китайские компании заключили рядконтрактов на строительство инфраструктурных, энергетических, промышленных объектов в Украине. Так по данным The American Enterprise Institute and The Heritage Foundation, в период 2008 по 2018 гг., подписано контрактов на строительство на общую сумму 8, 2 млрд долл., в том числе на 5 млрд долл. в энергетике, на 2 млрд долл. – транспортной сфере [6]. В рамках Инициативы «Один пояс и один путь» подписано контрактов на общую сумму 1, 5 млрд долл. (табл. 3).

Таблица 3. Контракты на строительство в Украине в рамках Инициативы «Один пояс и один путь»

Дата	Инвестор	Сумма контракта, млн долл.	Контрагент	Сектор
10. 2017	Xinjiang Communications Construction	100	N/A	Автотранспорт
04. 2018	Sinomach	210	DTEK	Альтернативная энергетика
04. 2018	XinjiangBeiken Energy Engineering	120	УкрГаз	Газовая энергетика
06. 2018	China Energy Engineering	250	Метрополия	Альтернативная энергетика
09. 2018	Power Construction Corp	340	NTB	Альтернативная энергетика
12. 2018	Dongfang Electric	340	Донбассэнерго	Угольная промышленность
03. 2019	China Energy Engineering	150	N/A	Альтернативная энергетика

Источник: The American Enterprise Institute and The Heritage Foundation [6]

Согласно интерактивной карте, разработанной Mercator Institute for China Studies, через Украину проходит Экономический пояс Шелкового пути, а также в Одесской обл. расположен порт Южный [1]. В порту Южный китайская компания China Harbour Engineering Company проводила дноуглубительные работы. Кроме этого, железнодорожная сеть Украины позволила вовлечься в транспортный коридор «Новый Евразийский сухопутный мост» вместе с Чехией, Словакией, Словенией, Венгрией, Польшей и Казахстаном [4]. Так через территорию Украины запущены контейнерные поезда сообщением: Шеньси (КНР) – Эперешке (Венгрия), Сиань (КНР) – Дунайска Стреда (Словакия).

Таким образом, статистические данные по инвестиционному сотрудничеству свидетельствует о том, что потенциал не используется на полную мощность. Низкая инвестиционная активность обусловлена рядом факторов: коррупция, налоговая нагрузка, нестабильность и чрезмерное регулирование, нечеткая правовая система, изменчивость политической и экономической среды. Однако к факторам, которые положительно влияют на инвестиционную привлекательность Украины относятся: географическое положение, квалифицированная и дешевая рабочая сила, низкие затраты на ресурсы.

Согласно оценкам Ukrainian Institute for the Future [8], потенциальными проектами в рамках экономических коридоров: «Новый Евразийский сухопутный мост», «Китай – Центральная Западная Азия» могут быть следующие:

1. Энергетика

a. атомная: строительство блоков Южно – Украинской АЭС – 4 ГВт (Николаевская обл.), Запорожской АЭС – 4 ГВт, Хмельницкой АЭС – 4 ГВт, Ровенской АЭС – 2, 6 ГВт.

b. теплоэнергетика: строительство Био – ТЭЦ в Николаевской обл. – 270 МВт; Одесской обл. – 220 МВт.

c. ветровая: строительство Запорожской ВЭС – 600 МВт, Николаевской – 450 МВт.

d. солнечная: строительство Херсонской СЭС – 350 МВт; Закарпатской СЭС – 320 МВт.

e. нефте – и газодобыча: модернизация Кременчугского НПЗ.

2. Инфраструктура

a. железная дорога: строительство высокоскоростных ж/д путей (Киев – Европа (через Львов), Киев – Одесса, Киев – Харьков, Киев – Днепр); электрификация ж/д и модернизация локомотивного состава «Укрзалізниці».

b. автомобильные дороги: транснациональный транспортный коридор, соединяющий украинские черноморские порты с Гданьском на Балтийском море (Go Highway); строительство транспортно – логистических комплексов (возле портов) в Херсонской обл. и Николаевской обл.; строительство моста через Днепр в Кременчуге, эстакады в морском порту в Черноморске; строительство высокоскоростной автомагистрали: Мариуполь – Одесса.

c. морские порты: создание Одесского портового кластера (Южный, Черноморский, Одесский).

d. авиа：реконструкция 15 аэропортов.

3. Туризм：строительство курортных и гостиничных комплексов на Юге и Западе Украины.

Способствовать реализации проектов в рамках «Один пояс и один путь» возможно путем полного участия Украины в Инициативе. Для этого необходимо украинскому правительству предпринять следующие меры：

– 1681221279 – принять стратегию развития государства до 2030 года и отдельный документ – стратегию сотрудничества Украины и КНР в рамках инициативы «Один пояс и один путь»；

– 1681221280 – провести встречу лидеров Украины и КНР，достигнув договоренности о сотрудничестве；

– 1681221281 – вступить в Азиатский банк инфраструктурных проектов；

– 1681221282 – создать в государственных структурах（в МИД，Министерстве инфраструктуры，Министерстве экономического развития，торговли и сельского хозяйства）отдельные координационные подразделения для реализации совместных проектов；

– 1681221283 – учредить украинско – китайский проектный офис для оказания оперативной，актуальной и релевантной информации об Украине и установления прочных контактов между экспертно – журналистской средой в Киеве и Пекине；

– 1681221284 – создать в двух государствах украинский – китайские культурные центры，которые не будут структурными подразделениями дипломатических учреждений；

– 1681221285 – усилить имеющуюся систему подготовки специалистов по вопросам Азиатского региона со специальным фокусом на Китай.

В целом за 27 лет украинско – китайских дипломатических отношений，сферы стратегического сотрудничества наших стран постоянно расширяются. Сегодня между странами осуществляется плодотворное сотрудничество в сельском хозяйстве，энергетике，развитии транспортной инфраструктуры，финансовой и банковской сферах. Украина и Китай тесно взаимодействуют в области образования，науки и технологий， культуре, спорте и туризме. Однако объемы торговли и инвестиций свидетельствуют о нереализованном потенциале сотрудничества, воплощение которого возможно в Инициативе «Один пояс, один путь».

Список использованной литературы

1. Eder, T. S. (2018). *Interactive map of the Belt and Road Initiative.* Retrieved from Mercator Institute for China Studies: https: //www. merics. org/en/bri – tracker/interactive – map.

2. International Trade Center. (2019). *Trade Map.* Retrieved from International Trade Center: https: //www. trademap. org/.

3. M&A Ukraine. (2019). *База M&A угод в Україні*. Получено из M&A Ukraine: https: //mergers. com. ua/ua/m – and – a – analysis/deals – database.

4. OECD. (2018). *China's Belt and Road Initiative in the global trade, investment and finance landscape.* Paris: OECD Publishing. Retrieved from https: //www. oecd. org/finance/Chinas – Belt – and – Road – Initiative – in – the – global – trade – investment – and – finance – landscape. pdf.

5. Ruta, M., Dappe, M. H., & Zhang, C. (2019). *Belt and Road Economics: Opportunities and Risks of Transport Corridors.* World Bank Press. Retrieved from https: //openknowledge. worldbank. org/bitstream/handle/10986/31878/9781464813924. pdf.

6. The American Enterprise Institute and The Heritage Foundation. (2019). *Global China Investment Tracker.* Retrieved from The American Enterprise Institute and The Heritage Foundation: https: //www. aei. org/china – global – investment – tracker/.

7. The State Council of PRC. (n. d.). *One Belt, One Road Portal.* Retrieved from https: //eng. yidaiyilu. gov. cn/index. htm.

8. Ukrainian Institute for the Future. (2019). *Економічна стратегія України 2030*. Получено из Ukrainian Institute for the Future: https: //strategy. uifuture. org/.

9. UNCTAD. (2010). *Trade Indicators.* Retrieved from UNCTAD: https: //wits. worldbank. org/wits/wits/witshelp/Content/Utilities/e1. trade _ indicators. htm.

10. Державна служба статистики України. (2018). *Прямі інвестиці*

ї （акціонерний капітал） в економіці України/ з України：за країнами світу；країнами ЄС；видами економічної діяльності；по регіонах（2010 – 2018）. Получено из Державна служба статистики України：http：//www. ukrstat. gov. ua/operativ/operativ2017/zd/inv_ zd/pi_ ak_ ks_ reg/pi_ ak_ ks_ reg_ u. xlsx.

11. Державна служба статистики України. （2019）. *Географічна структура зовнішньої торгівлі України*. Получено из Державна служба статистики України：http：//www. ukrstat. gov. ua/operativ/operativ2019/zd/ztt/ztt_ u/ztt0719_ u. htm.

12. Державна служба статистики України. （2019）. *Прямі інвестиції（акціонерний капітал）：за країнами світу у розрізі видів економічної діяльності；видами економічної діяльності у розрізі країн світу у січні – березні 2019 року*. Получено из Державна служба статистики України：http：//www. ukrstat. gov. ua/operativ/operativ2019/zd/inv_ zd/pi_ ak_ ks_ ved/pi_ ak_ ks_ ved_ 0319u. xlsx.

塔中共建“丝绸之路经济带”

穆洛乔诺夫·阿萨杜洛*

习近平主席在2013年9月提出了“丝绸之路经济带”的倡议，今天已经发展为“一带一路”倡议，包括“丝绸之路经济带”和“21世纪海上丝绸之路”，这一倡议得到了世界各国的支持和积极响应，也包括塔吉克斯坦，我们愿意建立广泛的基础设施联通的网络，从中国的西部一直到中亚、伊朗和欧洲，使我们的经贸往来更加顺畅。

“丝绸之路经济带”不仅为沿线国家提供了更加便捷的跨境通道，同时也提高了各国经济发展的潜力。不管是在中国的内陆地区，还是在中国的邻国，都有助于开发新的市场。中国非常积极地推动“一带一路”倡议，不仅可以建立一个连接东方和西方的交通网络，还能够使中亚，乃至整个欧亚地区的经济贸易模式发生改变。根据新丝绸之路的规划，未来在欧亚大陆有三条铁路走廊，北边是通往俄罗斯，另外两条分别通过中亚和南亚，其中就有经过塔吉克斯坦的；另外与铁路进行补充作用的就是公路。新的通道能够使塔吉克斯坦的交通更加多样化，所以我们非常关注这些国内和国际的公路和铁路的发展状况。在最近这五年里，中塔双方已经共同建设了近2000公里的公路，目前还在讨论建设连接中塔和其他国家，包括中亚到波斯湾的铁路，塔吉克斯坦愿意参与“一带一路”建设，希望能够进入亚太市场。这是在我们合作伙伴关系基础上的高水平合作成果。未来希望能够继续扩大地区合作，发展新的商务，并且促进文化的发展，以及旅游业。

“丝绸之路经济带”富有巨大的经济发展潜力，未来还有许多项目值得推动实施，其中就包括在中亚地区建立有关的基础设施，包括公路、铁路，甚至是通过阿富汗、巴基斯坦一直到印度洋的出海口；向西是经过外高加索地区到欧洲。现在中国和我们在一起运用有关的人才、建材和技术来建设这些交通线路，这会帮助我们的国家发展经济，提高GDP，也能让老百姓生活得更加幸福。

建立“丝绸之路经济带”，能够加强上合组织成员国之间的合作，并

* 塔吉克斯坦国立财经大学副教授。

且为多边的经贸合作和人文交流注入新的活力。地区之间的合作和中小企业之间的合作也会成为创新发展的“火车头”。整体上说，塔吉克斯坦像其他国家一样对“一带一路”非常感兴趣，相信这将会扩大我国经贸和投资的潜力。

（根据现场同传速记稿整理）

【俄文原文】

Сотрудничество Таджикистана и Китая по формированию «Экономического пояса» путем возрождения Шелкового пути

Муллоджонов Асадулло *

Возрожденный шелковый путь, на наш взгляд, будет важнейшей частью стратегии развития и Китая, и всех стран региона. Этот путь будет способствовать не только выстраиванию удобных и быстрых транзитных маршрутов через центр Евразии, но может оказать ощутимое влияние на экономическое развитие регионов Китая и соседних стран, а также создаст новые рынки для обмена товарами и услугами.

Данный проект направлен не только для возрождения древнего шелкового пути, транспортного маршрута между Востоком и Западом, но и для масштабного преобразования всей торгово – экономической модели Евразии и, в первую очередь, Центральной Азии.

В сухопутной части «Нового Шёлкового пути» предполагается строительство трёх железнодорожных коридоров – северный, центральный и южный. Северный коридор пройдёт через территорию России, а центральный и южный — через территорию Центральной Азии, в том числе через территории Таджикистана. В дальнейшем железнодорожные коридоры будут дополнены автомобильными дорогами.

---

* доцент Таджикского государственного финансово – экономического университета.

Председатель КНР Си Цзиньпин в сентябре 2013 года выдвинул концепцию возрождения «Нового шёлкового пути» под лозунгом «Один пояс и один путь». Этот проект будучи глобальной стратегией, включает в себя «Экономический пояс Шёлкового пути» и «Морской Шёлковый путьXXI века», получившие поддержку и положительные отклики многих стран мира, в том числе и Республики Таджикистан и предполагает создание обширной инфраструктурной сети по пути от западных границ Китая через страны Средней Азии и Ирана в Европу с целью оптимизации торгово – экономических процессов. Инициатива лидера КНР открывает хорошую возможность экономическим связям по нескольким направлениям: транспорту, связям, энергетике, промышленности и т. д. Реализация проекта требует больших объемов денежных средств, обеспечение которых возложено на все сотрудничающие государства. Инвестиционные связи зависят от межгосударственных решений. Правительство Таджикистана положительно оценивает данный проект и будет принимать активное участие в его реализации.

Инициатива создания Экономического пояса выдвинута с целью ускорения экономического развития Центральной Азии и Азиатско – Тихоокеанского региона. Это совершенно новая концепция регионального сотрудничества, характерными чертами которого являются максимальная открытость, плодотворного взаимного обмена и соответствующей интеграции. Реализация проекта даст возможность также развитию экономики, торговли, региональным связям, малому и среднему бизнесу, а также культурным отношениям, традиционным узам дружбы, а также туризму.

Следует отметить, что по инициативе Председателя КНР Си Цзиньпина 9 – 10 декабря 2015 г. в Гонконге был проведен Первый международный инвестиционный форум Шелкового пути с участием влиятельных деловых кругов, глав торгово – промышленных палат стран, расположенных вдоль Шелкового пути. На Форуме состоялась презентация Международной Торговой палаты «Великий Шелковый путь», где была определена программа ее деятельности.

Реализация проекта «Экономический пояс Шелкового пути» предусматривает сооружение через территории стран Центральной Азии, в том числе и Таджикистана, железнодорожных путей и автомобильных дорог в направлении Афганистана и Пакистана с выходом к морским торговым портам, а также стран Закавказья с выходом в европейские страны. При сооружении транспортных линий будут использованы местные кадры, строительные материалы и техника. Это позволит увеличению макроэкономические показатели, ВВП, обеспечить местное население новыми рабочими местами и, в конечном итоге, повысить уровень и качество жизни населения.

Строительство экономического пояса даст возможность росту потенциала стран – участниц ШОС, явится импульсом для многострунных торгово – экономических и гуманитарных обменов между этими странами. Что касается роли локомотива инновационного развития, то она может принадлежат региональным связям, а также малому и среднему бизнесу.

В целом, с учетом возможности развития транспортных коридоров и логистических схем сотрудничества данный проект представляет большой интерес для всех стран, расположенных вдоль маршрута Великого Шелкового пути, позволит в значительной мере раскрытию торговых и инвестиционных потенциалов стран – участниц.

“一带一路”沿线国家贸易规模、决定因素及发展潜力研究

赵金龙　康腾*

一、引言

“一带一路”是指“丝绸之路经济带”和“21 世纪海上丝绸之路”，由习近平主席在2013 年提出。“一带一路”倡议致力于为发展中国家构建全方位、多层次、复合型的互联互通网络，即政策沟通、设施联通、贸易畅通、资金融通和民心相通（简称“五通”）。其中，贸易畅通旨在提倡“一带一路”沿线国家不断降低贸易壁垒和贸易成本，共同建设一个包容开放、互惠互利的区域大市场。

2013 年以来，“一带一路”建设迅速推进。首先，“一带一路”倡议辐射范围广，截至2018 年 12 月，中国已累计与122 个国家、29 个国际组织签署了170 份政府间合作文件，遍布亚洲、非洲、欧洲、大洋洲和拉丁美洲。其次，港口、铁路、航空等交通和通信领域的基础设施建设方面发展迅速。截至2018 年 12 月，中国已与世界600 多个主要港口实现互联；铁路联通更为频繁，以中欧班列为例，2013 年中欧班列一年仅 17 列，总货物额不足 6 亿美元，而 2018 年一年达到 6363 列，累计突破 12000 列，年货物总值达到 160 亿美元。最后，“一带一路”沿线的贸易与投资引人注目，从 2013 年至 2018 年，中国与“一带一路”沿线国家进出口贸易总额达到 64691. 9 亿美元，2018 年贸易增长率为 7. 54%；对外直接投资超过 800 亿美元。① 中国与“一带一路”沿线国家未来的贸易增长潜力巨大。

国内目前已经涌现出了许多关于“一带一路”倡议的研究文献。从横向看，大量文献研究服务业、制造业、农业和金融业，研究战略选择、进出口贸易和投资等；从纵向看，大量文献研究了贸易潜力、贸易效率、投

---

* 赵金龙，上海大学经济学院副教授；康腾，上海大学经济学院研究生。

① 数据来源：中国“一带一路”网，https：//www. yidaiyilu. gov. cn/jcsj/dsjkydyl/79860. htm。

资风险、贸易影响因素和产业价值链等。本文基于我国与“一带一路”沿线国家经贸合作的大背景，运用实证方法重点研究中国与“一带一路”沿线国家的贸易规模、决定因素及发展潜力。

GDP 无论在调控宏观经济方面还是衡量微观经济方面都是一个重要的指标，对二者产生重大影响。所以，GDP 技术层面的定义、核算和统计需要精准而严格，体制层面也要尽可能排除人为干扰因素，保持其客观性和科学性。然而，GDP 数据本身并非一定能令人信服，其数据质量可能与客观经济事实存在一定差距，即真实性存疑。亨德森等（2012）指出，首先，与发达国家相比，发展中国家在正规体制下进行的经济活动占比小得多，也就是说许多落后国家或地区进行大量非正规经济活动或地下经济活动，这些经济活动无法在 GDP 中得到反映；其次，落后地区经济一体化程度较低，则价格均衡水平更低；再次，政府统计部门、统计设施对是否能统计出高质量 GDP 值也至关重要；最后，可靠的国内价格指数会大大提高 GDP 增长率的统计准确性，而发展中国家在这方面的编制也令人堪忧。① 因而总体看来，经济发展越落后的国家和地区，其 GDP 数据的可信度越低。

那么，“一带一路”沿线国家的 GDP 数据质量、数据可信度如何呢？国际货币基金组织（IMF）、世界银行（WB）和佩恩表（PWT，Penn World Tables）关于各国数据质量做了评级。PWT 根据国民账户数据和购买力平价（PPP）比较给出各国数据可信度的评级；IMF 和 WB 给出的评级只关注各国国民账户数据质量。

WB 从以下三方面评估一个国家数据质量：统计方法（methodology）、周期性和及时性（periodicity and timeliness）及数据来源（source）。统计方法指标衡量一国遵守国际标准和方法的能力，通过十个基本指标得分的加权平均得到；周期性和及时性指标评估一国关键性社会经济指标的可用性和周期性；数据来源指标反映一个国家是否按国际建议的周期进行数据收集活动，行政系统的数据是否可得，通过五个基本指标得分的加权平均计算得到；将以上三个指标得分简单取平均值，得到各国数据统计能力的综合得分。以上四个指标得分值在 0 到 100 之间。我们对“一带一路”沿线国家数据做了整理和汇总，发现“一带一路”沿线的 65 个国家中有 13 个国家的评级数据缺失。从统计方法指标看，得分在 60 分以下的占

① Henderson J V，Weil S D N. Measuring Economic Growth from Outer Space［J］. The American Economic Review，2012，102（2）：994－1028.

19.37%，得分在80分以下的占71.2%；从周期性和及时性指标看，得分在60分以下的占7.69%，得分在80分以下的占28.85%；从数据来源指标看，得分在60分以下的占34.62%，得分在80分以下的占84.62%；从综合得分看，得分在60分以下的占23.08%，得分在80分以下的占57.69%。PWT数据评级显示，在本文研究的65个国家之中，评级在C以下的有60个。[①] 因此，“一带一路”沿线国家GDP统计数据的偏误问题，影响我们对经济运行情况和规律的客观合理认识。在GDP存在偏误的条件下，寻找经济发展水平的替代补充指标和改进GDP指标的准确性就成为研究的重点。

在此背景下，本文首先采用面板协整和误差修正模型研究了“一带一路”沿线国家实际GDP与总电力消耗量之间关系；然后将“一带一路”沿线65个国家1992年至2015年的面板数据，运用于首次以总电力消耗量为解释变量而不是GDP为解释变量的传统引力模型，对比分析了中国对“一带一路”沿线国家的出口状况，最后测算中国对“一带一路”沿线国的出口潜力。

（一）文献综述

电力是社会生产过程中的主要投入之一，用电量在各经济体中的商品、服务的生产消费以及现代社会发展中起着至关重要的作用。

佛格森等（2000）对OECD和NON－OECD等100多个国家进行了研究，发现用电量和经济发展水平之间存在很强的相关性，经济发展水平越高，相关性越强烈。[②] 同时奥斯曼和加奇诺研究发现用电量的短期变化往往与经济产出的变化（以国内生产总值GDP衡量）呈正相关。[③] 除了研究用电量和经济发展水平之间的相关性，大量的文献还致力于研究两者之间的长期均衡关系和因果关系。高希（2002）[④]、法塔伊（2004）[⑤]、纳拉扬

---

① PWT评级从高到低为：A、B、C、D。

② Ferguson RW, Wilkinson, Hill R, “Electricity use and economic development”, *Energy Policy*, 2000, Vol.28, No.13, pp.923－934.

③ Osman M, Gachino G, Hoque A., “Electricity consumption and economic growth in the GCC countries: panel data analysis”, *Energy Policy*, 2016, Vol.98, pp.318－327.

④ Ghosh S, “Electricity consumption and economic growth in India.” *Energy Policy*, 2002, Vol.30, No.2, pp.125－129.

⑤ Fatai K, Oxley L, Scrimgeour FG, “Modelling the causal relationship between energy consumption and GDP in New Zealand, Australia, India, Indonesia, the Philippines, and Thailand”, *Math Comput Simulat*, 2004, Vol.64, No.3－4, pp.431－445.

和史密斯（2005）①、尹胜勋和金（2006）②、莫桑德和马拉特（2007）③、胡和林（2008）④、高希（2009）⑤ 等通过实证研究发现部分国家存在着从经济增长到电力消费的单向因果关系；琼布（2004）⑥、宇秀勋（2005）⑦、何春雨（2007）⑧、袁家海等（2008）⑨、纳拉扬和史密斯（2009）⑩、奥德海波（2009）⑪、艾伯吉斯和佩恩（2011）⑫、唐乔冯等（2013）⑬、波利斯和达古马斯（2013）⑭、哈姆迪等（2014）⑮ 等人则研究发现部分国家存在着经济增长和电力消费之间的双向因果关系。

回顾以往文献，研究经济增长和电力消费关系的主要方法有简单的线性回归、格兰杰因果关系检验（Granger - causality Test）、EG 两步协整检

---

① Narayan PK, Smyth R, "Electricity consumption, employment, and real income in Australia: evidence from multivariate Granger causality tests", *Energy Policy*, 2005, Vol. 33, No. 9, pp. 1109 - 1116.

② Yoo SH, Kim Y, "Electricity generation and economic growth in Indonesia", *Energy*, 2006, Vol. 31, No. 14, pp. 2890 - 2899.

③ Mozumder P, Marathe A, "Causality relationship between electricity consumption and GDP in Bangladesh", *Energy Policy*, 2007, Vol. 35, No. 1, pp. 395 - 402.

④ Hu JL, Lin CH, "Disaggregated energy consumption and GDP in Taiwan: a threshold co - integration analysis", *Energy Economics*, 2008, Vol. 30, No. 5, pp. 2342 - 2358.

⑤ Ghosh S, "Electricity supply, employment, and real GDP in India: evidence from cointegration and Granger - causality tests", *Energy Policy*, 2009, Vol. 37, No. 8, pp. 2926 - 2929.

⑥ Jumbe CBL, "Cointgration and causality between electricity consumption and GDP: empirical evidence from Malawi", *Energy Economics*, 2004, Vol. 26, No. 1, pp. 61 - 68.

⑦ Yoo SH, "Electricity consumption and economic growth: evidence from Korea", *Energy Policy*, 2005, Vol. 33, No. 3, pp. 1627 - 1632.

⑧ Ho CY, Siu KW, "A dynamic equilibrium of electricity consumption and GDP in Hong Kong: an empirical investigation", *Energy Policy*, 2007, Vol. 35, No. 4, pp. 2507 - 2513.

⑨ Yuan J, Kang J, Zhao C, Hu Z, "Energy consumption and economic growth: evidence from China at both aggregated and disaggregated levels", *Energy Economics*, 2008, Vol. 30, No. 6, pp. 3077 - 3094.

⑩ Narayan PK, Smyth R, "Multivariate Granger - causality between electricity consumption, exports, and GDP: evidence from a panel of middle eastern countries", *Energy Policy*, 2009, Vol. 37, No. 1, pp. 229 - 236.

⑪ Odhiambo NM, "Electricity consumption and economic growth in South Africa: a trivariate causality test", *Energy Economics*, 2009, Vol. 31 No. 5, pp. 635 - 640.

⑫ Apergis, Nicholas, Payne, J. E, "A dynamic panel study of economic development and electricity consumption - growth nexus", *Energy Econ*, 2011, Vol. 33, No. 5, pp. 770 - 781.

⑬ Tang, C. F, Shahbaz, M., Arouri, M, "Re - investigating the electricity consumption and economic growth nexus in Portugal", *Energy Policy*, 2013, Vol. 62, pp. 1515 - 1524.

⑭ Polemis, M. L, Dagoumas, A. S, "The electricity consumption and economic growth nexus: Evidence from Greece", *Energy Policy*, 2013, Vol. 62, pp. 798 - 808.

⑮ Hamdi, Helmi, Sbia, Rashid, Shahbaz, Muhammad, "The nexus between electricity consumption and economic growth in Bahrain", *Econmic Modelling*, 2004, Vol. 38, pp. 227 - 237.

验（Engle－Granger Cointegration Test）、似然比检验多变量协整检验（Johansen－Juselius Cointegration Test）、面板协整检验等。佛格森等（2000）通过对100多个国家数据进行线性回归得到了两者间的相关系数，发现电量和经济发展水平之间具有强烈相关性①；默里等（1996）②、法塔伊和奥克斯利等（2004）③、阿布瑟拉等（2008）④ 等采用标准格兰杰因果关系检验得到了关于经济增长和电力消耗的因果关系；尹胜勋和金（2006）⑤、琼布（2004）⑥、扎马尼（2007）⑦ 等采用EG两步协整检验发现这两个变量间可能存在长期共同随机趋势（即协整关系）；莫桑德和马拉特（2004）⑧、袁家海等（2008）⑨、奥德海波（2009）⑩ 等采用似然比检验多变量协整检验分析了经济增长与电力消耗之间的协整关系；佩德罗尼（1999）⑪ 和韦斯特隆德（2007）⑫ 提供了两种面板协整检验方法；何春雨等（2007）⑬、艾伯吉斯和佩恩（2011）⑭、穆

---

① Ferguson RW, Wilkinson, Hill R, "Electricity use and economic development", pp. 923－934.

② Murray DA, Nan GD, "A definition of the gross domestic product－electrification interrelationship", *Fuel and Energy Abstracts*, 1996, Vol. 37, No. 2, pp. 112.

③ Fatai K, Oxley L, Scrimgeour FG, "Modelling the causal relationship between energy consumption and GDP in New Zealand, Australia, India, Indonesia, the Philippines, and Thailand", pp. 431－445.

④ Abosedra S, Dah A, Ghosh S, "Electricity consumption and economic growth: the case of Lebanon", *Appl Energy*, 2008, Vol. 86, No. 4, pp. 429－432.

⑤ Yoo SH, Kim Y, "Electricity generation and economic growth in Indonesia", pp. 2890－2899.

⑥ Jumbe CBL, "Cointgration and causality between electricity consumption and GDP: empirical evidence from Malawi", pp. 61－68.

⑦ Zamani M, "Energy consumption and economic activities in Iran", *Energy Economics*, 2007, Vol. 29, No. 6, pp. 1135－1140.

⑧ Mozumder P, Marathe A, "Causality relationship between electricity consumption and GDP in Bangladesh", pp. 395－402.

⑨ Yuan J, Kang J, Zhao C, Hu Z, "Energy consumption and economic growth: evidence from China at both aggregated and disaggregated levels", *Energy Economics*, 2008, Vol. 30, No. 6, pp. 3077－3094.

⑩ Odhiambo NM, "Electricity consumption and economic growth in South Africa: a trivariate causality test", pp. 635－640.

⑪ Pedroni, P, "Critical values for cointegration tests in heterogeneous panels with multiple regressors", *Oxford Bulletin of Economics and Statistics*, 1999, Vol. 61, pp. 653－678.

⑫ Westerlund, J, "Testing for error correction in panel data", *Oxford Bulletin of Economics and Statistics*, 2007, Vol. 69, pp. 709－748.

⑬ Ho CY, Siu KW, "A dynamic equilibrium of electricity consumption and GDP in Hong Kong: an empirical investigation", pp. 2507－2513.

⑭ Apergis, Nicholas, Payne, J. E, "A dynamic panel study of economic development and electricity consumption－growth nexus", pp. 770－781.

拉利等（2014）[①]、卡兰菲等（2015）[②]、奥斯曼等（2016）[③] 等则利用面板数据分析了电力经济增长与电力消费之间的长期均衡关系和因果关系。

根据以上的研究结果，本文参考艾伯吉斯和佩恩（2011）[④] 以及奥斯曼等（2016）[⑤] 的研究思路，将用实证的方法来验证"一带一路"沿线国家经济增长与电力消耗之间可能存在的长期均衡关系。在实证分析的过程中有借鉴林景舒和佩塞兰等（2003）对数据面板单位根检验的方法[⑥]；其次，考虑到韦斯特隆德（2007）的面板协整检验方法不仅对小样本数据有很强的解释力，还可以处理国别特定截距（country - specific intercept）、判断是否存在截面依赖性（cross - sectional dependence）[⑦]，本文还利用了韦斯特隆德（Westerlund）的方法进行面板协整检验。最后为了得到两变量之间的动态关系，本文通过借鉴佩萨兰等（1999）的混合均群估计（PMGE，Pooled Mean Group Estimation）方法分析得到了面板误差修正结果。[⑧]

（二）理论可行性分析

国际贸易领域中的引力模型最早由廷贝亨（1962）提出并应用，它的关键性特征是两个经济体之间的进出口贸易流量与其经济规模呈正比，与其运输成本呈反比。[⑨] 在这一问题的研究中，大部分文献利用 GDP 来衡量一国的经济规模，用两国之间的物理距离衡量运输成本，但 GDP 作为衡量经济规模指标存在着数据采集质量不高、统计口径有偏差、数据缺失或不

---

① Al - Mulali, U., Fereidouni, H. G., Lee, J. Y., "Electricity consumption from renewable and non - renewable sources and economic growth: evidence from Latin American Countries", Renewable and Sustainable Energy Reviews, 2014, Vol. 30, pp. 290 - 298.

② Karanfil, Fatih, Li, Yuanjing, "Electricity consumption and economic growth: exploring panel - specific differences", *Energy Policy*, 2015, Vol. 82, pp. 264 - 277.

③ Osman M, Gachino G, Hoque A., "Electricity consumption and economic growth in the GCC countries: panel data analysis", pp. 318 - 327.

④ Apergis, Nicholas, Payne, J. E, "A dynamic panel study of economic development and electricity consumption - growth nexus", pp. 770 - 781.

⑤ Osman M, Gachino G, Hoque A., "Electricity consumption and economic growth in the GCC countries: panel data analysis", pp. 318 - 327.

⑥ Im, K., Pesaran, M. H., Shin, Y., "Testing for unit roots in heterogeneous panels", *Journal of Econometrics*, 2003, Vol. 115, No. 1, pp. 53 - 74.

⑦ Westerlund, J, "Testing for error correction in panel data", pp. 709 - 748.

⑧ Pesaran, M. H., Shin, Y., Smith, R. P., "Pooled mean group estimation of dynamic heterogeneous panels", *Publications of the American Statistical Association*, Vol. 94, No. 446, pp. 621 - 634.

⑨ Tinbergen, "Shaping the World Economy: Suggestions for an International Economic Policy", *The Economic Journal*, 1962, Vol. 76, No. 301, pp. 92 - 95.

准确等问题。为避免此类问题，很多文献利用夜间灯光数据代替 GDP 考察一国的贸易和经济增长情况。哈达迪（2016）对 GDP 和灯光数据分别进行了回归比较，结果表明：灯光数据可以作为一个较好的经济代理变量。①李林玥（2018）等人同样以灯光数据作为 GDP 的替代量对我国“一带一路”沿线国家的进出口贸易情况进行了对比分析，研究结果表明：灯光数据在贸易研究中具备有效性。②

本文首次将电力消耗数据代替 GDP 应用到引力模型中，对比分析中国与“一带一路”沿线国家的进出口贸易情况。为了说明 GDP 与电力能耗之间的密切关系，本文借鉴奥斯曼（2016）的研究成果，利用 PMGE 误差修正方法来研究电力能耗与 GDP 之间的关系。表 1 给出了电力能耗与 GDP 的具体变量指标信息，本文所采用的电力和实际 GDP 年度数据来自联合国数据库，时间跨度为 1992—2015 年，同时对所有连续性变量取自然对数。

表 1　变量指标说明

指标名称		单位	数据来源
实际 GDP	gdp	千万美元	UNData
总电力消费	ele	千万千瓦时	UNData

表 2　面板单位根检验

变量	IPS	
	level	1st difference
lngdp	-0.3353	-5.3407***
Lnele	-1.2673	-7.0927***

注：我们报告了 t 值，滞后阶数取 1。

*** 表示在 1% 的水平上显著。

表 2 展示了面板单位根检验的结果，可以看到所有变量在水平上都是非平稳的，但在一阶差分检验下，所有变量都是平稳的，因此，根据检验

① Hadadi R.，“Three Essays on International and Intranational Trade and Economic Growth”，*Florida Internatioanl University*，2016，p. 6.

② 李林玥、孙志贤、龙翔：《“一带一路”沿线国家与中国的贸易发展状况研究——夜间灯光数据在引力模型中的实证分析》，《数量经济技术经济研究》，2018 年第 3 期。

结果面板数据中的两个变量的序列为 I（1）。

此后我们检验了实际 GDP 和电量消耗是否具有协整关系，通过采用韦斯特隆德（2007）（Westerlund）的面板协整检验方法得到了表 3 的检验结果，结果强烈拒绝不存在协整的原假设，表明实际 GDP 和电量消耗之间存在稳定的长期均衡关系。

表 3　Westerlund 面板协整检验

Statistic	Value	Z - value	P - value
Gt	-2.996	-6.426	0.000
Ga	-25.678	-16.702	0.000
Pt	-23.573	-7.616	0.000
Pa	-17.468	-11.492	0.000

注：lag/lead 由 AIC 决定，Barlett Kernel window 设置为 3（4（ $T/100^{2/9}$ ） ≈3）。

表 4　PMGE 面板误差修正结果

面板误差修正结果	PMGE
Long - run parameters	
Lnele	1.097*** (0.025)
Short - run parameters	
Δlnele	0.192*** (0.042)
Intercept	0.050*** (0.020)

注：*** 表示在 1% 的水平上显著；** 表示在 5% 的水平上显著。

同时我们运用 PMGE 模型进行了误差修正模型检验，结果如表 4 所示，所有变量在 1% 的显着性水平上都具有统计学意义，表明从长期来看，用电量增加 1%，实际 GDP 增加 1.097%；从短期看，实际 GDP 和电力能耗之间也存在显著的正相关关系，两者之间的弹性系数为 0.192。

表 5　MGE 和 DFE 面板误差修正结果

面板误差修正结果	MGE	DFE
Long - run parameters		
Lnele	2.700*** (1.054)	0.307*** (0.083)

续表

面板误差修正结果	MGE	DFE
Short - run parameters		
$\Delta lnele$	0.180*** (0.041)	-0.002 (0.005)
Intercept	0.582*** (0.163)	0.191*** (0.163)

注：***、**、*分别表示在1%、5%、10%水平上显著。

此外，本文采用了MGE和DFE模型对实际GDP和电力消耗量的长短期关系进行了面板误差修正检验，结果由表5所示，从长期来看，两个变量都在1%的水平上显著；从短期来看，混合均群估计（MGE，Pooled Mean Group Estimation）结果显示电力能耗与实际GDP之间显著正相关，弹性系数为0.180，而动态固定效应（DFE，Dynamic Fixed Effect）结果显示两者之间不存在相关性。进而我们采用了豪斯曼检验（Hausman Test），结果显示PMGE和DFE模型均优于MGE模型，但是PMGE模型允许短期相关系数存在组间异质性，我们可以看到在PMGE模型下，短期内电力消耗变量在1%的水平上显著，短期内用电量增加1%，实际GDP增加0.192%，而DFE模型下短期内电力消耗变量不显著，因此，我们最终采用PMGE模型来估计出两个变量之间的长期关系和短期关系。

二、模型设定、变量构建和数据来源

（一）模型设定

本文采用国际贸易研究中最常用的传统引力模型分析中国与“一带一路”沿线65个国家的出口贸易情况。模型的构建如下（见公式1和公式2）：

$$ln\ exp_{jt} = \alpha_0 + \beta_1 \ln(gdpc_t) + \beta_2 \ln(gdp_{jt}) + \beta_3 \ln(dis_j) + \beta_4 B_j + \beta_5 ASEAN_{jt} + \beta_6 SCO_{jt} + \varepsilon_{jt} \quad (1)$$

$$ln\ exp_{jt} = \alpha_0 + \beta_1 \ln(elec_t) + \beta_2 \ln(ele_{jt}) + \beta_3 \ln(dis_j) + \beta_4 B_j + \beta_5 ASEAN_{jt} + \beta_6 SCO_{jt} + \varepsilon_{jt} \quad (2)$$

其中，exp_{jt}表示中国在t年对“一带一路”沿线65个国家的出口；$gdpc_t$和$elec_t$表示中国在t年的实际GDP和总电力消耗量；gdp_{jt}和ele_{jt}表示“一带一路”沿线65个国家在t年的实际GDP和总电力消耗量；dis_j表示两国之间的物理距离；$ASEAN_{jt}$表示中国与进口国在t年是否同属于东盟自由贸易区下；SCO_{jt} 表示中国与进口国在 t 年是否同属于上海合作组织成员国；α_0 为常数项；ε_{jt} 为随机误差项。

（二）变量构建

本文实证回归的数据时间跨度为 1992—2015 年。表 6 具体说明了引力模型相关变量的名称、含义及符号预期。其中，核心变量为 gdp/gdpc、ele/elec；其中 dis、B、ASEAN、SCO 为控制变量，与中国接壤取 1，否则取 0；与中国同属于东盟自由贸易区取 1，否则取 0；与中国同为上海合作组织成员国取 1，否则取 0。

表 6 相关变量说明

变量名称	变量含义	预期符号	单位
exp_{jt}	中国国在 t 年对 j 国的出口		千万美元
GDP_{jt} / $GDPc_t$	j 国在 t 年的实际 GDP/中国在 t 年的实际 GDP	正	千万美元
ele_{jt} / $elec_t$	j 国在 t 年的总电力消耗量/中国在 t 年的总电力消耗量	正	千万千瓦时
dis_j	中国与 j 国的首都物理距离	负	千米
B	虚拟变量，中国与 j 国是否拥有共同的边界	正	0/1
$ASEAN_{jt}$	虚拟变量，中国与 j 国在 t 年是否在东盟自贸区下	正	0/1
SCO_{jt}	虚拟变量，中国与 j 国在 t 年是否为上海合作组织成员国	正	0/1

（三）数据来源

本文将研究样本范围确定为“一带一路”沿线 65 个国家，见表 7。同时，表 8 说明了各相关变量数据来源。

表 7 “一带一路”沿线 65 个国家及所属区域

所属区域	国家	数量
东南亚	新加拔、印度尼西亚、马来西亚、泰国、越南、菲律宾、柬埔寨、缅甸、老挝、文莱、东帝汶	11
南亚	印度、巴基斯坦、斯里兰卡、孟加拉国、尼泊尔、马尔代夫、不丹	7
西南亚和北非	伊朗、土耳其、叙利亚、黎巴嫩、以色列、约旦、伊拉克、科威特、沙特阿拉伯、也门、阿曼、阿联酋、卡塔尔、巴林、格鲁吉亚、亚美尼亚、阿塞拜疆、埃及	18
中亚	土库曼斯坦、乌兹别克斯坦、吉尔吉斯斯坦、塔吉克斯坦、哈萨克斯坦、阿富汗斯坦	6

续表

所属区域	国家	数量
东亚	日本、韩国、蒙古国	3
中欧	波兰、捷克、斯洛伐克、匈牙利	4
东欧	爱沙尼亚、拉脱维亚、立陶宛、白俄罗斯、乌克兰、俄罗斯、摩尔多瓦、塞尔维亚、克罗地亚、斯洛文尼亚、波黑、黑山、马其顿、阿尔巴尼亚、保加利亚、罗马尼亚	16

表 8　相关变量数据来源

变量名称	数据来源	网址
exp_{jt}	UN Comtrade	https：//comtrade. un. org/data/
GDP_{jt} / $GDPc_t$	UNData	http：//data. un. org/
ele_{jt} / $elec_t$	UNData	http：//data. un. org/
dis_j	CEPII	http：//www. cepii. fr/
B	CEPII	http：//www. cepii. fr/
$ASEAN_{jt}$	ASEAN 官网	https：//asean. org/
SCO_{jt}	上海合作组织官网	http：//chn. sectsco. org/

三、中国与“一带一路”沿线各国进出口贸易的决定因素

（一）基准回归结果

表 9 显示了 OLS 基本回归结果，（1）、（2）列是以 GDP 为解释变量的回归结果，（3）、（4）列以电力消耗量为解释变量的回归结果。总体回归结果显示，GDP 和 GDPc 这两个核心变量的相关系数显著为正，而 ele 不显著，即从长期来看“一带一路”沿线国家的总电量消耗可能对中国的出口没有显著影响。核心变量 elec 回归系数显著为正，符合预期，表明中国的电力能耗增长对中国的出口具有显著的正效应。距离变量和 ASEAN 回归系数结果都显著为负，距离回归系数符号符合预期，ASEAN 回归系数符号与预期不相符，表明在同一东盟自贸区下，中国向“一带一路”沿线国家的平均出口具有显著的负效应，这可能是因为中国在向“一带一路”沿线国家出口时与东盟十国属于竞争关系，在一定程度上抑制了中国的出口。两国是否接壤、是否为 SCO 贸易集团这两个虚拟变量不显著，表明这

两个要素对中国的出口影响不大。

表 9 ols 整体估计结果

ols	GDP		ele	
	(1)	(2)	(3)	(4)
Lngdp/lnele	0. 940 * * * (0. 161)	0. 980 * * * (0. 155)		
Lngdpc/lnelec	1. 688 * * * (0. 095)	1. 696 * * * (0. 094)	2. 340 * * * (0. 103)	2. 380 * * * (0. 106)
Lndis	- 1. 395 * * * (0. 273)	- 1. 259 * * * (0. 295)	- 1. 638 * * (0. 664)	- 1. 803 * * (0. 697)
B				
ASEAN		- 0. 541 * * * (0. 208)		- 0. 538 * * * (0. 178)
SCO				
Constant	- 13. 912 * * * (2. 793)	- 15. 563 * * * (3. 048)	- 10. 558 * (5. 939)	
Time effect	YES	YES	YES	YES
R square	0. 826	0. 822	0. 357	0. 350
Sample	1560	1560	1560	1560

注：* * * 、* * 、* 分别表示在 1% 、5% 、10% 水平上显著。

（二）稳健性检验

根据以往文献的研究表明，泊松伪最大似然估计法在贸易研究中具有优势，可以解决双边贸易的零值问题，在处理异方差方面也有一定的优势，因此为了使结果更稳健，本文也利用了 PPML 方法对引力模型再次进行回归，得到的回归结果如表 10 所示，同上（1）、（2）列为以 GDP 为自变量得到的回归结果；（3）、（4）列是以电力消耗为自变量得到的回归结果。

表 10 PPML 整体估计结果

PPML	GDP		ele	
	(1)	(2)	(3)	(4)
Lngdp/lnele	0. 684 * * * (0. 018)	0. 729 * * * (0. 013)	0. 463 * * * (0. 042)	0. 526 * * * (0. 039)

续表

PPML	GDP		ele	
	(1)	(2)	(3)	(4)
Lngdpc/lnelec	1.394*** (0.054)	1.155*** (0.063)	1.406*** (0.086)	1.181*** (0.130)
Lndis	-0.714*** (0.041)	-0.720*** (0.034)	-1.011*** (0.074)	-0.979*** (0.064)
B				
ASEAN		0.859*** (0.068)		1.167*** (0.089)
SCO				
Constant	-12.642*** (0.747)	-10.099*** (0.925)	-6.684** (1.065)	-4.843** (1.629)
R square	0.870	0.918	0.634	0.672
Sample	1560	1560	1560	1560

注：***、**、* 分别表示在1%、5%、10%水平上显著。

总体上看，通过PPML得到的回归结果与普通最小二乘法得到的回归结果差异较小，结果比较稳定。对比几个核心变量的回归系数，最小二乘法得到的回归系数值略大于PPML回归系数。以GDP为例，在最小二乘法下，进口国GDP每增加1%，中国对外出口平均增长0.98%，而在PPML的回归结果中，进口国GDP每增加1%，中国对外出口平均增长0.729%；从回归系数值的符号来看，除了B和SCO两个变量不显著之外，其余变量符号与预期相符。

以电力能耗作为解释变量得到的回归结果中，PPML中的lnele相关系数显著为正，符合预期，弹性系数值为0.526，说明进口国总电量消耗每增加1%，中国对其出口量平均增长0.52%。从经济规模看，中国的经济规模与出口规模的弹性系数估计值分别为1.155和1.181，“一带一路”沿线国的经济规模与中国出口规模的弹性系数估计值为0.729和0.526，说明中国的经济规模对中国出口到“一带一路”沿线国家的影响更大。

（三）拓展分析

1. 中国加入世贸组织的影响

根据前文的回归结果，我们考虑到中国加入世贸组织（WTO）后对我国出口贸易产生的巨大影响，我们剔除了2001年之前的数据重新进行回归，得到的结果由表11所示。总体回归结果与前文的OLS回归结果相差不大，但是各国的电力消耗值相关系数显著为正。

表11 加入世贸组织后的估计结果

ols	GDP		ele	
	(1)	(2)	(3)	(4)
Lngdp/lnele	0.940*** (0.054)	0.965*** (0.052)	0.094*** (0.022)	0.091*** (0.023)
Lngdpc/lnelec	1.791*** (0.066)	1.811*** (0.067)	2.134*** (0.061)	2.162*** (0.063)
Lndis	-1.128*** (0.248)	-1.145*** (0.273)	-1.389** (0.479)	-1.893*** (0.531)
B				
ASEAN		-0.237* (0.088)		-0.225** (0.1778)
SCO				
Constant	-17.688*** (2.265)	-17.961*** (2.500)	-11.196* (4.159)	
Time effect	YES	YES	YES	YES
R square	0.833	0.834	0.318	0.329
Sample	975	975	975	975

注：***、**、*分别表示在1%、5%、10%水平上显著。

2. 样本区间跨年度回归

将样本区间以5年为一个跨度进行划分，重新对样本进行回归，结果由表12所示：列（1）、（3）、（5）、（7）、（9）为以GDP为自变量得到的回归结果，（2）、（4）、（6）、（8）、（10）为以电量消耗为自变量得到的回归结果。从短期看，各国的电力消耗值相关系数也全部显著为正，ASEAN相关系数符号大多显著为正。

表 12 样本区间跨年度估计结果

ols	1992 - 1996		1997 - 2001		2002 - 2006		2007 - 2011		2012 - 2015	
	(1) GDP	(2) ele	(3) GDP	(4) ele	(5) GDP	(6) ele	(7) GDP	(8) ele	(9) GDP	(10) ele
Lngdp/lnele	1.034*** (0.095)	0.428*** (0.105)	1.154*** (0.096)	0.435*** (0.099)	1.020*** (0.121)	0.272*** (0.095)	1.031*** (0.066)	0.598*** (0.110)	0.943*** (0.060)	0.455*** (0.130)
Lngdpc/lnelec	1.091*** (0.264)	1.684*** (0.380)	2.213*** (0.289)	2.000*** (0.243)	2.725*** (0.299)	0.832*** (0.075)	1.223*** (0.155)	1.299*** (0.158)		
Lndis	-1.626*** (0.313)	-1.912** (0.521)	-1.440*** (0.351)	-1.923** (0.529)	-1.215*** (0.292)	-1.786*** (0.522)	-0.626** (0.264)	-0.912** (0.383)	-0.657*** (0.211)	-1.054*** (0.411)
B	0.587* (0.318)									
ASEAN					-0.209** (0.103)	0.455*** (0.067)	0.791*** (0.274)	1.750*** (0.541)	1.170*** (0.208)	1.908*** (0.462)
SCO			-0.583*** (0.125)	-0.552** (0.125)			1.322* (0.681)		1.060* (0.560)	
Constant			-22.017*** (4.787)		-29.106*** (4.298)		-14.926*** (3.164)	-8.345** (4.081)		
R square	0.660	0.288	0.759	0.362	0.803	0.322	0.845	0.424	0.857	0.440
Sample	325	325	325	325	325	325	325	325	260	260

注：***、**、* 分别表示在 1%、5%、10% 水平上显著。

3. 分地区回归

根据前文对"一带一路"沿线65个国家的地区划分，我们将样本重新进行了回归，得到如下结果：表13中（2）、（4）、（6）列下lnele结果都为不显著，说明电力消耗指标在中国对东南亚、中亚、西南亚和北非地区的出口贸易中的解释能力不强；虽然根据前文的回归结果显示ASEAN的回归系数为负，但在东南亚范围内ASEAN回归系数显著为正，说明在东南亚范围内同属于东盟自贸区这一因素具有显著的正面效应的。表14所示的中欧、东亚和南亚地区，GDP和电力消耗指标对中国的出口贸易都有一定的解释能力。

表13　分地区估计结果1

OLS	东南亚		中亚		西南亚和北非	
	（1）GDP	（2）ele	（3）GDP	（4）ele	（5）GDP	（6）ele
Lngdp/lnele	0.352*** (0.115)				1.541*** (0.110)	
Lngdpc/lnelec	1.002*** (0.162)	1.543*** (0.141)	1.880*** (0.253)	2.276*** (0.231)	1.527*** (0.111)	0.352*** (0.142)
Lndis				-7.182*** (1.552)		
B						
ASEAN	1.837*** (0.211)	1.410*** (0.215)				
SCO			0.697*** (0.249)	0.682*** (0.250)		
constant					-63.914*** (17.262)	-91.552*** (25.463)
Time effect	YES	YES	YES	YES	YES	YES
R square	0.733	0.384	0.846	0.861	0.820	0.556
Sample	264	264	144	144	432	432

表 14　分地区估计结果 2

OLS	东欧		中欧		东亚		南亚	
	(1) GDP	(2) ele	(3) GDP	(4) ele	(5) GDP	(6) ele	(7) GDP	(8) ele
Lngdp/lnele	1.117*** (0.168)	-0.089** (0.037)	2.047*** (0.586)	1.122** (0.540)	1.792*** (0.183)	1.198*** (0.223)	1.344*** (0.183)	0.748*** (0.171)
Lngdpc/lnelec	1.735*** (0.139)	2.285*** (0.148)	1.850*** (0.241)	2.648*** (0.174)	0.616*** (0.121)	0.968*** (0.173)	1.333*** (0.177)	1.648*** (0.221)
Lndis					-3.105*** (0.455)			
B		4.337** (1.841)			5.375*** (1.013)			
ASEAN								
SCO	-1.103*** (0.347)	-1.165*** (0.352)						
constant						-12.772*** (2.302)		
Time effect	YES	YES	YES	YES	YES	YES	YES	YES
R square	0.851	651	0.984	0.923	0.994	0.988	0.924	0.816
Sample	384	384	96	96	72	72	168	168

四、中国与"一带一路"沿线国家的出口潜力测算

本文对2012—2014年的小面板数据进行回归，得到表15的结果，通过该结果模拟出来的出口贸易值测算中国向"一带一路"沿线国家的区间出口潜力（见公式3和公式4），结果分为出口潜力"区间不足"与"区间过剩"两类。

表15 回归估计结果

ols	GDP（1）	ele（2）
Lngdp/lnele	0.938*** （0.061）	0.480*** （0.161）
Lngdpc/lnelec	0.746*** （0.283）	0.949*** （0.325）
Lndis	-0.673*** （0.212）	-1.040** （0.292）
B		
ASEAN	1.134*** （0.204）	1.899*** （0.099）
SCO	1.081* （0.553）	
常数	-7.262* （4.228）	
R square	0.861	0.445
Sample	195	195

注：***、**、*分别表示在1%、5%、10%水平上显著。

$$lnexp = -7.262 + 0.983\ lngdp_{jt} + 0.746\ lngdpc_t - 0.673\ lndis_{ij} + 1.134\ ASEAN_t + 1.081\ SCO_t \quad (3)$$

$$lnexp = 0.480\ lnele_{jt} + 0.949\ lnelec_t - 1.040\ lndis_{ij} + 1.899\ ASEAN_t \quad (4)$$

本文参考盛斌等（2004）① 出口潜力的测算方法得到表16的结果，列（1）、列（2）分别是以GDP和电力消耗为解释变量得到的出口潜力结果。总体来看，中国对“一带一路”沿线国家的出口表现为“区间出口不足”，还有巨大的出口潜力。我们将65个国家按照出口潜力值的从大到小分为三个层次：一是（1）、（2）列中中国对该国的出口潜力值大于1的情况，表现为“过度出口”；二是（1）、（2）列中出口潜力值大于0.5的情况；三是出口潜力值小于0.5的情况。其中出口潜力值大于1的国家为21个，占了32%，但以GDP为解释变量和以电力消耗为解释变量得到的结果相差较大，两者出口潜力值同时大于1的国家只有阿联酋，俄罗斯、沙特阿拉伯、泰国和土耳其在ele下测算得到的出口潜力值大于1，在GDP下测算得到的出口潜力值小于1，其余16个国家则相反。同样的，出口潜力值大于0.5的国家有25个，占了38%，但只有捷克、以色列和波兰这三个国家的出口潜力值分别在这两种情况下同时大于0.5，日本在通过ele测算得到的出口潜力值大于0.5，在利用GDP数据测算得到的出口潜力值小于0.5，其余的21个国家则相反。阿富汗等19个国家在（1）、（2）下测算出的出口潜力值均小于0.5，占了总体的29%。因此我们可以得到如下两个结论：第一，以电力消耗为解释变量回归测算得到的出口潜力值普遍小于以GDP为解释变量测算得到的出口潜力值；第二，无论以电力消耗为解释变量还是以GDP为解释变量测算，得到的出口潜力值大于1的国家并不多，即中国对“一带一路”沿线国家“过度出口”的国家占比并不高，总体上表现为“区间出口不足”，还有较大的出口潜力。

表16　出口潜力测算值

国家	GDP（1）	ele（2）
总体	（0.498，0.504）	（0.311，0.321）
出口潜力值大于1		
柬埔寨	（1.037，1.217）	（0.055，0.062）
埃及	（1.023，1.188）	（0.403，0.469）
爱沙尼亚	（1.133，1.425）	（0.187，0.226）
格鲁吉亚	（1.321，1.407）	（0.115，0.118）
匈牙利	（1.066，1.257）	（0.502，0.562）

① 盛斌、廖明中：《中国的贸易流量与出口潜力：引力模型的研究》，《世界经济》，2004年第2期。

续表

国家	GDP（1）	ele（2）
约旦	（2.786，3.089）	（0.416，0.455）
吉尔吉斯斯坦	（4.491，5.558）	（0.364，0.424）
拉脱维亚	（1.108，1.286）	（0.225，0.249）
黎巴嫩	（1.153，1.565）	（0.246，0.310）
蒙古国	（1.394，2.234）	（0.071，0.112）
尼泊尔	（1.656，1.789）	（0.249，0.254）
俄罗斯	（0.237，0.248）	（1.450，1.481）
沙特阿拉伯	（0.772，0.826）	（1.721，1.836）
新加坡	（1.037，1.061）	（0.429，0.454）
斯里兰卡	（1.001，1.049）	（0.252，0.335）
塔吉克斯坦	（1.641，1.929）	（0.046，0.056）
泰国	（0.441，0.464）	（2.047，3.415）
土耳其	（0.489，0.501）	（2.713，2.790）
阿联酋	（2.310，2.508）	（2.102，2.394）
越南	（1.125，1.685）	（0.422，0.673）
也门	（2.273，2.479）	（0.498，0.537）
出口潜力值大于0.5		
阿尔巴尼亚	（0.696，0.788）	（0.067，0.084）
巴林	（0.920，1.100）	（0.103，0.120）
孟加拉国	（0.971，1.148）	（0.291，0.357）
文莱	（0.506，0.665）	（0.030，0.038）
保加利亚	（0.567，0.578）	（0.114，0.116）
捷克	（0.882，0.979）	（0.511，0.575）
伊朗	（0.608，1.096）	（0.372，0.657）
伊拉克	（0.875，0.984）	（0.409，0.513）
以色列	（0.731，0.792）	（0.543，0.557）
日本	（0.298，0.345）	（0.717，0.821）
老挝	（0.503，0.811）	（0.016，0.026）
立陶宛	（0.887，1.040）	（0.242，0.274）
马来西亚	（0.848，0.964）	（0.175，0.197）
马尔代夫	（0.613，0.689）	（0.061，0.072）
黑山	（0.528，0.975）	（0.028，0.049）
缅甸	（0.631，0.800）	（0.071，0.089）

续表

国家	GDP（1）	ele（2）
阿曼	（0.646，0.679）	（0.160，0.173）
巴基斯坦	（0.939，1.102）	（0.321，0.384）
波兰	（0.648，0.685）	（0.585，0.632）
韩国	（0.545，0.570）	（0.279，0.295）
斯洛伐克	（0.744，0.882）	（0.402，0.462）
斯洛文尼亚	（0.971，1.088）	（0.307，0.326）
叙利亚	（0.532，0.734）	（0.129，0.238）
土库曼斯坦	（0.525，1.261）	（0.028，0.058）
乌克兰	（0.897，1.360）	（0.248，0.411）
出口潜力值小于0.5		
阿富汗	（0.286，0.455）	（0.051，0.079）
亚美尼亚	（0.222，0.244）	（0.021，0.022）
阿塞拜疆	（0.234，0.469）	（0.059，0.115）
白俄罗斯	（0.346，0.411）	（0.075，0.091）
不丹	（0.072，0.125）	（0.001，0.002）
波黑	（0.077，0.406）	（0.008，0.045）
克罗地亚	（0.463，0.660）	（0.140，0.197）
印度	（0.441，0.493）	（0.465，0.526）
印度尼西亚	（0.282，0.305）	（0.154，0.163）
哈萨克斯坦	（0.348，0.377）	（0.338，0.362）
科威特	（0.398，0.576）	（0.162，0.227）
菲律宾	（0.373，0.414）	（0.071，0.086）
卡塔尔	（0.210，0.326）	（0.106，0.166）
摩尔多瓦	（0.377，0.517）	（0.008，0.010）
罗马尼亚	（0.424，0.460）	（0.057，0.062）
塞尔维亚	（0.271，0.295）	（0.044，0.048）
东帝汶	（0.238，0.387）	（0.002，0.003）
乌兹别克斯坦	（0.242，0.311）	（0.059，0.077）
马其顿	（0.170，0.258）	（0.009，0.014）

五、研究结论

通过本文的实证研究，我们发现：“一带一路”沿线国家的 GDP 和总电力消耗之间存在长期的均衡关系，短期内显著正相关。在总电力消耗量替代 GDP 作为解释变量的引力模型中，电力消耗量指标在研究贸易流量中具有一定的解释力，且在短期内的解释优于长期。通过对比分析出口潜力测算结果发现：以电力消耗为解释变量的回归测算得到的出口潜力值普遍小于以 GDP 为解释变量测算得到的出口潜力值，但通过两种方式得到的结果皆表明中国对“一带一路”沿线国家在出口上总体上表现为“区间出口不足”，还有较大的出口潜力。

中俄专题

面向未来的中俄友好与合作

2019年8月22—23日，“中国—俄罗斯与世界”国际研讨会在上海大学举行。研讨会由上海大学与俄罗斯国际事务委员会联合举办，上海大学上海合作组织公共外交研究院承办，兰州大学政治与国际关系学院协办。本专题为此次研讨会俄方专家的主题发言。

╱区域与国际背景下俄中国家发展战略的对接╱

——以上海合作组织为例

米哈伊尔·科纳洛夫斯基*

第一，中国同仁和俄方专家做出的判断和提出的观点相像，因为我们拥有共同的愿景，希望中俄长期开展合作。确保中俄长期战略合作关系极其重要的因素，是双方对当代全球政治经济发展的共同愿景以及由此需要面对的共同的机遇和挑战。中俄两国都非常关注国际政治日益增加的不确定性，各种政治军事因素对全球战略稳定产生的不利影响，认为所有国家都必须严格遵守国际法原则和准则，尊重各国人民的合法利益，不允许干涉他国内政，要通过对话解决分歧、加强互信与合作。

两国经济多层面互动的最重要因素，也是在全球和区域两级新的具体情况下，对世界经济发展的特殊性具有共同的评估和处理方式。其中至关重要的一点在于，在区域化趋势下维护世界经济的总体全球化与以保护主义和单边主义为特征的“经济利己主义”运动之间的矛盾日益突出。

中俄双方也清楚地意识到，世界金融机构改革，首先是 WTO 的改革被越来越多地提上日程，而西方对俄罗斯的制裁和美国对中国的贸易战使整个现代世界经济秩序陷入困境。美国对俄罗斯和中国的军事和政治压力不断增加，而美国认为俄罗斯和中国是国际上的主要对手，这也使局势更加恶化。

在世界政治深刻变动的前提下，世界经济地缘政治结构与亚太地区国际分工，从根本上来说是重要的。包括中国、俄罗斯在内的许多国家的专家都认为，这可以引领全球治理新意识形态的发展。与此同时，俄罗斯和中国通过共同发展贸易和经济联系，在上海合作组织这样一个重大的跨大陆联盟里，能够发挥新的创新作用。

第二，俄罗斯在近期发展领域的主要目标是通过确保工农业生产的高速度增长、加快发展非原料产业并扩大其出口机会，向数字经济转型等，确保经济和技术上的突破，从而跻身世界前五名。主要的优先事项包括提高人民生活水平，解决人口、环境和社会问题。

---

* 莫斯科国际关系学院国际问题研究院研究员。

为了确保欧亚大陆的互联互通，俄中合作的一个重要领域是建立统一的能源基础设施。

重点对“西—东”“北—南”“欧洲—西亚”交通走廊等交通干线及其他交通基础设施建设进行全面规划。在此背景下，已经确定了加快推进北极和北海航线优先发展的方针，未来还可能与中国在东南亚地区的“海上丝绸之路”项目对接。这足以说明，俄罗斯的许多经济项目，包括交通通信领域的经济项目，都是与其他国家，主要是邻国的经济和政治活动联系在一起的。未来将朝着这个方向发展。

在中国共产党第十九次全国代表大会上，提出了中国进一步深化改革的详细方案，进一步实现现代化，完善国家经济的市场基础，创新蓬勃发展开放型绿色经济，积极参与全球化，包括确保中国在世界的领先地位。我国大规模改革的最终目标是提高人民群众的福利，到21世纪中叶全面建成小康社会。

第三，中俄两国贸易指标见证了中俄经济关系发展以及两国经济的共同增长。2018年底，中俄外贸规模超过了1000亿美元。同时，双边贸易和经济潜力仍未完全显现，这使人们有理由预期在可预见的未来，增长趋势仍将持续。夯实相关法律框架，除传统条款外，进出口结构不断扩大，通过中俄区域发展投资基金等方式，制定联合项目合作机制。同时考虑到两国的利益和需求，双边交易额正在向更加多元化的方向转变。区域间合作正在增加，特别是在远东和伏尔加地区。

第四，就其具体内容而言，中俄两国社会经济发展当前和未来的主要目标在很大程度上是一致的。这首先涉及以集约为战略优先方向的粗放型和集约型发展合理结合。总目标是在最新科技成果的基础上，进一步实现生产现代化，提高管理质量，打造创新“绿色”经济，提高生活水平，改革社会生活的诸多领域。

最重要的激励因素是中俄两国领导人多次表示要走进一步发展互利共赢的战略政治经济合作道路的决心。这一点在2019年6月初习近平主席访问俄罗斯时再次得到证实，当时两国宣布了在新的、更加困难的国际发展条件下全面提升两国关系活力的政策。

两国经济目标深化和扩大相互融合的基础是经济互动的特征（逐步稳定发展，包括通过寻找新的形式和方向，扩大投资合作，以加快推进大型基础设施、能源等项目，包括区域间项目建设）。各经济体之间已经有了相当强的互补性，这在未来仍将有很大的潜力。

第五，中俄两国经济政策最重要的方向是希望扩大长期互利的对外经贸关系的地域范围，这也包含多边合作。

2014 年《关于建立欧亚经济联盟的协议》的生效成为俄罗斯的一个里程碑。在该框架内创建了共同市场，为确保货物、服务、资本和劳动力的自由流动创造条件，开展了实质性工作，并计划放宽与其他伙伴的经济联系等。2018 年俄罗斯与中国达成经贸合作协议，该协议（同时也是欧亚经济联盟成员国对中国“一带一路”项目的支持）为普京提议的“大欧亚”经济结构的逐步建设工作启动创造了条件。对莫斯科而言，中国国家主席习近平 2013 年提出的“一带一路”倡议与俄罗斯“一体化”项目不谋而合，即欧亚大陆正在进行的双边和多边一体化进程的紧密对接。此外，还将通过制定中俄两国间“欧亚经济伙伴关系”协定的可行性研究报告来推动，包括上合组织成员国在内的其他国家也能够加入。欧亚经济联盟与中国的协议将为中俄双边贸易和资本投资创造更多的机会。

2013 年秋天，中国提出了重大的跨洲倡议——“丝绸之路经济带”以及“海上丝绸之路”，随后转变为“一带一路”。这个超大型项目，不仅成为国家最重要的地缘经济项目，也成为国家的地缘政治项目，是为遥远的未来设计的。“一带一路”被写入《中国共产党章程》，与构建“人类命运共同体”成为国家对外政策的主要标杆。

近几十年来，俄罗斯和中国在世界和地区政策所有方向上建立了强有力的战略互动，这也促使两国在欧亚空间的欧亚经济联盟和“一带一路”在长期合作模式上达成了共识，并制定战略实施方针。与中国“一带一路”项目的对接得到欧亚经济联盟成员国的支持，为后续欧亚经济联盟与中国达成经贸合作协议奠定了有利基础。同时，中俄之间的经济协作和两国国家发展战略的对接，在很大程度上也是欧亚经济联盟与中国成功实施合作协议的动力。中国对欧亚全面伙伴关系构想的支持，为着手制定该构想的实施措施创造了有利条件，将促进本地区更深层次的一体化进程。

第六，中俄合作，包括经济合作，对上海合作组织也有类似的影响。该组织正逐渐成为全球性的组织，在欧亚空间各类跨区域经济项目的对接过程中发挥重要作用，促进加快实现社会经济发展目标。

在上合组织活动中，中俄两国的国家发展战略相互交织，主要应从上合组织的特殊性和中俄在上合组织中的地位来看待，即使在上合组织最近对印度和巴基斯坦进行扩员后，中俄仍然是上合组织的主要推动力。上合组织成员国与俄罗斯和中国都有广泛的双边经贸关系，绝大多数成员国都参与了欧亚经济共同体的活动和“一带一路”项目。相应地，包括经济关系在内的中俄关系的总体状况，未来将不可能不对所有这些进程产生本质性的影响。

俄罗斯和中国对近期经济战略进行更新升级，随着时间的推移，“一带一路”倡议的提出和欧亚经济联盟的成立，实际上与上海合作组织近年来进入新的重要阶段相吻合。特点在于，成员国间合作中的经济成分得到了更多的关注，并在经济上实现了和解。他们越来越赞成《上海合作组织宪章》规定的“为货物、资本和服务的逐步自由流动创造有利条件”。2015 年，时任哈萨克斯坦总统努尔苏丹·纳扎尔巴耶夫提议建立上合组织自由贸易区。在得到俄罗斯和中国的支持后，目前正在开发中。与此同时，普京提出了欧亚经济联盟、上合组织和东盟之间建立经济伙伴关系的设想。

2014 年签署的《关于为国际道路运输创造有利条件的政府间协定》是上合组织活动中加强经济部分的具体体现。今后它可能与《欧亚经济联盟与中国间的协定》中涉及运输和基础设施部分进行对接。也可以看作是对 2007 年起生效的《上海合作组织政府间海关事务合作与互助协定》的一脉相承。

2018 年上合组织青岛峰会扭转了经济发展滞后于安全合作这一趋势并加以巩固。2018 年以来，地区贸易便利化办法的制定工作已经启动。2018 年启动的上合组织成员国地区间直接经济联系发展项目，以及 2018 年举办首届上海合作组织地方领导人论坛也为上合组织经济方面的发展注入了新的动力。2019 年 5 月通过的相关合作发展方案，符合中俄区域间合作的理念和精神。

因此，中俄经济的广泛联系越来越多地交织在上合组织的“画布”中，积极为上海合作组织的经济发展贡献力量。

近年来，经济合作在上海合作组织中的重要性显著提高，加上上海合作组织一些成员国参与了欧亚经济联盟和“一带一路”这两个项目，许多专家认为，上海合作组织是成员国和谐共处的最佳平台，能够创造更广阔的欧亚经贸空间。针对上合组织在这一领域的潜力，科学界提出了几种方案。其中最可能和最具平衡性的是在成员国就某一具体经济矛盾和解决方式达成妥协所取得的“部分”或“不完全”一致。也有更深远的假设（比如中国知名研究员、上海国际问题研究院世界经济研究所所长李新教授），特别是关于上合组织内部加快建立自由贸易区，在欧亚经济联盟、上合组织和金砖国家一体化的基础上，加快建立“全面经济伙伴关系”，并在 2040 年之前实现一体化。

然而，总的来说，在不久的将来，应该主要从政治角度来考虑上合组织在欧亚地区的一体化作用。欧亚经济联盟和“一带一路”倡议对接，作为未来广泛的欧亚经济伙伴关系的基础，可以在成员国解决国际和地区政治经济问题发挥作用。考虑到各参与方的具体情况，近年来建立的上合组织协商机制（外交部长，安全理事会秘书，金融、经济和安全等专门机构负责人）成为协调欧亚经济联盟成员国和中国在具体合作领域协商一致的重要补充。俄中可以在这方面发挥特殊作用，考虑到它们对上合组织可以成为主要平台这一事实的共同态度，包括讨论欧亚经济联盟和“一带一路”对接问题。而“一带一路”路线图强调了在这些问题上进行政治协调的重要性，进一步增强了上海合作组织的相关能力。

（根据现场同传速记稿整理）

【俄文原文】

Стыковка национальных стратегий развития России и Китая в региональном и международном контекстах（на примере ШОС）

Михаил Конаровский *

1） Принципиально важным обстоятельством, обеспечивающим долговременный стратегический характер отношений между Россией и КНР, являетсясовпадение их общего видения современного мирового политического и экономического развития и вытекающих из этого вызовов и возможностей.

Обе страны, выражая серьезное беспокойство в связи с ростом неопределенностей в международной политике и негативного влияния различных военно – политических факторов на глобальную стратегическую стабильность, исходят из особой значимости строгого соблюдения всеми государствами принципов и норм международного права, уважения

* Член РСМД, Чрезвычайный и Полномочный Посол России, ведущий научный сотрудник Института международных исследований МГИМО МИД России.

законных интересов всех стран и народов и недопустимости вмешательства в их политическую жизнь, реализации принципов разрешения разногласий путем диалога, укрепления взаимного доверия и сотрудничества①. В этом же контексте они демонстрируют все более углубляющееся стратегическое политическое сотрудничество.

Важнейшим элементом разнопланового экономического взаимодействия двух стран также является общность оценок и подходов к особенностям развития мировой экономики в условиях новой специфики на мировом и региональном уровнях. К важнейшим из них относятся растущие противоречия между сохранением общей глобализации мирового хозяйства при тенденциях к регионализации – с одной стороны, и движением в сторону «экономического эгоизма», характеризующегося протекционизмом и унилатерализмом – с другой.

Стороны четко осознают также, что на повестке дня все более выпукло стоит реформирование мировых финансовых институтов, прежде всего ВТО, а санкции Запада в отношении России и торговая война Вашингтона против КНР ставят под удар весь современный мировой экономический порядок. Ситуация усугубляется и за счет постоянного роста военно – политического давления США на Москву и Пекин, которых Вашингтон рассматривает в качестве основных противников на международном уровне.

Принципиально важными на фоне глубинных трансформаций на мировой политической арене являются базовые изменения в геополитической структуре мировой экономики и международного разделения труда в сторону Азии и АТР. Это, по мнению многих экспертов, в том числе, в КНР и России, может привести, в том числе, «к развитию новой идеологии глобального управления»②. При этом Россия и Китай

---

① См.: Совместное заявление Российской Федерации и Китайской Народной Республики об укреплении глобальной стратегической стабильности // Официальный сайт Президента России. 25. 06. 2016. URL: www. kremlin. ru/supplement/5098; Совместное заявление Российской Федерации и Китайской Народной Республики об укреплении глобальной стратегической стабильности в современную эпоху// Официальный сайт Президента России. 05. 06. 2019. URL: http: //www. kremlin. ru/supplement/5412.

② Российско – китайский диалог: модель 2019. Доклад РСМД №46/2019. С. 14.

путем объединения усилий как в развитии торгово – экономических связей как между собой, так и во взаимодействии в таком важном трансконтинентальном объединении, каким является ШОС, способны сыграть самую серьезную новаторскую роль на этом направлении①.

2) Основными задачами России в области развития на ближайшее время является обеспечение экономического и технологического прорыва для вхождения в пятерку крупнейших экономик мира за счет обеспечения высоких темпов промышленного и сельскохозяйственного производства, ускоренного развития несырьевых отраслей и расширения их экспортных возможностей, перехода на цифровую экономику и т. д. В числе главных приоритетов – повышение уровня жизни населения, решение демографических, экологических и социальных проблем.

Принципиально важным направлением российско – китайского сотрудничества в интересах обеспечения взаимосвязанности на Евразийском континенте является формирование общей энергетической инфраструктуры②.

Особое внимание уделяется комплексному плану развития магистральной и иной транспортной инфраструктуры, в том числе относящемуся к транспортным коридорам «Запад – Восток», «Север – Юг», «Европа – Западный Китай». В этом же контексте определены и

① Развитие по всем направлениям российско – китайского всеобъемлющего партнерства и стратегического взаимодействия особо подчеркивал Президент России В. Путин в ходе рабочего визита в КНР 23 – 25 апреля 2019 г. для участия во втором Международном форуме «Один пояс – один путь». См.: Российско – китайские переговоры // Официальный сайт Президента России. 26. 04. 2019. URL: http: //kremlin. ru/catalog/persons/351/events/60381.

② Речь идет о расширении сети российских трансграничных нефте – и газопроводов, в частности прокладке трубопроводной системы «Сила Сибири» для надёжных и бесперебойных поставок природного газа в Китай и во весь Азиатско – Тихоокеанский регион; завершается строительство газопроводов в европейской частиРоссии «Северный поток» и «Турецкий поток», призванных повысить энергобезопасность Европы; создаются мощности по производству и экспорту сжиженного природного газа: намечено строительство новых заводов на севере России: «Ямал СПГ», «Арктик СПГ», рассматривается возможность расширения «Сахалина – 2». Все крупные нефтегазовые проекты России вносят весомый вклад в укрепление энергетической безопасности на всём Евразийском континенте, в создание обширного евразийского энергетического пространств. См: Заседание круглого стола форума «Один пояс, один путь» // Официальный сайт Президента России. 27. 04. 2019. URL: www. kremlin. ru/events/president/news/60393.

ориентиры для форсированного приоритетного развития Арктики и Северного морского пути, который в перспективе может состыковаться также с китайским проектом «Морского Шелкового пути» в Юго – Восточной Азии①. Это свидетельствует о том, что многие собственные экономические проекты, в том числе в области транспортных коммуникаций, Россия активно увязывает с соответственной хозяйственно – политической деятельностью других, прежде всего соседних государств. В этом направлении она намерена действовать и далее.

НаXIX съезде КПК был представлен развернутый план дальнейшего углубления реформирования в Китае, модернизации и совершенствования рыночных основ хозяйства страны, динамичного развития открытой «зеленой» экономики на инновационной основе, принципах активного участия в мировой глобализации, в том числе в интересах обеспечения лидирующих позиций Китая в мире. Конечной целью масштабных преобразований в стране провозглашено повышение народного благосостояния и обеспечение построения средне зажиточного общества на основе двухэтапного плана, рассчитанного до середины столетия②.

3) Свидетельством развития экономических связей между РФ и КНР, которые обеспечивают и рост сопряжения экономик двух стран, являютсяпоказатели взаимной торговли. Они постоянно растут, по итогам 2018 г. превысили 100 млрд. дол. Вместе с тем, двусторонний торгово – экономический потенциал все еще в полной мере не раскрыт③, что дает основания рассчитывать на сохранение тенденции роста в обозримом будущем. Набирает оборот укрепление соответствующей правовой основы; помимо традиционных статей расширяется структура экспорта – импорта, раскручиваются механизмы осуществления совместной проектной деятельности, в том числе через Российско – Китайский инвест-

① Президент подписал Указ «О национальных целях и стратегических задачах развития Российской Федерации на период до 2024 года» // Официальный сайт Президента России. 07. 05. 2018. URL: http: //kremlin. ru/events/president/news/57425.

② См.: Полный текст доклада, с которым выступил Си Цзиньпин на 19 – м съезде КПК // ИА «Синьхуа». 03. 11. 2017. URL: http: //russian. news. cn/2017 – 11/03/c_ 136726299. htm.

③ А. Денисов. Нынешние российско – китайские отношения – лучшие за всю историю. «Международная жизнь». Февраль 2019 г. С. 41.

иционный фонд регионального развития. При этом, при взаимном сотрудничестве и учете интересов и потребностей обеих государств двусторонний оборот меняется в сторону большей диверсификации①. На подъеме межрегиональное сотрудничество, особенно на Дальнем Востоке, а также в Поволжье.

4) При всей своей спецификепринципиальные задачи текущих и перспективных направлений социально – экономического развития как России, так и Китая в значительной мере совпадают. Это касается, прежде всего, линии на разумное сочетание экстенсивного и интенсивного развития со стратегическим приоритетом на преимущественно интенсивный характер. Общими задачами являются в этой связи дальнейшая модернизация производства на основе последних научных достижений и совершенствования качества управления, создание инновационной и «зеленой» экономик, повышения уровня жизни населения, реформирование многих сфер общественной жизни.

Важнейшим стимулом является неоднократно озвученные руководством России и Китая твердое намерение вести курс на дальнейшее развитие взаимовыгодного стратегического политического и экономического сотрудничества. В очередной раз это было подтверждено во время визита в Россию Председателя Си Цзиньпина в начале июня 2019 г., когда обе страны провозгласили курс на всемерное повышение динамики отношений в новых, еще более сложных условиях международного развития②.

Особенностью намеченных направлений экономического взаимодействия (стабильность и поступательность его роста и развития, в том числе за счет поиска его новых форм и направлений, наращивание масштабов инвестиционного сотрудничества в интересах ускоренного

---

① Все больше делается упор на промышленную кооперацию, на запуск общих инфраструктурных проектов, прежде всего в области энергетики и транспорта, на фоне роста вложений КНР в российскую экономику наблюдается увеличение поставок из России машин и оборудования, сельскохозяйственной продукции и т. д.

② Совместное заявление Российской Федерации и Китайской Народной Республики о развитии отношений всеобъемлющего партнерства и стратегического взаимодействия, вступающих в новую эпоху // Официальный сайт Президент России. 05. 06. 2019. URL: www. kremlin. ru/supplement/5098.

продвижения крупных инфраструктурных, энергетических и других проектов, включая их межрегиональные аспекты) является расширение базы для углубления и взаимной сопряженности хозяйственных задач двух стран. При этом уже сейчас наблюдается достаточно сильная взаимная дополняемость экономик, которая останется значительным потенциалом и на будущее[①].

5) Важнейшим направлениемэкономической политики как России, так и Китая является стремление к расширению географии долговременных и взаимовыгодных внешних торгово – экономических связей, в том числе на многосторонней основе.

В этой связи, рубежным для России стало вступление в силу в 2014 г. соглашения о созданииЕвразийского экономического союза (ЕАЭС)[②]. В его рамках уже создан общий рынок, начата предметная работа по выработке условий для обеспечения свободы движения товаров, услуг, капиталов и рабочей силы, ведется линия на либерализацию экономических связей с другими партнёрами и т. д.[③] Принципиально важным для экономических перспектив ЕАЭС стало заключение в 2018 г. соглашения о торгово – экономическом сотрудничестве с КНР. Этот документ (а также поддержка государствами – членами ЕАЭС китайского проекта «Один пояс – один путь») создали условия для начала работы по постепенному выстраиванию несущих экономических конструкций пред-

---

① См.: Совместное заявление Российской Федерации и Китайской Народной Республики об углублении всеобъемлющего партнерства и стратегического взаимодействия и о продвижении взаимовыгодногосотрудничества // Официальный сайт Президента России. 08. 05. 2015. URL: www. kremlin. ru/supplements/4969; Ли Юнцюань. Большое евразийское партнерство и инициатива «Один пояс – один путь»: возможно ли сопряжение. С. 247. В: Пути и пояса Евразии. Национальные и международные проекты развития на евразийском пространстве и перспективы их сопряжения. М., Изд. «Весь мир», 2019.

② В него входят пять республик бывшего СССР (Армения, Белоруссия, Казахстан, Киргизия и Россия).

③ Заключено соглашение о свободной торговле с Вьетнамом, подписан документ, ведущий к созданию аналогичной зоны с Ираном, завершается подготовка соответствующих документов с Сингапуром и Сербией, идут переговоры с Израилем, Египтом и Индией. Подробнее о достижениях и проблемах ЕАЭС см.: Евразийская экономическая интеграция: между абсолютными и относительными выгодами // Международный дискуссионный клуб «Валдай». 14. 05. 2019. URL: http: //ru. valdaiclub. com/a/reports/evraziyskaya – ekonomicheskaya – integratsiya/.

ложения В. В. Путина о Большой Евразии. Москва исходит из того, что выдвинутые Председателем КНР в 2013 г. масштабные инициативы перекликаются с российским проектом, который предполагает «интеграцию интеграций», то есть тесное сопряжение идущих в Евразии двусторонних и многосторонних интеграционных процессов①. Этому же будет способствовать и выработка технико – экономического обоснования соглашения между Россией и Китаем о Евразийском экономическом партнерстве, к которому смогут присоединиться и другие государства, в том числе члены ШОС. Соглашение между ЕАЭС и КНР также открывает дополнительные возможности и для двусторонней российско – китайской торговли и капиталовложений.

Осенью 2013 г. Китай выступил с масштабной, носящей трансконтинентальный характер, инициативойЭкономического пояса Шелкового пути (ЭПШП), а также Морского шелкового пути, впоследствии трансформировавшейся в «Один пояс – один путь». Этот мегапроект, по существу, стал не только важнейшим геоэкономическим, но и геополитическим проектом страны, рассчитанным на далекую перспективу②. Внесенный позже в Устав КПК, он, наряду с тезисом построения «сообщества единой судьбы человечества», фактически стал и главным внешнеполитическим ориентиром страны.

Созданная за последние десятилетия прочная структура стратегического взаимодействия России и Китая практически на всех направлениях мировой и региональной политики позволила имдостичь понимания и выработать формулу долговременного сопряжения этих двух проектов (ЕАЭС и ОПОП) на евразийском пространстве и взять курс на

---

① Международный форум «Один пояс, один путь» // Официальный сайт Президента России. 26. 04. 2019. URL: www. kremlin. ru/events/president/transcripts/speeches/60378.

② Концепция предусматривает восстановление сухопутного транспортно – коммуникационного соединения Китая с Европой, а также Африкой через Центральную Азию и Россию. Вместе с инициативой Морского Шелкового пути концепция получила название «Один пояс – один путь» или «Инициатива пояса и пути». Внесенная после XIX съезда КПК в ее Устав, она фактически стала главным внешнеполитическим ориентиром страны.

реализацию такой стратегии①. Поддержка всеми государствами – членами ЕАЭС идеи о его сопряжения с китайским проектом «Одного пояса – одного пути» создала благоприятную основу и для последующего заключения соглашения о торгово – экономическом сотрудничестве между ЕАЭС и КНР②. При этом хозяйственное взаимодействие между Россией и Китаем и тенденция на стыковку их национальных стратегий развития в значительной степени является и движущей силой для успешной реализации договоренностей о сотрудничестве между ЕАЭС и КНР. Поддержка КНР идеи евразийского всеобъемлющего партнерства создала благоприятные условия для начала проработки мер по ее реализации «в целях содействия углублению интеграционных процессов в регионе»③.

6) Российско – китайское сотрудничество, в том числе экономическое, оказывает аналогичное влияние на деятельность Шанхайской организации сотрудничества (ШОС). Эта организация, постепенно приобретающая глобальный характер, по мере своего дальнейшего развития может играть значимую роль и в процессе сопряжения различных трансрегиональных экономических проектов на евразийском пространстве в интересах ускоренной реализации целей социально – экономического развития.

Стыковку национальных стратегий развития России и Китая в контексте деятельности ШОС целесообразно рассматривать прежде всего через призму специфики этой организации и статуса в нейКНР и РФ, которые и после недавнего расширения Организации за счет Индии и Пакистана остаются ее главной движущей силой. Государства – члены

---

① Совместное заявление Российской Федерации и Китайской Народной Республики о сотрудничестве по сопряжению строительства Евразийского экономического союза и Экономического пояса Шелкового пути //Официальный сайт Президента России. 08.05.2015. URL: www.kremlin.ru/supplement/4971; Совместное заявление Российской Федерации и Китайской Народной Республики об углублении всеобъемлющего партнерства и стратегического взаимодействия и о продвижении взаимовыгодного сотрудничества // Официальный сайт Президента России. 08.05.2015. URL: www.kremlin.ru/supplements/4969.

② Подписано Соглашение о торгово – экономическом сотрудничестве между ЕАЭС и КНР // Евразийская экономическая комиссия. 17.05.2018. URL: www.eurasiancommission.org/ru/nae/news/Pages/17 – 05 – 2018 – 5.aspx.

③ Совместное заявление Российской Федерации и Китайской Народной Республики // Официальный сайт Президента России. 25.06.2016. URL: http://www.kremlin.ru/supplement/5100.

ШОС имеют широкие двусторонние торгово – экономические связи как с Россией, так и с Китаем, подавляющее большинство из них вовлечены как в деятельность ЕАЭС, так и в проекты инициативы ОПОП. Соответственно, общее состояние российско – китайских отношений, в том числе экономических, не смогут не оказывать самое существенное влияние и на все эти процессы и в будущем.

Выработка Москвой и Пекином обновленных экономических стратегии на ближайшее будущее, выдвижение инициативы «Один пояс – один путь» и создание ЕАЭС по времени фактическисовпали с началом нового важного этапа и в деятельности Шанхайской организации сотрудничества последних лет. Он характеризуется повышением внимания к экономической составляющей взаимодействия государств – членов и движению в направление сближения их экономик[①]. Они все более активно выступают за создание предусмотренных Хартией ШОС благоприятных условий для постепенного осуществления свободного перемещения товаров, капиталов и услуг. В 2015 г. тогдашний президент Казахстана Н. Назарбаев выступил с предложением о создании зоны свободной торговли ШОС. Получившее поддержку России и Китая, оно находится в настоящее время в стадии проработки. Тогда же В. В. Путин выдвинул соображение о налаживании экономического партнерства между ЕАЭС, ШОС И АСЕАН.

Конкретным проявлением укрепления экономической составляющей в деятельности ШОС стало подписание в 2014 г. Межправительственногосоглашения о создании благоприятных условий для международных автомобильных перевозок. В перспективе оно может получить сопряженность с той частью Соглашения между ЕАЭС и КНР, которая касается его транспортно – инфраструктурной составляющей[②]. В таком же ключе можно рассматривать и действующее с 2007 г. межправительственное соглашение ШОС о сотрудничестве и взаимопомощи в таможенных делах.

---

① Об экономических основах деятельности ШОС с момента ее создания см.: Р. Алимов. Шанхайская организация сотрудничества. Становление, развитие, перспективы. М. «Весь мир». 2017. Сс. 83 – 90.

② На 2020 г. намечено открытие шести новых транспортных маршрутов, включая коридор «Западная Европа – Китай», в том числе через северные порты России.

Саммит ШОС 2018 г. в Циндао закрепил тенденцию к выправлению отставания ее экономической составляющей от преимущественной тематики безопасности. С 2018 г. началась проработка подходов к упрощению процедур торговли в регионе. Новый импульс развитию экономического аспекта ШОС придал и запущенный в 2018 г. проектразвития прямых хозяйственных связей между государствами – членами ШОС на межрегиональных уровнях, а также создание в 2018 г. Форума глав регионов стран ШОС. Принятая в мае 2019 г. соответствующая Программа развития сотрудничества① соответствует философии и духу соответствующих программ межрегионального взаимодействия между Россией и КНР.

Таким образом, весь широкий спектрроссийско – китайских хозяйственных связей все глубже вплетается в канву Шанхайской организации, активно способствуя развитию экономической составляющей и ее деятельности.

Значительно возросшее в последние годы значение экономической составляющей в деятельности ШОС, а также вовлеченность ряда государств – членов ШОС в оба проекта – ЕАЭС и «Один пояс – один путь» – дает основания многим экспертам утверждать, что Шанхайская организация сотрудничества является наиболее оптимальной площадкой для их сближения в интересах создания более широкого евразийского торгово – экономического пространства. В контексте потенциала ШОС на данном направлении в научном сообществе выдвигается несколько вариантов. Наиболее вероятным и сбалансированным среди них может считаться т. н. «частичная» (или «неполная») сопряженность на базе достижения компромиссов по конкретным экономическим противоречиям и подходам государств – участников②. Высказываются также (например, известным китайским исследователем, директором Института мировой экономики Шанхайского института международных исследо-

---

① Предусматривает конкретные меры взаимодействия в различных направлениях хозяйственных связей, торговли, инвестиций, промышленности, сельского хозяйства и гуманитарных связей.

② А. И. Быков. Роль Шанхайской организации сотрудничества в процессе сопряжения Евразийского экономического союза и Экономического пояса Шелкового пути. В: Пути и пояса Евразии; под ред. А. В. Лукина и В. И. Якунина. Москва. 2019. Сс. 293 – 294.

ваний проф. Ли Синем) и более далеко идущие предположения, в частности об ускоренном создании в рамках ШОС зоны свободной торговли с ее преобразованием во «Всеобъемлющее экономическое партнерство» на базе интеграции ЕАЭС, ШОС и БРИКС и с последующей, уже к 2040 г., их интеграции[①].

Тем не менее, в целом, представляется, что на ближайшую перспективуинтегрирующую роль ШОС в Евразийском регионе было бы целесообразно рассматривать прежде всего через призму политической составляющей ее деятельности. Роль общего динамизатора сопряженности ЕАЭС и инициативы ОПОП как основы будущего широкого евразийского экономического партнерства она могла бы играть именно на базе общих консолидированных подходов государств – членов к международным и региональным политическим и экономическим проблемам. Хорошо отлаженные за последние годы консультативные механизмы ШОС (по линии министров иностранных дел, секретарей советов безопасности, руководителей профильных финансово – экономических и силовых ведомств) могут быть весьма важным дополнительным каналом для согласования политики членов ЕАЭС и КНР на конкретных направлениях сотрудничества с учетом специфики каждого участника. Особую роль в этом плане могут играть Россия и Китай, в том числе с учетом их общего подхода к тому, что именно ШОС может быть основной площадкой в том числе для обсуждения вопросов сопряжения ЕАЭС и ОПОП[②]. А тот факт, что «Дорожная карта» реализации ОПОП (ЭПШП +) подчеркивает значимость политической координации по этим вопросам, еще более укрепляет соответствующие возможности Шанхайской организации сотрудничества.

---

① Ли С. Китайский взгляд на создание Евразийского экономического пространства // Международный дискуссионный клуб «Валдай». 17. 11. 2016. URL: http: //valdaiclub. com/files/ 12586.

② Совместное заявление Российской Федерации и Китайской Народной Республики о сотрудничестве по сопряжению строительства Евразийского экономического союза и Экономического пояса Шелкового пути // Официальный сайт Президента России. 08. 05. 2015. URL: www. kremlin. ru/supplement/4971.

在上海合作组织框架内践行“大欧亚伙伴关系”理念的合作前景

弗拉基米尔·彼得罗夫斯基*

今天，在俄罗斯提出的“大欧亚伙伴关系”概念的背景下，在上海合作组织框架内加强区域安全和发展经贸合作变得尤为重要。

近年来，由于冷战的结束和经济一体化的发展，欧亚大陆的安全与合作关系结构发生了根本变化，这使得必须构建基于互信、国家主权和多边合作原则的新型关系模型。

俄罗斯总统普京提出了“大欧亚伙伴关系”的构想，作为这种模型的范例，它旨在透明和互惠互利的原则下协调不同区域经济形态。

“大欧亚伙伴关系”的概念构建是最重要的研究任务。普京的愿景是将“大欧亚伙伴关系”作为欧亚大陆潜在的广泛一体化轮廓，笔者尝试推动落实这个愿景。一体化轮廓构想将“大欧亚伙伴关系”的愿景定义为区域经济一体化与合作、欧亚经济一体化与中国“一带一路”倡议对接、跨境跨区经贸合作以及欧亚大陆与亚太地区跨地区安全体系构建范畴中一系列相互联系和相互依存的一体化轮廓综合体。

众所周知，2015 年 12 月 3 日，普京提出了建立“大欧亚伙伴关系”的构想。普京在联邦会议致辞时，提出了启动在欧亚经济联盟、东盟和上合组织以及即将加入上合组织的国家之间建立经济伙伴关系进行磋商的倡议。这一概念在各类多边讨论会和专家界开展反复讨论，实际上已经成为俄罗斯发展欧亚一体化的旗舰倡议。

必须了解“大欧亚伙伴关系”产生的地缘经济背景，才可以证明其合理性的动机。其中最重要的是对欧亚经济联盟中短期欧亚经济一体化机遇的客观评估。

在全球一体化和经贸进程快速发展的背景下，俄国内一些专家认为欧亚经济联盟的发展相对滞后。他们认为，今天欧亚经济联盟的 GDP 为 2.2 万亿美元，占世界 GDP 的 3.2%，并不是一个自给自足的市场，任何试图

---

* 俄罗斯科学院远东研究所研究员，军事科学院院士，政治学博士。

建立“欧亚大陆堡垒”的企图都是自杀性的。摆脱这种局面的路径是在东西双轨道上启动谈判进程。

只有在欧亚大陆一体化的外部轮廓框架内，与欧亚大陆快速发展的国家——中国、印度、中南半岛国家、中东国家等建立经贸合作的优惠制度，才能弥补欧亚大陆经济在世界经济中相对较小的比重。中俄两国元首提出的共建欧亚经济联盟和“丝绸之路经济带”这两个跨洲一体化倡议的实施，为欧亚大陆的可持续经济发展提供了机遇。

建立“大欧亚伙伴关系”实质性内容主要涉及欧亚经济联盟和中国“一带一路”倡议框架下的欧亚经济一体化进程。由此着重将上合组织作为欧亚经济联盟与“一带一路”倡议对接最有力的制度保障。

“一带一路”倡议是中国提升在欧亚大陆和中亚地区影响力的最明显体现。它是当前经济区域化和全球化趋势中最具有代表性和创新性的表现形式之一。随着“一带一路”倡议的推进，将从根本上改变欧亚大陆的地缘政治经济局势。

2015 年 5 月习近平主席访问莫斯科期间，双方签署了《俄罗斯联邦和中华人民共和国关于合作共建欧亚经济联盟和“丝绸之路经济带”的联合声明》。为促成欧亚经济联盟和“丝绸之路经济带”对接的优先领域包括：“在条件成熟的领域建立贸易便利化机制，制定方案协调和确保共同利益领域的规章制度、经贸等政策的相互兼容；考虑建立欧亚经济联盟和自由贸易区的长期目标”。

上合组织是欧亚空间最重要的国际合作机构，极有可能成为中国“丝绸之路经济带”与欧亚经济联盟相互协作的主阵地。随着上合组织的蓬勃发展，有可能成为创建大欧亚共同体潜在项目的核心机构。上合组织的发展和制度化将从组织层面为“大欧亚共同体”提供“保护伞”。

从地域上，上合组织涵盖了欧亚经济联盟的所有成员国，这些国家是“丝绸之路经济带”沿线，以及《推动共建丝绸之路经济带和 21 世纪海上丝绸之路的愿景与行动》文件中确定的六条经济走廊上的重要经济体。在推进“丝绸之路经济带”和欧亚经济联盟对接过程中，上合组织应发挥最重要的平台作用。特别是上述文件提出的“丝绸之路经济带”建设的目标、原则和建设内涵与上合组织内部区域经济合作利益不谋而合。

有一个重要的论点是，支持“大欧亚伙伴关系”的实践导向和战略性质，其中包括上合组织积极推动下的欧亚经济联盟和“丝绸之路经济带”的对接。

曾有一个实施这一进程的中期预测，中国学者（李新等）划分了以下几个阶段。

第一阶段：2016 年 8 月启动了中国“丝绸之路经济带”与欧亚经济联盟对接谈判进程。在这个阶段，要注重营造软制约的监管环境。如规则、监督、标准等。继续推动上合组织区域经济合作，增加贸易投资便利化。

第二阶段：2030 年左右，上合组织自由贸易区成为基于欧亚经济联盟、上合组织和金砖国家一体化的全面经济伙伴关系。

第三阶段：2040 年左右，在东盟国家全面经济伙伴关系一体化或正在建立的全面区域经济伙伴关系的基础上，形成“大欧亚伙伴关系”。在该空间内，计划建立完全自由的贸易体系，确保资本的自由流动，建立统一的金融和能源市场，制定统一的货物服务贸易规则，以及形成统一的运输服务市场和运输体系。

其一，上合组织作为“大欧亚伙伴关系”潜在的经贸实体。

为激发上合组织在“大欧亚伙伴关系”建立以及欧亚经济一体化和“一带一路”倡议对接中的作用，必须加强上合组织作为地区经贸合作和一体化的主体和参与者地位。经济合作是确保上合组织地区稳定的重要因素，是实现该组织长期持续稳定的手段之一。

该战略将深化经贸、投资合作以及优先合作领域项目确定为上合组织发展的首要目标之一，以实现成员国的可持续发展，改善其人民福利和生活水平，原因就在于此。

为了促进区域贸易和投资，成员国多年来一直致力于建立上合组织发展基金（特别账户）和上合组织开发银行。问题本质在于，中国日益增长的经济实力引发上合组织其他成员国的担忧。

中方的逻辑也很清晰，在上合组织利用自身竞争优势的出口导向，扩大销售市场。因此，中国一度向上合组织提出了自由贸易区的设想，后来又提出了设立上合组织发展基金和上合组织开发银行。

为了平衡这一趋势，俄罗斯和哈萨克斯坦提出在扩大现有欧亚开发银行的基础上建立上合组织开发银行，总部设在阿拉木图。这引发了上海合作组织内部新一轮的讨论，并持续至今。

在研究上海合作组织经济金融合作问题时，我们提出以下建议：

——通过优化国际法律监管，特别是制定所有成员国之间基础全面的经济协定，提高上海合作组织在经济金融领域的效率。

——一以贯之地采用系统方法，包括协调国家立法、均衡经济发展、为项目具体实施创建系统性架构。

——加强私营部门作用，使私营部门在业务推广上更为积极进取。通过营造特定的氛围，创造有利于私营部门参与上海合作组织经济金融活动的条件。

——在合作中制定经济合理的解决方案；有必要对组织内可能的合作领域进行深入研究和分析。确定有经济互补条件的合作领域应该引起潜在合作伙伴的兴趣，减少预期的业务关系中的不确定性和不信任感。

——为上海合作组织银行间协会提供机会，根据当前经济形势，在更灵活的市场条件下，为大型项目提供融资，促进上海合作组织成员国进一步建立现代经贸联系所需的基础设施。

——提升上海合作组织银行间协会在上合组织秘书处的地位和作用，使之有权通过金融合作领域的强制性建议，提交上海合作组织国家元首理事会和政府首脑会议最后讨论和决定。

——利用金砖国家新开发银行的经验，发展上海合作组织银行作为多元化发展银行的概念，支持对提升社会福祉贡献最大的经济、社会和环保项目。

其二，上海合作组织作为保障“大欧亚伙伴关系”和“一带一路”倡议的区域安全实体。

欧亚大陆和亚太地区的跨区域安全轮廓是在“大欧亚伙伴关系”整合其余一体化与合作轮廓的必要条件和先决条件。应对新的非军事挑战和威胁，人身安全和人类发展的概念对欧亚大陆和亚太地区各国具有现实意义。必要时可以利用包括上海合作组织在内的欧亚大陆地区安全机制，保护成员国国内社会政治稳定，确保经济一体化和经贸合作大型项目的安全实施。

俄罗斯关于建立从温哥华到海参崴的共同安全空间的立场，以及“一带一路”倡议宣扬的加强政治互信，共同打击传统和非传统安全威胁，以及建立命运共同体，促使周边国家与中俄更紧密地联系在一起，从而扩大战略安全空间。通过共同努力，中俄两国可以为建立国际政治经济新秩序做出贡献。不仅在区域层面（亚太和欧亚大陆）如此，而且在全球层面也是，美国几乎所有的盟国都加入了亚洲基础设施投资银行，这就是证明。

“一带一路”倡议项目的长期运行和实施直接取决于其安全性。对于如何化解“一带一路”倡议的风险和威胁，中国还要有专门的研究计划。中国分析家的论点可以归结为：“丝绸之路经济带”的理念是建立在平等、尊重利益、追求普惠的基础上，摒弃冷战思维，由此必然会产生新的规则和标准。对抗和竞争机制将被长效合作机制所取代。

中国专家对这一论点还提出了更具体的措施。例如，为了确保跨境基础设施的不间断运行，建议考虑由安保公司确保其安全，特别是对于一些重要战略设施。但需要单独考虑中国安保公司在保障“一带一路”项目安全所发挥的作用。受中国现行法律法规的监管，安保公司为“一带一路”项目提供安全保护比较复杂。

俄罗斯私营安保公司的工作也受到立法框架的限制，尽管近年来俄罗斯立法者对使用包括私营安保公司在内的非正规军事单位越来越感兴趣，在很多情况下，私营安保公司能够接受国家委托，代替正规军队，收费执行不受欢迎的任务。

在上述条件下，很难想象俄罗斯和中国私营安保公司即使在允许其域外活动的情况下，还能承担起保障欧亚大陆“丝绸之路经济带”运输、物流和生产设施全面安全的任务。

如果由安保公司承担跨境基础设施的保卫工作，会形成一系列法律方面的问题。上海合作组织在跨境协调方面有着丰富的实践经验，包括签署了相关合作备忘录。因此，上合的机制应该更强化在跨境合作时的安全保障。

总体而言，中俄应该加强相互之间的沟通和合作，无论政治领域，还是经济领域，都应该加强合作。这是欧亚地区很多国家需要共同努力的方向，一起构建广袤的空间。当然，有些想法只是一个框架，未来会在“一带一路”倡议下得到更好的协调、更好的实施。普京总统所提出的构建大欧亚合作伙伴关系和“一带一路”倡议将会平行、同步推进。

（根据现场同传速记稿整理）

【俄文原文】

Перспективы сотрудничества в рамках ШОС по реализации идеи Большого Евразийского партнерства

Владимир Петровский *

Ключевые слова: Большое евразийское партнерство, Евразийский экономический союз, Экономический пояс шелкового пути, Шанхайская организация сотрудничества, межблоковые торгово - экономические партнерства, региональная безопасность.

Keywords: Big Eurasian Partnership, Eurasian Economic Union, Silk Road Economic Belt, Shanghai Cooperation Organization, inter - block trade and economic partnerships, regional security.

Вопросы укрепления региональной безопасности и развития торгово - экономического сотрудничества в рамках Шанхайской организации сотрудничества (ШОС) обретают в наши дни особую актуальность в контексте предложенной Россией концепции Большого Евразийского партнерства.

За последние годы структура отношений безопасности и сотрудничества в Евразии претерпевает фундаментальные изменения в связи с окончанием холодной войны и ростом экономической интеграции, что обусловило необходимость выработки новой модели отношений на основе принципов взаимного доверия, национального суверенитета и многостороннего сотрудничества.

Образец этой модели - предложенная российским президентом В. В. Путиным идея Большого Евразийского партнерства (БЕП), призванная гармонизировать различные региональные экономические форматы на основе принципов транспарентности и взаимной выгоды.

Концептуализация идеи БЕП является важнейшей научно - исследо-

---

* Доктор политических наук, действительный член Академии военных наук Главный научный сотрудник Института Дальнего Востока РАН.

вательской задачей. Автор попытался внести вклад в ее реализацию, опираясь на представление В. В. Путина о БЕП как о потенциальном широком интеграционном контуре в Евразии①. Идея интеграционных контуров помогла определить видение Большого евразийского партнерства как совокупность взаимосвязанных и взаимозависимых интеграционных контуров в сфере региональной экономической интеграции и сотрудничества, сопряжения процессов евразийской экономической интеграции и предложенной Китаем Инициативы пояса и пути (ИПП), приграничного и межрегионального торгово – экономического сотрудничества и формирования системы комплексной трансрегиональной безопасности в Евразии и Азиатско – Тихоокеанском регионе (АТР).

Как известно, идея о создании Большого евразийского партнерства была сформулирована 3 декабря 2015 г., когда В. В. Путин в Послании Президента Федеральному собранию выдвинул инициативу о начале консультаций по формированию экономического партнерства между государствами – членами ЕАЭС, АСЕАН и ШОС и государствами, которые присоединяются к ШОС. Концепция неоднократно обсуждалась на различных многосторонних дискуссиях и в экспертной среде, став, по сути, флагманской российской инициативой по развитию евразийской интеграции.

Важно понять геоэкономическую подоплеку возникновения идеи БЕП, рациональные мотивы, которыми можно обосновать ее целесообразность. Как представляется, наиболее существенным из них является объективная оценка возможностей евразийской экономической интеграции в рамках Евразийского экономического союза (ЕАЭС) в краткосрочной и среднесрочной перспективе.

На фоне сдвигов в глобальных интеграционных и торгово – экономических процессах некоторым отечественным экспертам развитие ЕАЭС представляется отстающим от них. Они констатируют, что Евразийский экономический союз сегодня с его ВВП в 2, 2 трлн долл., составляющим 3, 2% от мирового, не представляет собой самодостаточный рынок, и

① «Заседание Международного дискуссионного клуба «Валдай» // Официальный сайт Президента РФ. 27. 10. 2016. URL: http://www.kremlin.ru/events/president/news/53151.

любые попытки построить «крепость Евразия» самоубийственны. Выходом из сложившегося положения им видится активизация переговорного процесса на двух треках – восточном и западном①.

Компенсировать относительно небольшой вес ЕАЭС в мировой экономике возможно только в рамках внешнего контура евразийской интеграции, выстраивая преференциальные режимы торгово – экономического сотрудничества с быстро растущими странами Евразии – Китаем, Индией, странами Индокитая, Ближнего и Среднего Востока. Реализация инициативы глав России и Китая по сопряжению двух трансконтинентальных интеграционных инициатив – ЕАЭС и Шелкового пути – открывает возможности для устойчивого экономического развития Евразии.

Основной содержательный компонент создания БЕП связан с процессом сопряжения евразийской экономической интеграции в рамках ЕАЭС и китайской ИПП. В этой связи особое внимание уделяется ШОС как наиболее перспективной и оптимальной институциональной основе сопряжения ЕАЭС и ИПП.

ИППявляется наиболее очевидным воплощением активизации усилий Китая по усилению своего присутствия в Евразии и регионе Центральной Азии. Она является одним из наиболее знаковых и новаторских проявлений современных тенденций экономической регионализации и глобализации. В случае своей реализации она коренным образом изменит геоэкономическую и геополитическую ситуацию в Евразии.

В ходе визита Председателя КНР Си Цзиньпина в Москву в мае 2015 г. стороны подписали «Совместное заявление Российской Федерации и Китайской Народной Республики о сотрудничестве по сопряжению строительства Евразийского экономического союза и Экономического пояса Шелкового пути». В числе приоритетных направлений согласованных усилий по взаимному сопряжению процессов строительства ЕАЭС и ЭПШП – «создание механизмов для упрощения торговли в тех сферах,

---

① Новое позиционирование Российской Федерации в глобальном хозяйстве – возможности и перспективы. Фонд «Институт современного развития» по заказу Фонда Кудрина по поддержке гражданских инициатив. Москва, 2015. 108 с.

где для этого созрели условия, разработка совместных шагов по гармонизации и обеспечению взаимной совместимости правил и норм регулирования, торгово – экономических и иных политик в сферах взаимных интересов; рассмотрение долгосрочной цели по продвижению к зоне свободной торговли между ЕАЭС и Китаем»①.

Важнейшим институтом международного сотрудничества на евразийском пространстве является ШОС, имеющая серьезный потенциал для превращения в основную площадку взаимодействия по линии Китай (ЭПШП) – ЕАЭС ШОС при энергичном развитии может стать центральным институтом потенциального проекта создания сообщества Большой Евразии. Развитие и институционализация ШОС может создать зонтичную организацию для Большого Евразийского сообщества.

Географическое пространство ШОС охватывает все государства – члены ЕАЭС, которые являются важными экономическими субъектами, расположенными вдоль ЭПШП, в рамках 6 экономических коридоров, зафиксированных в документе «Видение и действия, направленные на продвижение совместного строительства Экономического пояса Шелкового пути и Морского Шелкового пути XXI века». В реализации состыковки ЭПШП и ЕАЭС ШОС должна играть роль важнейшей площадки, – тем более что цели, принципы и содержание строительства ЭПШП, изложенные в упомянутом выше документе, совпадают с интересами регионального экономического сотрудничества в рамках ШОС.

Существенный довод в пользу практической направленности и стратегического характера БЕП, включающего в себя состыковку ЕАЭС и ЭПШП при активной роли ШОС.

– уже выработанные среднесрочные прогнозы реализации этого процесса. В этой связи китайские исследователи (Ли Синь и др.) выделяют нижеследующие этапы:

1. Запуск в августе 2016 г. переговорного процесса между Китаем и

---

① Совместное заявление Российской Федерации и Китайской Народной Республики о сотрудничестве по сопряжению строительства Евразийского экономического союза и Экономического пояса Шелкового пути // Официальный сайт Президента РФ. 08. 05. 2015. URL: http://www. kremlin. ru/supplement/4971.

Евразийским экономическим союзом по сопряжению строительства ЭПШП и ЕАЭС. На этом этапе делается акцент на создании мягкой регулятивной среды. Это правила, надзор, стандарты и так далее. Продолжается содействие региональному экономическому.

сотрудничеству в рамках ШОС, увеличению объема торговли, упрощению торговли и инвестиций.

2. Примерно в 2030 г. зона свободной торговли в рамках ШОС превращается во Всеобъемлющее экономическое партнерство на базе интеграции ЕАЭС, ШОС и БРИКС.

3. На основе интеграции всеобъемлющего экономического партнерства со странами АСЕАН или создаваемого Всеобъемлющего регионального экономического партнерства (ВРЭП) примерно в 2040 г. будет образованно Большое евразийское партнерство. В рамках этого пространства планируется сформировать системы полной свободы торговли, обеспечить свободное движение капиталов, создание общего финансового и единого энергетического рынков, разработать единые правила торговли товарами и услугами, а также сформировать общий рынок транспортных услуг и единую транспортную систему[①].

ШОС как потенциальный торгово – экономический субъект БЕП

Для активизации роли ШОС в процессе создания БЕП и сопряжения евразийской экономической интеграции и ИПП необходимо усиление роли ШОС как субъекта и актора регионального торгово – экономического сотрудничества и интеграции. Экономическое сотрудничество является важным элементом обеспечения стабильности на пространстве ШОС, одним из инструментов достижения устойчивости самой Организации на длительную перспективу.

Именно поэтому в качестве одной из приоритетных целей развития организации Стратегия определяет углубление торгово – экономического и инвестиционного взаимодействия, а также совместной проектной деятельности на приоритетных направлениях сотрудничества в целях устойчивого развития государств – членов, повышения благосостояния и

① Ли С. Китайский взгляд на создание евразийского экономического пространства // Доклад Международного дискуссионного клуба «Валдай». – Москва: 2016. 9 с.

уровня жизни их населения.

Страны – члены уже не первый год ведут работу над созданием Фонда развития（Специального счета）ШОС и Банка развития ШОС с целью стимулирования торговых и инвестиционных связей в регионе. Суть проблемы в том，что растущая экономическая мощь Китая порождает опасения у других стран – участниц ШОС относительно того，что новый финансовый институт（кстати，предложенный именно Китаем）может стать инструментом преобладающего китайского влияния.

Логика же китайской стороны также понятна и основана на естественном стремлении использовать в рамках ШОС свое конкурентное преимущество：китайская экономика，ориентированная на экспорт，будет требовать расширения рынков сбыта. Поэтому в свое время Китай предложил идею зоны свободной торговли ШОС，а позднее –

Фонда развития и Банка развития ШОС，чтобы закрепить инструмент своего торгово – экономического влияния.

Чтобы сбалансировать эту тенденцию，Россия и Казахстан，в свою очередь，предложили создавать Банк развития ШОС на основе расширения возможностей уже существующего Евразийского банка развития со штаб – квартирой в Алматы. Это породило новый виток дискуссий в рамках ШОС，которые продолжаются и по сей день.

Рассмотрение вопросов финансово – экономического сотрудничества в рамках ШОС позволяет предложить нижеследующие рекомендации：

• Повышение эффективности деятельности ШОС в финансово – экономической сфере путем оптимизации сферы международно – правового регулирования，в частности разработки базового универсального экономического соглашения между всеми странами – участницами.

• Последовательное применение системного подхода，включая гармонизацию национальных законодательств；выравнивание уровня развития экономики；создание системообразующих структур，необходимых для материализации проектной деятельности.

• Расширение роли частного сектора，который，как правило，более активен и прогрессивен с точки зрения продвижения бизнеса. Формируя определенную среду，необходимо создать такие условия，которые будут содействовать присутствию частного сектора в финансово – экономической деятельности ШОС.

• Выработка экономически обоснованных решений в сотрудничестве. Существует необходимость в проведении глубинного исследования и анализа потенциальных областей сотрудничества в рамках организации. Определение областей сотрудничества, где есть условия для экономического взаимодополнения, должно вызвать интерес у потенциальных партнеров, уменьшить долю неопределенности и недоверия в ожидаемых деловых отношениях.

• Предоставление Межбанковскому объединению (МБО) ШОС возможности финансирования проектов на более гибких рыночных условиях, которые бы соответствовали текущей экономической ситуации, что позволит осуществлять финансовое обеспечение масштабных проектов и будет способствовать дальнейшему формированию современной инфраструктуры торгово – экономических связей государств – членов ШОС.

• Повышение статуса и роли МБО ШОС в структуре Секретариата ШОС, с правом принятия обязательных рекомендаций в сфере финансового сотрудничества, которые впоследствии выносились бы на окончательное обсуждение и решение в рамах Совета глав государств и Совета глав правительств ШОС.

• Использование опыта создания Нового банка развития БРИКС (НБР) для разработки концепции Банка ШОС как многопрофильного банка развития для поддержки проектов в области экономики, социальной политики и защиты окружающей среды, которые вносят наибольший вклад в приумножение общественного блага.

ШОС как субъект обеспечения региональной безопасности для БЕП и сопряжения с ИПП

Контур транс – региональной безопасности в Евразии и АТР – необходимое и условие и предпосылка для формирования остальных контуров интеграции и сотрудничества в рамках БЕП. Концепции безопасности личности и человеческого развития актуальны для Евразии и стран АТР в плане противодействия новым вызовам и угрозам невоенного характера, а также для обоснования более широкого, целостного подхода к обеспечению региональной безопасности. В рамках такого подхода механизмы региональной безопасности в Евразии, включая Шанхайскую организацию сотрудничества (ШОС), могли бы быть также использованы, в случае необходимости, для защиты внутренней социально – политической стабильности государств – членов и обеспечения безопасности в ходе реализации масштабных проектов экономической интеграции и торгово – экономического сотрудничества.

Позиция России в отношении создания единого пространства безопасности от Ванкувера до Владивостока и декларируемая ИПП необходимость укрепления политического взаимопонимания и совместной борьбы с традиционными и нетрадиционными угрозами безопасности, а также провозглашаемое ею «сообщество единой судьбы» позволяют решать и эту проблему, более плотно привязав к Китаю и России сопредельные страны и тем самым расширив стратегическое пространство безопасности. Объединив усилия, Китай и Россия смогут способствовать формированию нового международного политического и экономического порядка. Причем не только на региональном уровне (АТР и Евразия), но и на глобальном, о чем свидетельствует присоединение к Азиатскому банку инфраструктурных инвестиций (АБИИ) практически всех союзников США①.

Долгосрочность действующих и осуществление перспективных проектов ИПП находится в прямой зависимости от их безопасности. В Китае пока нет специальных исследований, в которых бы говорилось о том, каким способом КНР планирует нейтрализовать риски и угрозы для Пояса и Пути. Общая аргументация китайских.

аналитиков при этом сводится к следующему: поскольку концепция Шелкового пути основана на равноправии, уважении интересов и стремлении к всеобщему выигрышу и отвергает мышление холодной войны, то это неизбежно приведет к возникновению новых правил и стандартов. Механизм конфронтации и конкуренции сменится механи-

① Сыроежкин К. Сопряжение ЕАЭС и ЭПШП // Россия и новые государства Евразии, № II (XXXI). 51 с.

змом долгосрочного сотрудничества[①].

Тем не менее в развитие этого общего тезиса представители китайского экспертно – аналитического сообщества предлагают и более конкретные меры. Так, для обеспечения бесперебойной деятельности трансграничных инфраструктурных объектов предлагается рассмотреть вопрос об обеспечении их безопасности силами охранных компаний, особенно если речь идет о стратегически важных объектах[②].

Вопрос о роли китайских военных и охранных компаний（ЧВОК）в обеспечении безопасности проектов ИПП и ЭПШП нуждается в отдельном рассмотрении. Работа китайских ЧВОК по обеспечению безопасности ЭПШП и ИПП затруднена существующей в Китае нормативно – правовой базой, регулирующей их деятельность. По уголовному законодательству КНР, работники частных предприятий, носящие оружие как внутри государства, так и за рубежом, могут получить до семи лет тюрьмы. Пока в Китае идут дискуссии об отмене таких норм в отношении работников ЧВОК, действующие законы вынуждают нанимающие компании идти на хитрости.

Работа российских ЧВОК также ограничена законодательными рамками, хотя в последние годы возрастает интерес российских законодателей к использованию нерегулярных воинских формирований, включая ЧВОК, способных во многих случаях по поручению государства и за его деньги заменить регулярные войска при решении непопулярных задач.

В вышеупомянутых условиях достаточно сложно представить себе ситуацию, при которой российские и китайские ЧВОК, даже и при допущении их экстерриториальной деятельности, могли бы взять на себя задачу по обеспечению комплексной безопасности транспортно – логистических и производственных объектов ЭПШП в Евразии.

Как представляется, гарантии безопасности такого рода могут быть

---

① Лузянин С. Г. ШОС, китайский проект «Шелкового пути» и Евразийский экономический союз: варианты взаимодействия/сопряжения в Евразии // Китай в мировой и региональной политике. Москва: 2016. 83 с.

② Китайский глобальный проект для Евразии: постановка задач // Аналитический доклад. Москва: Научный эксперт, 2016. 46 – 48 с.

обеспечены лишь сотрудничеством и координацией политики КНР и РФ, в том числе в рамках ШОС. Они создадут предпосылки для устойчивого и беспрепятственного процесса реализации инициативы ЭПШП и ее сопряжения с процессами Евразийской экономической интеграции.

Процесс формирования БЕП по определению не может быть простым и не дает гарантии успеха. Любой интеграционный процесс на региональном уровне занимает годы и десятилетия, а релевантного опыта межблоковых коммуникаций и развития «интеграции интеграций» в современном мире вообще очень мало.

Россия, выдвинувшая идею БЕП, а затем предложившая формировать его на базе Евразийского экономического союза и китайской инициативы «Один пояс – один путь»[①], отчетливо осознавала сложности, которые могут возникнуть на этом пути. В данном контексте возрастание «субъектности» ШОС в процессах сопряжения евразийской интеграции и ИПП, а также комплексного обеспечения безопасности проектов в рамках ИПП позволит говорить не столько о подключении России к ИПП, сколько о возможности сопряжения равнозначных инициатив.

---

① Путин В. В. XXV саммит АТЭС в Дананге: вместе к процветанию и гармоничному развитию. // Официальный сайт Президента РФ. 08. 11. 2017. URL: http: //kremlin. ru/events/president/news/56023.

上海合作组织在俄罗斯“转向东方”中的作用

尤里·库林采夫*

俄罗斯“转向东方”，尤其是转向中国，这是俄罗斯战略选择的结果。2001年两国签订的《中俄睦邻友好条约》为此奠定了基础，历经十多年，俄外交部长宣称两国之间的关系已经进入了双边关系发展历史上的最好阶段。2011年两国领导人提出了一个拥有雄心壮志的目标，要把双边贸易额提升到2000亿美金，后来把时间点调整到2024年。

2013年普京总统在国情咨文当中明确表示，“转向东方”是俄罗斯很重要的一个方向，它不仅仅是一个短期的选择，也是长期的方向。2014年乌克兰危机之后，政治、经济领域一些行为的限制，更进一步刺激了俄罗斯与中国合作的加强，但这个并不仅仅是俄罗斯“转向东方”的首要原因。俄罗斯“转向东方”，是其战略选择，它早在西方对俄罗斯进行经济制裁之前就已经开始。俄罗斯政府开始考虑“转向东方”的战略，早在20世纪第一个十年中期就开始了，当时开始建造东、西西伯利亚到太平洋的石油管道，后来又在中国贷款的支持下，确保每年250亿美金的原油供应。

俄罗斯“转向东方”的一个重要转折点是，2012年，当时在符拉迪沃斯托克举办了亚太经合组织峰会，这次峰会也是俄罗斯“转向东方”的一个非常重要的点。上海合作组织成员国基本上都是集中在俄罗斯东部的方向，可以说上海合作组织实际上是俄罗斯实现在东部方向利益的一个重要抓手。所以俄罗斯非常重视上海合作组织在“转向东方”战略当中所充当的重要角色。

在上海合作组织发展的这些年，俄罗斯总共出台了四份对外政策构想，在这些对外政策构想当中，明确指出了俄罗斯外交政策基本原则、主要方向、目标和任务。它们分别是在2000年、2008年、2013年和2016年出台的。

2000年出台的对外政策构想当中并没有提到上海合作组织，因为当时上海合作组织刚刚成立不到一年的时间。2008年在俄罗斯对外政策构想的

---

* 俄罗斯科学院远东研究所东北亚和上合组织战略研究中心研究员。

文件当中，提到了三次，而且把上海合作组织作为已有合作机制中非常重要的一个，它能够促进世界和平解决独联体地区冲突的问题。在2008年的文件当中，由于一些客观原因，并没有考虑到当时发生的一系列事件，比如俄罗斯和格鲁吉亚关系恶化、金融危机、俄美关系重启等这些因素，都没有在外交构想政策当中提出来。之后世界政治进程又在不断的变化，所以俄罗斯在2013年又出台了新的外交政策构想，重新审视了当前的国际政治形势，在2013年外交政策文件中，上海合作组织被提到了四次。文件明确指出：上海合作组织能够在更多的领域承担相应的责任，也是一个非常重要的对话平台，可以促进世界发展，可以实现大国集体治理。

到了2016年，世界局势的变化，尤其是全球化进程的推进，出现新的特点：世界经济和政治影响力的中心在慢慢转移。中心转移到了亚太地区，同时在这个过程中还有很多新的事件发生，比如中国提出了“一带一路”构想、乌克兰危机爆发、克里米亚并入俄罗斯、西方对俄罗斯进行制裁等等，在这样一个新的世界经济形势下，俄罗斯又提出了新一版本的外交政策构想。在2016年的外交政策构想当中上海合作组织被提到了八次。

通过对四份俄罗斯外交政策构想文本的分析，可以看到上海合作组织被越来越频繁的提到。上海合作组织可以实现俄罗斯与其他周边国家的对话，是一个非常重要的促进世界发展的平台。

很多专家有不同的观点，有的认为，发生地区冲突可能性依然很大，在这样的大背景下，上海合作组织可以在维护地区和平中起到重要作用。不光有军事方面的合作，也有经济方面，同时还有政治影响力。

目前上海合作组织也在开展大量人文方面的合作，比如说有智库方面的活动，有媒体论坛、女性论坛、商务论坛、马拉松活动等等，我们从上海合作组织所开展的一系列活动当中都可以看到，它在软实力方面有很大的潜力。

2016年俄罗斯推出新一版本的对外政策构想大概几个小时之后，总统普京就发表了年度国情咨文，所以很多想法在2016年国情咨文当中可以体现。2016年对外政策构想当中也明确地提出了俄罗斯外交政策主要方向，尤其是优先发展方向。

同时，我们还对俄罗斯总统在上海合作组织运行期间的出访进行了详细的分析。分析了2001—2018年俄罗斯总统出访上海合作组织成员国的次数，以及俄罗斯总统赴东方国家访问的次数，总共有398次。上海合作组织成立十多年来，俄罗斯总统出访东方国家以及上海合作组织成员国的次数和比重在不断增加。这反映出上海合作组织成员国和东方国家，是俄罗斯对外政策的主要方向，也是优先发展方向。

通过出访，双边领导人探讨了在上合框架下合作所存在的问题。俄罗斯以此捍卫自己在上海合作组织地区的国家利益。这里面包括领土完整、推动落后地区发展、实现地区稳定，以及在欧亚大陆地区发挥积极的作用、避免外部威胁等等。

通过上海合作组织，可以加强俄罗斯与其他周边国家的合作伙伴关系，在这个框架下，除了外交部长会面、文化部长会面，还有国防部长会面等合作机制，可以提出各种倡议，协调立场，还可以针对具体问题采取共同的努力和行动。

（根据现场同传速记稿整理）

【俄文原文】

Роль ШОС в российском «развороте на Восток»

Юрий Кулинцев *

Разворот на Восток и, прежде всего к Китаю, который мы сейчас наблюдаем, стал результатом стратегического выбора России, основы которого были заложены еще в 2001 г. с подписанием Договора о добрососедстве, дружбе и сотрудничестве между РФ и КНР. Потребовалось более 10 лет, чтобы министр иностранных дел России мог выступить с заявлением о том, что российско – китайские отношения вышли на лучший этап развития за всю историю двусторонних отношений. Еще в 2011 г. лидеры России и Китая озвучили амбициозную цель — вывести товарооборот между двумя странами на уровень 200 млрд долл. к 2020 г. В 2013 г. в Послании Федеральному Собранию президент России четко дал понять, что восточный вектор развития нашей страны является доминирующим не только на ближайшую, но и на долгосрочную

* Научный сотрудник Центра изучения стратегических проблем СВА и ШОС Института Дальнего Востока РАН.

перспективу.

Введенные после событий на Украине 2014 г. ограничительные политические и экономические меры лишь стимулировали развитие нашего сотрудничества с Китаем, но никак не были первопричиной «разворота России на Восток».

Разворот на Восток — это стратегический выбор России, который был сделан еще до введения экономических санкций западных стран. Правительство РФ стало рассматривать возможность «разворота на Восток», начиная с середины 2000 – х гг., когда было принято решение о строительстве нефтепровода «Восточная Сибирь – Тихий океан» (ВСТО) для поставок российской нефти в страны Азиатско – Тихоокеанского региона. Затем в 2009 г. в рамках энергодиалога между Москвой и Пекином, удалось заключить крупнейшее в истории двусторонних отношений соглашение на поставку нефти в КНР, предусматривающее и строительство ответвления от ВСТО в Китай. Межправительственное соглашение между Россией и Китаем было подписано 21 апреля 2009 г. в Пекине, а чуть ранее в феврале 2009 г. компании «Транснефть» и «Роснефть» договорились о привлечении китайского кредита в размере 25 млрд долл. под гарантии поставок нефти[①].

С геополитической точки зрения переломным моментом, явно определившим точку отсчета для активизации восточного вектора внешней политики России необходимо считать 2012 г., когда был проведен саммит АТЭС во Владивостоке. Как отметил В. В. Путин в статье для азиатского издания ведущей американской деловой газеты «Уолл стрит джорнэл»: «Опыт АТЭС служит хорошим примером того, как интеграция работает на экономическое развитие, подаёт позитивный сигнал бизнесу. Именно вокруг возможностей интеграционного сотрудничества как фактора экономического роста мы.

предлагаем построить разговор в рамках Владивостокского саммита»[②].

---

① Россия и Китай заключили «сделку века» // Сетевое издание «Вести. Ру». 17. 06. 2009. URL: https: //www. vesti. ru/doc. html? id = 294361.

② Владивосток – 2012: российская повестка для форума АТЭС // Официальный сайт Президента России. 05. 09. 2012. URL: http: //www. kremlin. ru/events/president/news/16390.

Саммит АТЭС во Владивостоке стал сигналом для государств внешнего мира, что Москва всерьез «разворачивается на Восток» в свете изменения геополитических реалий Азиатско – Тихоокеанского региона.

Географический ареал ШОС как раз сконцентрирован к востоку от России, таким образом, можно говорить, что ШОС практически с момента учреждения была призвана стать одним из инструментов реализации интересов России на восточном направлении. И в этом мы выделяем ее важнейшую роль как инструмента реализации восточных интересов России.

Динамику внешнеполитических интересов России, и, прежде всего, тех, которые обусловили ее «разворот на Восток», можно проследить в различных редакциях Концепции внешней политики РФ. За период существования ШОС в России было утверждено четыре Концепции внешней политики, которые представляют собой систему взглядов на базовые принципы, приоритетные направления, цели и задачи внешней политики Российской Федерации, принятые соответственно 28 июня 2000 г., 15 июля 2008 г., 12 февраля 2013 г. и 30 ноября 2016 г.

Несложно заметить, что с одной стороны, новые редакции Концепций внешней политики появляются в начале каждого президентского срока В. В. Путина и Д. А. Медведева, с другой стороны – являются реакцией на глобальные изменения, случившиеся в мире за истекший период.

Анализ содержания указанных документов позволяет показать, какое значение придавалось ШОС во внешнеполитическом курсе страны на разных этапах существования Организации, а также выявить роль ШОС, которую на нее возлагает политическое руководство.

Концепция 2000 г.① обновила положения предыдущего документа, принятого еще в 1993 г. Она стала отражать новую систему взглядов на содержание и основные направления внешнеполитической деятельности России. Концепция 2000 г. была утверждена ровно за год до создания ШОС, соответственно, Шанхайская организация сотрудничества в ней

---

① Концепция внешней политики Российской Федерации // Независимая газета. 11. 07. 2000. URL: http://www.ng.ru/world/2000-07-11/1_concept.html.

не упоминалась.

К 2008 г. эволюция международных отношений в начале XXI века и укрепление России потребовали по – новому взглянуть на общую ситуацию вокруг нее, переосмыслить приоритеты российской внешней политики с учетом возросшей роли страны в международных делах, повышения ее ответственности за происходящее в мире и открывшихся в связи с этим возможностей участвовать не только в реализации международной повестки дня, но и в ее формировании. В концепции 2008 г. ШОС упоминается 3 раза. В разделе «Региональные приоритеты сотрудничества»① ШОС рассматривается как пример «существующих механизмов сотрудничества, содействующих мирному разрешению конфликтов на пространстве СНГ на основе международного права, уважения достигнутых ранее договоренностей и поиска согласия между вовлеченными в них сторонами» и как организация, вносящая реальный вклад в обеспечение добрососедства и стабильности, на деле учитывающая законные российские интересы.

Особое место отводится дальнейшему укреплению ШОС и продвижению ее инициативы по созданию сети партнерских связей между всеми интеграционными объединениями в Азиатско – Тихоокеанском регионе. Важным признается и потенциал ШОС вносить весомый вклад в стабилизацию обстановки и обеспечения безопасности южных рубежей России. Концепция постулирует, что Россия во взаимодействии с другими заинтересованными странами – участницами ШОС и иными многосторонними институтами будет прилагать последовательные усилия в целях недопущения экспорта терроризма и наркотиков из Афганистана, достижения прочного и справедливого политического урегулирования проблем этой страны при уважении прав и интересов всех населяющих ее этнических групп, постконфликтного восстановления Афганистана в качестве суверенного миролюбивого государства.

Однако документ 2008 г. по объективным причинам не мог учесть

---

① Концепция внешней политики Российской Федерации. 15 июля 2008 года // Официальный сайт Президента России. 15. 07. 2008. URL: http: //www. kremlin. ru/acts/news/785# sel = 145: 1: Aeg, 145: 21: iwU.

ряд событий, которые случились уже после его принятия. Имеются в виду события в Южной Осетии и конфликт с Грузией, мировой экономический кризис, а также провалившаяся «перезагрузка» российско – американских отношениях. Стремительное ускорение глобальных процессов и усиление новых тенденций в мировом развитии потребовали новых оценок и реакции России на ключевые направления динамично меняющейся ситуации в мире.

Очередное переосмысление приоритетов внешней политики России с учетом ее возросшей ответственности за формирование международной повестки дня и основ международной системы произошло в 2013 г. В новой Концепции внешней политики (2013)[①] уже заметна растущая роль ШОС, которая упоминается 4 раза. У ШОС расширяются и за ней закрепляются новые сферы ответственности. А именно, ШОС становится одной из основных диалоговых площадок для обеспечения устойчивой управляемости мирового развития и для создания условий коллективного лидерства ведущих государств мира, которое должно быть представительным в географическом и цивилизационном отношениях и осуществляться при полном уважении центральной и координирующей роли ООН (ст. 30).

Россия считает важными формирование и продвижение в Азиатско – Тихоокеанском регионе партнерской сети региональных объединений. Особое значение в этом контексте придается укреплению роли ШОС в региональных и глобальных делах, конструктивное влияние которой на положение дел в регионе в целом заметно возросло (ст. 77).

В ст. 80 впервые указывается на важность организации для развития стратегического взаимодействия с Китаем. Россия будет продолжать наращивать всеобъемлющее равноправное доверительное партнерство и стратегическое взаимодействие с Китаем, активно развивать сотрудничество во всех областях, будет развивать внешнеполитическое взаимодействие с Китаем на различных направлениях, включая поиск ответов на

---

① Концепция внешней политики Российской Федерации (12 февраля 2013 г.) // Российской ассоциации правовой информации ГАРАНТ. 20.02.2013. URL: https://www.garant.ru/products/ipo/prime/doc/70218094/.

новые вызовы и угрозы, решение острых региональных и глобальных проблем. Площадкой для развития сотрудничества с Пекином называются многосторонние объединения, среди которых одним из важнейших является имеющая институциональную основу ШОС.

Традиционной для ШОС становится сфера урегулирования проблем безопасности. Неотъемлемым компонентом этих усилий являются комплексные меры по снижению уровня террористической угрозы, исходящей с территории Афганистана, а также по ликвидации или существенному, поддающемуся оценке сокращению незаконного производства и оборота наркотиков. Российская Федерация во взаимодействии с Афганистаном, государствами – членами ШОС и иными многосторонними институтами будет прилагать последовательные усилия в целях достижения прочного и справедливого политического урегулирования проблем в этой стране (ст. 91).

К 2016 г. становится понятным, что в результате процесса глобализации складываются новые центры экономического и политического влияния. Происходит рассредоточение мирового потенциала силы и развития, его смещение в Азиатско – Тихоокеанский регион. Сокращаются возможности исторического Запада доминировать в мировой экономике и политике 6. Выдвижение китайской инициативы Пояса и Пути, переворот на Украине, присоединение Крыма к России и введение антироссийских санкций странами Запада обусловили необходимость актуализации и принятия новой Концепции внешней политики России (2016) 7, в которой ШОС упоминается уже 8 раз, в том числе и как востребованный элемент сетевой дипломатии, предполагающей гибкие формы участия в многосторонних структурах в целях эффективного поиска решений общих задач.

Вуказанном документе впервые ШОС посвящена отдельная статья. В разделе «Региональные приоритеты внешней политики Российской Федерации» отмечается, что Россия считает важным дальнейшее укрепление позиций ШОС в региональных и глобальных делах и расширение ее состава, выступает за наращивание политического и экономического потенциала ШОС, осуществление в ее рамках практических мер, способствующих укреплению взаимного доверия и партнерства в Центральной

Азии, а также за развитие взаимодействия с государствами – членами ШОС, наблюдателями при ШОС и партнерами по диалогу ШОС (ст. 79).

В ст. 25 подтверждается роль ШОС как диалоговой площадки в рамках формирования справедливого и устойчивого мироустройства. Россия признает роль ШОС в интеграционных процессах в Азиатско – Тихоокеанском и Евразийском регионах, отмечает ее значимость в формировании экономического партнерства на пространстве Евразии на основе принципов открытости и отсутствия дискриминации, при участии членов АСЕАН и ЕАЭС (ст. 82).

Концепция 2016 г. также как и Концепция 2013 г. указывает на приоритет использованием возможностей ШОС и иных международных структур по реализации комплексных мер для снижения уровня террористической угрозы, исходящей с афганской.

территории и направленной против соседних с Афганистаном, государств, а также по ликвидации или существенному сокращению незаконного производства и оборота наркотических средств (ст. 97).

Внимание, которое уделяется Шанхайской организации сотрудничества в доктринальных документах, а именно в Концепции внешней политики России, показывает, что ШОС является активным звеном усложняющейся структуры международных отношений, где центр мирового развития смещается в сторону Тихоокеанского региона. В глобальной конкуренции на международной арене ШОС отводится роль платформы для отстаивания и защиты ценностных ориентиров России, препятствующей навязыванию чужих ценностей.

Кроме того, ШОС участвует в формировании ключевых принципов организации будущей мировой системы, что является главной тенденцией современного этапа мирового развития.

Большинство экспертов – политологов сходятся во мнении, что «большая война» маловероятна, но по – прежнему существует риск столкновений через втягивание в региональные конфликты. В этом контексте ШОС способна играть важную роль в поддержании региональной безопасности, используя не только свой силовой потенциал, но и факторы экономического и политического влияния.

Полноформатный «разворот на Восток» подразумевает развитие сотрудничества во всех сферах, в том числе и в гуманитарной. ШОС на регулярной основе помимо встреч министров культуры проводит многочисленные экспертные встречи, Медиа – форум, Женский форум, Бизнес – форум и Марафон ШОС. Анонсированный Генеральным секретарем ШОС план мероприятий Организации на 2019 г.[①], показывает, что ШОС обладает значительным «мягкосиловым» потенциалом, способным оказывать влияние в информационной, правовой и технологической сферах.

Действующая Концепция внешней политики России (2016) была опубликована буквально через несколько часов после оглашения президентского ежегодного послания Федеральному собранию, соответственно основные ее положения были отражены и в речи президента. Показательно, что в ходе своего выступления В. В. Путин, давая характеристику происходящим в мире процессам, ни разу не упомянул Европу или Евросоюз, а сделал акцент исключительно на странах Востока, что в очередной раз продемонстрировало направление внешнеполитических приоритетов России.

Президент России определяет основные направления внешней политики государства, осуществляет руководство внешней политикой страны и представляет Россию на международной арене.

Для выявления значимости ШОС во внешней политике России нами были проанализированы зарубежные поездки Президента РФ, начиная со времени создания ШОС, то есть в период с 2001 по 2018 гг. Целью исследования было выявить динамику частоты посещения государств – членов ШОС, а также стран Востока до и после российского «разворота на Восток».

Всего было изучено 398 зарубежных визита В. В. Путина и Д. А. Медведева, совершенных ими в качестве Президента РФ[②], при этом

---

① Генсекретарь ШОС назвал главные мероприятия Организации в этом году // «Жэньминь жибао» онлайн. 21. 03. 2019. URL: http://russian. people. com. cn/n3/2019/0322/c31521 – 9559403. html.

② Президент России. Поездки // Официальный сайт Президента России. 21. 03. 2019. URL: http://www. kremlin. ru/events/president/trips.

рассматривались официальные визиты, рабочие поездки, частные визиты, а также поездки для участия в саммитах и форумах.

К странам Востока были отнесены страны Восточной Азии, Юго – Восточной Азии и Ближнего Востока согласно классификации ООН по географическому положению страны.

На графике 1 представлена доля визитов в страны ШОС и в страны Востока от общего количества зарубежных визитов Президента РФ.

График 1. Доля от общего числа зарубежных визитов.

Рассчитано автором по данным официального сайта Президента России URL: http: // www. kremlin. ru.

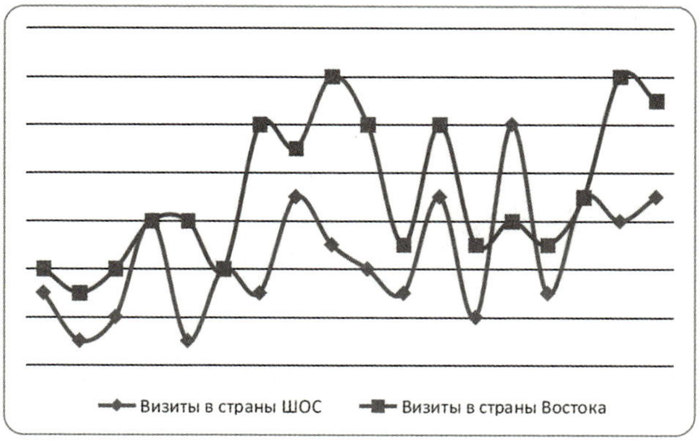

График 2. Количество визитов Президента РФ в страны ШОС и в страны Востока.

Рассчитано автором по данным официального сайта Президента России URL: http: //www. kremlin. ru.

Из графика видно, что с течением времени страны Востока занимают все большую долю среди зарубежных визитов Президента РФ. Пик активности приходится на 2012 г., когда почти 70% зарубежных визитов В. В. Путина и Д. А. Медведева были совершены в страны Востока. Ту же самую тенденцию мы наблюдаем и при анализе зарубежных поездок в страны ШОС, что говорит об увеличивающейся значимости Организации во внешней политике России. На графике 2 показано общее количество визитов Президента РФ в страны ШОС и в страны Востока в каждый из рассматриваемых годов.

Абсолютные цифры зарубежных визитов также подтверждают выявленную ранее тенденцию о развороте России в сторону Востока и о растущей роли ШОС. График 2 демонстрирует, что выявленная тенденция начала формироваться за несколько лет до введения санкций Запада, а именно во второй половине 2000 – х гг.

Значимость ШОС была признана политическим руководством России еще ранее. В совместной декларации России и Китая от 2004 г. сказано, что «стимулирование развития Шанхайской организации сотрудничества является приоритетным направлением внешних политик Китая и России. Стороны рассматривают ШОС в качестве важнейшего инструмента утверждения на евразийском континенте, прежде всего в Центральной Азии, мира, безопасности и сотрудничества – основных факторов будущего строительства многополярного миропорядка, основанного на международном праве»①.

Входе визитов в государства – члены ШОС тематика двусторонних переговоров неизменно касается обсуждения насущных проблем Организации. Роль ШОС в данном случае заключается в предоставление возможности для формирования международной повестки, для донесения внешнеполитических установок России до стран региона и мира.

Посредством участия России в деятельности ШОС осуществляется продвижение и защита интересов на Востоке и в регионе ЦА. ШОС позволяет укрепить территориальную целостность, а также стабили-

---

① «Совместная китайско – российская декларация», подписанная Ху Цзиньтао и В. Путиным в Пекине. URL: http://euroasia.cass.cn/2006Russia/Documents/docum016.htm.

зировать и развивать отсталые и нестабильные районы, играя роль стабилизирующего фактора на пространстве Евразии и выступая в качестве буфера для угроз из Южной Азии и из стран Ближнего Востока.

В рамках ШОС формируется единая договорная и законодательная база, позволяющая укреплять торгово – экономические связи со странами региона. Переговорный процесс, существующий в ШОС, позволяет определять надежность стран – участниц как политических партнеров России на международной арене. Механизм встреч, сформированный в ШОС и включающий в себя встречи секретарей советов безопасности, министров обороны, министров культуры, министров иностранных дел и экспертные совещания, позволяет предлагать, вырабатывать и обсуждать разнообразные многосторонние инициативы. Этот же механизм позволяет выработать коллективный ответ на мировые угрозы, координировать совместные усилия и выступить с единой позицией от лица «незападного» мира.

／大国在战略稳定与军备控制中的作用／

阿列克谢·斯捷潘诺夫*

今天将从三个方面来谈中国、俄罗斯、美国在军控和战略稳定方面的问题。第一个方面首先谈谈当前世界战略环境问题，第二个方面谈战略问题观，第三个方面谈谈中国加入军控机制的前景。

一、当前世界的总体形势

当前大国的全球竞争是越来越突出的一个特点，中国在经济、政治、军事方面的实力增长，使美国失去了原有的一些优势，这就引起了美国的强烈反对。同时，俄罗斯在经济、技术方面是落后于中美两国的，但是俄罗斯依然在国际舞台上致力于维护自己的国家利益，维护自己的国家安全，捍卫自己的行动自由。因此，中国和俄罗斯都遭到了来自美国的强烈不满。而这三个国家都是核大国，都拥有着强大的核能力，这是非常关键的问题。

对于俄罗斯来说，核武器有着非常重要的意义。早在2007年，美国各类国家文件就已经提到了中国是美国全球竞争力重要的对手，近年来，在布什和奥巴马时期也都提到了这个观点，在特朗普时期这样的观点得以发展、延伸。美国总会提到中国想把“美国的势力从亚太地区驱逐出去”，他们也会把这样的想法向自己的盟友，尤其向日本灌输。我们目前也可以看到美国和其盟友经常会强调，中国在常规武器领域比亚太地区其他国家拥有更大的优势，尤其是中程、短程弹道导弹，巡航导弹，以及潜艇等等。

朝鲜的核武器问题也是美国在该地区部署核武器的借口，也可能出于客观原因引起了他们的担忧，他们认为自己的核威慑能力被遏制了。他们一系列的武器部署，雷达、导弹等，不仅是针对朝鲜，而且也能覆盖到中国东北部地区。除了导弹防御体系之外，美国和盟友日本以及其他国家，比如韩国，都部署了攻击性武器系统，对于今后地区稳定存在威胁。除此

---

* 俄罗斯科学院美国与加拿大研究所研究员。

之外，中俄两国走近引起了美国的隐忧。

影响当前世界局势的一个关键因素，是特朗普政府破坏了20世纪以来已经形成的军备控制体系以及核不扩散制度。目前美国退出《中岛条约》加剧了无核国家对于获取核武器的愿望。这个也使朝核问题、伊核问题加剧恶化。这些都造成了非常严重的后果。

军事领域的技术进步也是不得不考虑的一个方面。目前可以用常规武器来解决一些战略问题，战略力量的脆弱性降低了使用核武器的门槛，并推动了军队建设的新阶段，目前所有的大国都积极参与，发展一些高超声速的武器，美国也积极发展一些反导技术，无人驾驶、水下的系统，包括网络系统等。一些专家认为，技术的发展可以减少冲突的几率，在某种程度上很多国家会加剧军备竞赛。而对于一些小国来说，战略安全隐患更大。

在当前的形势下，主要大国之间的不信任在加剧。特朗普政府宣布退出《中导条约》，退出伊核协议，各国之间的不信任反过来又使得各国之间无法在战略问题上达成妥协，关于《第三阶段裁武条约》等很难达成共识。这些都将影响到一些国家的安全，尤其是中俄两国的国家安全。

二、战略稳定观

传统意义上的战略稳定概念，是在1990年美国和苏联冷战时期，在罗伯特—麦克纳马拉等人的理论基础上提出的。其本质是通过实施第一次核打击，使潜在的敌人没有一个能占据军事优势。战略稳定的一个关键因素是核相互脆弱性。这种情况与“核禁忌”的概念密切相关，即在常规战争中不允许使用核武器，除非有不可接受的破坏威胁。与战略稳定的概念密切相关的是“危机稳定性”——当发生危机时，任何一方都不愿意在武装冲突的第一时间发动；另一个密切相关的概念是“军备竞赛稳定性”，即任何一方都不能通过增加核武库而获得超越对方的优势。

然而，由于安全环境的多中心性质，以及潜在敌对行动的环境和领域日益扩大，学界也在展开热烈的讨论，即如何以更包容的方式澄清这一概念。尤其是人们认为不可接受损害的门槛目前已经降低，包括较小的基础设施损失和人员伤亡。一些专家认为，常规武器领域的稳定以及政治领域的稳定，都可以包括在战略稳定范围当中；一些专家认为，战略稳定不能局限于两国之间的关系；另有一些专家认为，任何使用核武器的行为都是不可以接受的。根据这一逻辑，战略稳定的概念包括不允许使用核武器，甚至不允许在区域内使用核武器，也就是说完全不允许使用核武器，大国之间的区域冲突都是不可以接受的。

按照这样的一个理论，美国、俄罗斯，还有美国保护伞下的国家之间，其实是存在着这样一种战略稳定局面的。我个人认为，在东北亚潜在的危机冲突可能性甚至比欧洲大陆上发生冲突的可能性更大。

中国和俄罗斯一样，对于战略稳定有着非常宽泛的解释。我们两个国家都把潜在的敌人，易遭受打击的脆弱性和反打击能力放在首位，尤其后者对于中国来说特别重要。至于美国，它在这个问题上的立场不够明确，对于美国来说，潜在对手的透明度以及可预见性是一个关键，美国和中国之间的战略稳定早在2010 年的美国核政策评论当中已经提到，虽然美国并没有对“战略稳定”的内容加以解释。

三、中国加入军控机制的前景

2009 年美国两党就得出结论，认为为了战略稳定，战略对话不应该仅仅限于技术领域。美国应该与中国、俄罗斯以及欧洲、亚洲其他盟友一起探讨这个问题。在批准《第三阶段裁武条约》时，美国参议院呼吁其他国家削减核武器。中国的核理论是建立在防御性原则基础上，这种能力对潜在的侵略者产生核威慑力。中国作出相应的承诺，不对无核武器国家使用核武器，这与美国一些专家的观点相矛盾。

在当前国际环境下，由于分歧较大，新的军控协定谈判特别困难。其中的关键是美国无限制地发展导弹防御系统，以及俄罗斯不受《第三阶段裁武条约》的限制，发展新型核武器运载工具。克服这些分歧，需要俄美双方做出重大的相互让步，而目前双方都不准备做出这样的让步。在这样的情况下，中国没有办法参与核裁军任何三方会谈。

前中国外交部发言人耿爽表示，尽管有关于中国积极参与军控进程的言论，如最近公布的《国防战略》等，但这些言论并没有实际内容。对中国来说，现有武器系统的现代化是目前更优先考虑的问题，主要原因是在于，与其他两个大国相比还存在差距。中国通过加入《不扩散核武器条约》《核材料实物保护公约》和核供应国集团，在核不扩散问题上更加积极。尽管如此，美国还是指责中国“违反”了核武器不扩散制度，指责中国为朝鲜甚至伊朗发展核武器提供了“便利”。

（根据现场同传速记稿整理）

【俄文原文】

Китай, стратегическая стабильность и контроль над вооружениями

Алексей Степанов *

Стратегическая обстановка в современном мире

Современный миропорядок характеризуется, в первую очередь, возвращением на глобальную арену соперничества великих держав. Растущая экономическая, политическая и военная мощь Китая ставит США перед угрозой уступить некоторые из занимаемых ими позиций, что вызывает их резкое неприятие. В то же время, Россия, страдающая как от экономического, так и технологического отставания от обоих лидеров, намерена сохранить за собой право на свободу действий по обеспечению своих национальных интересов и национальной безопасности. На этом пути Россия и Китай встречаются с серьёзным противодействием со стороны Вашингтона, и в этой ситуации наличие значительного ядерного потенциала у всех трёх стран является одним из ключевых факторов, которые необходимо принимать в расчёт. Особую значимость ядерное оружие играет для России.

В американских доктринальных документах Китай был назван соперником США в борьбе за глобальное влияние ещё в 2007 г. Документы, выпущенные при администрации Д. Трампа только развивают эту мысль. В них говорится о том, что Китай намерен вытеснить США из АТР и возможно рассчитывает на применение силы в отношении американских войск, размещённых в регионе. Эту озабоченность разделяют и союзники Вашингтона в Азии, особенно Япония. США и их союзники отмечают растущее превосходство Китая перед другими странами региона в обычных вооружениях. Особенно это касается баллистических и крылатых ракет средней и малой дальности, надводных

---

* Научный сотрудник Института США и Канады РАН.

кораблей, а в последнее время – авиации и подводных лодок.

Играет свою роль и проблема наличия ядерного оружия у Северной Кореи, военного союзника Китая, которое США используют как предлог для размещения в регионе элементов противоракетной обороны, таких как THAAD и Aegis Ashore. Даже если эти системы размещаются по причине реальных опасений Вашингтона относительно своей безопасности или для снижения обеспокоенности союзников, Китай по объективным причинам будет воспринимать эти размещения как угрозу своему потенциалу ядерного сдерживания, поскольку радары или ракетные системы, направленные против КНДР, способны охватывать также и северо – восток Китая. Кроме противоракетной обороны, под этим предлогом США и союзники (Япония и, в меньшей степени, Южная Корея) размещают в регионе ударные и разведывательные системы, развивают наступательный киберпотенциал. США не исключают принятия превентивных военных мер для силовой.

«денуклеаризации» Северной Кореи, что чревато непредсказуемой эскалацией конфликта. Это особенно опасно для Китая вследствие его ограниченного ядерного потенциала. Логичным следствием этого может стать дальнейшее развитие Китаем собственных противоракетных возможностей, а также увеличение и модернизация имеющегося ядерного арсенала, развитие космического и киберпространственного компонентов, что, в свою очередь, может повлечь за собой более агрессивные действия США.

В то же время, текущая ситуация отличается беспрецедентным сближением России и Китая, которое приобрело вид стратегического партнёрства, которое, однако, не является и не собирается становиться военным альянсом. Одной из ключевых общих позиций двух стран является неприятие однополярного мира и подавляющего влияния США. Россия и Китай полагают, что после окончания холодной войны Вашингтон стремится свести к нулю любые угрозы собственной безопасности и устранить любые уязвимости, а также неоднократно нарушает международное право под прикрытием своего превосходства в обычных вооружениях и ядерного потенциала. При этом как справедливо отмечает Д. Тренин, Китай с начала 90 – х по середину 2010 – х гг. пытался встроиться именно в американоцентричную мировую систему и извлечь из неё выгоду для себя, в то время как первостепенная задача России состояла в минимизации влияния США на внутренние процессы в стране и отбрасывании геополитического влияния Вашингтона от своих границ.

Третьим ключевым фактором современного миропорядка является разрушение установившейся в XX в. системы контроля над вооружениями и нераспространения ядерного оружия. Ключевая ответственность за это лежит на Соединённых Штатах, которые, стремясь обеспечить себе большую свободу действий, перестали видеть для себя смысл участвовать в ограничивающих мерах, предусмотренных такими соглашениями, как Договор по ПРО и Договор о РСМД. Кроме того, военный авантюризм США с применением обычного вооружения, не санкционированный ООН и каждый раз приводящий к разрушительным последствиям, повысил значимость ядерного оружия для стран, не обладающих значительным военным потенциалом, и усилил желание приобрести его у тех, кто его не имеет. Это привело, в частности, к обострению северокорейской и иранской ядерной проблемы.

Четвёртый ключевой фактор – это технологический прогресс в военной сфере, который позволяет с помощью обычных вооружений решать стратегические задачи, повышает уязвимость стратегических ядерных сил, снижает порог применения ядерного оружия и стимулирует новый этап гонки вооружений. В частности, все ведущие державы активно вовлечены в разработку гиперзвукового оружия, США активно разрабатывают технологии в области противоракетной обороны. Новые технологии подразумевают активное использование в военных целях автономных беспилотных систем (особенно воздушных, надводных и подводных), а также киберпространства и космоса, причём в чёткой координации друг с другом. По мнению ряда экспертов, это усиливает уязвимость ведущих стран друг перед другом и снижает конфликтный потенциал, однако эта точка зрения не отменяет вероятность наращивания гонки вооружений и угроз безопасности для малых стран или для тех, кто будет проигрывать «гонку».

Ухудшает ситуацию и атмосфера тотального взаимного недоверия между ключевыми державами. Серьёзную негативную роль здесь сыграла администрация Трампа, объявившая о выходе из Договора РСМД, а также из соглашения по ядерной программе Ирана. Недоверие между странами, в свою очередь, порождает нежелание идти на компромисс по стратегическим вопросам. По этой причине перспектива продления существующих договоров о контроле над вооружениями, таких как СНВ – 3, а также заключения новых представляется весьма отдалённой.

В результате вышеописанных факторов страдает как глобальная безопасность, так и национальная безопасность отдельных стран, прежде всего Китая и России. Например, размещение американского потенциала ПРО или ракет средней и меньшей дальности, что стало возможным после выхода США из соответствующих договоров, способно всерьёз подорвать возможности ядерного сдерживания Китая.

Понимание стратегической стабильности

Понятие стратегической стабильности в классическом его понимании было сформулировано США и СССР в 1990 г. на основе теоретических наработок времён холодной войны, в том числе Роберта Макнамары и его последователей. Его суть в том, чтобы создать ситуацию, когда ни у одного из потенциальных противников нет возможности получить военное преимущество за счёт нанесения первого ядерного удара. Ключевым элементом стратегической стабильности является взаимная ядерная уязвимость. Эта ситуация тесно связана с понятием «ядерного табу», то есть недопустимости применения ядерного оружия в условиях обычных военных действий, за исключением угрозы нанесения неприемлемого ущерба. С понятием стратегической стабильности тесно связаны концепции «кризисной стабильности» – когда ни одна из сторон не обладает стимулами первой начать вооружённый конфликт в случае кризиса – и «стабильности гонки вооружений», когда ни одна из сторон не может получить преимущество над другой за счёт наращивания своего ядерного арсенала.

Однако в настоящее время в связи с полицентричным характером обстановки в области безопасности, а также расширением числа сред и театров потенциальных военных действий в экспертной среде ведётся оживлённая дискуссия об уточнении этого понятия в сторону расширения его охвата. В частности, считается, что планка неприемлемого ущерба в настоящее время снизилась и теперь он включает в себя меньшие инфраструктурные и людские потери, а также больший перечень действий противника. Некоторые специалисты полагают, что к вопросам стратегической стабильности можно отнести и стабильность в сфере обычных вооружений, и стабильность в политической сфере. Также существуют мнения, что стратегическую стабильность нельзя сводить к отношениям двух стран, поскольку на неё непосредственно влияют тенденции развития ядерных арсеналов других стран.

В настоящее время, по мнению экспертов, неприемлемым можно считать любое использование ядерного оружия. Если исходить из этой логики, тогда в понятие стратегической стабильности должна входить недопустимость даже регионального использования ядерного оружия, а значит, недопустимость регионального конфликта между великими ядерными державами, способного поставить под удар политическую систему одной из этих стран. Такая ситуация стратегической стабильности существует между США, Россией и странами, находящимися под американским «ядерным зонтиком». В эту же схему можно включить и Китай. Таким образом, наиболее опасными с точки зрения ядерной эскалации между великими державами можно считать потенциальные конфликты в Тайваньском проливе и Южно－Китайском море.

Судя по официальным высказываниям, Китай, как и Россия, придерживается расширенного толкования стратегической стабильности. Обе страны ставят во главу угла уязвимость потенциального противника для ядерного удара и способность нанесения ответного удара. Последнее особенно важно для Китая ввиду отсутствия состояния взаимного гарантированного уничтожения с другими ядерными державами.

Что касается Соединённых Штатов, их позиция по этому вопросу недостаточно ясна. Очевидно только, что для США ключевую роль играет транспарентность и предсказуемость потенциального противника.

О необходимости достижения «стратегической стабильности» между США и Китаем говорилось ещё в «Обзоре ядерной политики США» 2010 г. Хотя содержание самого термина или пути его достижения не разъяснялись.

Перспективы подключения Китая к механизмам контроля над вооружениями

Ещё в 2009 году двухпартийный комитет Конгресса США по вопросам стратегической концепции США заключил, что Соединённым Штатам в интересах стратегической стабильности следует добиваться проведения диалогов по стратегическим вопросам не только с Россией, но и с Китаем и союзниками США в Европе и Азии. При ратификации договора СНВ – 3 американский Сенат призвал другие ядерные страны задуматься о сокращении своих ядерных арсеналов.

Следует отметить, что Китайская ядерная доктрина базируется на принципе гарантированного ответного удара, согласно которой небольшое количество ядерных боеголовок, способных выжить после первого удара противника, способны нанести ему неприемлемый ущерб. Тем самым этот потенциал осуществляет ядерное сдерживание возможного агрессора. Соответственно, Китай обязуется не использовать ядерное оружие против неядерных стран, что противоречит мнению некоторых американских экспертов, полагающих, что Китай может применить ядерное оружие на региональном уровне.

При этом в целях повышения выживаемости своего ядерного арсенала, Китай предпочитает не раскрывать расположение и точное число своих боеголовок и выступает против мер транспарентности.

Кроме того, в условиях текущей международной обстановки согласование условий новых договорённостей в области контроля над вооружениями представляет из себя особо сложную задачу ввиду большого количества разногласий. Ключевыми из них является неограниченное развитие противоракетных систем со стороны США и разработка новых носителей ядерного оружия, не подпадающих под действие СНВ – 3 со стороны России. Для преодоления этих разногласий требуются значительные взаимные уступки со стороны России и США, на которые они в настоящее время идти не готовы. В этих условиях у Китая нет оснований надеяться на надёжность новых заключённых между великими державами договорённостей. Незаинтересованность Китая участвовать в любых трёхсторонних переговорах по вопросам ядерного разоружения выразил, в частности, пресс – секретарь министерства иностранных дел КНР Гэн

Шуан. Несмотря на заявления об активном участии Китая в процессе контроля над вооружениями, например, в недавно опубликованной Национальной оборонной стратегии, они не имеют реального содержания. Для Китая намного большим приоритетом в настоящее время является модерн-изация существующих систем вооружений, прежде всего, по причине всё ещё имеющегося отрыва от потенциала двух других великих держав в этой сфере. Гораздо большую активность Китай проявил в вопросах нерасп-ространения ядерных вооружений присоединившись к ДНЯО, Конвенции о физической защите ядерных материалов и ядерного оборудования и Группе ядерных поставщиков. Несмотря на это, США активно обвиняют Китай в нарушении режима нераспространения, обвиняя его в содействии разработкам ядерного оружия в Северной Корее и даже Иране.

Для укрепления стратегической стабильности и обстановки в области безопасности в мире в целом необходимы регулярные официальные переговоры по вопросам стратегической стабильности и ядерных вооружений. К сожалению, российско – американские каналы общения в этой области оказались перекрыты. Однако они продолжаются между Китаем и США. В российско – китайских отношениях коммуникации между военными ведомствами, а также техническое сотрудничество способствует лучшему взаимопониманию.

Позитивным шагом является то, что до недавнего времени, да и по сей день китайские и американские специалисты активно вовлечены в обсуждение этих вопросов в формате «второго трека». К сожалению, в российско – китайском формате обсуждение вопросов, связанных с ядерным оружием, происходит не столь активно.

В условиях взаимного недоверия всё большую роль будут играть односторонние действия трёх ядерных держав. Отказ от применения ядерного оружия первыми и от стратегии ответно – встречного удара стало бы огромным позитивным, хоть и маловероятным шагом.

╱俄中合作在国际转型背景下的新方向╱

克谢尼娅·库济明娜*

2019年中俄两国迎来了建交70周年。中俄双方合作交流曾遭遇困难时期，但近几十年来，双边关系稳步发展，已提升至全面战略协作伙伴关系新阶段。按照中俄专家的共同看法，中俄合作处于历史上最高水平。

除了在政治层面上的深刻理解和对世界秩序、国际进程有相似的看法外，高层次的伙伴关系还体现在实际互动领域的具体成果上。中国是俄罗斯的第一贸易伙伴，在经历了2015—2016年的低迷期后，双方贸易额稳步增长，2018年创1070亿美元的历史新高（+27.1%）。跨境电子贸易积极发展，中国的AliExpress在俄罗斯很受欢迎，交货期不断缩短。俄罗斯产品在中国市场取得了本土化的成功。例如，在俄罗斯总统普京向中国国家主席习近平赠送俄罗斯冰激凌后，这类产品便开始在中国走红。

两国之间的学术流动也在增加。据各类统计，约9万人参加各种科教交流活动。旅游业稳步增长，在非独联体国家中，中国是俄罗斯入境旅游和出境旅游的第一目的地。俄罗斯电影在中国广受欢迎，过去五年来，约有20部俄罗斯电影在中国上映。比如《战斗民族养成记》电视剧在中国观众中获得了很高的人气，2019年初双方联合推出《战斗民族养成记》电影版，并分别在两国上映。2018—2019年中俄两国交流年活动加大了俄罗斯联邦主题和城市与中国各省市之间的互动。

考虑到两国的国土、经济和人口众多，与中国和其他国家的贸易和人道主义交流的数量相比，双边关系在经济、科学、教育和文化等领域的规模似乎不能令人满意。应该积极推进提高合作水平。必须从国家层面的大规模协议和边境联系，转向涵盖两国各层面各领域的全面务实合作。从这个角度来说，首先，要对大型项目的经济可行性进行充分的分析和评估，避免出现领导互访时宣布的举措最后没有进入实施阶段或实施速度较慢的情况，这一点尤为重要。例如，中俄高层宣布共建莫斯科到喀山的高铁，但由于造价高、预计客流量低，连俄罗斯总统普京都对该项目的可行性表

---

* 俄罗斯国际事务委员会项目经理。

示怀疑，项目的技术和经济可行性研究已经持续很长时间。

其次，除了在某些领域，特别是能源贸易领域，国企之间的频繁互动外，还必须提升中俄中小企业的参与度，目前这种互动主要集中在边境地区。中国企业是俄罗斯远东地区经济特区（优先发展区域、符拉迪沃斯托克自由港）最活跃的国外参与者。中国企业在莫斯科、圣彼得堡和部分地区（鞑靼斯坦）相当活跃。俄罗斯的中小企业也在进入中国市场，但现在谈建立一个覆盖整个国家的商业关系体系还为时过早。

俄罗斯很多机构致力于推进中俄两国经济合作，比如俄罗斯出口中心、中俄实业家联合会等等。目前中俄两国之间合作还存在一些技术标准等问题，也需要不断地解决。

当前形势下，加强网络合作同样重要，通过建立在线平台，实现中俄企业之间的对接，帮助俄罗斯企业找到好的中国合作伙伴，同时也能帮助中国企业找到靠谱的俄罗斯合作伙伴。

语言障碍、缺乏懂中文或俄语的合格专家，不了解经商的特殊性、市场特点和伙伴国消费者的需求，是影响双方合作的主要障碍。很多中小企业在俄罗斯和中国市场寻找国外合作伙伴，定位和推广自己的商品或服务时，困难重重。目前很多俄罗斯高校开设汉语课程，中国的俄语学生人数不少，但语言水平依然不高。一些教育项目不应局限于语言和国情知识的传授，而应该培养法学、经济学等专业领域人才。人才队伍建设是中俄两国加强合作的良好基础，此外，为创业者开设专门的短期课程，有助于解决对市场情况和国家监管认识不足的问题，也有助于熟悉伙伴国文化和商务礼仪的特殊性。

目前来说，能源是中俄两国合作的核心，但今后技术将是两国合作的一个重要方向，将致力于发展绿色能源、新能源等。谈到新技术领域合作，不得不提到人工智能，这是新的工业革命形势下非常重要的新技术方向，在全球范围内竞争非常激烈。中国在人工智能开发领域有良好的发展势头，俄罗斯不乏该领域的专业人才、巨大的科研潜力和充足的人力资源，两国在人工智能这一高新科技领域应该加强合作。

同时在创投领域也可以加强合作。习近平主席最近一次访问俄罗斯期间，提到中俄两国应通过高科技领域投资基金促进双方在科研领域方面的合作。俄罗斯企业应主动了解中国市场特点，才能更好地参与与中国企业的竞争。在这种情况下，可以从单一的倡议转向技术公司之间的广泛合作，建立合资企业和技术联盟，增加高科技领域的相互投资。鉴于中国巨大的数字市场和发达的基础设施支持初创企业，俄罗斯的高科技企业和初创企业对中国的资本和市场准入非常感兴趣。此外，鉴于科学进步和新技术在市场层面的转化需求，中俄两国在企业孵化器和科研集群领域的合作空间很大。

同时，在多边合作方面，除了中俄之间，还有印度等等，因为我知道很多的中国企业现在也非常积极地去印度投资。目前我们在中、俄、印之间也有很好的合作交流机制，我们现在在三国之间也可以开展一些相应的技术等各方面的合作，然后共同增加我们的竞争力。我们也许能够形成合力，在国际上占有领导地位，在整个的技术方面能够超过美国。

当然，经济合作不仅仅限于高新领域，还有农业领域。近期中俄两国之间经贸领域的合作集中在农业。比如，俄罗斯产品，包括大豆等出口到中国，俄罗斯企业需克服各种各样的障碍，才能实现连续出口和不间断地供应。

近年来，反俄制裁既是中俄在经济和科技领域互动的激励因素，也是中俄合作的阻碍。2018 年以来，中美矛盾日益加剧，美国对贸易和创新的限制，为双边关系创造了新的国际环境。一方面，外部压力刺激着俄罗斯与中国保持更紧密的合作。无论是制裁还是贸易战都不能被视为扩大合作的唯一动力——俄罗斯和中国已经有相当大的协同潜力。同时，它们也不能在各方面都完全替代对方。另一方面，反俄制裁，尤其是金融领域的制裁，给中俄合作带来负面影响。虽然中国不参与对俄经济制裁，但由于担心受到二次制裁，一些对美国市场有兴趣的中国企业减少了与俄罗斯机构的接触。

此外，在某些情况下，俄罗斯人在中国的银行面临结算困难。从这个角度来说，中俄两国有必要为顺利结算提供基础设施，可通过提供一定的政府担保来实现，同时提高认识，及时告知现有的限制措施，尽量减少负面影响。增加结算和其他金融交易（如贷款）在国家货币中的份额尤其重要，因为总量在持续增长，但在这方面仍有许多工作要做。2019 年 6 月习近平主席访问俄罗斯期间，双方成功签署了支付结算协议。虽然限制措施对两国经济不会产生破坏性影响，但在新形势下，俄罗斯和中国需要确保自身经济基础设施的稳定，两国还可考虑建立一个替代性的国际银行间体系，防止事态严重时产生重大的负面影响。

中俄两国在经济和科技领域的发展，很大程度上取决于两国人民的互信程度。为了长远发展，应优先考虑青年合作，积极利用社交媒体工具、移动平台开展交流。在这个方面，媒体、学者、智库等都可以做出自己的贡献。相应的，经济、科技等领域的进步将促进中俄两国人民的交往，从而促进双方在思想观念和社会生活方面与时俱进。

（根据现场同传速记稿整理）

【俄文原文】

Новые направления российско – китайского взаимодействия в трансформирующемся международном контексте

Ксения Кузьмина *

В 2019 г. Россия и Китай отмечают 70 – летие установления дипломатических отношений. За длительную историю во взаимодействии Москвы и Пекина были и сложные моменты, однако в последние десятилетия двусторонние связи развиваются стабильно и к настоящему моменту перешли на этап всеобъемлющего партнерства и стратегического взаимодействия. По общему мнению российских и китайских специалистов, российско – китайское сотрудничество находится на наиболее высоком в истории уровне.

В дополнение к глубокому взаимному пониманию на политическом уровне и схожих взглядах на основы миропорядка и международные процессы, высокий уровень партнерства проявляется и в конкретных успехах в практических областях взаимодействия. Так, Китай – первый торговый партнер России, и после спадов 2015 – 2016 гг. взаимная торговля поступательно растет и достигла в 2018 г. рекордного показателя более 107 млрд долл. (+27, 1%). Активно развивается трансграничная электронная торговля, большую популярность среди российских покупателей имеет китайский *AliExpress*; сокращаются сроки доставки товаров. На китайском рынке отмечены локальные успехи российской продукции. Например, после того, как президент РФ Владимир Путин подарил

---

* Программный менеджер Российского совета по международным делам.

председателю КНР Си Цзиньпину российское мороженое, подобные продукты стали набирать популярность в Китае.

Возрастают и показатели академической мобильности между двумя странами: по разным оценкам, в различных обменных инициативах научно – образовательной направленности участвуют около 90 тыс. человек. Стабильно растут взаимные туристические обмены, Китай выступает первым среди стран дальнего зарубежья направлением как въездного, так и выездного туризма для России. Определенный интерес для китайцев представляет и российский кинематограф: за последние 5 лет в прокат в КНР вышли около 20 российских фильмов; к примеру, сериал «Как я стал русским» приобрел такую популярность у китайских зрителей, что был запущен совместный и в начале 2019 г. на экраны обеих стран вышел полнометражный фильм «Как я стал русским». В рамках проходящего в 2018 – 2019 гг. Года межрегиональных обменов России и Китая на всех уровнях нарастает динамика связей между городами, субъектами РФ и провинциями КНР[①].

Тем не менее как с учетом огромных территорий, экономик и населения двух стран, так и в сравнении с объемами торговых и гуманитарных обменов Китая с иными страновыми партнерами, масштаб двусторонних связей в экономической, научной, образовательной и культурной областях представляется неудовлетворительным. Решение задачи дальнейшего повышения уровня взаимодействия требует активной работы государственных органов и учреждений, деловых ассоциаций, бизнес – структур и экспертно – аналитических институтов.

От масштабных договоренностей на высоком государственном уровне и связей в приграничных районах нужно перейти к полномасштабному практическому сотрудничеству, которое охватит все уровни, сферы и территории обеих стран. С этой точки зрения особо важно, во – первых, проводить тщательный подготовительный анализ и оценку экономической целесообразности масштабных проектов, чтобы избежать ситуаций, когда заключенные и объявленные в ходе взаимных визитов лидеров иниц-

---

① Подробнее о динамике и достижениях в двусторонних отношениях см.: Российско – китайский диалог: модель 2019. Доклад РСМД №46/2019.

иативы не доходят до этапа реализации либо осуществляются замедленными темпами. К примеру, на высоком уровне объявлялось о совместном сооружении высокоскоростной магистрали «Москва – Казань», однако в целесообразности проекта в связи с его высокой стоимостью и низким прогнозируемым пассажиропотоком выражал сомнения даже президент России В. Путин; долго продолжается технико – экономическое обоснование проекта.

Во – вторых, в дополнение к развитому взаимодействию между государственными компаниями в отдельных областях, в частности в торговле энергоресурсами, важно активизировать участие российского и китайского среднего и малого бизнесов. Сейчас такое взаимодействие затрагивает в первую очередь приграничные районы; китайские компании являются наиболее активными иностранными участниками зон специальных экономических режимов на российском Дальнем Востоке (территории опережающего развития, Свободный порт Владивосток). Достаточно активны китайские компании в Москве, Санкт – Петербурге и отдельных регионах (Татарстан). Российские малые и средние компании также выходят на китайский рынок, однако говорить о разветвленной системе деловых связей, которая охватывала бы всю территорию стран, пока рано.

В качестве основных препятствий широкому развитию взаимодействия рассматривают языковой барьер и нехватку квалифицированных специалистов со знанием китайского либо русского языков, отсутствие понимания специфики ведения бизнеса, особенностей рынка и запросов потребителей в государстве – партнере. Многие малые и средние предприятия испытывают трудности с поиском зарубежных партнеров, позиционированием и продвижением своих товаров либо услуг на российском и китайском рынках соответственно.

В этих условиях актуальной остается планомерная образовательная работа, в первую очередь подготовка специалистов – китаистов и русистов, однако она должна касаться не только языкознания и страноведения, но и иных профессиональных областей (право, экономика и пр.). Особое внимание необходимо уделять качеству образования: так, в последние годы в России значительно выросло количество изучающих китайский язык, однако уровень владения языком на практике нередко оказывается невысоким. Кроме того, вклад в решение проблемы недостаточного понимания рыночных условий и особенностей государственного регулирования могут внести специальные краткосрочные курсы и программы для предпринимателей, которые могли бы также способствовать ознакомлению с культурной спецификой и особенностями делового этикета.

Важным представляется планомерное продолжение работы, уже начатой Российским экспортным центром, ОПОРОЙ России, Российско – Китайским деловым советом и другими деловыми ассоциациями, по поддержке российских экспортеров, консультированию по вопросам ведения бизнеса в Китае и помощи в выходе на китайский рынок, поиске партнеров и др. Издание специализированных тематических материалов для иностранных компаний, содержащих наиболее важные сведения или пошаговые инструкции по ведению предпринимательской деятельности, также представляется целесообразным.

Хорошей платформой для контактов с иностранными партнерами выступают различные промышленные выставки, проходящие в России и Китае. В этом контексте следует позитивно оценить достаточно активное участие российских компаний в Китайской международной импортной выставке в Шанхае.

В современных условиях большие возможности для ознакомления с актуальной информацией, изучением предпочтений потребителей, поиска партнеров и конечных потребителей создает Интернет. Интерес в этом контексте представляет использование специальных онлайн – площадок для контакта с возможными партнерами за рубежом в отдельных сферах, например в области сельского хозяйства. В целом в современных условиях развитие связей на всех уровнях невозможно без полноценного использования инструментов цифровой экономики.

Насущной задачей в экономическом взаимодействии с Китаем для России остается диверсификация экспорта. С одной стороны, преобладание энергоресурсов среди поставляемых Россией товаров отражает естественные преимущества экономик двух стран, однако подобное положение обусловливает зависимость от колебания мировых цен на углеводороды и делает взаимную торговлю уязвимой в контексте перехода на источники зеленой энергетики. В последние годы новой точкой роста становятся поставки в Китай продукции агропромышленного комплекса, которые в последние годы увеличиваются на фоне снятия либо снижения ряда барьеров доступа сельскохозяйственной продукции на китайский рынок. Большие перспективы ряд российских и китайских экспертов видят в позиционировании российской продукции как экологически чистой на китайском рынке. Некоторым специалистам потенциал видится в наращивании поставок вина на китайский рынок, в контексте торговой войны между Пекином и Вашингтоном среди перспективных продуктов называют сою. Тем не менее возможности для значительного наращивания поставок продукции АПК зависят как от способности российских компаний завоевать особую нишу на китайском рынке, так и от дальнейшего снижения до сих пор значительных барьеров. Кроме того, по – прежнему актуальной задачей остается развитие транспортной инфраструктуры, а также ускорение прохождения таможенных формальностей для обеспечения быстрых и бесперебойных поставок.

Приоритетной сферой российско – китайского взаимодействия в современных условиях становятся наука и техника, новые технологии. Без активного сотрудничества по данному направлению – как в области совместных исследований, так и в рамках бизнес – проектов компаний двух стран – Москва и Пекин не смогут обеспечить свою глобальную конкурентоспособность и заложить прочную основу для долгосрочного совместного развития. Так, сегодня уже можно говорить о глобальной конкуренции в области.

технологий искусственного интеллекта. Китай находится в авангарде этой гонки, и в России развиты научные исследования в области ИИ, которые уже трансформируются в конкретные коммерционализируемые инициативы. Эта сфера, соответственно, обладает большим потенциалом для синергии. Однако значительные возможности существуют и в иных областях, к примеру в биотехнологиях. Важно с учетом преимуществ каждой из стран в области развития исследований и производства, финансового и человеческого капиталов определить наиболее перспективные сектора.

В этом контексте представляется целесообразным перейти от отдельных инициатив к широкому сотрудничеству между технологическими компаниями, создавать совместные предприятия и технологические альянсы, наращивать взаимные инвестиции в высокотехнологичные сферы. С учетом огромного цифрового рынка и развитой инфраструктуры поддержки стартапов в Китае российские высокотехнологичные компании и стартапы крайне заинтересованы в китайском капитале и доступе на рынок. Кроме того, с учетом необходимости обеспечить конвертацию научных достижений и новых технологий на рыночном уровне большое пространство для взаимодействия России и Китая существует в области создания бизнес – инкубаторов, исследовательских кластеров.

Впоследние годы одновременно стимулом и препятствием для российско – китайского взаимодействия как в экономике, так и в научно – техническом секторе выступают антироссийские санкции. С 2018 г. новый международный контекст для двусторонних связей создают и нарастающие китайско – американские противоречия и вводимые Вашингтоном ограничения в торговой и инновационной сферах. Внешнее давление, с одной стороны, стимулирует развитие более тесного сотрудничества между Москвой и Пекином. Вместе с тем ни санкции, ни торговую войну нельзя рассматривать как единственный стимул для расширения взаимодействия – Россия и Китай и так обладают значительным синергетическим потенциалом. Одновременно они не могут во всех областях выступить друг для друга полноценным субститутом.

С другой стороны, антироссийские санкции, особенно в финансовой сфере, создают определенные препятствия бесперебойному взаимодействию: хотя Китай не участвует в санкциях против российской экономики, китайские компании, которые заинтересованы в американском рынке, опасаясь введения вторичных санкций, сокращают контакты с российскими организациями; в ряде случаев в китайских банках отмечались сложности в проведении расчетов с российскими лицами, причем даже не затронутыми ограничительными мерами. С этой точки зрения двум странам важно обеспечить инфраструктуру для бесперебойного осуществления расчетов, возможно, посредством предоставления определенных государственных гарантий. Кроме того, необходимо проводить разъяснительную работу, издавать доступные специализированные материалы, которые информировали бы о действующих ограничениях и минимизации их воздействия. Особо актуальным представляется повышение доли расчетов и иных финансовых.

операций (например, займов) в национальных валютах – их объемы последовательно растут, однако еще предстоит большая работа на данном направлении. В ходе визита председателя Си Цзиньпина в Россию в июне 2019 г. сторонам удалось подписать соглашение о платежах и расчетах①. Далее, хотя ограничения не оказывают разрушительного воздействия на экономики двух стран, в новых условиях Москве и Пекину необходимо обеспечивать устойчивость собственных экономических инфраструктур, и обмен опытом в данной области представляется перспективным. Две страны также могли бы уделить дополнительное внимание созданию альтернативной международной межбанковской системы, чтобы предупредить существенные негативные последствия в случае значительного обострения ситуации.

Активное развитие экономических и научно – технических отношений между Россией и Китаем во многом зависит от уровня взаимного доверия между народами двух стран. Без развития более тесных межличностных связей, формирования позитивных взаимных образов РФ и КНР качественный скачок во всех сферах взаимодействия представляется маловероятным. Приоритетное внимание в целях долгосрочного развития необходимо уделить работе с молодежью, активно используя инструменты социальных медиа, мобильных платформ и др. В то же время прогресс в экономической, научно – технической и иных областях будет выступать стимулом для контактов между россиянами и китайцами и, соответственно, формированию актуальных представлений о менталитете и общественной жизни.

---

① Соглашение между Правительством Российской Федерации и Правительством Китайской Народной Республики о расчетах и платежах // Электронный фонд правовой и научно – технической документации. URL: http: //docs. cntd. ru/document/554838056.

后　记

第四届“一带一路”上海国际论坛由上海大学、中国社会科学院俄罗斯东欧中亚研究所主办，上海大学上海合作组织公共外交研究院、中国社会科学院“一带一路”研究中心承办，上海大学国际部、高等研究院和中国社会科学院中俄战略协作高端合作智库协办。2019 年 10 月 23—24 日在上海大学，来自中国、俄罗斯、中亚、外高加索、乌克兰等欧亚地区国家的专家学者以及上海合作组织秘书处、相关国家驻华使领馆官员百余人参会。中国外交部欧亚司副司长吉树民和上海合作组织秘书处顾问扎哈罗夫分别做主旨发言。

“一带一路”上海国际论坛已举办四届了，相比往年，本届论坛具有以下一些特点：一是会议更活跃。虽然本届参会人数是四年来最少的，我们控制在 100 人左右，但是报名要做主题发言的专家学者多达 35 位，为历年之最，说明大家来了都想贡献智慧、分享观点。二是参会面更广泛。在受邀做主题发言的 15 位外宾中，有 8 位是第一次来到我们论坛，大家都说今年看到很多新面孔，体现了论坛的开放性。三是与会专家学者更多元。与会专家学者中，有一半来自高校，还有一半来自智库和政府，学界、业界和政府三方正共同努力把论坛打造为“一带一路”建设的高端研讨平台。

第四个特点是议题的设计和交流内容具有鲜明的问题导向。大家都在围绕一个大的主题，即如何通过“一带一路”建设来推动欧亚地区的繁荣稳定。我们是在去年第一次提出“欧亚的繁荣稳定”这个主题，今年继续沿用这个主题，相比去年，大家的发言不仅更加聚焦，而且关注面超越了传统的热门领域。以往大家更关注政治、经济和安全等议题，本届论坛把研讨扩展到了文化遗产、电子科技等领域。这体现了“一带一路”的“五通”，“一带一路”建设不仅是做贸易、金融、基建，归根结底是要推动民心相通。可见，我们的论坛发展到今天始终秉承“一带一路”的初心。

第一届论坛举办时，有学者对中国的“一带一路”倡议还有质疑，对中国推动“一带一路”建设的决心也打了大大的问号，在本届论坛研讨中，这样的声音就很少了，几乎没有学者会质疑中国推动“一带一路”建设的动机和决心了。行胜于言，这也从一个侧面体现了六年来“一带一路”建设所取得的成就，也鞭策着我们要继续为“一带一路”建设而努力。

论文集能如期出版不仅要感谢与会专家学者，还要感谢同传老师、会务组的老师同学们，以及时事出版社的编辑老师。

上海大学上海合作组织公共外交研究院
张恒龙

图书在版编目（CIP）数据

面向新时代的欧亚繁荣稳定/张恒龙主编．—北京：时事出版社，2021.5

ISBN 978-7-5195-0408-3

Ⅰ.①面…　Ⅱ.①张…　Ⅲ.①“一带一路”—国际合作—文集　Ⅳ.①F125-53

中国版本图书馆CIP数据核字（2020）第261113号

出版发行：时事出版社
地　　址：北京市海淀区彰化路138号西荣阁B座G2层
邮　　编：100097
发行热线：（010）88869831　88869832
传　　真：（010）88869875
电子邮箱：shishichubanshe@sina.com
网　　址：www.shishishe.com
印　　刷：北京良义印刷科技有限公司

开本：787×1092　1/16　印张：24.5　字数：450千字
2021年5月第1版　2021年5月第1次印刷
定价：140.00元
（如有印装质量问题，请与本社发行部联系调换）